广州铁路职业技术学院资助出版
高等职业院校技能型人才培养优质教材
机械制造与自动化专业群城市轨道交通机电技术专业新形态一体化教材

城市轨道交通自动售检票系统使用与维护

（智媒体版）

主　编　陈舒萍　万学春
副主编　陈　亮　张　杨

西南交通大学出版社
·成　都·

图书在版编目（CIP）数据

城市轨道交通自动售检票系统使用与维护：智媒体版 / 陈舒萍，万学春主编．—成都：西南交通大学出版社，2020.11（2023.1 重印）
ISBN 978-7-5643-7762-5

Ⅰ．①城… Ⅱ．①陈… ②万… Ⅲ．①城市铁路－旅客运输－售票－铁路自动化系统－教材 Ⅳ．①U293.22

中国版本图书馆 CIP 数据核字（2020）第 204456 号

Chengshi Guidao Jiaotong Zidong Shoujianpiao Xitong Shiyong yu Weihu
（Zhimeiti Ban）

城市轨道交通自动售检票系统使用与维护
（智媒体版）

主　编　陈舒萍　万学春

责任编辑　李鹏飞
封面设计　吴　兵

出版发行　西南交通大学出版社
（四川省成都市金牛区二环路北一段 111 号
西南交通大学创新大厦 21 楼）
邮政编码　610031
发行部电话　028-87600564　028-87600533
网址　http://www.xnjdcbs.com
印刷　四川森林印务有限责任公司

成品尺寸　185 mm × 260 mm
印张　20.75
字数　517 千
版次　2020 年 11 月第 1 版
印次　2023 年 1 月第 3 次
定价　58.00 元
书号　ISBN 978-7-5643-7762-5

课件咨询电话：028-81435775
图书如有印装质量问题　本社负责退换

前言
PREFACE

本书根据国家职业教育的要求和城市轨道交通车站机电设备运行管理专业人才培养的需要，从高职教育的目的出发，结合地铁自动售检票系统运行管理岗位的实际需求，遵循知识必须和适用的原则，将轨道交通自动售检票系统的理论和实践有机融合，围绕检修中必需的基础知识，按照专业内在的逻辑关系组织，注重内容的典型和针对性，符合由浅入深的原则，符合学生的认知规律，贯彻“重概念理解、重知识应用，重技能操作”等指导思想。

本书内容主要以（深圳）高新现代智能系统股份有限公司设计开发的 AFC 系统、闸机、自动售票机、人工售票机、车站计算机为载体，展开介绍。

本书共分 6 个项目，包括自动售检票系统认知、自动售检票系统基础及其操作、自动售票机使用与维护、自动检票机（闸机）使用与维护、半自动售票机使用与维护、其他自动售检票系统设备。

相较于其他教材，本书加强介绍了自动售票机、闸机的结构及维护内容，在日常的教学中，具备较强实施性。

本书为广州铁路职业技术学院资助教材，是广州市第三批特色学院—轨道装备制造学院、广东省双一流专业群建设计划、国家高水平专业群建设成果。

本书可作为城市轨道交通机电技术专业高职高专、成人教育教材，也可供相关企业作为培训教材，或供相关领域技术人员参考。

本书由广州铁路职业技术学院与（深圳）高新现代智能系统股份有限公司合作编写。在编写与审稿中，得到了高新现代智能系统股份有限公司的陈亮、李明、方志鹏 3 位工程师的大力支持。

由于编者水平有限，书中难免有不当和疏漏之处，恳请业内人士批评指正。

编 者

2020 年 7 月

教学资源索引

序号	教学资源名称	链接/二维码	对应知识点	对应页码
1	智慧职教《城市轨道交通机电技术（广州铁路）》		所有知识点	—
2	职教云《自动售检票系统》		所有知识点	—
3	自动售检票系统认知		项目一	008
4	自动售检票系统车站计算机系统操作		项目二	076
5	自动售票机内部结构展示		项目三	106
6	TVM 单程票模块工厂测试视频		项目三	113
7	TVM 单程票出票或回收票流程		项目三	118
8	TVM 单程票进废票箱流程		项目三	118
9	自动售票机使用与操作		项目三	127
10	自动售票机单程票售票过程		项目三	127
11	闸机内部结构展示		项目四	182

12	闸机机芯工作原理		项目四	190
13	直流电机带动扇门运动视频		项目四	191
14	断电情况下手动带动扇门运动视频		项目四	191
15	断电情况下电磁铁为断开状态（非闭合）		项目四	191
16	闸机机芯工厂测试视频		项目四	191
17	闸机单程票回收		项目四	194
18	闸机单程票进票箱 1 流程		项目四	201
19	闸机单程票进票箱 2 流程		项目四	201
20	闸机单程票退票流程		项目四	201
21	闸机使用与操作		项目四	209
22	人工售票机使用与操作		项目五	263

目录
CONTENTS

项目 1　自动售检票系统（AFC）认知……1

任务 1.1　自动售检票系统（AFC）简介……1

1.1.1　自动售检票系统发展背景——城市轨道交通发展概况……1

1.1.2　自动售检票系统概况……2

1.1.3　自动售检票系统的发展历程……2

1.1.4　AFC 技术发展展望……4

任务 1.2　自动售检票系统的定义与组成……6

1.2.1　自动售检票系统定义……7

1.2.2　自动售检票系统的组成……7

任务 1.3　自动售检票系统的结构与架构……8

1.3.1　自动售检票系统的结构……8

1.3.2　自动售检票系统的基本架构……10

任务 1.4　自动售检票系统运营管理模式……13

1.4.1　正常运营模式……13

1.4.2　降级运营模式……13

1.4.3　紧急运营模式……15

1.4.4　运营模式组合……15

任务 1.5　城市轨道交通票卡媒介……16

1.5.1　车票发展历程……17

1.5.2　车票分类……17

1.5.3　车票术语……26

1.5.4　票卡的发行与使用流程……31

1.5.5　车票的使用管理……35

任务 1.6 AFC 设备故障现场处置流程……36
1.6.1 故障分类……37
1.6.2 重大故障处置流程……37
1.6.3 一般故障维修流程……39
1.6.4 故障响应时间……40
练习题……40

项目 2 自动售检票系统（AFC）基础及其操作……44

任务 2.1 计算机基础……44
2.1.1 硬件……45
2.1.2 软件……45
2.1.3 微型计算机……45
2.1.4 工控机……48
任务 2.2 AFC 计算机系统与接口……52
2.2.1 系统结构……52
2.2.2 AFC 系统数据传输……60
2.2.3 AFC 计算机系统应用模块功能……64
2.2.4 AFC 系统与其他系统的接口……67
任务 2.3 AFC 系统常用关键部件……71
2.3.1 SAM 卡……72
2.3.2 车票读写器……72
任务 2.4 AFC 系统软件操作……76
2.4.1 AFC 系统软件简介……76
2.4.2 AFC 系统软件操作……77
2.4.3 车站计算机软件操作……84
练习题……95

项目 3 自动售票机（TVM）的使用与维护……99

任务 3.1 自动售票机（TVM）简介……99
3.1.1 自动售票机（TVM）简介……99
3.1.2 自动售票机（TVM）的功能……101
3.1.3 自动售票机（TVM）的工作方式……102
3.1.4 自动售票机（TVM）的整体架构……104

任务 3.2　自动售票机（TVM）的组成与部件分析……104
3.2.1　自动售票机的结构……105
3.2.2　自动售票机的组成部件……109
任务 3.3　自动售票机（TVM）的操作与使用……127
3.3.1　自动售票机乘客购票操作……127
3.3.2　自动售票机的运营操作……131
任务 3.4　自动售票机（TVM）的电气控制接线原理图分析……147
3.4.1　自动售票机电气控制原理图……147
3.4.2　自动售票机电气控制接线原理图……148
任务 3.5　自动售票机（TVM）的维修与保养……150
3.5.1　部件维护（测试）……151
3.5.2　自动售票机故障查询……155
3.5.3　自动售票机常见故障的维修……157
练习题……170

项目 4　闸机（自动检票机）的使用与维护……174

任务 4.1　闸机（自动检票机）简介……174
4.1.1　了解闸机……174
4.1.2　闸机的分类……175
4.1.3　闸机的功能……180
4.1.4　闸机的发展趋势……181
任务 4.2　闸机的整体组成与部件分析……181
4.2.1　闸机的整体组成……182
4.2.2　闸机的组成部件……183
4.2.3　闸机的关键部件……190
任务 4.3　闸机的操作与使用……209
4.3.1　闸机的开、关机操作……209
4.3.2　乘客进站操作及显示界面……211
4.3.3　乘客出站操作及显示界面……213
4.3.4　闸机的换票箱操作……214
4.3.5　闸机的工作运行参数设置操作……215
任务 4.4　闸机的电气控制接线原理图分析……217
4.4.1　进站闸机电气控制接线原理图分析……218
4.4.2　出站闸机电气控制接线原理图分析……224

4.4.3 双向闸机电气控制接线原理图分析……231
任务 4.5 闸机的维修与保养……235
4.5.1 闸机的基本维护操作……235
4.5.2 利用故障代码进行维修……246
4.5.3 闸机常见故障的维修……247
练习题……252

项目 5 人工售票机（BOM）的使用与维护……257

任务 5.1 人工售票机的结构与组成……257
5.1.1 人工售票机（BOM）简介……257
任务 5.2 人工售票机的电气控制接线原理图……261
任务 5.3 人工售票机的使用与操作……263
5.3.1 系统登录……263
5.3.2 系统管理……264
5.3.3 售卡……265
5.3.4 充值……271
5.3.5 车票异常处理……273
5.3.6 验卡……277
5.3.7 售团体票……278
5.3.8 退票退款……278
5.3.9 行政事务……280
任务 5.4 人工售票机的基本维护……282
5.4.1 SAM 卡管理……283
5.4.2 操作间休……283
5.4.3 软件维护……284
5.4.4 终端维护……285
5.4.5 设备重连接……285
5.4.6 部件维护……286
5.4.7 设备日志……286
5.4.8 数据管理……287
5.4.9 参数管理……288
5.4.10 密码修改……291
5.4.11 其他……292
5.4.12 退出……298

5.4.13 重启 ······298
5.4.14 关机 ······299
5.4.15 票务处理机操作快捷命令 ······299
任务 5.5 人工售票机的故障及处理 ······300
练习题 ······301

项目 6 其他 AFC 系统设备的使用与维护 ······303

任务 6.1 便携式验（检）票机（PCA） ······303
任务 6.2 自动验票机（TCM） ······304
6.2.1 自动验票机构造与功能 ······304
6.2.2 TCM 检修 ······306
6.2.3 故障模式和关闭模式下的显示 ······307
6.2.4 主要故障及处理 ······307
任务 6.3 分拣编码机（E/S） ······308
6.3.1 分拣编码机结构与功能 ······308
6.3.2 分拣编码机的基本操作 ······311
任务 6.4 AFC 辅助设备 ······313
练习题 ······314

附录 AFC 常用术语及缩写 ······318

参考文献 ······320

项目 1

自动售检票系统（AFC）认知

国内城市轨道交通大发展促进了自动售检票系统（AFC）技术的发展。

本项目介绍了自动售检票发展的背景、概况，以及该技术的发展历程和发展方向，使学生对自动售检票系统有一个基本的认知，了解自动售检票系统运营管理模式和自动售检票系统信息源头——票卡媒介的相关知识。

任务 1.1 自动售检票系统（AFC）简介

任务目标

（1）了解自动售检票系统发展的背景。

（2）熟悉自动售检票系统的概况。

（3）了解自动售检票系统的发展历程。

（4）了解自动售检票系统（AFC）技术发展的方向。

1.1.1 自动售检票系统发展背景——城市轨道交通发展概况

交通运输对社会的发展具有深远的影响，它改变了人类的生活方式，并带动了区域经济的发展。而交通运输的重要组成部分——轨道交通则是其中的重要环节。高效、畅通的轨道交通是我国交通运输业发展规划的重要内容。

城市轨道交通是指具有固定线路、铺设固定轨道、配备运输车辆及服务设施等的城市交通设施。城市轨道交通是一个范围外延很大的概念，在国际上没有统一的定义。一般而言，广义的城市轨道交通包括城市铁路、有轨电车、地下铁道、轻轨交通、磁悬浮轨道交通等，是一个复杂而庞大的交通系统；狭义的城市轨道交通特指地下铁道、轻轨系统。

目前，随着我国经济的发展以及城市化的推进，地铁正在从一、二线城市推向三线城市。到 2020 年，符合国家建设地铁标准的城市还会增加，预计未来拟修造地铁（含轻轨）的三线城市大约有 50 个。

截至 2019 年 12 月 31 日，国家发改委批复建设城市轨道交通的城市包括北京、上海、广州等 44 座，113 个城轨规划，超过 11 657.94 千米。

从我国各城市的轨道交通制式情况来看，2019 年城市轨道交通开通地铁制式最多，有 42

条地铁新增运营线路，占比达到 79.25%，新增运营里程 827.73 千米，车站数 553 座；有 6 条现代有轨电车新增运营线路，占比为 11.32%，新增运营里程 76.97 千米，车站数 87 座；有 5 条市域快轨投入运营，占比为 9.43%，新增运营里程 119.42 千米，车站数 38 座。可见，地铁仍是目前各大城市轨道交通制式优先选择。如表 1-1 所示。

表 1-1　2019 年中国内地城市轨道交通新增运营线路统计表（按制式划分）

系统制式	新增运营线路数/条	新增运营里程/千米	车站数/座
地铁	42	827.74	553
现代有轨电车	6	76.97	87
市域快轨	5	119.42	38
合计	53	1024.12	678

截至 2019 年 12 月 31 日，国内共有 40 座城市开通城市轨道交通，运营线路总长度 6882.13 千米，车站数 4416 座。其中 2019 年新增运营线路总计 1024.12 千米，车站数 678 座。

据数据统计，2019 年我国城市轨道交通新增开工线路达 56 条，分布在北京等 23 座城市，城轨线路新开工里程 1474.31 千米，车站数 661 座。（摘自：RT 轨道交通《2019 年中国城市轨道交通市场数据报告》）

由此可见，2019 年，我国轨道交通行业发展又向前跨出了一大步。经过 50 年的努力，我国已成为轨道交通建设和运营的大国。

1.1.2　自动售检票系统概况

自动售检票系统，简称 AFC（Automatic Fare Collection）系统。是国际化大城市轨道交通运行中普遍应用的现代化联网收费系统。上海、北京、广州、天津、深圳、南京等大城市的轨道交通地铁车站都广泛使用了 AFC 系统，AFC 系统是城市轨道交通系统发展的一个趋势，也是城市信息化建设的一个重要体现。

自动售检票系统是融计算机技术、信息收集和处理技术、机械制造于一体的自动化售票、检票系统，具有很强的智能化功能的全封闭式系统，既要维护正常的乘客出入站的工作，也要保障运营企业的票款收入，科学地统计客流，为轨道交通的健康发展和科学运转提供基础支撑。

据 RT 轨道交通《2019 年城市轨道交通 AFC 系统市场报告》统计结果显示，目前我国内地已开通城市轨道交通运营总里程 6018.63 千米，车站总数 4416 座，车站设置闸机通道共计 78 991 个，设置售票机（含云购票机）共计 38 111 台，设置半自动售票机共计 11 416 台（来源：中国信息产业商会自动收费系统专业委员会）。

1.1.3　自动售检票系统的发展历程

1967 年，法国巴黎地铁安装了世界上第一套 AFC 系统。

国内轨道交通 AFC 系统的发展经历了从无到有的过程，随着计算机技术和软件的发展，我国城市轨道交通 AFC 系统和技术已与城市公共交通“一卡通”接轨，实现城市甚至城市区间的“一卡通”。

1971 年 1 月，北京地铁一期工程线路开始试运营，其后的近 20 年时间里，在国内乘坐地铁使用的都是纸质车票，没有自动售检票的设备，靠人工进行售检票（见图 1-1、1-2）。

直到 20 世纪 80 年代末，上海地铁开始自主研制 AFC 系统，并在一号线的徐家汇等车站成功试用，结束了人工售检票的历史。

图 1-1　北京地铁早期照片

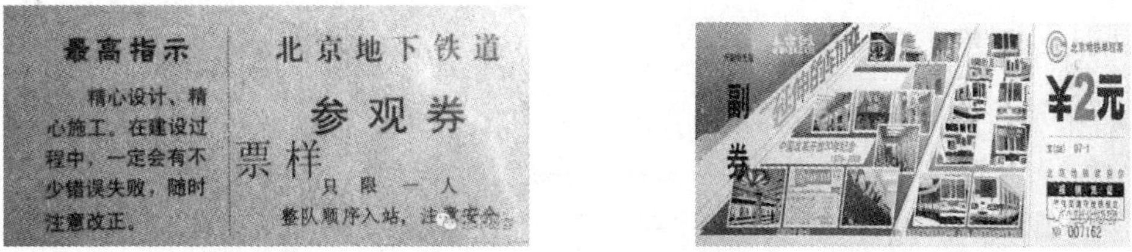

图 1-2　北京地铁纸质车票

从 AFC 系统发展历史来看，经历了三个阶段。

1. 引进+合作发展阶段（1993—2004 年）

当时国际著名的 AFC 专业厂家，如美国的寇比克（CUBIC）、法国的 CGA（后来被泰雷兹 Thales 收购）和日本信号（Nippon Signal）等，通过产品和系统的推介，把其 AFC 系统的技术特性推荐给了国内地铁公司。同时，香港地铁的成功运营经验也传授给内地地铁同行，这些都为广州地铁和上海地铁的 AFC 系统在建设之初就拥有严谨和基本完善的系统框架奠定了基础，2000 年前后，国内第一轮城市轨道交通建设高潮的到来，北京、上海、广州、大连、天津、深圳、武汉、重庆和南京的城市轨道交通项目陆续上马。

2. 国产化阶段（2004—2015 年）

1999 年，国务院办公厅转发国家计委《关于城市轨道交通设备国产化实施意见的通知》明确规定：城市轨道交通项目，无论使用何种建设资金，其全部轨道车辆和机电设备的平均国产化率要确保不低于 70%，对 AFC 系统的国产化提出了明确的要求。上海普天、上海华虹计通、上海华腾、南京熊猫、中软万维、方正国际、深圳现代、浙大网新、广电运通等厂家，在经历了国内组装、部件供应、合作开发等阶段之后，初步具备了独立设计和建造的能力，使 AFC 系统的国产化工作取得了重大进展。2003 年发布了《地铁设计规范》（GB 50157—2003），其中第十八章就是“自动售检票系统”，明确规定了 AFC 系统的功能和接口要求；2006 年发布了《城市轨道交通自动售检票系统工程质量验收规范》（GB 50381—2006），明确了 AFC

系统的工程质量规范以及验收流程和标准；2007 年发布了《城市轨道交通自动售检票系统技术条件》(GB/T 20907—2007)，明确了 AFC 系统的五层架构体系以及各层架构的技术条件和接口要求；2011 年发布了《城市轨道交通自动售检票系统检测技术规程》(CJJ/T 162—2011)，明确了五层架构体系下 AFC 设备单机测试和联机测试的规程。上述这些规范的制定，使 AFC 在国家层面上形成了一套涵盖设计、建造、检测和验收全过程的标准体系。目前，国内 AFC 企业已经掌握了 AFC 系统的核心技术，能够自主开发全套应用软件，具备专用设备的整机与模块的设计和生产能力。各企业之间分工合作、各有侧重，大致分为以下几种类型：

(1) 系统集成企业，如上海普天、上海华虹计通、中软华腾、南京熊猫信息、中软万维、方正国际、深圳高新现代、浙大网新、新科佳都等。

(2) 设备生产企业，如广电运通、上海华铭、上海怡力、苏州雷格特、青岛博宁福田等。

(3) 专用模块生产商，如艾弗世、固力保、深圳雄帝、深圳德卡、北京迪科等。

(4) 国外专用设备和专用模块的国内代理，提供纸币识别模块、硬币识别模块以及扇门模块等专用模块，如南方银通、德银、金瑞致达等。

(5) AFC 专业维护服务商，如锦源汇智、南方银通、北京地铁科技、广电运通等。

3.“互联网+”发展阶段(2015 年以后)

2008 年 7 月，广州地铁与中国移动合作，在闸机上开通手机支付，乘客使用 NFC(近场通信)手机或者装用特制 SIM 卡的手机直接刷手机过闸，但是由于各种原因，这个项目没有向乘客全面推广使用。2015 年 6 月，寇比克在伦敦地铁的闸机上测试刷 VISA、万事达、Apple Pay 等电子票证方式过闸功能。与此同时，国内业主单位和供货商也将互联网等新技术运用到 AFC 系统上。2014 年，就有国内厂商在 AFC 年会上提出二维码和移动支付等技术在 AFC 系统上的应用。2015 年底广州和深圳两个城市先后上线了基于互联网支付技术的云售取票机设备。2016 年，广州地铁陆续开通了二维码/银联/NFC 过闸功能；上海、北京、深圳、苏州、宁波、长沙、南宁等 20 多个城市地铁也在 2016—2017 年陆续开通了 App+现场取票或者使用移动支付在 TVM(自动售票机)购票或者刷手机过闸等功能。

1.1.4 AFC 技术发展展望

AFC 系统是服务乘客的全封闭系统，是衡量地铁乘客服务质量的“标尺”。地铁业主、集成商和设备生产商都在积极进行各种尝试，使 AFC 系统更好用、更易用、更耐用，最大限度地为乘客提供良好的出行服务。随着移动支付、大数据、云计算技术的快速发展，原来的各种设想都变成了现实。自动售检票系统主要的技术创新可以从以下几方面来展望。

1. 互联网+大环境下的快捷支付方式频增

随着银联云闪付、手机 NFC、支付宝、微信甚至刷脸支付等各种支付方式的出现，新的支付技术有效解决了购票效率低、客流高峰期排队购票时间长、车票单次使用成本大等问题，同时也为不常用地铁出行的乘客(包括外地乘客)提供了更多便捷的出行体验。据 RT 轨道交通《2019 年城市轨道交通 AFC 系统市场报告》统计结果显示，目前已开通轨道交通的 38 个城市均实现了互联网支付功能，包括互联网购/取票、扫码过闸，以及手机 NFC 过闸等。以互联网支付技术应用为契机，各地铁公司或选择自建互联网票务平台与官方 App，或选择利用主流互联网支付方式实现地铁出行的便利。目前，各地铁公司采用的互联网购票支付入口主要包括地铁官方 App、商业银行 App、银联云闪付、支付宝、微信等五种。

2. AFC 系统设备的变化

随着互联网取票、移动支付购票和手机扫码（蓝牙）过闸的应用，AFC 系统设备也发生了相应的变化，如出现了云闸机（iAG）、云售票机或者互联网取票机（iTVM）、智能客服机（iBOM）和云票务平台等新的设备和新系统。

变化之一是现场设备功能更强大，但结构简化。iAG、iTVM 和 iBOM 不仅能处理传统的车票业务，还可以要求兼容新兴的各种支付方式，如二维码技术、PBOC3.0、手机 NFC、银联闪付和 HCE 等技术。同时，为了实现与互联网的实时通信，部分设备还具备移动网络通信功能。但与此同时，设备的机构却越来越简单。如 iTVM 省去了识别和找兑现金的纸币和硬币模块，iAG 不再需要考虑回收单程票，省去了复杂、笨重的车票回收模块，有的厂家甚至用一台 PAD 控制一个门模块来完成原来需要很多模块组合才能完成的功能。

变化之二是系统结构发生了变化，对网络依赖越来越强。新的 AFC 系统采用“互联网+”的模式，将移动通信、物联网、互联网计算技术、人工智能技术与传统的系统相结合，打造适合未来发展趋势的 iAFC。由于移动支付和互联网+的紧密关联，AFC 系统更加依赖互联网与第三方支付平台和 App 平台等进行数据交互，对 AFC 系统的可靠性、安全性、实时性和开放性的要求越来越高。针对这些变化，各地 AFC 系统在升级改造时对地铁内部通信传输网络进行了加强或调整，实现双联路通信，保证数据传输的可靠性。同时，在原来 AFC 系统五层传统架构下，增加互联网票务管理平台，实现与外部的支付平台、第三方业务平台对接，以将客流和交易数据传回到现有 AFC 系统，实现数据的汇总和清分，如图 1-3 所示。

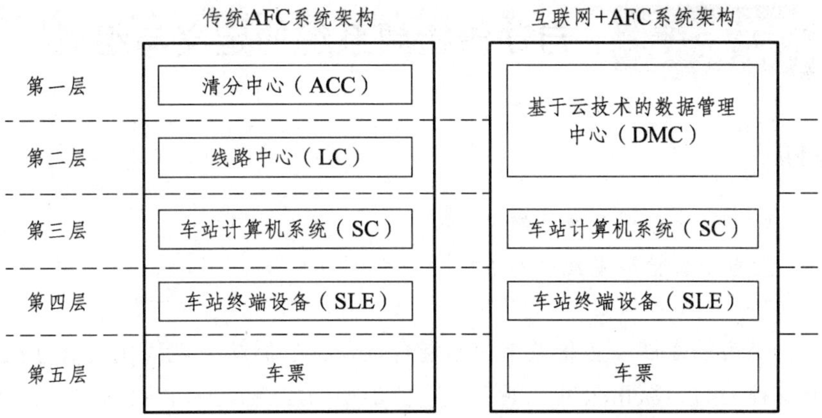

图 1-3　传统 AFC 系统与互联网+AFC 系统架构

3. 新集成商出现，带来新的冲突和调整

在互联网+的冲击下，AFC 供应商中出现了一批带有互联网行业或者金融行业背景的公司，他们成功地获得了一些互联网+AFC 的改造项目，如腾讯在深圳、阿里在杭州、小码联城在西安、八维通在无锡和福州、优城在宁波、如易行在北京、佳都数据在广州的项目等。这些公司有很强的资源支持，有的已经在各地布局公交的移动支付，有的则有银联、阿里、腾讯等互联网企业的支持，对传统的 AFC 集成商将构成不小的冲击，迫使各集成商做相应的调整。

4. 旧系统需要不断升级改造

由于新技术的不断出现，已建成的 AFC 系统急需升级改造。新的改造项目对 AFC 生产厂家来说是好事，但是对于 AFC 运营管理者来说却是一件“烦心事”，AFC 系统刚建成并稳定运行，新的需求却又出现了。一方面要立项找资金，另一方面要调研确定改造升级技术路线，在保证系统正常运营的情况下，尽量悄无声息地完成升级改造。

5. 乘车实名化、票检一体化

随着轨道交通行业的快速发展，地铁客运量与日俱增，如何增强公共交通搭乘安全指数，保障市民乘客上下班健康安全成为新的关注点。尤其是 2020 年 1 月份以来，国内爆发的新冠肺炎疫情防控进入关键期，通过实名制可以达到乘客出行信息可查询可追溯的目的，从而确定同行者中是否已有人被新型冠状病毒感染或是病例的密切接触者。可以利用人脸识别等生物识别技术，推行地铁乘车实名制，帮助构建信用后付费的体系，从而建成更加智能、便捷、高效的 AFC 系统。2020 年 2 月 16 日起，深圳地铁全线网将全面启用实名制乘车，以确保地铁乘客信息可查询可追溯，实现重点疑似人员行程轨迹的有效跟踪，保障市民乘客健康、安全出行。2020 年 2 月 17 日，广州地铁宣布实行扫码实名乘车。2020 年 2 月 18 日起，青岛市公共交通和出租车行业实行实名制。

综上所述，智能技术的飞跃发展，将使 AFC 的未来有更多的变化，AFC 行业也将迎来更加繁荣、宽广的发展天地。

任务 1.2 自动售检票系统的定义与组成

任务目标

（1）理解自动售检票系统的定义。
（2）掌握自动售检票系统的组成。

随着现代化都市的发展，各种城市交通混合运营，急需解决现代化运营过程面临的诸多问题，如业务支撑能力，城市公共交通自动收费模型的建立，如何清分、管理、协调等。因此建立现代城市交通自动收费系统势在必行，而能够支持路网化运营管理的 AFC 系统则是城市交通自动收费系统的核心所在。基于路网化的城市交通自动收费系统模型如图 1-4 所示。

AFC 系统是城市轨道交通为社会提供服务的窗口，是运营收益核算的信息源点，AFC 系统的主要目的是解决自动售票、检票，提供更为灵活的收费方式和票务管理手段；针对多家运营商路网运营，履行路网内票务管理、收益管理等功能，使运营企业在成本、质量、服务等方面获得巨大的改善。

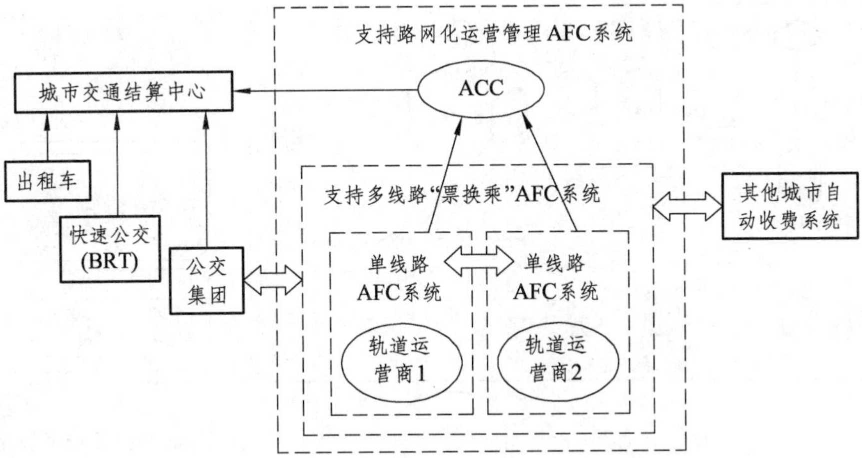

图 1-4　城市交通自动收费系统模型

1.2.1　自动售检票系统定义

自动售检票系统，即 Automatic Fare Collection system，简称 AFC 系统，是可以实现轨道交通售票、检票、计费、收费、统计、清分、管理等功能的全过程计程、计时的封闭式全自动收费系统。

1.2.2　自动售检票系统的组成

自动售检票系统主要由车站级设备和中央级设备组成，其中车站级设备有自动售票机（TVM）、进闸机、出闸机、双向闸机、票房售票机（BOM）、验票机（TCM）、手持式验票机（PCA）和车站计算机（SC），以及基于云技术出现的云闸机和云售票机等；中央级设备有编码分拣机（E/S）、线路中央计算机系统（LCC）、综合中央计算机系统（ICCS），以及基于云技术的数据管理中心（DMC）等。AFC 系统典型构成范例如图 1-5 所示。

AFC 系统的主要工作内容如下：

（1）实现中央级系统、车站级系统和终端设备之间的数据传输和处理。

（2）完成车票制作、售票、检票、票务统计等工作。

（3）及时准确地进行客流、票务数据的收集、整理、汇总和分析。

（4）实现城市轨道交通收益各方的清分结算及关联系统（如城市公交系统）等外部接口的清分结算，同时可通过银行或金融机构实现账务划拨。

从自动售检票系统的工作内容看，AFC 系统的具有发卡、售票、检票和结算四大功能。自动售检票系统向用户管理者提供一套封闭的管理系统，实现根据车票媒介上的信息完成对车票和旅客的合法性检查。

AFC 系统的优越性在于有利于提升轨道交通行业的社会形象和服务区域形象；有利于提高运营管理水平，保障票务收益；有利于管理责任落实，保证交易数据和票务信息的安全；有利于简化操作，方便出行，提高乘客的出行效率；有利于提供准确的客流及票务统计分析数据；有利于减少现金交易，人工记账及统计工作，提高准确率和效率。

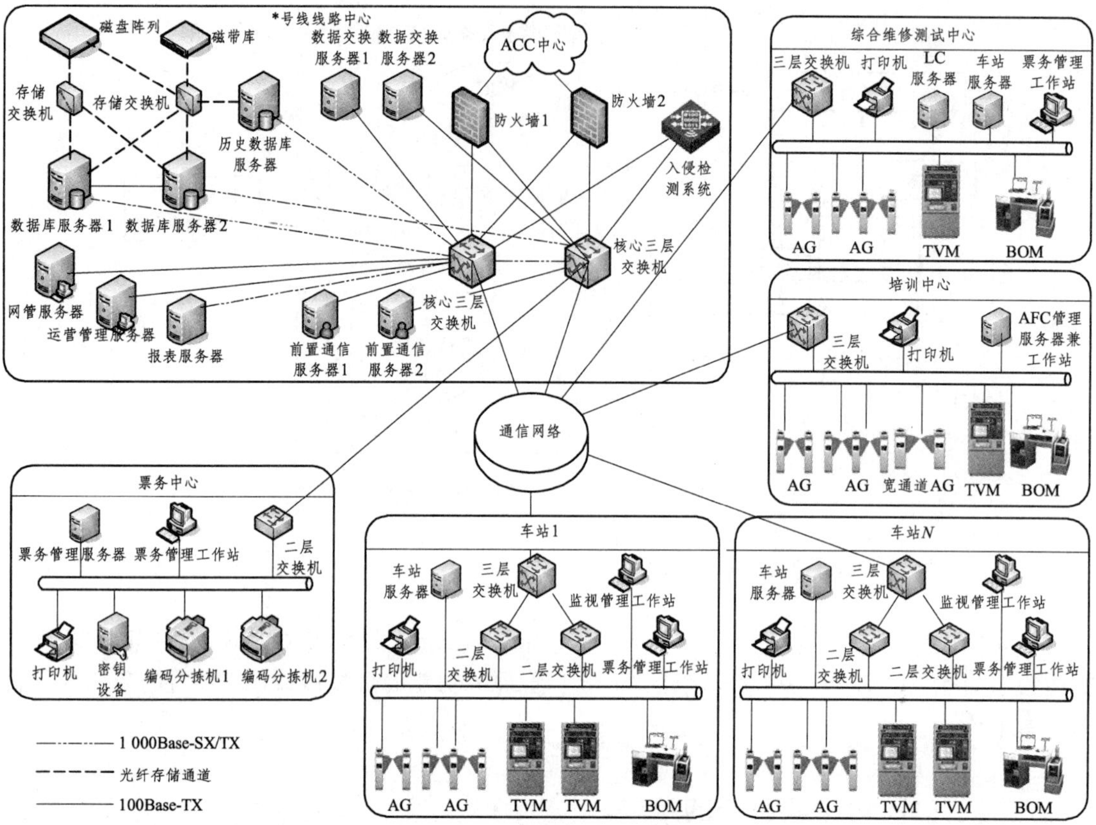

图 1-5　自动售检票系统典型构成

任务 1.3　自动售检票系统的结构与架构

自动售检票系统认知

任务目标

（1）掌握自动售检票系统的结构。

（2）掌握自动售检票系统的架构。

1.3.1　自动售检票系统的结构

系统的层次结构是按照 AFC 系统全封闭的运行方式，以计程、计时收费模式为基础，采用非接触式 IC 卡为车票介质的组成原则，根据各层次设备和子系统各自的功能、管理职能和所处的位置进行划分。

城市轨道交通自动售检票系统可划分为车票、车站终端设备、车站计算机系统、线路计算机系统、清分中心系统五个层次结构，如图 1-6 所示。

目前确定的五层次结构形式是基于我国现有国情和城市发展现状，综合考虑轨道交通建设的特点而设置。结构上具有伸缩延展性。近年来，基于互联网技术的迅猛发展，已有将互联网+云技术融入 AFC 系统，线路计算机系统和清分中心系统整合成基于云技术的数据管理中心（DMC）的四层次架构出现，本书仍然基于自动售检票系统的物理架构按五个层次来讲述。

各层次必须实现的功能与要求如下：

1. 第五层：票卡级（IC）

车票是乘客所持的车费支付媒介，第五层必须规定各种类型车票的物理特性、电气特性、应用文件组织以及安全机制等技术要求。规格采用 ISO14443 TYPE A 标准，预留规格应符合 ISO 14443 TYPE B 标准。车票媒介决定车站设备的选型，因此，确定车票媒介是一个非常重要的环节。目前选择非接触式智能卡（以下简称 IC 卡）最为普通。

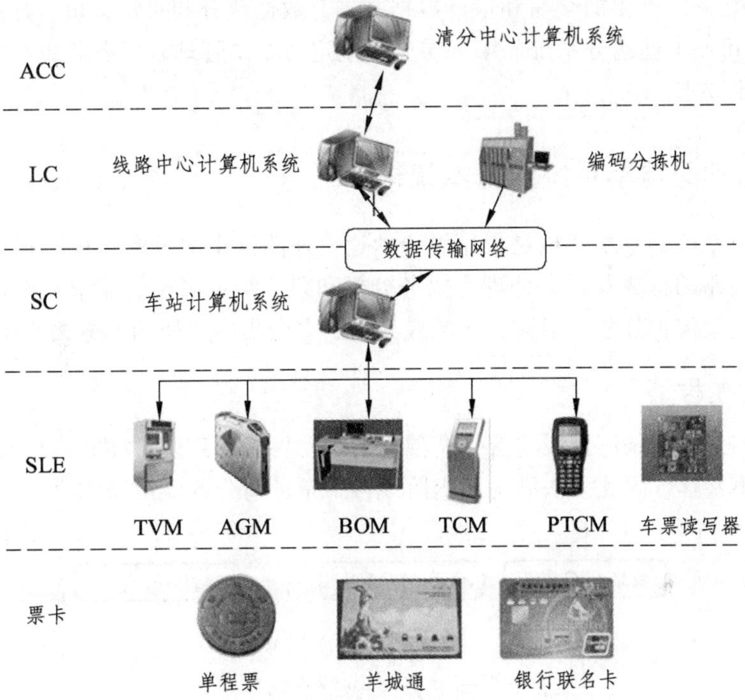

图 1-6　自动售检票系统整体层次结构

2. 第四层：设备级（SLE）

第四层设备是指车站终端设备，安装在地铁各车站站厅层，作用是直接为乘客提供售检票服务。第四层必须规定车站各终端设备及设备运营管理的技术要求。

车站终端设备根据 AFC 系统的票务规则验证车票的合法性，进行车票费用处理，收集票务信息并上传车站计算机系统，同时接收车站计算机下发的命令和参数。

3. 第三层：车站级（SC）

第三层车站计算机系统的作用是针对第四层车站终端设备进行状态监控、以及收集本站产生的交易和审计数据。第三层必须规定系统的数据管理、运营管理及系统维护管理的技术要求。

4. 第二层：线路级（LC）

第二层线路中心计算机系统是 AFC 系统的心脏。其作用一是参数管理，接收从 ACC 下发的参数，并管理本线路的参数；二是设备管理，定义并管理本线路下的所有车站和设备；三是存储并处理所有来自 AFC 现场设备和票务中心的数据、形成报告、发送参数、对 AFC 设备的软件升级（通过 SC）并控制 AFC 系统所有的操作功能。第二层必须规定对该线路的车票票务管理、运营管理及系统维护的技术要求。

5. 第一层：清分级（ACC）

第一层清分系统建立在城市轨道交通的各条线路中心系统（LC）之上，负责地铁系统内部各条线路之间的清分，以及与城市一卡通等其他清分中心系统的清分；处理和其他商业实体之间的财务清算。因此其作用是统一城市轨道交通 AFC 系统内部的各种运行数据，收集城市轨道交通 AFC 系统产生的交易和审计数据并进行数据清分和对账，负责连接城市轨道交通 AFC 系统和城市一卡通清分系统。第一层必须规定对车票管理、票务管理、运营管理和系统维护管理的技术要求。

1.3.2 自动售检票系统的基本架构

自动售检票系统的基本架构是根据城市轨道交通路网中的投资主体、运营管理、换乘方式、轨道交通线路的构成及票务处理、票务分析和票务结算系统的需求来设计的。常规的基本架构有线路式架构、分散式架构、区域式架构、完全集中式架构和分级集中式架构。

1. 线路式架构

线路式架构是在每条运营线建有一套独立的自动售检票系统，如图 1-7 所示。运营线路之间的票务信息不共享，因此无法满足站内跨线换乘票务清分的应用需求。

图 1-7 线路式架构

线路式架构适用范围：单线式轨道交通线路和分离式轨道交通线路。

2. 分散式架构

分散式架构如图 1-8 所示。

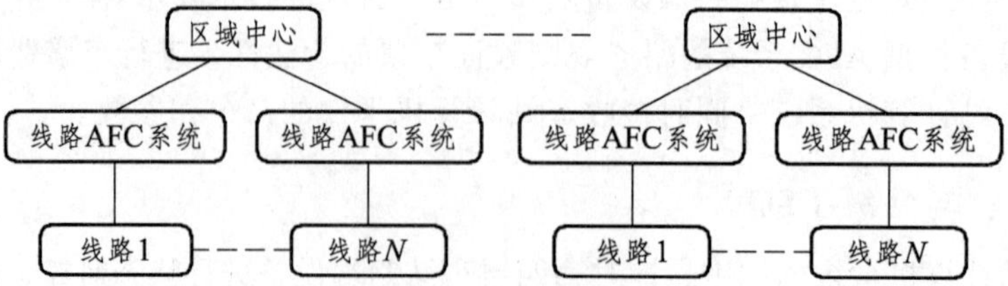

图 1-8 分散式架构

分散式架构的特点：

（1）轨道交通网络由若干个区域构成，各个区域相互独立。

（2）每个区域由若干条线路组成。

（3）由区域中心负责获取所管核范围内线路交易数据，各线路换乘结算模式，各线路跨线交易和清分。

分散式架构适用于条状形区域管理的轨道交通线路或由一个投资和运营方管理的多条轨道交通线路。

3. 区域式架构

区域式架构是在分散式架构和独立线路架构基础上设置一个路网中心，如图 1-9 所示。由区域中心负责获取所管辖的交易数据，以及其范围内各线路（跨线线路）的换乘清分与结算。路网中心负责全路网交易数据，确定区域中心和其他线路的换乘结算方式和公共接口，对区域中心和其他线路交易进行清分。路网中心具有转发数据、对账和结算等功能。

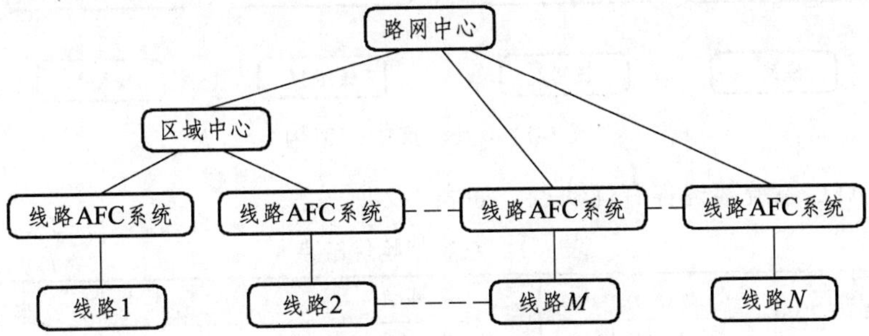

图 1-9　区域式架构

区域式架构适用范围：

（1）区域式轨道交通线路。

（2）独立式轨道交通线路。

4. 完全集中式架构

完全集中式架构不设置线路中央系统，如图 1-10 所示。

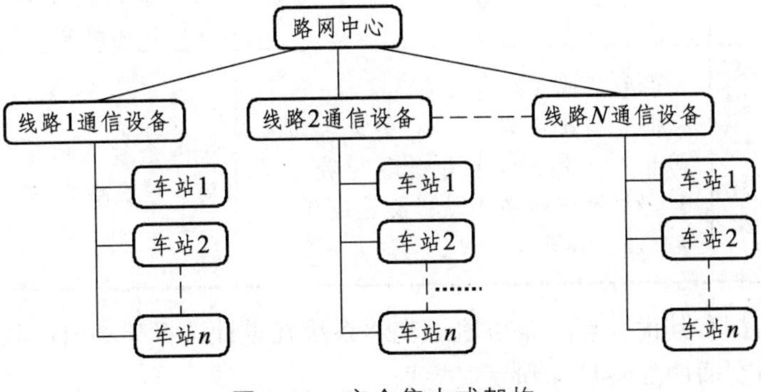

图 1-10　完全集中式架构

完全集中式架构的特点如下：

（1）完全集中式架构不设置线路中央系统进行清分处理。

（2）路网中心代替线路中央系统对各线路清分、统计和管理等。

（3）路网中心负责所有线路外部卡交易数据的收集、转发、处理、清分，负责车票统一编码和管理。

完全集中式架构适用于多个独立的运营商管理线路。

5. 分级集中式架构

分级集中式架构是在线路式架构的基础上设置一个路网中心，如图 1-11 所示。路网中心直接与各独立线路售票系统的线路中央计算机系统连接。路网中心负责交易数据，确定各线路换乘结算方式和数据公共接口，对跨线交易实时清分。

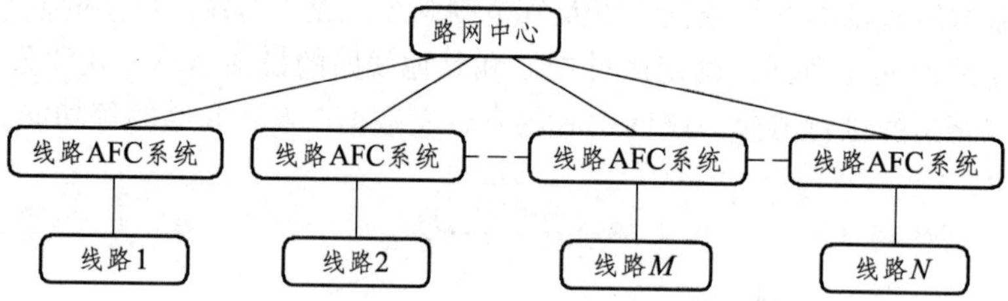

图 1-11　分级集中式架构

以上五种 AFC 系统架构各有优缺点，如表 1-2 所示。

表 1-2　系统架构优缺点

系统架构	线路式	分散式	区域式	完全集中式	分级集中式
优点	系统架构简单	系统架构简单，数据处理量小，可实现区域内线路间换乘	实现区域式管理，能将原有简单线路式系统进行统一管理和过渡	系统架构简单，线路扩展方便，投资少	系统架构合理，满足路网规划需要，投资少
缺点	难以适应路网规划，无法实现路网间换乘	难以适应路网规划，无法实现区域间换乘	系统架构复杂，查询和统计处理数据量大	增加清分和运营管理的复杂性，数据处理量大，对清分中心设备要求高，可靠性低于分级集中式。与路网规划存在冲突	清分处理数据量大，对清分中心设备要求高
适用范围	独立的单线式轨道交通线路或分离式轨道交通线路	条形区域管理的轨道交通线路或由一个投资和运营方管理的多条轨道交通线路	区域式轨道交通线路和独立式轨道交通线路	多个独立的运营商管理线路	适应范围广

由于各种架构都有其优缺点，城市轨道交通系统在设计选择架构时必须考虑以下因素：

（1）符合轨道交通的战略目标和发展规划。

（2）满足路网换乘便利。

（3）满足票务结算的需求。

（4）提高运营管理效率。

（5）AFC 系统稳定性好，具有较强适应性。

（6）AFC 系统应具有较好经济性。

任务 1.4 自动售检票系统运营管理模式

任务目标

（1）熟悉自动售检票系统的运行管理模式。

（2）了解自动售检票系统运营管理模式的组合运用。

城市轨道交通系统在不同运营情况下，需要自动售检票系统切换不同的运营管理模式。自动售检票系统包括三种运营管理模式：正常运营模式、降级运营模式和紧急放行模式。通常情况下，自动售检票系统在正常运营模式下自动运行。

1.4.1 正常运营模式

正常运行模式是系统默认模式，包括正常服务模式和关闭服务模式。正常服务模式下进行正常的售票、补票、检票等处理。关闭服务模式下，不对车票进行任何处理。

1. 正常服务模式

在通常情况下，自动售检票系统在正常运营模式（即系统默认模式）下自动运行。在该模式下，车站所有终端设备（票房售票机除外，需要操作员登录启动才能进入正常模式）通过中央计算机系统、车站计算机系统及本地控制正常启动和运行。正常模式下，AFC 系统设备正常运行，可以实现发卡、售票、检票及清分功能。表现在车站设备能处理乘客车票、发售车票或处理现金；检票机方向指示灯显示“通行”标志；各设备的乘客显示器显示允许使用等信息。

2. 关闭模式

通过中央计算机、车站计算机及检票机本地控制，可将检票机、自动售票机设为关闭模式。票房售票机未登录时为关闭模式。

表现在所有车站设备不能处理乘客车票、发售车票或处理现金；检票机扇门关闭，方向指示灯显示“禁止”标志；各设备的乘客显示器显示关闭及暂停使用等信息。

1.4.2 降级运营模式

降级运营模式是在轨道交通运营发生异常情况时采用的特殊的运行模式。当城市轨道交通发生火灾、爆炸、供电系统故障、运营列车故障等事故时，根据突发事件的具体情况，AFC 系统启用适当的、事先设定的非正常运行模式，不仅能够有助于事故救援，确保乘客人身安全，同时还能最大限度地配合运营方案的调整，将事故影响范围缩小。

非正常运行模式指令可从 AFC 系统中央计算机或车站计算机发出，自动检票机（AGM）、自动售票机（ATVM）以及票房售票机（BOM）接收到指令后，将按照相应的模式要求，改变其工作状态或工作方式，以满足轨道交通运营的需要。

由于运营故障的多样性，该运营模式又需要细分，如维护模式、车站设备故障模式、列车故障模式、降级模式等。

1. 维护模式

通过本地控制，车站维护人员可将车站终端设备如自动检票机、自动售票机等设置成维护模式，再对检票或售票设备进行测试和维护。

在维护模式下，所有设备不能处理车票及现金，但在特定命令下可以使用测试车票。自动检票机方向指示灯显示“禁止通行”标志，检票机处于关闭状态。各设备的乘客显示器显示暂停服务及相关维护信息。

2. 车站设备故障模式

车站设备发生故障时，设备自动进入故障模式。

故障模式下，维修人员根据各自权限等级将设备关闭或继续服务。

故障模式下会出现以下情况：

（1）设备无论处于暂停服务或服务状态，乘客显示屏显示有关故障代码。

（2）设备因故障出现暂停服务时，乘客显示屏显示故障信息及暂停服务等。

（3）检票机方向指示灯显示“禁止”标志，检票机处于关闭状态，设备能自动对发生的故障进行检测。

（4）故障恢复后，自动退出故障模式。

3. 列车故障模式

由于列车发生故障无法继续行驶而滞留在某区间或车站，部分车站正常运营受到影响，此时，这些车站的 AFC 系统则启动列车故障模式。

如上行方向有一列车运行至某站时发生故障无法继续行驶，可能造成上行方向该站及其后续各站的运营较长时间中断，乘客考虑改用地面交通。此时，该站及其后续车站的 AFC 系统启用列车故障模式。

（1）车站启用列车故障模式后，出站闸机对车票做以下处理：单程票均不回收，并在车票中写入出站码和列车故障模式信息；储值票均不扣费，并在车票中写入出站码和列车故障模式信息。

（2）车站的列车故障模式取消后，按照系统参数所设定的时段（如 7 天）内，有列车故障模式信息的单程票和储值票可在该运营线路的任何一个车站直接进站使用；出站时，根据实际车费进行检查，不足部分需补交。

4. 降级模式

1）进出站次序免检模式

当车站出现大客流集中进站，造成乘客拥挤时，车站 AFC 系统会启用进出站次序免检模式，开启站内进站闸机，乘客无须将车票经闸机处理便可直接进站。同时，AFC 中央系统立即将该信息下发到相关运营线路的各个车站。当各车站出站闸机检查到无进站信息的车票，将其作为某站进站的车票进行处理，车费不足部分需补交。若某一时段同时有 2 个或 2 个以上车站启用进出站次序免检模式，出站闸机将按其中车费最低的车站进行处理。

进出站次序免检模式结束后，相关车站对无进站信息车票的处理需根据所设定的参数（如 2 h）延长一段时间后方可取消，确保乘客顺利出站。

2）超程免检模式

当车站因突发事件而暂时关闭，列车不能在该站停车导致列车跳停后续车站停车时，需对该站上行方向的后续车站和下行方向的后续车站的 AFC 系统设置超程免检模式。

上下行后续车站出站闸机仅检查车票的相关进站信息（进站码、进站时间等），而忽略车票内的金额（不做超程检查）。单程票回收，储值票按最低票价扣费，确保因列车跳停导致超程的乘客顺利出站。

3）超时免检模式

由于列车延误等原因，造成大量车票超时乘客无法出站时，相关车站 AFC 系统需启用超时免检模式。超时免检模式生效后，出站闸机将忽略车票的进站时间信息（不做超时判断），但仍对进站码、进站日期、车票金额等进行检查，并按照正常票价扣费，不足部分需补交。

4）日期免检模式

由于 AFC 系统时钟出错等原因，造成大量车票过期乘客无法出站时，相关车站 AFC 系统需启用日期免检模式。日期免检模式生效后，出站闸机将忽略车票的有效期信息，但仍对进站码、进站时间、车票金额等进行检查，并按照正常票价扣费，不足部分需补交。

1.4.3 紧急运营模式

当车站发生火灾、爆炸等事故时，需立即疏散站内乘客。此时，车站启用紧急放行模式。可在中央计算机或发生事故的车站计算机上完成模式设置，也可通过该车站车控室内 AFC 系统配置的紧急按钮实现紧急放行模式指令的下发并实施。

（1）事故车站的站内设备接收到指令后，开启站内所有闸机通道，确保乘客无阻碍、快速离开付费区（AGM 不对车票进行处理）。AGM 付费区均显示“通行”标志，非付费区内均显示“禁止通行”标志；TVM 进入暂停服务状态；操作员界面出现紧急放行模式信息，提示操作员退出服务。

（2）AFC 中央计算机系统立即将该信息下发到与事故车站相关的运营线路的车站，相关车站内的 AGM 对车票进行正常处理，TVM、BOM 停止发售到事故站的车票。

（3）当车站紧急放行模式取消后，按照系统参数所设定的时段（如 7 天）内，符合以下条件的车票可在事故车站所属的运营线路中的任何一个车站直接进站使用：

① 事故车站启用紧急放行模式之前售出的单程票。

② 启用紧急放行模式之前，有事故车站当天的进闸标记、进站日期和时间的储值票。指这些票出站时，根据实际车费进行检查，不足部分需补交。

1.4.4 运营模式组合

为适应轨道交通运营中出现的各种异常情况，AFC 系统的非正常模式可进行组合使用，以便有效提高轨道交通的安全保障能力和运营服务质量。模式的组合如下所述。

（1）超程免检模式+超时免检模式。

（2）超程免检模式+日期免检模式。

（3）超程免检模式+进出站次序免检模式。

（4）超程免检模式+超时免检模式+日期免检模式。

（5）超程免检模式+超时免检模式+进出站次序免检模式。

（6）超程免检模式+日期免检模式+进出站次序免检模式。

（7）超程免检模式+超时免检模式+日期免检模式+进出站次序免检模式。

（8）超时免检模式+日期免检模式。

（9）超时免检模式+进出站次序免检模式。

（10）日期免检模式+进出站次序免检模式。

（11）超时免检模式+日期免检模式+进出站次序免检模式。

组合模式中，各模式相互独立运作，发挥各自作用。组合中含有超程免检模式的，出站时闸机均按最低票价扣费。列车故障模式在非正常运行模式中等级高于超程免检模式、进出站次序免检模式、超时免检模式和日期免检模式；当列车故障模式启用时，闸机按照该模式对车票进行处理。

任务 1.5 城市轨道交通票卡媒介

任务目标

（1）了解车票发展历程。

（2）熟悉车票的分类。

（3）熟悉车票术语。

（4）掌握车票的发行与使用流程。

（5）掌握车票的使用管理。

乘坐任何公共交通工具（如飞机、火车、地铁、公交车等）都必须购买车票。车票直接面对乘客，是乘客乘车的合法性凭证。车票从购买开始，记载了一次完整行程所需要的费用、时间、乘车区间等信息。

票卡媒介属于轨道交通 AFC 系统架构的第五层。是所有信息的源头。

在轨道交通系统中，售检票方式取决于不同的票卡媒介和设备。常见的轨道交通售检票方式有印制纸票人工售检票系统、印制纸票半自动售检票系统、一次性磁票自动（半自动）售检票系统、重复使用磁票自动（半自动）售检票系统、接触式智能卡自动（半自动）售检票系统、非接触式智能卡自动（半自动）售检票系统。以上六种售检票方式中采用的票卡媒介有纸质车票、条形码车票、单程磁卡、储值磁卡、接触式 IC 卡、非接触式 IC 卡。票卡不同，终端设备也不同，售检票模式也会变化。

根据售检票作业环境的不同，可以分为开放式售检票和封闭式售检票。

1. 开放式售检票

开放式售检票是指在车站不设检票口，乘客上车前（指进入付费区）或在列车上检票并随机查票的作业方式。一般适用于客流量较小的系统且要求乘客有较高的素质。

2. 封闭式售检票

封闭式售检票是指在乘客进出付费区前都要经过检票口检票的作业方式，一般分为人工售检票、半自动售检票和自动售检票三种。

1.5.1 车票发展历程

车票是乘客乘车的重要凭证，形式也多种多样。伴随轨道交通的发展，城轨车票经历了不同的发展历程。总结起来大致可分为四个阶段。

（1）轨道交通运营初期阶段。我国第一条地铁于1971年在北京建成通车，采用纸质车票。从1971年到2008年，纸票一直是最重要的票卡媒介。

（2）自动售检票系统的初始阶段。1999年，内地第一套地铁磁卡制式AFC系统在上海地铁一号线开通使用，票卡媒介由纸票向磁卡车票过渡。

（3）现代化联网收费系统阶段。2002年，内地第一个IC卡制式的地铁AFC系统在广州地铁二号线开通应用。票卡媒介从磁卡车票转变为智能卡车票。

（4）互联网+阶段。近年来随着智能手机的普及，手机已成为人们重要的通信工具，以手机作为支付媒介的手机支付成为发展的焦点，车票媒介进入新阶段。

1.5.2 车票分类

不同车票媒介依托的技术不同，记载信息的方式和数量不尽相同，导致识别的方式不一样，识别的终端设备也各不相同。就城市轨道交通来说，这会影响到AFC系统架构和车站终端设备的选择。常用的车票媒介识别方式有人工和自动识别两种。

常见的票卡媒介有四种，如图1-11所示。

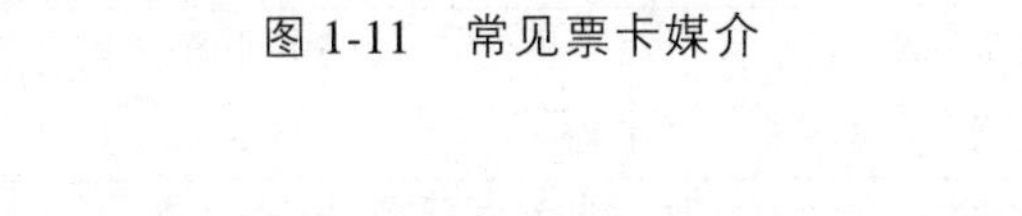

图1-11 常见票卡媒介

1. 纸质车票

纸票车票可分为普通车票和条形码（包括二维码）纸票，普通纸票是将车票的相关信息印制在票面（纸质）上，由票务人员视读确认。票面上的基本信息包括：车票编号、出票站点、乘车日期、乘车车次、乘车区间、票款金额、时间限制以及换乘信息等。条形码纸质车票在使用时通过检票设备读取车票信息。

纸票由存根、主券、进站副券和出站副券构成。在使用时存根留给地铁运营公司作为票款稽查使用，主券作为乘客报销纪念留用，进站副券和出站副券分别在进出站时由工作人员检票用。纸票不能做储值票，只能做单程票或特殊用途的车票。

2. 磁卡车票

磁卡车票是一种利用磁记录介质完成记录的车票，如图 1-12 所示。

磁卡的一面带有提示性指导（如插卡方向），背面印着磁层或磁条，结构上由 2-3 个磁道组成，用来记录车票信息，如图 1-13 所示。磁卡上的磁条由铁性氧化粒子按一定规则排列，使用树脂黏合剂粘在纸或塑料材质的非磁基片上，形成了纸质磁性票卡或塑制磁性票卡。

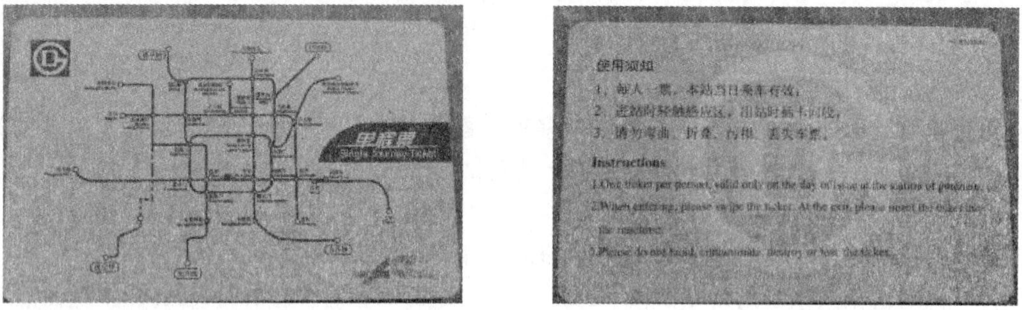

（a）磁卡单程票正面　　（b）磁卡单程票背面

图 1-12　磁卡

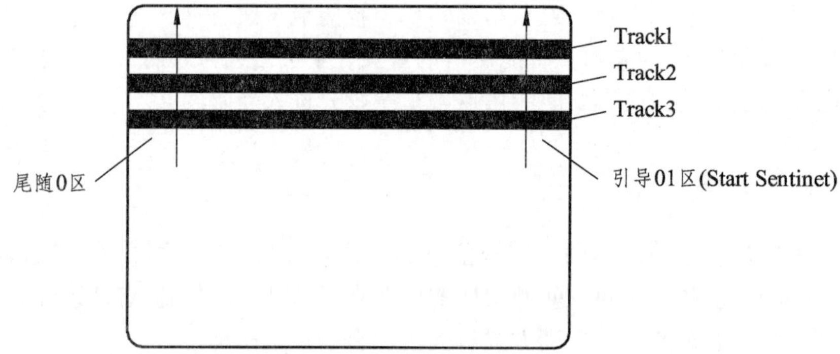

图 1-13　磁卡磁道分布

磁条与磁道说明如表 1-3 所示。

表 1-3　磁卡磁道说明

磁道	可记录的字符	字符容量	读写说明
TK1	数字（0~9）字母（A~Z）和其他一些符号(如括号、分隔符等)	最大可记录 79 个数字或字母	在一般应用中为只读
TK2	数字（0~9）	最大可记录 40 个字符	在一般应用中为只读
TK3	数字（0~9）	最大可记录 107 个字符	在一般应用中既可以读出，也可以写入，信息是可以修改的

磁卡车票配合自动检票机使用，乘客只需按照方向指示刷卡进、出站。磁卡车票因自动化程度高和可循环使用的优势淘汰了纸质车票。但随着磁卡车票的应用，其弊端也逐渐显现，

如长期使用时容易消磁，需要额外维护成本；破解后不再安全，可以被伪造；使用时有一定难度，必须正确刷卡，有方向要求。因此，磁卡车票逐渐被智能卡车票取代。

3. 智能卡车票

1）智能卡车票综述

智能卡又称为集成电路卡或 IC 卡。英文为 Integrated Circuit Card 或 Smart Card。结构为标准的塑料基片内置集成电路芯片，卡面外观与磁卡车票相似。智能卡根据读写方式分类可分为接触式智能卡、非接触式智能卡和双界面卡。IC 卡有 TYPE A、B、C 卡三种标准选择。

ISO 委员会于 1997 年接受的标准是 ISO 14443A。这种标准技术最初由奥地利 MIKRON 公司开发，于 1996 年被 PHILIPS 所获取。1997 年 ISO 委员会批准了此标准。ISO 14443A 使用 100%的信号调制深度，这意味着读写器需要停止辐射区域信号来定义时间周期。A 卡是先有技术和市场，后有标准。MOTOROLA 和 ST 公司发现这种调制不适合于需要连续时钟信号的微处理器操作，提出了一种使用 10%信号深度的新的调制标准，这种技术标准可以提供连续的时钟信号。这个新的标准，即 ISO 14443B 被 ISO 委员会于 1998 年批准通过。B 卡是先有标准，后有技术和市场。SONY 公司的 Felica 系列卡在技术上有其独到的设计，接近于 TYPE B 标准，在香港八达通及亚洲许多大城市成功应用，在业内通称其为 TYPE C 技术。

TYPE A/B/C 卡的差异主要表现在由模拟信号向数字信号转变过程中的调制和编码两方面，如表 1-4 所示。

表 1-4　TYPE A/B/C 卡的差异

IC 卡	TYPE A		TYPE B		TYPE C	
	PCD→PICC	PICC→PCD	PCD→PICC	PICC→PCD	PCD→PICC	PICC→PCD
调制方式	100% ASK	OOK	10% ASK	BPSK	10% ASK	OOK
位编码方式	修正的米勒	Manchester	NRZ	NRZ	Manchester	Manchester
通信速率	106 kb/s	106 kb/s	106 kb/s	106 kb/s	212 kb/s	212 kb/s
副载波	—	有，847 kHz	—	有，847 kHz	—	无

注：ASK——Amplitude Shift Keying（振幅偏移键控法）；
BPSK——Binary Phase-Shift Keying（二进位相移键控法）；
OOK——ON/OFF Keying（开关键控法）；
NRZ——NON Return Zero（不归零）。

TYPE A/B/C 卡在技术特性上的主要优缺点如表 1-5 所示。

表 1-5　TYPE A/B/C 卡在技术特性上的主要优缺点

项目	TYPE A	TYPE B	TYPE C
信号层	优点：信息区分明显，受干扰的机会少，不容易误操作； 缺点：信号是间断性的，电源能量可能会出现波动	优点：信号是连续的，不会出现能量的波动； 缺点：信息区分不明显，相对来说易受外界干扰，会有误信号出现	优点： 1. 同 B； 2. 由于不使用副载波，通信速度极快； 3. 支持 ISO/IEC18092 的 NFC

续表

项目	TYPE A	TYPE B	TYPE C
防冲突	优点：防冲突特性可以控制在位（bit）层次上； 缺点：典型常用的 M0/M1 卡通信帧中无 NDA，一次仅能处理一张卡	优点：通信帧中带有 NDA，可以同时处理多张卡； 缺点：防冲突只能控制在信息（message）层次上	防冲突通过 TimeSlot 控制；一次仅能处理一张卡
应用层	缺点：数据读写容易出错，容错设计复杂	—	1. 一次支持读写 8 个块的数据； 2. 读写失败后具有自动恢复功能

TYPE A /B/C 卡的典型企业与产品如表 1-6 所示。

表 1-6　TYPE A/B/C 卡的典型公司及产品

标准	典型主流公司及其产品
TYPE A	1. PHILIPS 和 Infineon 公司的 Mifare 系列产品，如 M11K（S50）、M14K（S70）、M0（Ultralight）、DESFIRE 等； 2. Inside 公司的 A 版本 PICOPASS 产品； 3. 复旦微电子/华虹的产品，如 FM11RF08/32、11FM11RF32 等
TYPE B	MOTOROLA、ATMEL、TI、Inside 等公司所提供的产品，如 AT88RF02、PICOPASS 2K 等
TYPE C	SONY 公司的 Felica 系列产品，如 RC-S831、RC-S833、RC-S860、RC-S919 等

TYPE A/B/C 卡的市场应用分布如表 1-7 所示。

表 1-7　TYPE A/B/C 卡的市场应用分布

城市	单程票	储值票	标准
北京	Ultralight（M0）	M1（S50）	A—Mifare
上海	FM11RF005	FM11RF08/32	A—复旦/华虹
广州	AT88RF02，Ultralight	M1（S50），FM11RF32	A—Mifare/复旦，B—Atmel/Mifare
武汉	Ultralight（M0）	M1（S50）	A—Mifare
重庆	Ultralight（M0）	M1（S50）	A—Mifare
大连	Ultralight（M0）	MifarePro（双界面）	A—Mifare
天津	磁卡	M1（S50）	A—Mifare
南京	Ultralight（M0）	Desfire	A—Mifare
深圳	RC-S919	RC-S831/833	C—Felica
香港	磁卡	RC-S831/833	C—Felica
新加坡	Felica（卡式）	Felica（卡式）	C—Felica
印度新得里	Felica（Token 式）		C—Felica

续表

城市	单程票	储值票	标准
泰国曼谷	—	Felica（卡式）	C—Felica
日本铁路	磁卡	Felica（卡式）	C—Felica
韩国光州	电子标签 Token 式	M1（S50）	A—Mifare
巴黎	TYPE B（纸卡）	TYPE B（纸卡）	B

TYPE A /B/C 卡的综合比较如表 1-8 所示。

表 1-8 TYPE A/B/C 卡性能综合比较

IC 卡	TYPE A		TYPE B	TYPE C
	M1S50	SESFIRE		RC-S83X
存储容量	一般	较大	一般	较大
安全设计	逻辑加密	CPU 双向认证	逻辑加密	CPU 双向认证/通信加密
读写速度	低		中等	较快
技术开放性	具专利，不完全开放		完全开放	受保护，不开放
技术发展性	较好		不明朗	一般
系列化产品	有，较丰富		较少	一般
成本价格	低	较高	一般	较高
供货周期	快速		一般	慢
供货厂商	支持较多		一般	仅 SONY
市场应用	广泛的应用	一般	较低	一般

基于以上比较，在 IC 卡选择上，各使用方需要根据自身条件综合选择。

A 卡虽然技术不是最优，但具有最为广泛的应用市场及经验，成本价格也较低，目前是国内最为流行的首选卡标准；其中尤以 Mifare 系列产品占主导，Mifare 产品中的 DESFIRE 卡在技术上已有较大发展，很可能是未来国内 AFC 市场的主导卡型。根据上述特点，A 卡较适合于中低端的市场应用。

B 卡在技术上稍优于 A 卡，但由于主要支持厂商的退出、市场拓展始终不理想等因素，导致其目前有停滞衰退的趋势，暂不建议考虑此标准卡的选择。

C 卡在技术上对 AFC 应用有非常独到的优势，其高度的安全性技术、快速的读写、自动备份恢复机制等都是 A、B 卡所无法具备和比拟的，尤其是其安全技术甚至通过了 ISO15408“EAL4”等级认证，是世界上首个获得如此高安全等级的 IC 卡。但其成本较高，供应厂商目前仅 SONY 一家，市场应用虽然也有一定规模，但相对 A 卡还是较小。根据上述特点，C 卡较适合于高端市场应用。

2）非接触式智能卡

非接触式智能卡是目前在地铁中应用最广泛的票卡媒介形式，又称射频卡。它成功地将射频识别技术和 IC 卡技术结合起来，结束了无源（卡中无电源）和免接触这一难题，是电子器件领域的一大突破。非接触式智能卡由 IC 芯片、感应天线组成，两者被封装在一个标准的 PVC 卡片内，芯片及天线无任何外露部分。读写时，卡片在一定距离范围（通常为 5 ~ 10 cm）

靠近读写器表面，通过无线电波的传递来完成数据的读写操作。目前国内各城市轨道交通专用车票都采用非接触式智能车票，其封装形式主要分为筹码型和卡型两种。筹码式单程票的封装形式为 TOKEN，常用规格有直径为ϕ 30 mm±0.2mm、厚 3 mm±0.2 mm 和直径为ϕ 30 mm±0.2 mm、厚 2 mm±0.2 mm 两种。卡片式单程票的封装形式为薄卡形，卡的尺寸为长 85.47 ~ 85.72 mm，宽 53.92 ~ 54.03 mm，厚 0.40 ~ 0.58 mm。其结构如图 1-14 所示。

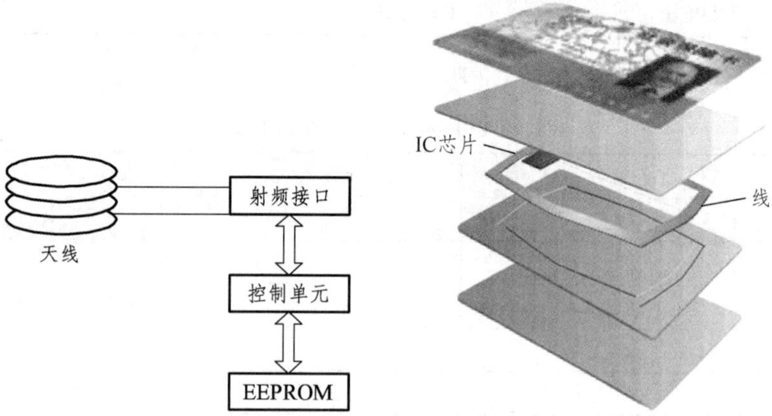

图 1-14　非接触式 IC 卡结构图

非接触式 IC 卡工作原理是由 IC 卡读写器向 IC 卡发一组固定频率（13.56 MHz）的电磁波，IC 卡内的 *LC* 串联谐振电路受激励产生共振，将电荷送至另一电容内储存，当所积累的电荷电压达到 2 V 时，即可为卡片供电，将卡内数据发射出去或接收读写器传来的数据。

非接触式 IC 卡按照封装方式有卡型、筹码型和 CPU 卡，如图 1-15 所示。

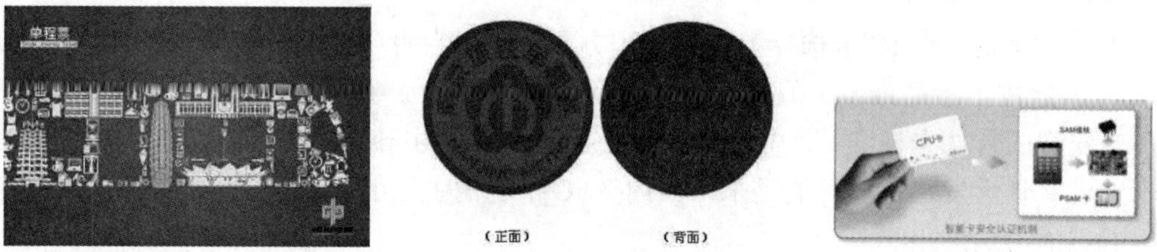

（a）卡型　　（b）筹码型　　（c）CPU 卡

图 1-15　非接触式 IC 卡

非接触式 IC 卡也分为储值票和单程票两种，采用 ISO 14443 的标准，有 A 类卡和 B 类卡。以广州市的羊城通储值卡为例，它符合 ISO 14443 标准 A 类系列，可在城市轨道交通、公交车、渡轮、出租车、便利店等场景使用。非接触式 IC 卡在城市轨道交通系统使用时，需记录车票进闸、出闸扣款、更新、黑名单设置等信息，该类信息会记录在车票记忆体的专用区域内，如使用地点、设备编号、时间、交易流水号等，可根据需要保留多条信息（通常保留 10 条）。

广州地铁是世界上首家使用筹码式 IC 卡单程票（TOKEN）的城市轨道交通企业。如图 1-16 所示。使用筹码式 IC 车票有利于单程票的自动发售、自动回收、保管和多次循环使用。上海市轨道交通采用薄卡型非接触式 IC 卡。

图 1-16　广州地铁用的单程票（TOKEN）

卡型和筹码型单程票的综合比较如表 1-9 所示。

表 1-9　卡型与筹码型（TOKEN）综合比较

项目	筹码型（TOKEN）单程票	卡型单程票
外形	面积小，厚度大，强度高，抗物理破坏性能强；芯片及天线不易损坏，寿命高	面积大，厚度小，柔软、强度低，抗物理破坏差，天线与芯片连接容易脱落，寿命短
天线	天线面积小，读写距离相对较近，对读写器要求高	天线面积大，读写距离相对较远，对读写器要求低
是否易变形	卡不容易变形	卡易变形而可能导致在设备中使用引发故障
成本	采购成本低，综合使用成本低	采购成本低，但综合使用成本高
传送速度	在设备机构中传送速度快，可加快整机处理速度	在设备机构中传送速度慢，车票的整机处理速度慢
设备成本	相应设备成本低，机构简单可靠，易维护	相应设备成本高，机构复杂，维护复杂
清洁要求	设备对票面的清洁要求低	设备对票面的清洁要求高
贮运	车票的贮运、包装要求低，可用布袋盛放	车票的贮运、包装要求高，需用专用票盒盛放
便携性	票卡携带便利性相对较差，易丢失	票卡携带性相对较方便
印刷	票面印刷面积小	票面印刷面积大
封装材料	封装材料可选范围广，要求低，可使用组燃材料	封装材料仅限在 PVC、PET、纸质等几种

非接触式 IC 卡具有以下技术优势：

（1）非接触式 IC 卡本身是无源体，它与读卡器之间通过无线电波来完成读写操作。

（2）非接触式 IC 卡与传统的接触式 IC 卡相比，继承了接触式 IC 卡大容量、高安全性等优点。

（3）克服了接触式 IC 卡无法避免的缺点，如读写故障率高，由于触点外露而导致的污染、损伤、磨损、静电，以及需要插卡才能读写等不便。

非接触式 IC 卡的使用情况统计如表 1-10 所示。

表 1-10　筹码型（TOKEN）与方卡的应用情况

城市	单程票芯片	单程票形式
北京	Ultralight（M0）	薄卡
上海	FM11RF005	薄卡
重庆	Ultralight（M0）	薄卡
大连	Ultralight（M0）	薄卡
广州	AT88RF02，Ultralight	TOKEN
武汉	Ultralight（M0）	TOKEN
南京	Ultralight（M0）	TOKEN
深圳	RC-S919	TOKEN
印度新得里	Felica	TOKEN
韩国光州	电子标签	TOKEN
新加坡	Felica	薄卡
巴黎	TYPE B	纸卡

4. 手机支付

随着智能手机的普及，地铁运营公司为寻求更好的发展，致力于开展手机支付，目前手机支付已经初见成效，在上海、北京、杭州等地开始应用，下面介绍手机支付的种类。

1）RF-SIM 技术手机支付

RFID 技术和手机 SIM 卡结合在一起形成的 RF-SIM 卡是一种的近距离读写手机智能卡。在 RF-SIM 卡的使用过程中，消费者不需换手机，只需更换卡片就可以完成手机支付。但是其工作频率为 2.45 GHz，与通用检票机标准频率不匹配，可自动调整通信距离。

RF-SIM 卡将手机与非接触式智能卡结合，无须更换手机就可以实现移动支付。RF-SIM 卡手机实质上是在手机上完成一个小额钱包的功能，使得 SIM 卡具备射频识别技术的功能，这样手机就能与读写器进行非接触式近距离数据交互，除基本通信功能外还可以支出费用。

2）NFC 手机支付技术

NFC 是由飞利浦、诺基亚和索尼等公司共同开发的一项无线技术。它将读卡器、卡片和点对点通信的功能都集成在一个芯片，可以与兼容设备进行识别和数据交换，因为其工作频率与众多电子设备的 13.56 MHz 一致，在短距离内读写处理速度非常迅速。该技术以非接触射频技术为起点，可以实现高频无线方式近距离的通信方式。

NFC 手机支付需要具备 NFC 功能的手机才可以实现，目前部分安卓系统的手机可以实现 NFC 手机支付，苹果手机虽然具有 Apple Pay 功能，但是在地铁上还不能应用。整个 NFC 系统由运营商提供 NFC-SIM 卡，通过 NFC 手机、银联端等部分构成。支付时，该模式就是将具有 NFC 功能的设备模拟成一张非接触卡，用户只要将手机靠近读卡器，直接进行交易即可，即使在手机欠费情况下，以及 NFC 设备没电的情况下也可以工作。

3）手机 App 支付

（1）手机扫码支付。

手机扫码支付成为最近两年的发展趋势，上海、北京等城市纷纷上线 App，实行扫码支付，乘客只需在手机中下载专用 App，与第三方支付绑定，进出站扫码即可完成手机支付乘坐地铁。支付系统需要第三方支付平台和第三方 App 合作，为鼓励乘客使用手机支付，地铁运营公司与第三方公司采用打折送卷等方式提供优惠。为提高扫码效率，需打开蓝牙功能辅助，进出站时分别产生不同的乘车码，乘车结束后需要联网支付。

（2）手机 App 购票，线下取票。

该方式借鉴了铁路手机购票软件的方式，以 App 为媒介，在线上购票，线下取票。此种方法免去了工作人员兑换零钱的工作量，但仍存在排队取票的情况，并没有从根本解决问题。

目前大部分城市的轨道交通采用非接触式 IC 卡车票（如广州、深圳、上海等），有个别城市轨道交通系统以磁卡车票作为单次乘车票或纪念车票使用（如香港）。非接触式 IC 卡车票可实现城市内的“一卡通”（见图 1-17），如在城市轨道交通、公交车、出租车、渡轮、便利店等场景均可使用。

非接触式 IC 卡相比于磁卡票，避免了磁卡票容易出现消磁、传动读写过程中容易卡票的现象。IC 卡还能记录更多的信息、使用寿命长，使用起来更加稳定、安全。非接触式 IC 卡降低了设备的故障率和维护成本。手机支付需要考虑到乘客的年龄层次，以及操作的熟练度，未来一段时间内智能卡和手机支付两者将并行不悖，相得益彰。各类型车票的比较如表 1-11 所示。

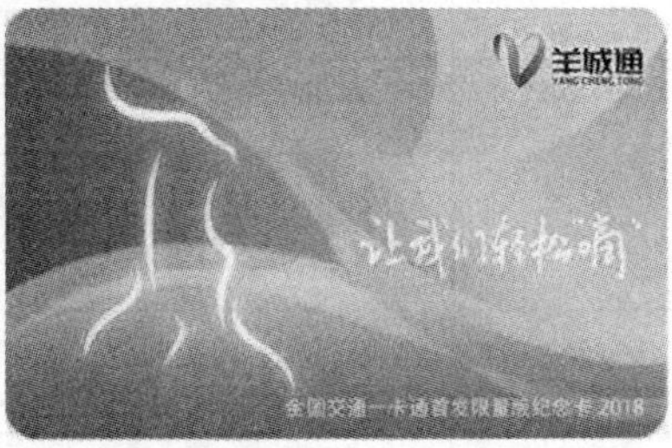

图 1-17　广州“羊城通”“一卡通”车票

表 1-11　纸票、磁卡、IC 卡、手机支付比较

票种	售检票方式	优点	缺点
纸票	人工售票、检视	构造简单，识别设备简单，使用方便；成本低，与其他自动化识别技术比较，光学扫描仪相对简单，成本相对低廉；易于制作，制作条形码纸票仅需印刷，被称作“可印刷的计算机语言”	需要大量工作人员，效率低
磁卡	自动售检票	可进行机读，提高自动化程度；票卡生产方便；可循环使用，能源消耗低	票卡成本相对较高，使用成本增加；磁卡的设备结构复杂，精度要求高，维护成本高；受外界磁场干扰；密钥随票携带，易复制伪造，安全性低
IC 卡	自动售检票	存储容量大，信息记录可靠性高，安全性高，保密性好，可重复使用	设备初投资高，维护成本高
手机支付	自动售检票	方便，快捷	对年龄偏大的乘客不友好

除按照采用的媒介不同进行分类，车票也可以按照其他分类依据进行分类，如表 1-12 所示。

表 1-12　车票的分类

序号	分类依据	车票类型	车票说明
1	采用的媒介	纸质车票	车票上印有票价、站名和编号、条码、二维码等
		筹码车票	采用代币 TOKEN，投入自动检票机可开启闸门
		磁卡车票	塑料基片上载密码、车费、进站时间等信息
		IC 卡车票	塑料基片上封装有集成电路芯片等，具有存储大、保密性强、使用寿命长等特点
		手机支付	采用手机支付芯片或手机 App 支付
2	使用时间的限制	普通车票	当日一定时间内乘车使用
		定期车票	在一段时间内（一周、一季、一年内）乘车使用
3	使用次数的限制	单程车票	一次乘车有效
		储值车票	车资用完前可多次乘车
4	使用线路的限制	专线车票	指定线路乘车使用
		联合车票	可在多条线路（轨道交通内多条线路或多种公共交通线路）内使用
5	发行方	轨道交通专用票	只应用于轨道交通乘车
		一卡通	公共交通系统内均可使用
6	进出站时回收方式	回收类车票	每次使用后均要回收，包括单程票、出站票、福利票及其他预留票（如行李单程票、往返票）
		非回收类车票	每次使用后不回收，包括一卡通储值卡、纪念票、车站工作票、员工卡及其他预留票（如一日票、区段票、计次纪念票、定期纪念票等）

1.5.3　车票术语

1. 单程票

单程票是指乘客以一定金额购得一次服务旅行承诺，只可进行一次进站和一次出站行为的车票。单程车票有面值，限当日、单人、单次使用，不可挂失，到站时由出站检票机自动回收。使用出现超时时需要按规定补票。

目前国内轨道交通票务系统中常见的单程票按照封装形式有卡型和筹码型。从单程票应用角度看，可分为普通单程票和预置单程票。预置单程票又分为限制预置单程票和非限制预置单程票。单程票又可以分为普通单程票、应急票、优惠票、出站票。如图 1-18、1-19、1-20 所示。

（a）卡型

（b）筹码型

图 1-18　单程票

图 1-19　优惠票

图 1-20　出站票

2. 储值票

储值票是指车票内预存一定资金，在金额足够的情况下可多次使用的车票，每次使用时根据费率扣除乘车费用，出站不回收，如图 1-21 所示。这种票证可日常使用，车票有面值，乘客一次购票、多次使用，并有尾程优惠，可设定使用有效期，使用完毕可回收。在办理时需要收取押金，可充值，但不可挂失；在进站时进行检票，乘车完毕出站时需要扣除乘车费用。

图 1-21　普通储值票

3. 纪念票

纪念票为纪念政治、经济、文化等重大事件或题材而限量发售、兼有乘车和收藏功能的车票。车票有面值并有尾程优惠，可设定使用有效期，使用完毕一般不回收，如图 1-22 所示。纪念票还可进行细分，如定值纪念票、计次纪念票、定期纪念票等。

图 1-22　纪念票卡

4. 应急票

应急票在大客流时应急使用，类似单程票，由车站人工发售，使用有效期与使用车站可设定，一般限当日、当站使用，使用完毕回收。

5. 多程票

多程车票设定使用有效期与使用次数，例如，在使用有效期一个月内、每天乘车不超过规定次数，使用完毕可回收，如图 1-23 所示。

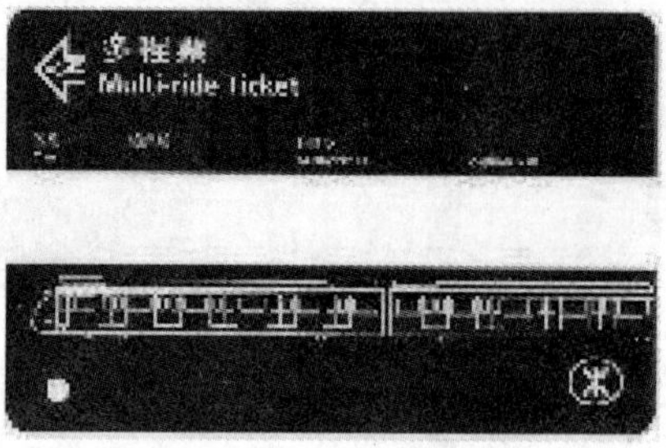

图 1-23　多程票

6. 乘车证

乘车证持有人主要是员工，因此又称为员工票。为加强票务管理，乘车证可设定使用有效期，如仅在月内或季内有效；以及设定允许使用次数，如每天允许持有人进出检票机几次。乘车证是一种特殊的多程票。

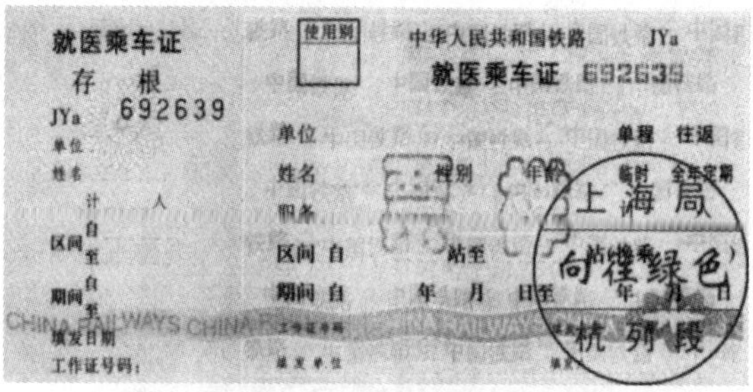

图 1-24　乘车证

7. 出站票

出站票用于乘客在付费区补票出站，限当日、本站、单人出站使用，如图 1-25 所示。

图 1-25　补票

8. 福利票

福利票是持有效可免票证件的乘客换取的车票，如图 1-26 所示。持福利票通过检票机时，有特殊的提示。

图 1-26　免费证样

9. 车站工作票

车站工作票限指定车站使用，不检查进出站次序，可挂失，如图 1-27 所示。

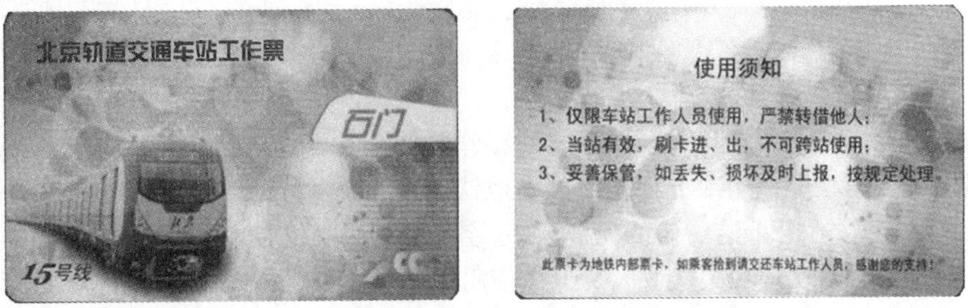

图 1-27　车站工作票范例

10. 员工卡

员工卡在有效期内和规定区段内使用，是记名使用的计次票，可挂失，证样如图 1-28 所示。员工票通过检票机时，有特殊的提示。

图 1-28　员工卡证样

11. 区段票

区段票分为区段计次票和区段定期票。区段计次票在有效期内和规定区段内计次使用，超过规定区段需补票。区段定期票在规定区段内定期使用，超过规定区段需补票。区段票在火车票多见，地铁票少有，如图 1-29 所示。

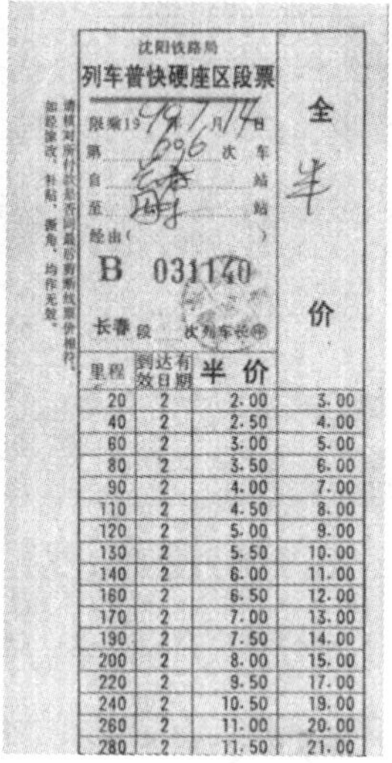

图 1-29　区段票样

12. 许可票或特种票

许可票是一种不同于单程票和储值票的特殊票种，由运营方根据某种特殊需要，针对某些群体的特殊要求，以吸引或方便他们乘坐地铁为目的而发行的，赋予特定的使用许可的一种车票，在限定的条件下具有一定的优惠。有公务票、测试票和乘次票等种类。如图 1-30 所示。

公务票是供轨道交通相关从业人员工作使用的车票。

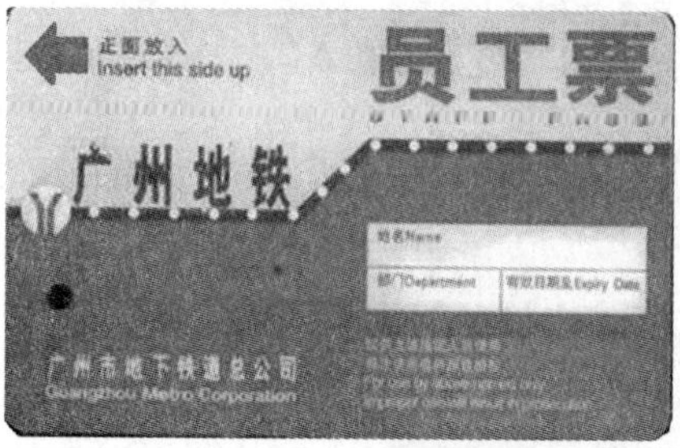

（a）公务票

（b）测试票

图 1-30　许可票

测试票是一种对自动售检票系统设备进行维护诊断用的特殊车票，只能在设备属于维护模式时由维修人员测试设备使用。

乘次票被赋予固定乘次许可，在有效期及许可范围内可以重复使用。通常该种车票在使用时只记次数，不计里程。

13. 一卡通

一卡通是轨道交通自动售检票系统中的车票介质，按照统一规则、统一卡片类型及统一管理模式在轨道交通各线路中使用，如图 1-31 所示。

乘客在整个轨道交通路网内可使用一卡通从一条线路到另一条线路无须二次检票，即在换乘站不需要先出站进入非付费区后，再进站到另一条线的付费区，而是直接在换乘站的付费区换乘到另一条线路。

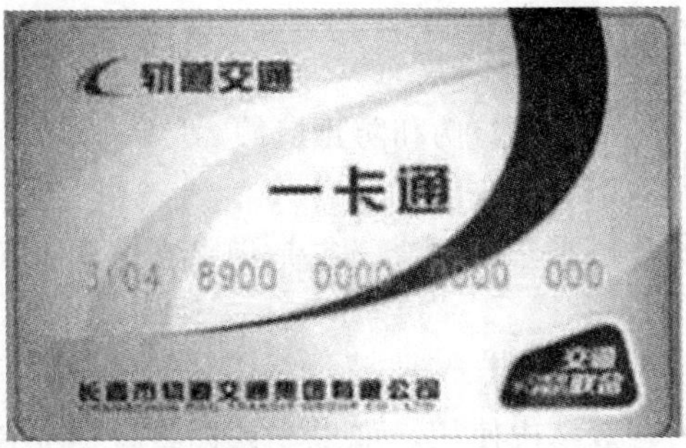

图 1-31　一卡通票样

1.5.4　票卡的发行与使用流程

票卡是自动售检票系统的第五层，是信息的源头，票卡信息的准确有效是系统正常运转的基础。而且票卡是有价凭证，有效的票卡的流通实际上是资金的流动，管理不善会带来经济损失。

通常有专门的机构（如运营单位的专门部门）负责票卡的发行、发售、使用、票务处理、回收等全过程的管理。

票卡的发行主要包括车票的编码定义、初始化、赋值发售、车票使用、使用管理、车票进出站、更新、加值、退换、回收等。

1. 车票票制

采用什么样的票务政策，对于自动售检票系统的信息流具有很大的影响。常见的票务政策（简称票制）有单一票制、分区票制、计程计时票制等。

采用单一票制的城市有芝加哥、纽约，北京早期地铁也采用单一票制，后随着路网的扩大，变更为计程计时票制；采用分区票制的城市有伦敦、巴黎、哥本哈根等；计程计时票制在国际上被广泛使用，主要应用在亚洲各国地铁上，国内如广州、深圳、成都、西安、宁波等均采用计程计时票制。

2. 车票编码定义

车票编码包含车票类别、车票编号、车票票值、车票时效、使用范围等信息。

1）车票类别

车票的类别实际上基于车票的分类管理，不同类型的车票对应不同的使用方式和处理规则。车票的类别在编码的时候确定。乘客可根据自己的需要购买规定范围内不同类别的车票。

2）车票编码

车票编号可分为卡面编号、物理卡号和逻辑卡号。

（1）卡面编号是票卡生产厂商在制作车票媒介时印刷在车票表面上的系列编号，可标明生产者代码、批次等信息。

（2）物理卡号就是非印刷票卡媒介产品的序列号，由车票媒介生产厂商在出厂时直接写在车票芯片内。物理卡号可以跟卡面编号一致，也可以不同。

（3）逻辑卡号是为了确保自动售检票系统能够跟踪流通中的车票的使用情况和针对某张或者某些车票进行功能设置而赋予的系列编号。在车票初始化时由编码机对票卡进行逻辑卡号的写入。

AFC 系统中心数据库可通过车票的票面编码、物理卡号和逻辑卡号之间的关联关系，对车票的使用过程进行追溯，达到有效防伪和防止造假。

3）车票票值

车票票值也就是车票所含可乘车的资金，它是记录在车票上的，可以用于乘坐轨道交通工具的金额。

4）车票时效

车票只能在系统设定的有效期内使用。如果车票即将过期或者已经过期，须进行延期等更新处理后才能使用。

5）使用范围

非网络化运营的地铁线路使用各种类别的车票，都有特定的使用范围（如线路、车站等）以规范使用秩序。

3. 车票流程

票卡采购回来后，首先在制票中心进行编码、赋值等初始化处理，然后配送给各个车站，通过半自动售票机和自动售票机发售给乘客。乘客持票进出收费区时，检票机对有效票给予放行，进站时写入进站有关信息、出站时扣除乘车费用（储值票）或回收车票（单程票、应急票）。如遇到出站检票机拒收车票、禁止通行的情形，通常是因为单程票超程、超时使用或票卡读错误等原因，此时乘客需到补票亭进行车票分析及处理。出站检票机回收的单程票可在车站重新发售、循环使用，而储值票则应送交制票中心再次编码后才能配送给车站发售。车票流程如图 1-32 所示。

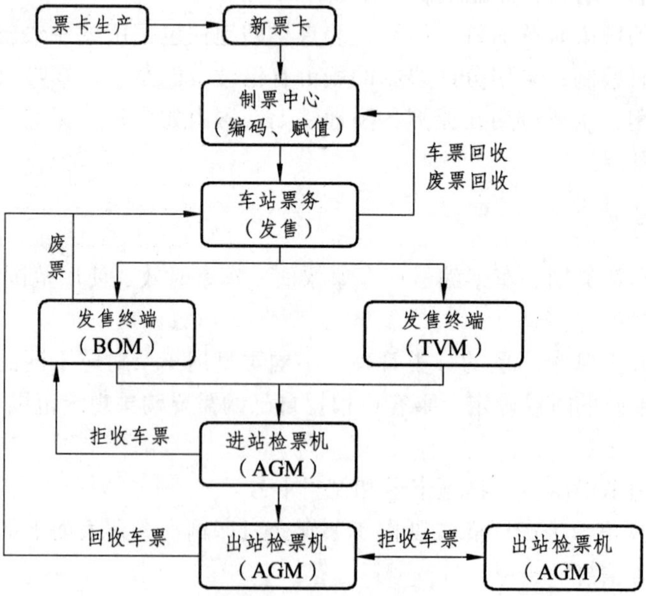

图 1-32　车票流程

1）车票初始化

所有车票投入使用前，必须由专门的机构进行初始化，分配车票在系统内的唯一编号，同时生成车票相关的安全数据。

车票初始化工作是通过编码/分拣机进行的。只有经过初始化后的车票才可以分发至各车站进行发售。车票初始化时，由操作员针对不同类型的车票设置系统参数，并对系统应用数据进行初始化编码。

（1）车票初始化时的编码内容包括安全密钥及防伪数据、车票编号数据、车票状态数据。

（2）车票初始化完成的工作有：

① 设备读取车票上唯一的物理卡号，验证初始密钥。

② 初始密钥验证成功后，将逻辑卡号、安全数据、编号数据及系统应用数据写入车票。

（3）车票数据初始化后，车票信息将上传记录到 AFC 系统的中央数据库中去。

2）车票的赋值发售

初始化的车票还必须经过赋值处理后才能够正常使用。对车票的赋值可由编码/分拣机执行或由车站内的自动售票机、半自动售票机在车票出售时进行。

（1）部分需要提前赋值的车票（如应急票），可以在专门的编码/分拣机进行赋值。

（2）对车票进行赋值时，必须对车票进行有效性检查，再将赋值信息写入车票，但不能修改票卡发行时的初始化数据。

（3）对不同类型车票的赋值数据由系统参数确定。

车票通过发售/赋值后就可以投入使用了。车票从工厂生产出来到进入自动售检票终端的流程如图 1-33 所示。

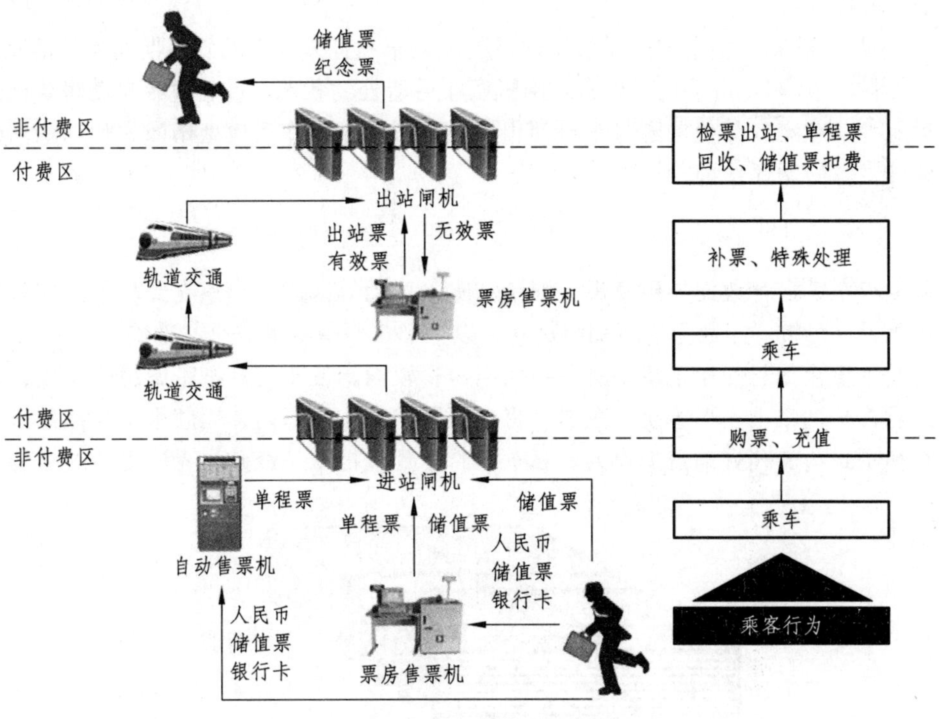

图 1-33　车票使用流程

3）乘客使用车票过程

乘客使用车票的具体过程见图 1-33 所示。

（1）车票在自动售票机或半自动售票机上出售，并写入“出售记录”（如出售时间、线路车站号、售票设备编号、车票赋值/余额、进站等）信息。

（2）车票经进站检票，进站检票机处写入“进站记录”（如进站时间、线路车站号、进站检票机编号、出站等）信息。

（3）车票经出站检票机检票，依不同类型车票进行不同的处理，如对乘次票（或储值票）将在出站检票机处写入“出站记录”，并扣除一个乘次（或旅程）费用，回收票卡由检票机的回收装置完成，并清除票卡上一次的发售、进站和出站等运营信息。对单程车票恢复初始化数据。

4. 车票状态

车票在整个流动过程中状态会发生变化，按照车票出入站状态可分为“已入站”“未入站”。从发售到回收可分为“已售”“未售”“回收”等状态。

1）“已入站”和“未入站”状态

（1）“已入站”状态：指乘客入站时车票经进站闸机刷卡后所处的状态。

（2）“未入站”状态：指车票初始化后经过自动售票机或半自动售票机售出但未进站刷卡使用所处的状态。

2）“已售”“未售”和“回收”状态

（1）“已售”状态：指车票经由售检票设备售出时所处的状态，预置单程票经过初始化赋值后也处于已售状态。

（2）“未售”状态：指车票经过初始化后配发至车站且未经车站发售期间所处的状态。

（3）“回收”状态：指单程票由出站闸机回收后所处的状态，或经过半自动售票机进行退卡操作后所处的状态。储值票经过半自动售票机进行退卡操作后也处于回收状态。回收状态的单程票可供车站循环发售。

5. 车票的加封

为避免车票零散存放而导致遗失、混淆和重复劳动等问题，车票在经相关工作人员清点并确认数量后，可按一定数量进行加封保管，以保证车票保管的安全、准确。

用扎把带直接加封的车票主要是一些票面面积较大、便于用扎把带缠绕的车票，如纸票等。加封时将扎把带十字形缠绕过车票，将车票固定在十字形内，用胶水将扎把带末端粘贴住，并在粘贴封口骑缝处加盖加封人员私章，以达到扎把带一经破封无法复原的目的，如图 1-34 所示。

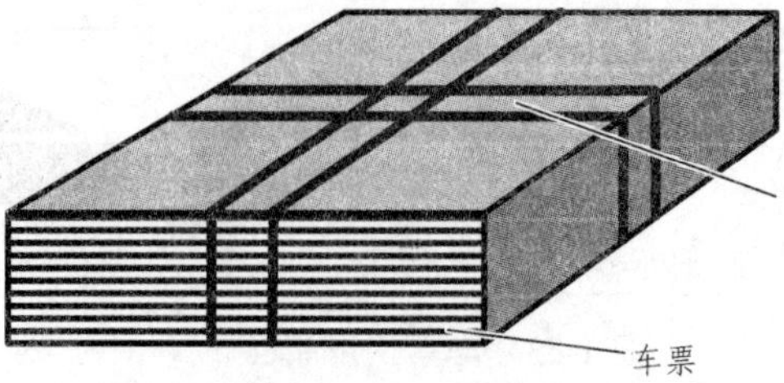

图 1-34　扎把带加封方式

加封时，需在扎把带空白处注明加封内容（如车票类型、票种、数量、金额等，预制票需注明售出期限）、加封车站和加封日期。

用信封加封时，采用工字加封法，把车票放入信封后，将信封口封住，再用扎把带将信封背面的接缝处封住，在信封的正面注明加封内容、加封车站、加封人和加封日期，并在信封背面扎把带骑缝处加盖加封人员私章。

1.5.5 车票的使用管理

车票的使用管理包含车票配发、调拨、进/出管理、更新、加值、退换、回收、注销等环节。

在轨道交通售检票系统中，车票是乘客的乘车凭证。车票记载了乘客从购票开始，完成一次完整出行所需要和产生的费用、时间和乘车区间等信息。因此，车票属于有价凭证，车票的管理实质上是资金管理。在车票使用过程中曾经出现过票卡造假、串换资金等违法行为，这里面既有系统外人员也有系统内部人员的贪污行为。因此，在车票的使用过程中，管理必须严肃、规范。

1. 车票配发

车票配发指由票卡发行单位根据客流情况将初始化后的车票配发到各车站。

2. 车票调拨

经过一段时间的持续运营，由于各线路客流的不均匀性，会造成车票在各线路、各站上的分布不均。有些线路、站点会滞留大量的车票，而有些线路、站点则车票短缺。为了提高车票的使用效率，可以采用调拨的方式来平衡。

3. 车票的进/出站处理

普通车票的检验遵循一进一出的次序，即先有一次进站再发生一次出站。如果乘客在进站时未经检票（或标志不清），或在出站时未经检票（或标志不清），就会造成因进出次序不匹配而导致车票的暂时性无效，通常需要由半自动售票机/补票机来完成更新。

由中央计算机系统设定某站、部分站点或全部车站对车票进行或不进行进出站次序检查；或对某一类车票的进出站次序检查或不检查。

4. 车票的更新

在半自动售票机/补票机对车票进行分析后，若为进/出站次序错误、超时、超程等原因导致的问题，可对车票进行更新处理。中央计算机系统分别设定进/出站码更新的时间和车站限制、进/出站码更新的费用、超时更新的费用、超程更新的计费方式、收费方式、更新次数等。

根据车票的分析结果，如果同时存在两种及两种以上需更新的项目，则应对每项更新处理进行确认，并按照运营规则进行处理。

在进行更新处理时，半自动售票机/补票机相应更新车票的进/出站状态、时间及费用，并记录更新标志等信息。

单程票更新操作时不对单程票余值进行修改，通常另行收取费用。更新储值票时收费可从储值票上扣除收费金额，乘客也可以选择用现金另行支付。

5. 车票的加值

储值票可以通过半自动售票机或加值验票机进行加值。中央计算机系统可设置加值的金额限制、允许加值的车票类型和加值优惠等。

6. 车票的退换

乘客要求退票时，可在半自动售票机上办理退款业务。通常退款处理方式可根据车票是否被损坏分为即时退款或车票替换两种方式。中央计算机系统可设置退款条件、使用次数限制、余额限制、费用等以确保退票处理有足够的安全性，防止欺骗行为的发生。

对车票进行分析后，符合系统设置参数（如允许被替换的类型、指定的回收条件等）的车票，可以通过半自动售票机进行替换处理。进行替换处理时，会在被替换的车票上写入有关的替换信息，但车票上的原有信息不能被修改或抹除。车票上的余值/剩余乘次及优惠信息全部转入新的车票上。

7. 车票的回收

车票的回收可通过出站检票机根据预先的设置，对单程票进行自动回收。通常回收后的车票可通过自动售票机、半自动售票机再次发售。当回收到的车票达到规定的使用寿命或出现损坏不能继续使用时，则不能进入再次发售，应及时回收。也可以通过编码/分拣机按照分拣条件（提前参数设置）集中分析，将达到使用周期或受损车票分拣后回收。

8. 票卡的注销

票卡在频繁使用之后，需对其使用状况进行及时检查。一旦发现不能继续使用的票卡要及时注销，并删除流通数据库中的票卡编码或将注销票卡信息保存至注销票卡数据库中，将票卡进行销毁。

任务 1.6　AFC 设备故障现场处置流程

任务目标

（1）了解 AFC 设备故障分类。
（2）熟悉重大故障和一般故障的处理流程。
（3）掌握故障响应时间。

1.6.1　故障分类

自动售检票系统故障一般分为两类：重大故障和一般故障。

1. 重大故障

重大故障是指设备故障已直接或将要直接影响地铁运营安全，危及或将要危及乘客和员工的人身安全，已导致或将会导致重大的设备损坏，影响或将要影响大面积客运服务，必须立即处置的故障。一般地铁运营公司定义的一类故障、已发抢修令的应急故障，以及经设备维修中心讨论决议认定的故障均列为重大故障。重大故障的处理遵循“谁先到，谁负责”及“先通后复”的原则。

2. 一般故障

一般故障是指除重大故障以外的其他非应急故障，地铁运营公司定义的二类故障。一般故障的处理原则是：运营期间的非应急故障应及时处理，不得影响车站运营安全，若短时间内不能修复，应设置暂停服务牌。

1.6.2　重大故障处置流程

1. 重大故障处理

（1）班组负责人接到报障（包括系统故障、设备故障）后，应立即通知最近人员赶往故障现场。

（2）抢修人员接到应急故障通报后，须立即带齐抢修工具在规定时间内赶到故障现场，在车控室做好登记并回复维调，仔细向站务人员了解情况后，查看故障现场，对故障原因做出正确判断与处理。

（3）当现场故障不能及时处理时，现场维修人应向班组负责人汇报，班组负责人根据现场故障情况，及时增派技术人员或向车间寻求技术支持。

（4）故障修复后，现场维修人员需进行确认和测试，确保设备恢复正常后方可到车控室消点并通知班组负责人，班组负责人确认设备和人员安全后反馈给报障人。

（5）最后现场维修人员在故障处理后 2 h 内将故障专报（见表 1-13）提报至车间技术员（夜间故障在第二天 11 点前提报），并在 24 h 内填写故障分析报告（见表 1-14）交给车间。

2. 重大故障维修流程图

重大故障发生后，一般是站务首先发现或接报，站务通过专线上报 OCC（运营控制中心），OCC 通知维修调度进行跟进处理。根据故障处理过程中的各类人员职责，可以编制重大故障维修流程图，如图 1-35 所示。

表 1-13　设备维修中心故障专报（参考模板）

故障名称			
故障地点		所属车间	
相关人员			
发生时间			
事件概况：（逐条写明各时间节点人员处理情况）			
运营（质量）影响情况：（填写晚点时间或其他限速等）			
原因分析：（可附图，初步原因分析）			
初步整改措施及处理结果：			
其他需要说明的内容：			
填报车间		填报时间	
填报人		审核人	

表 1-14　关于××××年××月××日×××××的分析报告（参考模板）

故障名称： 故障发生/发现时间：　　年　月　日　时　分　　　　报告分析人：			
一、　故障现象： 二、　故障处理经过： 三、　故障影响范围及损失情况： 四、　事故后的相关检查和试验： 五、　事故原因分析： 六、　故障暴露出的问题： 七、　防范及整改措施： 设备维修中心 AFC 车间 年　月　日			
编制人		车间审核	
技术室审查		技术室负责人	

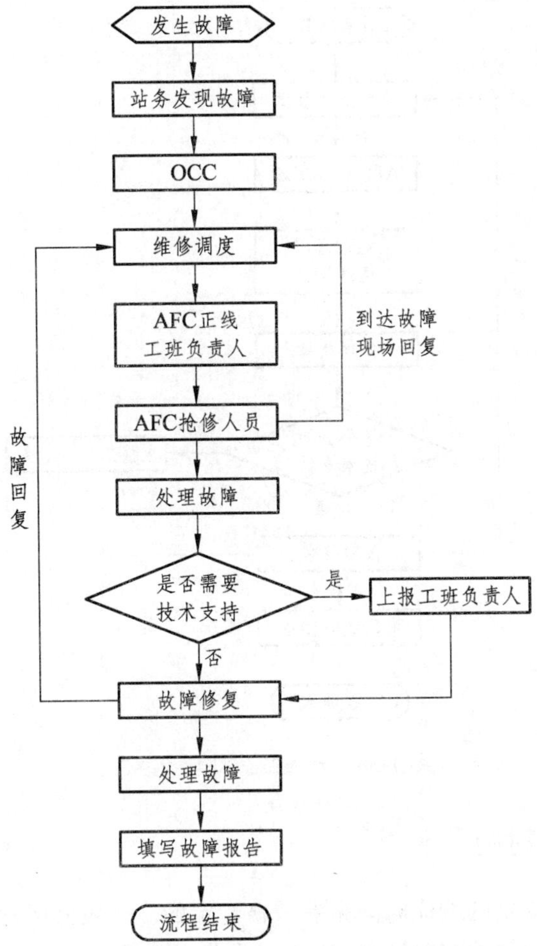

图 1-35　重大故障维修流程图

1.6.3　一般故障维修流程

1. 一般故障处理

（1）正线车站出现 AFC 设备故障时，由车站人员向 AFC 正线工班提报故障。

（2）正线工班接到车站人员提报的故障后，及时通知故障所在车站的包保维修人员。

（3）故障所在车站的包保维修人员准备并携带工器具及时赶到故障所在车站进行故障维修。

（4）维修人员到达现场分析故障，选择行之有效的处理方法，对于不能处理的故障及时上报工班负责人寻求技术帮助。

（5）故障修复之后及时向车站反馈故障修复信息，并在 AFC 故障登记本上签字确认。

（6）维修人员返回正线工班后填写故障台账做好故障记录。

2. 故障处理流程图

一般故障发生后，一般由站务提报故障给正线工班，由当班维修人员进行跟进处理。根据故障处理过程中的各类人员职责，可以编制一般故障维修流程图，如图 1-36 所示。

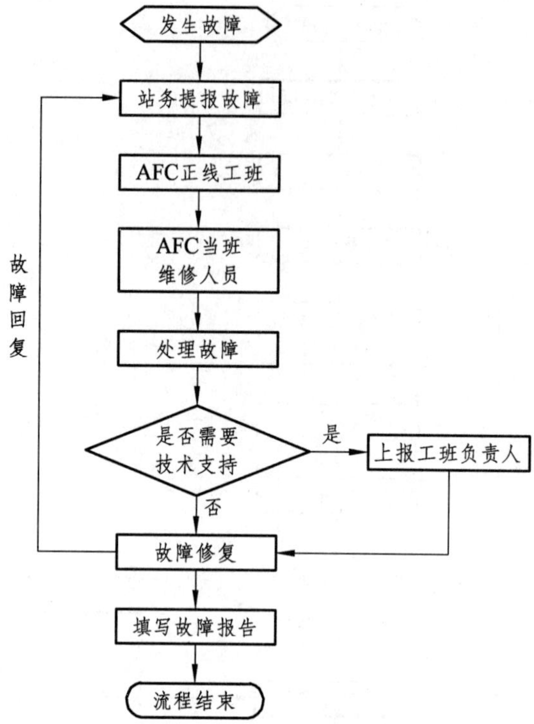

图 1-36　一般故障处理流程图

1.6.4　故障响应时间

发生故障时，维修人员的响应时间是有严格规定的。一般分运营时段、非运营时段、抢修令等不同级别。运营时段响应时间≤30 min，非运营时段响应时间≤2 h，抢修令响应时间≤30 min。

练习题

1. 判断题

（1）1967 年，法国巴黎地铁安装了世界上第一套 AFC 系统。（　）

（2）轻轨交通与地铁交通的主要区别在于地铁运行于地下专用隧道内，轻轨运行在高架上。（　）

（3）自动售票机用于出售单程票，只接受纸币。（　）

（4）便携式验票机用来读取票卡内的信息，PCA 是种移动设备，它能通过通信单元连接到车站计算机上。（　）

（5）票卡是旅客乘坐轨道交通的有效凭证，是自动售检票系统中不可缺少的信息载体和信息交互媒介。（　）

（6）可通过中央计算机系统、车站计算机系统将车站终端设备设置为运营故障模式，并做好相关记录，以先设的为优先。（　）

（7）乘客进/出站信息是运营管理和生成派生信息时最基础和必要的信息源。（ ）

（8）普通纸票将车票的相关信息印制在票面（纸质）上，由票务人员视读确认。票面上的基本信息包括：车票编号、出站站点、乘车日期、乘车车次、乘车区间、票款金额、时间限制以及换乘信息等。（ ）

（9）常见的磁条上有 3 个磁道，即 TKI、TK2、TK3。磁道 1 与磁道 2 是只读磁道，在使用时磁道上记录的信息只能读出而不允许写或修改。磁道 3 为读写磁道，在使用时可以读出，也可以写入。（ ）

（10）根据卡与外界数据交换的界面不同分为接触式 IC 卡和非接触式 IC 卡两种。（ ）

（11）筹码型 IC 卡是在直径为 20 mm、厚度为 2 mm 的非金属材料圆盘内，嵌装集成电路芯片及天线，通过电感耦合的方式与筹码读写器进行操作的 IC 卡。（ ）

（12）票卡按其使用性质一般分为单程票、储值票、许可票三大类。（ ）

（13）测试票是用于设备维修的地铁专用车票，这种车票只有在设备处于维修模式才能使用。（ ）

（14）票卡计费方式中，计次为每乘坐 1 次扣除 1 次数。（ ）

2. 填空题

（1）1967 年，__________地铁安装了世界上第一套 AFC 系统。

（2）中国北京第一条地铁建于__________年。上海地铁一号线于__________年建成通车向社会开放。

（3）狭义上的城市轨道交通特指__________、__________和__________。

（4）城市轨道交通票务系统发展成了自动化程度高、功能完备的__________________（Automatic Fare Collection System，AFC 系统）。__________________________________。

（5）从功能角色来看，__________是保证城市轨道交通业务正常运营的支撑系统之一。

（6）城市轨道交通票务系统的业务管理是借助______________来实现的。

（7）自动售检票系统的 5 层架构（结构）分别是______________、______________、______________、______________、______________。

（8）运营时段故障响应时间是__________________________。

3. 单项选择题

（1）自动售检票系统既适用于（ ），也适用于多线路组成的轨道交通路网。

A. 多条轨道交通线路　　B. 路网

C. 单条轨道交通线路　　D. 轨道交通

（2）1967 年，世界上第一套 AFC 系统在（ ）地铁安装使用成功。

A. 美国纽约　　B. 英国伦敦

C. 法国巴黎　　D. 日本东京

（3）闸机装备有票卡控制系统和扇门（或三杆），在（ ）之间控制人流。

A. 付费区和非付费区　　B. 站台和站厅

C. 站内和站外　　D. 出入口和通道

（4）模式管理就是针对不同的运营状况和条件所做出的相应操作行为的选择和实施，其中不包括的是（ ）。

A. 正常运营模式　　B. 降级运营模式

C. 相配套的运营管理　　D. 升级运营模式

（5）车票从出入站状态来分，有（　　）两种状态。

A. 已入站和未入站　　B. 进站和出站

C. 已入站和未出站　　D. 已入站和出站

（6）储值票是指车票内预存有一定资金，在金额足够的情况下可多次使用的车票，每次使用时根据（　　）扣除乘车费用，出站不回收。

A. 进站车站　　B. 出站车站

C. 费率　　D. 票价

（7）非接触式 IC 卡按需要可封装为方卡形、（　　）或其他形状。

A. 筹码形　　B. 异形

C. 片形　　D. 卡形

（8）应急票一般有两种表现方式：一种是预先对一定数量的普通单程票进行预赋值，工作人员人工发售，此类应急票的使用方法和（　　）相同。

A. 预制票　　B. 普通单程票

C. 储值票　　D. 纸票

（9）纸票有普通纸票和（　　）纸票。

A. 应急　　B. 卡片

C. 预制　　D. 条码型

（10）用票盒加封采用（　　）加封法。

A. "一"字　　B. "工"字

C. "二"字　　D. "十"字

4. 多项选择题

（1）自动售检票系统的主要功能有（　　）。

A. 售票　　B. 检票

C. 统计　　D. 结算

（2）2 轨道交通自动售检票系统的层次结构主要有（　　）。

A. 车票　　B. 车站终端设备

C. 车站计算机系统　　D. 线路中央计算机系统

E. 清分系统

（3）车站设备主要包括（　　）。

A. 车站计算机　　B. 自动售票机　　C. 半自动售票机

D. 闸机　　E. 便携式验票机

（4）中央计算机系统包括（　　）。

A. 数据中心　　B. 管理控制台和认证授权服务器

C. 中间件服务器　　D. 几台操作员工作站

E. 网络管理控制台、存档服务器、备份服务器和时钟中心

（5）未售是指车票经过初始化（编码）后配发至车站且未经车站（　　）发售前所处的状态。

A. TVM　　B. TCM　　C. BOM　　D. LC　　E. 编码分拣机

（6）7 车票从发售和回收来看，分为（　　）三种状态。

A. 发售　　B. 已售　　C. 未售　　D. 回收　　E. 其他

（7）用信封加封车票时，用扎把带将信封背面的接缝处封住，并在扎把带骑缝处加盖加封人员私章，同时在信封的正面注明（　　）。采用“工”字加封法。

A. 加封内容　　B. 加封车站/工班　　C. 日期

D. 时间　　E. 车票数量

（8）许可票包含（　　）等。

A. 员工卡　　B. 测试票　　C. 维修票　　D. 往返票　　E. 一日票

（9）单程票一般有（　　）。

A. 普通单程票　　B. 应急票　　C. 出站票　　D. 优惠票　　E. 计程票

5. 问答题

（1）什么是城市轨道交通系统？

（2）自动售检票系统分为哪几层？分析各层的作用。

（3）自动售检票系统运营管理模式有哪些？

（4）自动售检票系统的功能有哪些？

（5）简述单程票的处理流程。

6. 连线题

车站终端设备	Line Computer
车站计算机	Automatic Fare Collection System
线路中心计算机	Station Computer
乘客信息系统	AFC Clearing Center
自动售检票系统清算管理中心	Station Level Equipment
自动售检票系统	Passenger Information System

扫码看答案

项目 2

自动售检票系统（AFC）基础及其操作

自动售检票系统（AFC）整体上由软件系统和硬件系统组成。

本部分以深圳高新现代的 AFC 系统为对象，介绍自动售检票系统软件的功能及其操作使用。同时介绍了 AFC 系统硬件中通用的 SAM 卡、车票读写器等关键部件，以及系统接口等知识。

任务 2.1 计算机基础

任务目标

（1）熟悉计算机硬件。

（2）熟悉常用计算机软件。

（3）掌握微型计算机组成及各部件作用。

（4）掌握工控机的组成与维护。

一个完整的计算机系统是由硬件系统和软件系统两部分组成的，如图 2-1 所示。

- 计算机系统
  - 硬件系统
    - 主机
      - 微处理器
        - 控制器
        - 运算器
      - 内存储器
    - 外部设备
      - 外存储器
      - 输入设备
      - 输出设备
  - 软件系统
    - 系统软件
      - 操作系统
      - 语言处理系统
      - 服务性程序
    - 应用软件
      - 套装软件
      - 应用软件包
      - 用户程序

图 2-1 计算机系统组成

硬件系统是指构成计算机系统的物理实体，主要由各种电子部件和机电装置组成。硬件系统的基本功能是接受计算机程序，并在程序的控制下完成数据输入、数据处理和输出结果等任务。软件系统是指为计算机运行提供服务的各种计算机程序和全部技术资料。软件系统的任务是保证计算机硬件的功能得以充分发挥，并为用户提供一个直观、方便的工作环境。计算机硬件是构成计算机系统的物质基础，而计算机软件是计算机系统的灵魂，二者相辅相成，缺一不可。

2.1.1 硬件

1. 控制器

控制器是整个计算机的指挥中心，由它从存储器取出程序中的控制信息，经过分析后，按照要求向其他部分发出控制信号，使各部分能够协调一致地工作。

2. 运算器

运算器是一个“信息加工厂”，大量数据的运算和处理工作就是在运算器中完成的。其中主要包括基本算术运算和基本逻辑运算。

3. 存储器

存储器是计算机中用来存放程序和数据的地方，并根据指令要求提供给有关部分使用。计算机中的存储器实际上是指由主存储器（内存）、辅助存储器（外存）和高速缓冲存储器组成的存储器系统。

4. 输入设备

输入设备的主要作用是把程序和数据等信息转换成计算机所能识别的编码，并按顺序送往内存。常见的输入设备有键盘、鼠标、扫描仪、数码相机等。

5. 输出设备

输出设备的主要作用是把计算机处理的数据、计算结果等内部信息按人们要求的形式输出。常见的输出设备主要有显示器、打印机、绘图仪等。

在计算机系统中，输入设备和输出设备通称为计算机的外部设备。近年来，随着多媒体技术的迅速发展，各种类型的音频、视频设备都已列入计算机外部设备的范围。

2.1.2 软件

计算机软件包括系统软件和应用软件两大类。

系统软件是计算机设计者或厂商提供的使用和管理计算机的软件，通常包括操作系统、语言处理系统、数据库管理系统、各种服务程序及网络系统等。

应用软件是为了解决各类实际问题而设计的软件程序，如字处理软件、电子表格软件、绘图软件、课件制作软件、网络通信软件等。

2.1.3 微型计算机

微型计算机（PC 机）使用广泛，其硬件主要由主机、显示器、键盘、鼠标和其他外部设备组成，如图 2-2 所示。

- 微型计算机
  - 主机
    - 软（硬）盘存储器
    - 光盘存储
    - 主机板
      - CPU
      - 内存
      - 扩展卡
    - 电源
  - 显示器
  - 键盘
  - 其他外部设备
    - 打印机
    - 绘图仪
    - 扫描仪
    - 音箱
    - 数码相机
    - 移动硬盘

图 2-2 微型计算机部件构成

1. 主机

主机是微型计算机的运算和指挥中心，从外观上看，主要由机箱、电源、主板、CPU、内部存储器以及各种电源线和信号线组成。这些部件都封装在主机箱内部。从结构上看，主机箱内部还安装有硬盘、软盘驱动器、光盘驱动器等外部存储设备，以及显示卡、声卡、网卡、FAX卡、内置调制解调器、接收卡等数据通信设备和外部输出设备。

1）主机箱

主机箱一般由特殊的金属材料和塑料面板制成，通常分为立式和卧式两种，颜色、形状各异，有防尘、防静电、抗干扰等作用。主机箱内部一般安装有电源盒、主机板（包含 CPU 和内存）、硬盘驱动器（简称硬盘）、软盘驱动器（简称软驱）、光盘驱动器（简称光驱或 CD-ROM）、显示卡和其他数据通信、多媒体功能卡件（如网卡、传真卡、声卡、视频卡等）。

2）主机板

主机板又称为系统主板，简称为主板，是一块多层印刷电路板，一般由 CPU、芯片组、内存、高速缓存器、总线扩展槽、扩展卡、各种跳线和辅助电路等组成。

（1）CPU。

CPU（中央处理器）也叫微处理器，是一块高度集成化的芯片，由运算器和控制器组成，是整个微型计算机运算和控制的核心部件。

（2）内部存储器。

内部存储器简称内存，是微型计算机的数据存储中心，主要用来存储程序及等待处理的数据，可与 CPU 直接交换数据。它由大规模半导体集成电路芯片组成，其特点是存储速度快，但容量有限，不能长期保存所有数据。

（3）扩展槽。

扩展槽用来插入各种外部设备的适配卡。选择主板时应注意它的扩展卡数量和总线标准，前者反映了主板的扩展能力，后者反映了主板的速度。

（4）跳线、跳线开关和排线。

跳线实际上是一种起“短接”作用的微型插头，它与多针微型插座配合使用。跳线开关是一组微型开关。排线是通过制作在主板上的若干个多针微型插座（排线座）与主机的电源、复位开关、各种指示灯以及喇叭等部件的插头相连接，用于实现某些功能。

（5）辅助电路。

主机板上除了上述部件以外，通常还设置一些必要的辅助电路，主要有 CMOS 电路、ROM BIOS 芯片、外部 Cache 芯片、主板芯片组和晶体振荡器等。

（6）电源。

电源也称电源供应器（Power Supply），它提供微机中所有部件所需要的电能。

2. 外存储器

外存储器又称为辅助存储器（auxiliary memory），简称为辅存，是用来存放需要长期保存或相对来说暂时不用的各种程序和数据的，也称为微型计算机的后援。

1）磁存储器

磁存储器主要有软盘、硬盘和磁带等。

2）光盘存储器

光盘存储器使用激光进行信息的读写，比磁盘存储器具有更大的存储容量，同时具有信息保存时间长的优点。根据光盘存储技术的不同，光盘驱动器可分为以下几类。

（1）CD-ROM（Compact Disk-Read Only Memory，只读光盘驱动器）。

（2）CD-R（可写光盘驱动器）/CD-RW（可擦写光盘驱动器）。

（3）DVD-ROM（数字视频只读光盘驱动器）。

（4）DVD + RW。

（5）DVD-RAM（数字视频可反复擦写光盘驱动器）。

（6）Combo 光驱=CD-RW+DVD-ROM。

3）半导体存储器（闪存）

闪存采用半导体作为存储介质，是一种新型的 EEPROM 内存（电可擦可写可编程只读内存）。它不仅具有 RAM 内存可擦写、可编程的优点，而且还具有 ROM 内存的写入数据在断电后不会消失的优点。

3. 键盘和鼠标

键盘和鼠标是现代微型计算机中最主要的输入设备，计算机需要处理的程序、数据以及各种操作命令都是通过它们输入的。

4. 输出设备

输出设备的主要功能就是将计算机的计算结果（包括中间结果和最终结果）显示在显示器上，或通过打印机打印在纸上，以便用户查看计算结果或长期保存结果。

（1）显示器：通过显示卡接到系统总线上，两者一起构成显示系统，显示器是微型计算机与用户进行交互不可缺少的部件。

（2）显示卡：是连接 CPU 与显示器的接口电路。

（3）打印机：是计算机上最常用的输出设备。计算机上常用的打印机主要有点阵式打印机、激光式打印机和喷墨式打印机。

5. 系统总线

系统总线是 CPU 与其他部件之间传送数据、地址和控制信息的公共通道。根据传送内容的不同，可分为数据总线、地址总线和控制总线，每组总线都是由多根线组成。

（1）数据总线 DB（Data Bus）：用于 CPU 与主存储器、CPU 与 I/O 接口之间的数据传送。

（2）地址总线 AB（Address Bus）：用于 CPU 访问主存储器或外部设备时传送相关的地址。

（3）控制总线 CB（Control Bus）：用于传送 CPU 对主存储器和外部设备的控制信号。

2.1.4　工控机

1. 硬件系统

工控机（Industrial Personal Computer，IPC），即工业控制计算机，是一种采用总线结构，对生产过程及机电设备、工艺装备进行检测与控制的工具总称，如图 2-3 所示。

工控机具有重要的计算机属性和特征，如具有计算机 CPU、硬盘、内存、外设及接口，并有操作系统、控制网络和协议、计算能力、友好的人机界面。工控行业的产品和技术非常特殊，属于中间产品，是为其他各行业提供可靠、嵌入式、智能化的工业计算机。

图 2-3　工控机

IPC 的技术特点如下：

（1）采用符合“EIA”标准的全钢化工业机箱，增强了抗电磁干扰能力。

（2）采用总线结构和模块化设计技术。CPU 及各功能模块皆使用插板式结构，并带有压杆软锁定，提高了抗冲击、抗震动能力。

（3）机箱内装有双风扇，正压对流排风，并装有滤尘网用以防尘。

（4）配有高度可靠的工业电源，并有过压、过流保护。

（5）电源及键盘均带有电子锁开关，可防止非法开、关和非法键盘输入。

（6）具有自诊断功能。

（7）可视需要选配 I/O 模块。

（8）设有“看门狗”定时器，在因故障死机时，无须人为干预而自动复位。

（9）开放性好，兼容性好，吸收了 PC 机的全部功能，可直接运行 PC 机的各种应用软件。

（10）可配置实时操作系统，便于多任务的调度和运行。

（11）可采用无源母板（底板），方便系统升级。

目前，IPC 已被广泛应用于工业及人们生活的方方面面，如控制现场、路桥控制收费系统、医疗仪器、环境保护监测、通信保障、智能交通管控系统、楼宇监控安防、语音呼叫中心、排队机、POS 柜台收银机、数控机床、加油机、金融信息处理、石化数据采集处理、物探、野外便携作业、环保、军工、电力、铁路、高速公路、航天、地铁、智能楼宇、户外广告，等等。

工控机的主要类别有：IPC（PC 总线工业计算机）、PLC（可编程控制系统）、DCS（分散型控制系统）、FCS（现场总线系统）、CNC（数控系统）等。

1）IPC

IPC 即基于 PC 总线的工业计算机。据 2000 年 IPC 统计，PC 机已占到通用计算机的 95% 以上，因其价格低、质量高、产量大、软/硬件资源丰富，已被广大技术人员所熟悉和认可，这正是工业 PC 热的基础。其主要的组成部分为工业机箱、无源底板及可插入的各种板卡，如 CPU 卡、I/O 卡等。结构上采用全钢机壳、机卡压条过滤网，双正压风扇等设计及 EMC（Electro Magnetic Compatibility）技术以解决工业现场的电磁干扰、震动、灰尘、高/低温等问题。

IPC 有以下特点：

（1）可靠性：工业 PC 具有在粉尘、烟雾、高/低温、潮湿、震动、腐蚀等环境下工作，以及快速诊断和可维护的特性，其 MTTR（Mean Time to Repair）一般为 5 min，MTTF 为 10 万小时以上，而普通 PC 的 MTTF 仅为 10 000 ~ 15 000 小时。

（2）实时性：工业 PC 对工业生产过程进行实时在线检测与控制，对工作状况的变化给予快速响应，及时进行采集和输出调节（“看门狗”功能是普通 PC 所不具有的），遇险能自复位，保证系统的正常运行。

（3）扩充性：工业 PC 由于采用底板+CPU 卡结构，因而具有很强的输入/输出功能，最多可扩充 20 个板卡，能与工业现场的各种外设、板卡（如轨道控制器、视频监控系统、车辆检测仪等）相连，以完成各种任务。

（4）兼容性：能同时利用 ISA 与 PCI 及 PICMG 资源，并支持各种操作系统，多种语言汇编，多任务操作系统。

2）可编程序控制器（PLC）

PLC 英文全称为 Programmable Logic Controller，即可编程逻辑控制器，是一种专门为在工业环境下应用而设计的数字运算操作电子系统。它采用一种可编程的存储器，在其内部存储执行逻辑运算、顺序控制、定时、计数和算术运算等操作的指令，通过数字式或模拟式的输入/输出来控制各种类型的机械设备或生产过程，如图 2-4 所示。

（a）西门子可编程序控制器

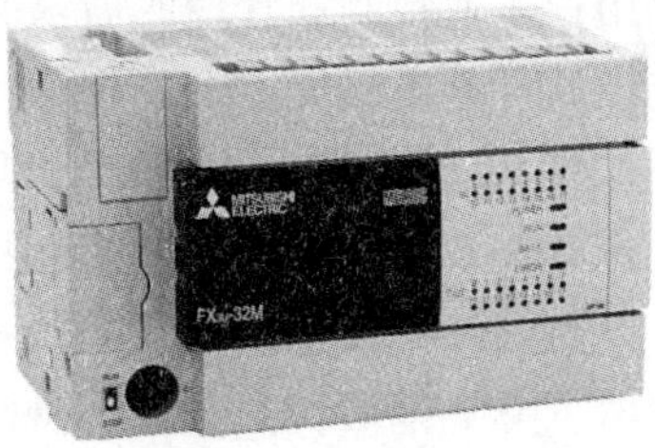

（b）三菱可编程序控制器

图 2-4　可编程序控制器

可编程控制器是计算机技术与自动化控制技术相结合而开发的一种适用于工业环境的新型通用自动控制装置，是作为传统继电器的替换产品而出现的。随着微电子技术和计算机技术的迅猛发展，可编程控制器更多地具有了计算机的功能，不仅能实现逻辑控制，还具有了数据处理、通信、网络等功能。由于它可通过软件来改变控制过程，而且具有体积小、组装维护方便、编程简单、可靠性高、抗干扰能力强等特点，已广泛应用于工业控制的各个领域，大大推进了机电一体化的进程。

3）分布型控制系统（DCS）

DCS 英文全称为 Distributed Control System，中文全称为分布式控制系统。它是一种高性能、高质量、低成本、配置灵活的分散控制系统系列产品，可以构成各种独立的控制系统、分散控制系统（DCS）、监控和数据采集系统（SCADA），能满足各种工业领域对过程控制和信息管理的需求。系统的模块化设计、合理的软硬件功能配置和易于扩展的能力，能广泛用于各种大、中、小型电站的分散型控制、发电厂自动化系统的改造以及钢铁、石化、造纸、水泥等工业生产过程控制。

4）现场总线控制系统（FCS）

FCS 英文全称 Fieldbus Control System，中文全称为现场总线控制系统。它是全数字串行、双向通信系统。系统内测量和控制设备如探头、激励器和控制器可相互连接、监测和控制。在工厂网络的分级中，它既作为过程控制（如 PLC，LC 等）和应用智能仪表（如变频器、阀门、条码阅读器等）的局部网，又具有在网络上分布控制应用的内嵌功能。由于其广阔的应用前景，众多国外有实力的厂家竞相投入力量，进行产品开发。现今，国际上已知的现场总线类型有四十余种，比较典型的现场总线有：FF，Profibus，LONworks，CAN，HART，CC-LINK 等。

5）计算机数字控制系统（CNC）

CNC 英文全称 Computer numerical control，中文全称为计算机数字控制系统。它是采用微处理器或专用微机的数控系统，由事先存放在存储器里的系统程序（软件）来实现控制逻辑，实现部分或全部数控功能，并通过接口与外围设备进行连接，称为计算机数控，简称 CNC 系统。数控机床是以数控系统为代表的新技术对传统机械制造产业的渗透形成的机电一体化产品；其技术范围覆盖很多领域如机械制造技术、信息处理、加工、传输技术、自动控制技术、伺服驱动技术、传感器技术、软件技术等。

2. 软件系统

工业控制软件系统主要包括系统软件、工控应用软件和应用软件开发环境等三大部分。其中系统软件是其他两者的基础核心，因而影响系统软件设计的开发质量。工控应用软件主要是根据用户工业控制和管理的需求而生成的，因此具有专用性。

从工控软件基本组成上看，它可大致划分为 3 层：实时操作系统层、控制管理层、应用层。实时操作系统 OS 层是其他层的基础。

从工控软件系统的发展历史和现状来看，工控软件系统应具备 5 大主要特性：

（1）开放性。这是现代控制系统和工程设计系统中一个至关重要的指标。开放性有助于各种系统的互联、兼容，有利于实现集设计、建立和应用为一体（集体）的工业思路。为了使系统具有良好的开放性，必须选择开放式的体系结构、工业软件和软件环境。

（2）实时性。工业生产过程的主要特性之一就是实时性，因此也要求工控软件系统具有较强的实时性。

（3）网络集成化。这是由工业过程控制和管理的趋势。

（4）人机界面更加友好。这不仅是指像菜单驱动之类的便捷操作，而且应包括设计和应用两个方面的人机界面。

（5）多任务和多线程性。现代许多控制软件所面临的工业对象不再是单任务线，而是较复杂的多任务系统。因此，如何有效地控制和管理这样的系统仍是目前工控软件主要的研究对象。为适应这种要求，工控软件，特别是底层的工控系统软件必须具有此特性，如多任务多线程操作系统的研究和应用等。

3. 日常维护

工控机是为了适应特殊、恶劣工作环境的一种工业计算机，它的电源、机箱、主板都是为了能适应长时间不间断运行而设计的。为了更好地使用它，让它始终保持良好的工作性能，在日常使用中必须对它进行必要、合理的维护。要给工控机一个平稳的工作环境。例如：在机器对磁盘或硬盘进行读写操作时出现震动，驱动器会严重磨损或导致硬盘损坏；机器靠墙放置时距离墙壁应留有间隙，以保证散热良好，否则会导致元器件加速老化。具体要做好以下几点：

1）机箱维护

机箱中包括工控电源、无源底板、风扇。

（1）工控电源：它是为长时间不间断工作服务的，其性能较好。使用时需注意尽量减少灰尘的进入，防止灰尘影响风扇的运行；防止瞬时断电，瞬时断电又突然来电往往会产生一个极高的电压脉冲，很可能“烧”坏计算机，电压的波动（过低或过高）也会对计算机造成损伤。因此，应尽量配备不间断电源。另外，还应防静电、防雷击。

（2）无源底板：它是为各种板卡（包括 CPU 卡、显卡、声卡、网卡等）提供电源的，其日常维护要注意三点：不能在底板带电的情况下插拔板卡；插拔板卡时不可用力过猛、过大；用酒精等清洗底板时，要注意防止工具划伤底板。插槽内不能积灰尘，否则会导致接触不良，甚至短路。插卡时注意观察插槽内的金属脚是否对齐，有无弯曲，否则会影响板卡在系统中的运行，或出现开机无显示、找不到板卡、死机等现象。

（3）风扇：工控箱内的风扇是专门为工控机设计的，它向机箱内吹风，以降低机箱内温度。它要注意的是：电源是否接到插头上；风扇外部的过滤网要定时清洗（每月一次），以防过多的灰尘进入机箱；禁止尖锐物品损坏风扇页片。

2）主板维护

工控机主板是专为在高、低温特殊环境中，长时间运行而设计的，它在运用中所要注意的是：不能带电插拔（内存条，板卡后面的鼠标、键盘等），带电插拔会导致插孔损坏，不能用，严重的甚至会使主板损坏。主板上的跳线不能随便跳，要查看说明书或用户手册，否则会由于不同型号主板的电压设置不同而导致损坏。对主板的灰尘应定时清洁，不能用酒精或水，应用干刷子、吸尘器或皮老虎把灰尘吸完或吹掉。保持主板上内存插槽干净、无断脚、歪脚。主板下插入无源底板中的金手指要干净，在底板上要插紧、插到位。

3）各种板卡维护

板卡所要注意的就是防尘，插脚要完好，板卡竖直插入不能歪曲，并且板卡外插孔上的连接件不能带电插拔。

4）硬盘、光驱、软驱维护

（1）硬盘：不要随意拆卸硬盘，避免振动、挤压。尽量不要在硬盘运行时关闭计算机电源，突然关机会导致硬盘磁道损坏，数据丢失。不要随意触动硬盘上的跳线装置。搬运时一定要用抗静电塑料袋包装或用海绵等防震压材料固定好。应经常检查病毒，以防侵蚀。操作系统中有节能功能时要尽量合理使用，以延长硬盘使用寿命。

（2）光驱：在使用中不要随意打开光驱门，不能使用有损伤或盗版的光碟，防止灰尘进入光驱内，光驱在使用过程中不要震动、歪曲、拍打。数据线要连接通畅，保证光驱读盘顺利。

（3）软驱：不能把坏盘、有毒盘放入软驱中，勿使用劣质和发霉的软盘，勿用尖锐的物品碰撞以防划伤磁头。当软驱正在对磁盘进行读写操作时（软驱指示灯亮），不要强行将磁盘取出，以防损伤磁头或使磁头偏移，导致无法正常读写。

任务 2.2　AFC 计算机系统与接口

任务目标

（1）掌握 AFC 计算机系统结构。
（2）掌握 AFC 计算机系统数据传输。
（3）熟悉 AFC 计算机系统应用模块。
（4）熟悉 AFC 系统与地铁其他专业系统之间的接口。

2.2.1　系统结构

AFC 系统采用基于 TCP/IP 协议的网络架构，实现稳定、高速的设备信息传送，并确保设备安全运行、监控和运营数据的及时收集。其总体架构如图 2-5 所示。AFC 系统后台采用分布式设计的大型数据库，数据处理系统采用共享磁盘阵列的双机切换工作方式，最大限度地保证了系统的安全，提高了系统运行的可靠性。图形化的管理界面及 WEB 方式的报表访问给用户提供了简单、实用、容易修改的运行环境。采用独特的 SAM 卡认证密钥管理系统，将系统设备、票卡有机联系起来，在实现不同系统的无障碍切换使用的同时，保证运营收益的安全可靠。

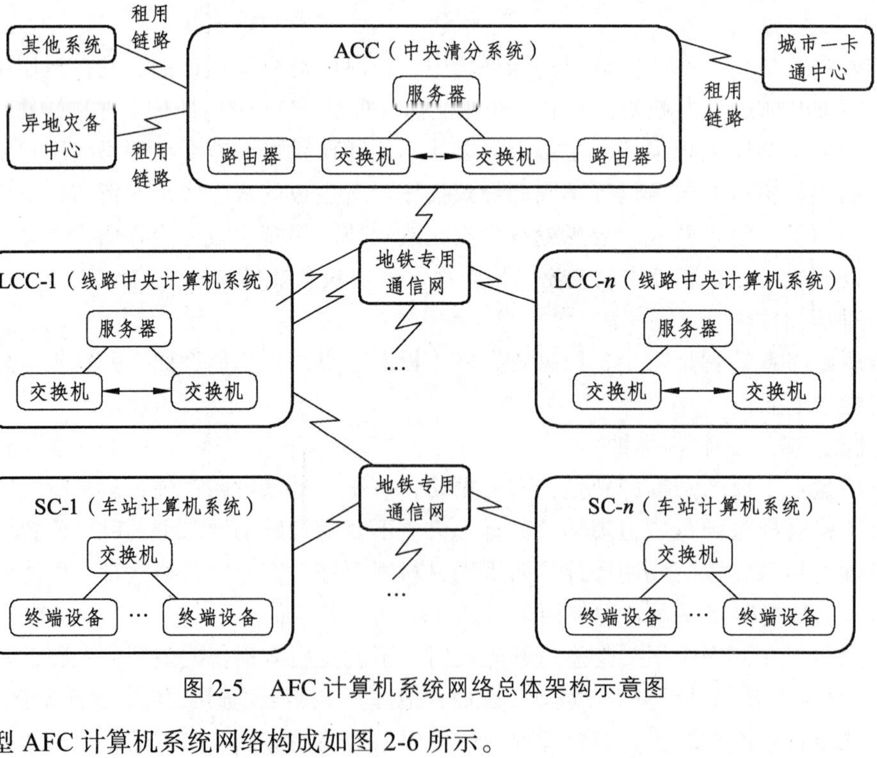

图 2-5　AFC 计算机系统网络总体架构示意图

某典型 AFC 计算机系统网络构成如图 2-6 所示。

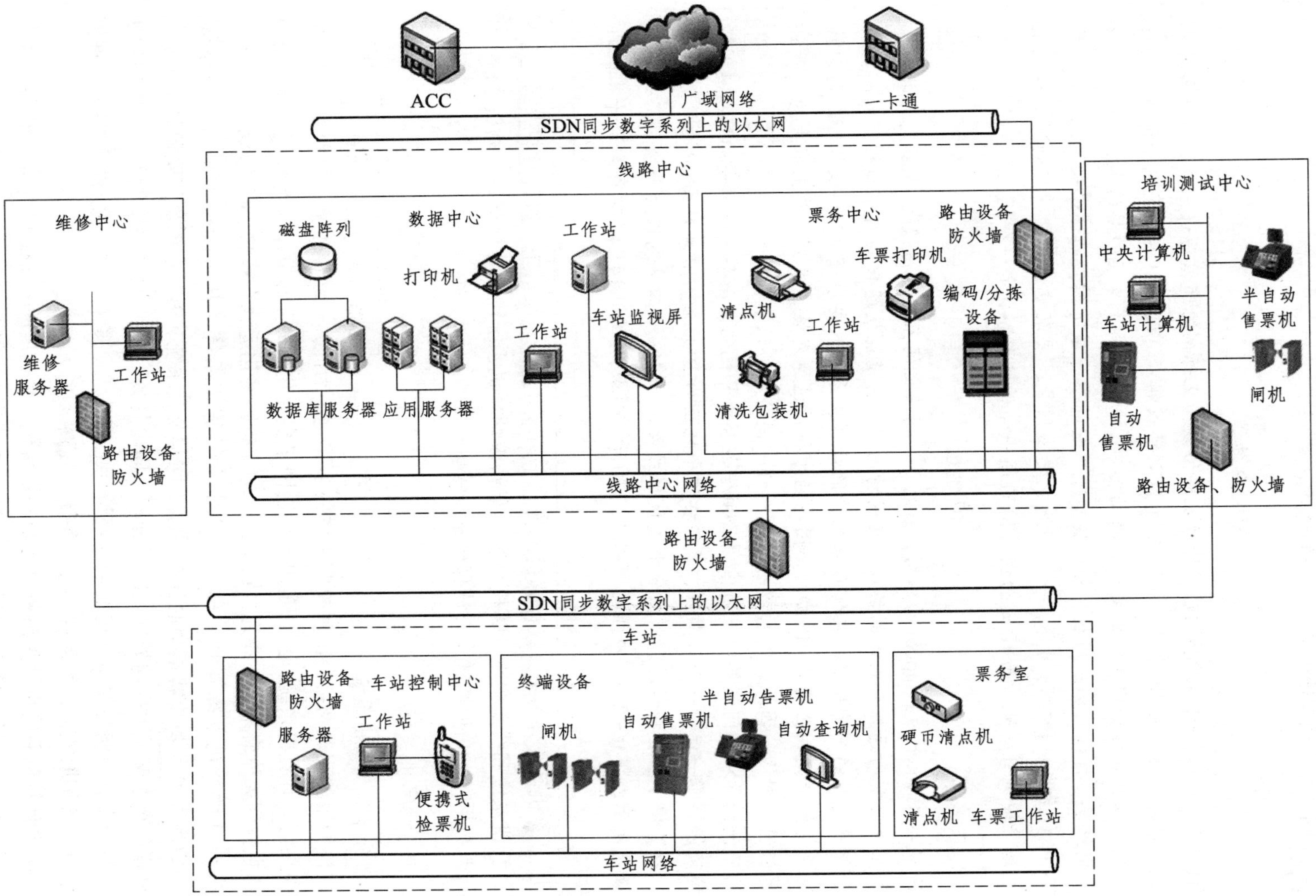

图 2-6　典型 AFC 系统网络构成

小知识：

TCP/IP 协议

TCP/IP 协议即传输控制协议/因特网互联协议，又称网络通信协议，是因特网最基本的协议。它由网络层的 IP 协议和传输层的 TCP 协议组成，TCP/IP 定义了电子设备如何连入因特网，以及数据如何在它们之间传输的标准。协议采用了 4 层的层结次构，即网络接口层、网络层、传输层和应用层。每一层都呼叫它的下一层所提供的协议来完成自己的需求。TCP 负责发现传输的问题，一有问题就发出信号，要求重新传输，直到所有数据安全正确地传输到目的地，而 IP 则为因特网的每一台联网设备规定一个地址。

IP 地址

IP 是英文 Internet Protocol 的缩写，意思是“网络之间互连的协议”，也就是为计算机网络相互连接进行通信而设计的协议。在因特网中，它是能使连接到网上的所有计算机网络实现相互通信的一套规则。任何厂家生产的计算机系统只要遵守 IP 协议就可以与因特网互连互通。正是因为有了 IP 协议，因特网才得以迅速发展，成为世界上最大的、开放的计算机通信网络。因此，IP 协议也可以叫作“因特网协议”。

为了使计算机之间能够相互通信，必须给每台计算机配备一个全球唯一的网络地址，这个地址能够唯一标识一台计算机，我们称这个地址为 IP 地址。IP 地址由 32 位二进制数组成，为了便于表达和识别，以点分十进制数形式表示，每 8 个二进制位为一组，用一个十进制数来表示，即 0～255。每组之间用“.”隔开。例如，202.4.143.10 即是某台计算机的 IP 地址。

AFC 计算机系统分为中央级计算机系统和车站级计算机系统。中央级计算机系统包括清分中央计算机系统和线路中央计算机系统。车站级计算机系统包括常规车站计算机系统、维修中心计算机系统、培训测试中心计算机系统等。

1. 中央计算机系统

1）清分中央计算机系统

大规模城市的交通网络会出现投资主体的多元化，因此，在线路中央计算机系统之上需要设置中央清分计算机系统，主要是用于交通网络多元化后的主体间清分与分配，从而保证乘客在各主体间无障碍乘车，成为真正意义上的支持路网化运营管理的 AFC 系统。

中央清分计算机系统有时又称为综合中央计算机系统（Integrated Central Computer System，ICCS），用于城市轨道交通各条线路之间与公交系统、银行系统及其他相关系统之间的清算分账、车票交易数据的处理及统计分析，同时具备对线路 AFC 系统设备运营管理的功能。清分系统设计应满足城市轨道交通远期设计的多条线、多个车站、预期客流量等方面需求，系统应具备扩展能力，可提供后续各条新建线路 AFC 系统接入。

清分中央计算机系统设计为热备、冗余、模块化、易扩展的系统。在主/备（热备）两种工作方式下，均能对系统进行正常操作。系统能连续地自动检测系统硬件和软件故障。在故障时自动切换，故障单元被隔离后，建立一个新的有效数据通道，使 ACC 系统保持不间断工作。

系统运行环境主要由操作系统、数据库系统和 J2EE（Java 2 Platform Enterprise Edition）运行环境组成。清分系统的核心，即中央清算部分，采用传统的结构化程序设计，有效地保证了系统的稳定性和可扩展性。

ACC 系统包含的子系统模块如图 2-7 所示。

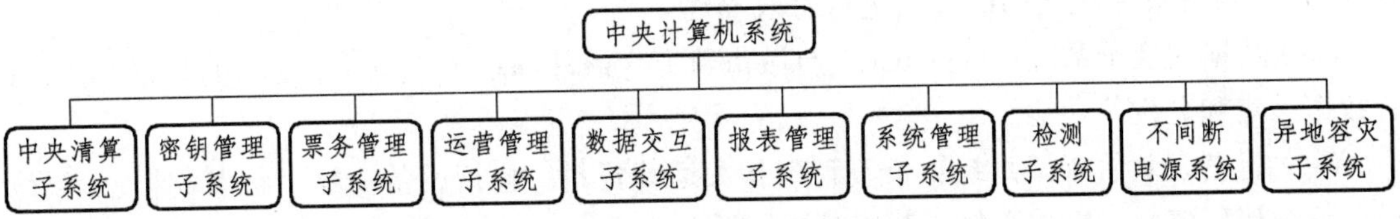

图 2-7　清分中央计算机系统子系统构成

以广州地铁为例（见图 2-8），广州地铁的 ACC 系统也包括图 2-7 所示的子系统，但由于系统供应商的不同，命名会有所出入，但主要功能都具备。子系统模块的主要功能如下：

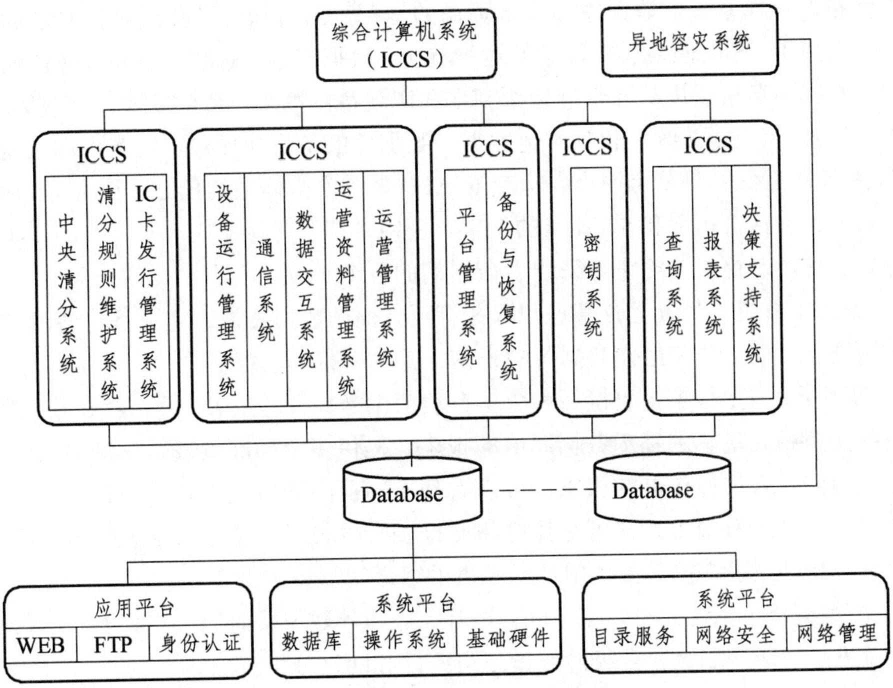

图 2-8　广州地铁清分系统功能模块简图

（1）清分子系统：对各线路上传的交易数据和其他小额交易数据进行清分，并将清分结果下发给各相关线路与相关系统，提供对外部系统的统一数据交换接口和对账功能等。

（2）清分规则维护子系统：在新增线路联网运营时或业主认为需要调整清分规则时，可通过清分规则维护子系统调整清分规则，清分规则的维护和调整将不影响正常清分。清分规则维护子系统能保存至少两种清分规则，并可以进行清分规则的切换。

（3）IC 卡发行管理子系统：包括编码分拣机监控、票务管理、个人化等功能。票务管理包括库存管理和退票管理两大部分，库存管理包括车票制票（车票的初始化、赋值与分拣）、配票和回收。

（4）设备管理子系统：记录自动售检票系统设备的注册信息、分布、设备搬迁记录、密钥更换记录等信息，并进行跟踪管理。能接收各线路 AFC 车站设备的运行、关闭、故障、离线运营、降级运营等五种状态。

（5）通信子系统：负责 ICCS 与城市轨道交通各线路 AFC 系统及相关系统的数据交换，对 ICCS 与各互联系统之间的数据进行有效隔离。

（6）数据交换子系统：负责 ICCS 与城市轨道交通外部系统（如一卡通）的数据交换，具有数据采集和分发等功能。

（7）运营资料管理子系统：负责管理相关运营资料，包括设备资料、票卡资料、运营资料、系统代码资料、操作资料、系统时钟、黑名单等。

（8）运营管理子系统：可以实现参数管理、系统运作模式管理、数据审核、权限管理、时钟管理。

（9）平台管理子系统：包括系统监控、网络管理和数据库备份、恢复等管理功能。其中系统监控是指对操作系统、数据库和系统资源的分配、运行和使用状况进行监控和管理；网络管理是对组成 ICCS 的网络连接设备的运行状况、数据流量、通信安全和故障诊断等进行监控和管理；数据库备份、恢复等管理是指制定和实现备份策略、备份监控和恢复等。

（10）备份、恢复子系统：包括本地数据、数据库的备份和异地容灾备份和恢复。

（11）密钥子系统：是整个城市轨道交通 AFC 系统安全体系的核心，由 ICCS 统一管理，从功能上划分，包括密钥卡和 SAM 卡的发卡、密钥管理、交易验证、安全认证，涉及密钥的生成、分发、使用、更新、终止等密钥生命周期的各个阶段。

（12）查询子系统：负责运营管理和账务管理方面的数据查询，主要是对各种交易清单、客户服务明细、参数记录和运作数据等的查询，并具有打印功能。

（13）报表子系统：根据报表模板和数据自动产生当日全部报表，并保存在报表服务器上。报表子系统支持预先定义的基于数据库值的报表，提供多个标准报表，标准报表在限定的时段内可在线访问。根据操作员的权限，可以看到不同范围的报表内容，当报表产生后，操作员可以通过工作站查看报表，并可选择打印此报表。报表子系统提供报表生成工具软件，在实际运营时，允许报表维护人员利用数据库表的数据增加特定报表。

（14）决策支持子系统：对客流、OD 矩阵、收益等数据按时间、车票类型、线路、进出车站、收益进行一级、二级和多级的数量分类统计和同比分析。

（15）异地容灾子系统：远程数据复制，实现清分服务器数据与容灾服务器数据的数据同步、系统切换。当清分服务器发生灾难时，用户可以将清分服务器的应用切换到容灾服务器。

中央清分计算机系统设备主要由清分服务器、数据库服务器、磁盘阵列、磁带库等组成。

清分中央计算机系统实现轨道交通路网内各运营商与 AFC 系统相关的统一业务协调以及系统和安全管理。主要功能包括：

（1）实现轨道交通 AFC 系统内一票通及一卡通的运营管理及票务管理。

（2）实现轨道交通 AFC 系统与一卡通系统的清算、对账，各线间的清算。

（3）实现一票通票卡的发行管理。

（4）实现各线路 AFC 系统的接入以及线路 AFC 系统间的信息交换。

（5）实现轨道交通 AFC 系统的密钥安全管理。

（6）实现轨道交通 AFC 系统整体与外部系统之间的交互及对外的信息服务。

2）线路中央计算机系统

线路中央计算机（Line Center，LC）系统是自动售检票系统的管理控制中心，主要功能包括：实现中央计算机系统与各车站计算机系统的通信；收集全线的交易数据和设备运营状态信息，进行财务和客流统计；传送相关的参数、信息至各有关终端设备；将需要清分的信息上传给清分系统，接收清分系统下传的清分数据、黑名单、费率等数据；通过网络对下级设备的软件更新；通过通信系统的时钟子系统获取标准时间，自动进行同步，并将标准时间信息将下传至车站计算机和各终端设备；具有备份和恢复功能及灾难恢复功能；实现系统数据的集中采集、统计及管理，实现系统运作、收益及设备维护集中管理，实现对本线自动售检票系统内所有设备的监控。

（1）系统组成。

线路中央计算机系统框架如图 2-9 所示。

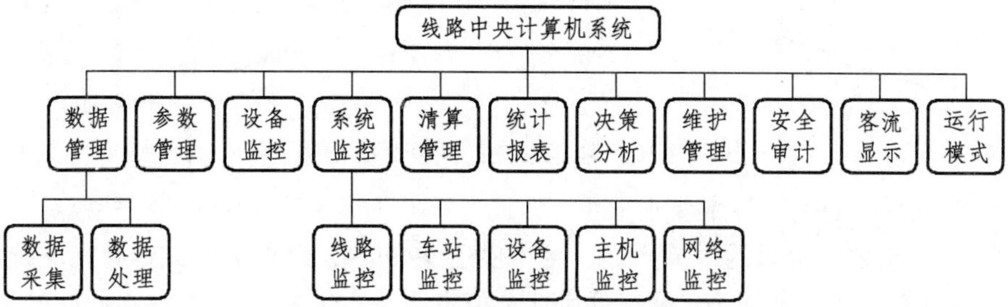

图 2-9　线路中央计算机系统框架

线路中央计算机系统设备主要由中央服务器、清分服务器、数据库服务器、磁盘阵列、磁带库、光纤交换机、通信服务器、报表服务器、监控工作站、操作员管理工作站等组成。

LC 系统实现轨道交通路网内线路 AFC 系统运营管理。主要功能包括：

① 接受 ACC 系统指令，实现所辖线路的运营管理。

② 实现所辖线路的票务管理并与 ACC 进行对账。

③ 实现所辖线路的设备管理及维修维护管理。

④ 当发生与 ACC 的通信故障,必须由线路独立运行时,独立管理所监控线路系统的运行。

（2）系统具体功能。

LC 负责线路 AFC 系统整体与 ACC 系统进行交互；负责管理线路系统运营，管理线路内各车站系统。

① LC 从 ACC 下载票务运营参数，结合线路运营管理需要定义 AFC 系统参数；将 AFC 系统参数下发给 SC 使用；

② LC 接收 SC 上传的各类状态，进行运营监控；

③ LC 接收 SC 上传的数据，进行数据处理；

④ LC 将 ACC 要求的交易数据传送给 ACC，与 ACC 进行清算对账；

⑤ LC 通过权限管理控制各站内人员对功能的访问，记录各类操作情况。

（3）系统技术要求。

线路中央计算机系统结构如图 2-10 所示。

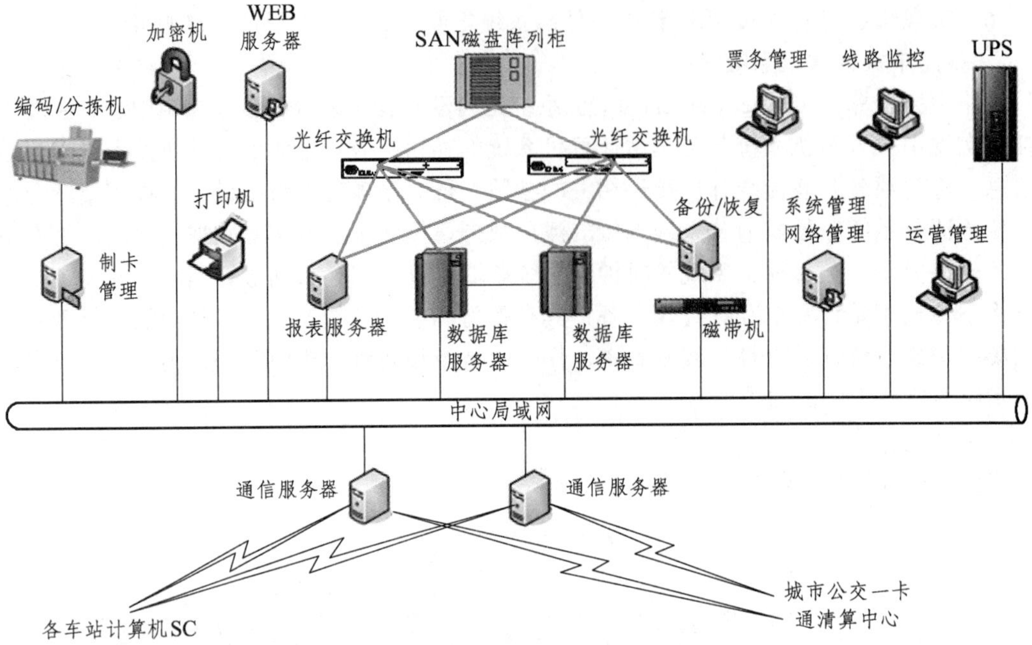

图 2-10　线路中央计算机系统结构

中央计算机系统的主要技术要求如下：

① 主机采用成熟、可靠的主流产品，可用性达 99.99%，以集群方式运行，支持实时在线程序运行，满足系统的处理能力，具高可靠性及稳定性，具有 7 天 24 小时不间断的工作能力，满足系统的各项管理能力。

② 系统存储单元应满足系统所有数据、参数、报表、日志及软件的存储。

③ 系统数据处理能力应满足近期高峰客流规模及全日客流规模。

④ 系统数据处理能力的扩展应能通过增加或更新硬件来实现。

2. 车站计算机系统

车站计算机（Station Computer）系统是车站 AFC 系统的核心。车站计算机系统可监控车站终端设备的运行状态、设备控制、客流监控、下达系统运营模式、系统参数。车站计算机系统有车站收益管理、设备维护管理、数据管理、电源管理等功能。用于收集存储本站各种终端设备产生的交易和审计数据，为车站运营提供即时数据查询及终端设备状态监控，准确生成各种运营报表，及时上传车站设备数据到线路中央计算机。

1）常规车站计算机系统功能

（1）接受线路中央计算机系统下发的系统运行参数、运营模式和黑名单等，并下传给车站检票设备。

（2）采集车站售检票设备的原始交易数据和设备状态数据，并上传给线路中央计算机系统。

（3）对车站售票设备进行实时监控，并能显示设备的通信、运营状态及故障等信息。

（4）完成车站各类票务管理工作，自动处理当天的所有数据和文件，并能定期生成统计报告。

（5）在紧急情况下，车站值班员按下紧急按钮，控制所有自动检票机呈自由通行状态，便于乘客快速疏散。

2）维修中心职能

MC 是线路 AFC 系统内维修管理的中心系统，负责线路内所有 AFC 设备的维修管理。主要包括以下功能：维修计划管理、故障记录、维修记录、备件库存管理、提供报表。其具体职能如下：

（1）接收各车站设备的状态，监视状态。

（2）接收并保存各车站设备的故障状态，监视故障、管理故障历史数据。

（3）管理线路 AFC 系统备品、备件数据及状态。

（4）管理并维护线路 AFC 系统内的维修信息。

车站计算机系统的组网逻辑一般有两种：一种是冗余环状网络结构，如图 2-11 所示；一种是星形网络结构，如图 2-12 所示。

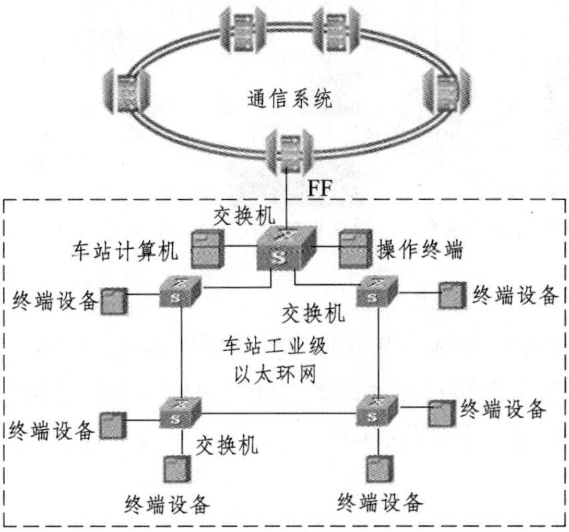

图 2-11　冗余环状网络结构

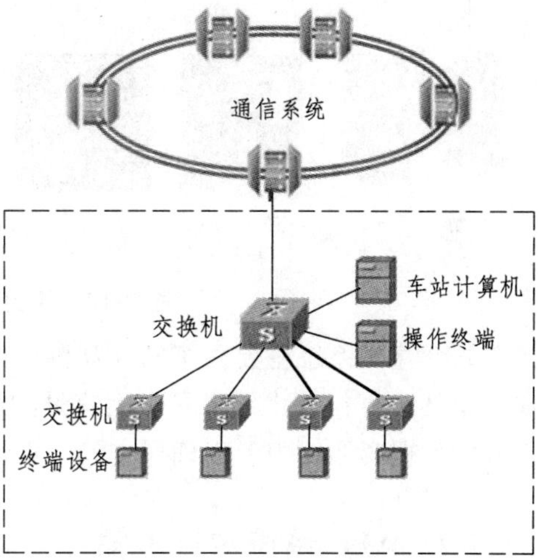

图 2-12　星形网络结构

以上两种组网方式各有优缺点。各方面性能的比较如表 2-1 所示。

表 2-1　组网方式性能比较

序号	性能	冗余环形网络结构	星形网络结构
1	可靠性	冗余的交换式以太网环	不带冗余链路
2	环境适应性	好	一般
3	开放性/可扩展性	一般	好
4	网络协议支持	一般	好
5	设备布置方便性	可设置在终端设备内部，布线更简单，但对设备空间有要求	只能布置在机柜或票房售票机内
6	可管理性	工业交换机一般不具备中心交换机，网络管理相对困难	一般与中心交换机系统品牌一致，网络管理较容易
7	网络架构灵活性	工业交换机一般没有路由器，设备及对三层协议支持也较差，网络灵活性一般	好
8	设备成本	较高	低

某典型车站计算机组网形式如图 2-13 所示。

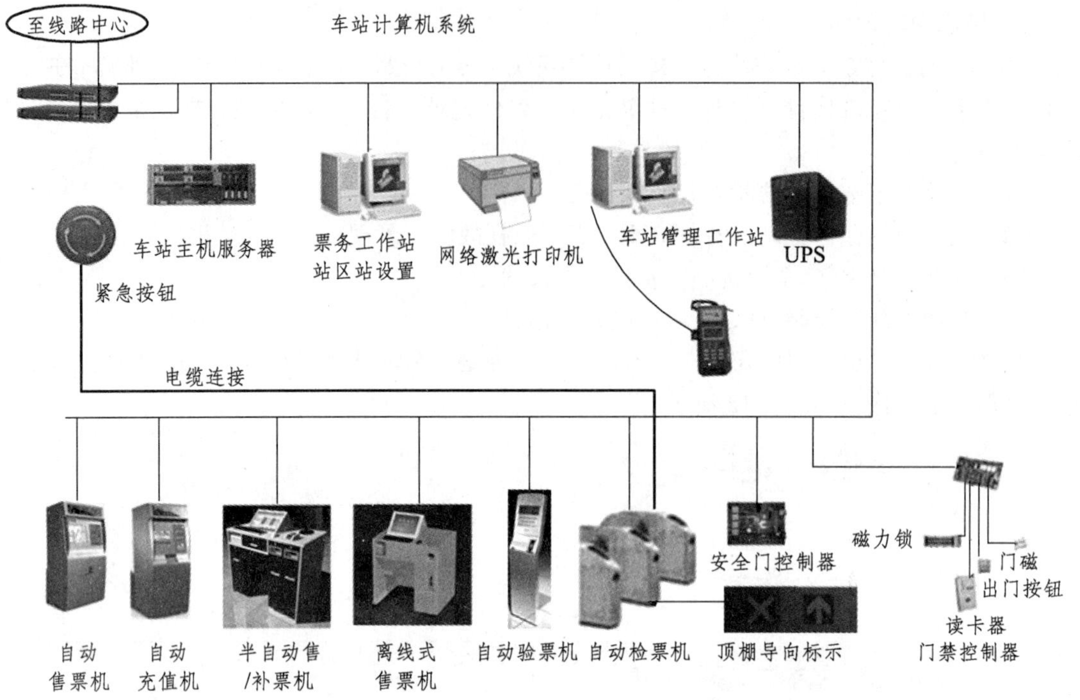

图 2-13　某典型车站计算机组网形式

车站计算机系统主要由车站计算机、系统操作工作站、紧急报警按钮、打印机、UPS 等组成。车站计算机技术要求具有大容量的硬盘存储空间和高效的数据读写速度，同时必须具备良好的数据容错能力，以确保交易、审计数据的完整性和准确性。

2.2.2　AFC 系统数据传输

AFC 系统的数据传输基于封闭的、分布范围广泛的局域网进行可靠传输。通过交换机、OTN 网络实现中央与各站计算机和车站 AFC 设备的通信、远程数据传输。数据传输的支撑平台由物理设备层、支撑软件层、数据层和应用模块层组成。系统软件总体架构如图 2-14 所示。应用模块又可以分为核心模块、监控模块、专用模块和财务模块。通过以上模块可实现 AFC 系统各项功能。

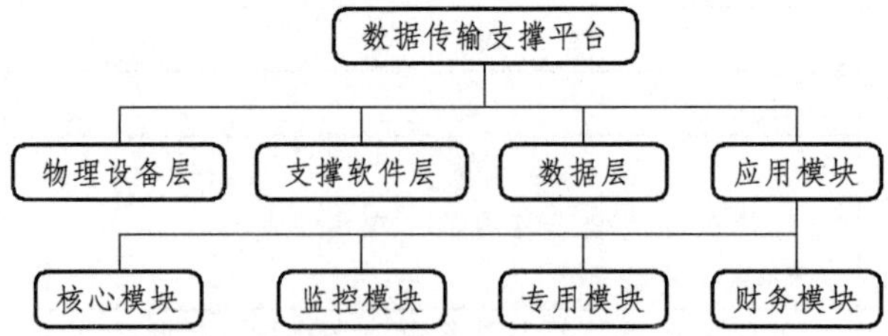

图 2-14　系统软件总体架构

1. 物理设备层

物理设备层一般指线路计算机系统（LC）和车站计算机系统（SC）。

LC 主要提供票务管理、交易管理、运营管理、运行监控、维护管理、清分结算、账务管理、统计分析等功能。ACC-LC 物理设备主要包括数据库服务器、业务处理服务器、通信服务器、存储和备份系统等。一般采用 RISC 架构的 UNIX 小型机，双机热备，SAN 架构存储系统。

SC 主要提供本站设备交易数据采集和上传，运行参数接收和下发，车站设备监控管理等。一般采用 IA 架构的 PC 服务器或工控机。

以广州地铁为例，清分系统采用 SUN6800、880、480 系列服务器，核心网络采用赫斯曼 MACH3000 系列交换机，配备 Cisco 防火墙。

2. 支撑软件层

（1）操作系统一般选用 UNIX、Linux、Windows、Solaris 9 等操作系统。

（2）数据库 LC 一般选用 Oracle、DB2、Sybase 等主流数据库系统，SC 可选用 MySQL 等。

（3）网络和系统管理选用 CiscoWorks、Unicenter、Openview 等。

以广州地铁为例，操作系统主要采用 Solaris 9，应用服务器采用 web logic 做中间件软件，报表系统为 Crystal Report，数据库为 SybaseASE。另外，还使用了 Norton Antivirus 防病毒软件，配置了异地容灾系统，能完成清分及数据存储的功能。

3. 数据层

数据层分为交易数据、票卡数据、清算数据、报表数据、费率表、黑名单、监控数据、运行参数等 8 大类数据。数据层提供各类数据的存储、备份、检索等功能。

4. 应用模块层

应用模块层在硬件设备和系统支撑软件的支持下，提供各种应用功能，处理和管理各类数据。应用功能分为两大类：

（1）是通过闸机、TVM 等本地设备直接为乘客提供服务。

（2）是通过操作管理工作站为地铁运营机构各岗位人员提供服务。

AFC 系统数据传输主要包含信息流、票务流（也可称为物流）和现金流三大类。数据传输示意如图 2-15 所示。

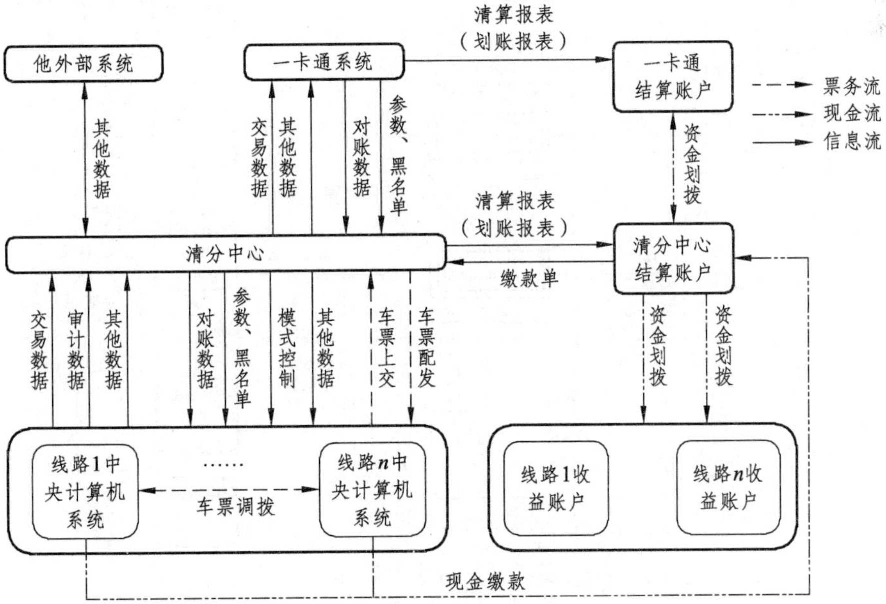

图 2-15　AFC 系统数据传输示意图

其中，票务流具体流动轨迹如图 2-16 所示。

现金流具体流动轨迹如图 2-17 所示。

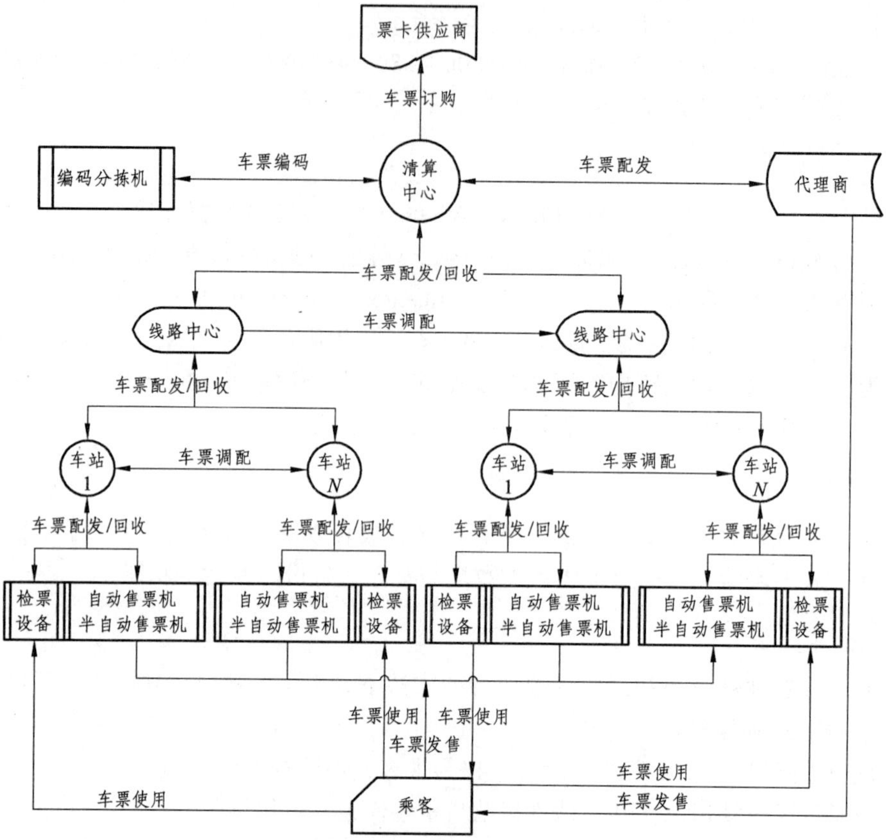

图 2-16　票务流轨迹

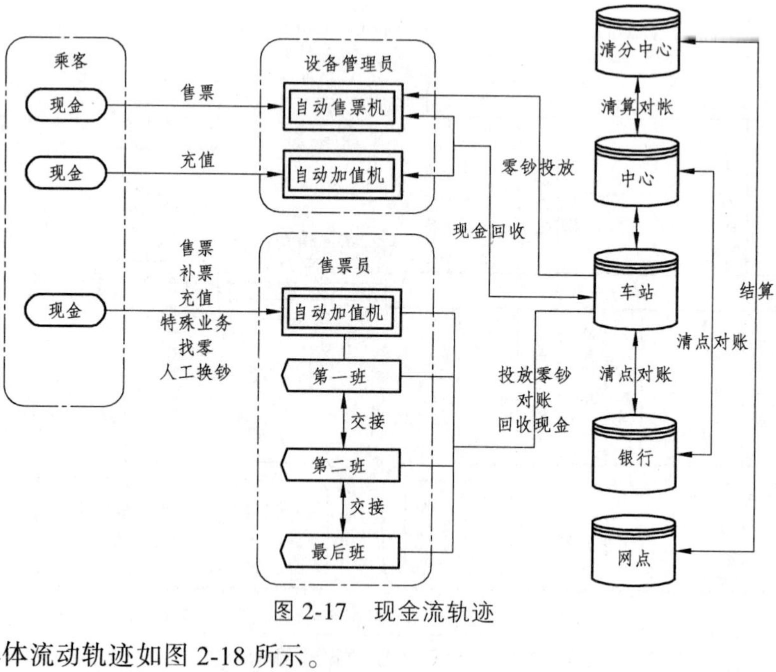

图 2-17　现金流轨迹

信息流具体流动轨迹如图 2-18 所示。

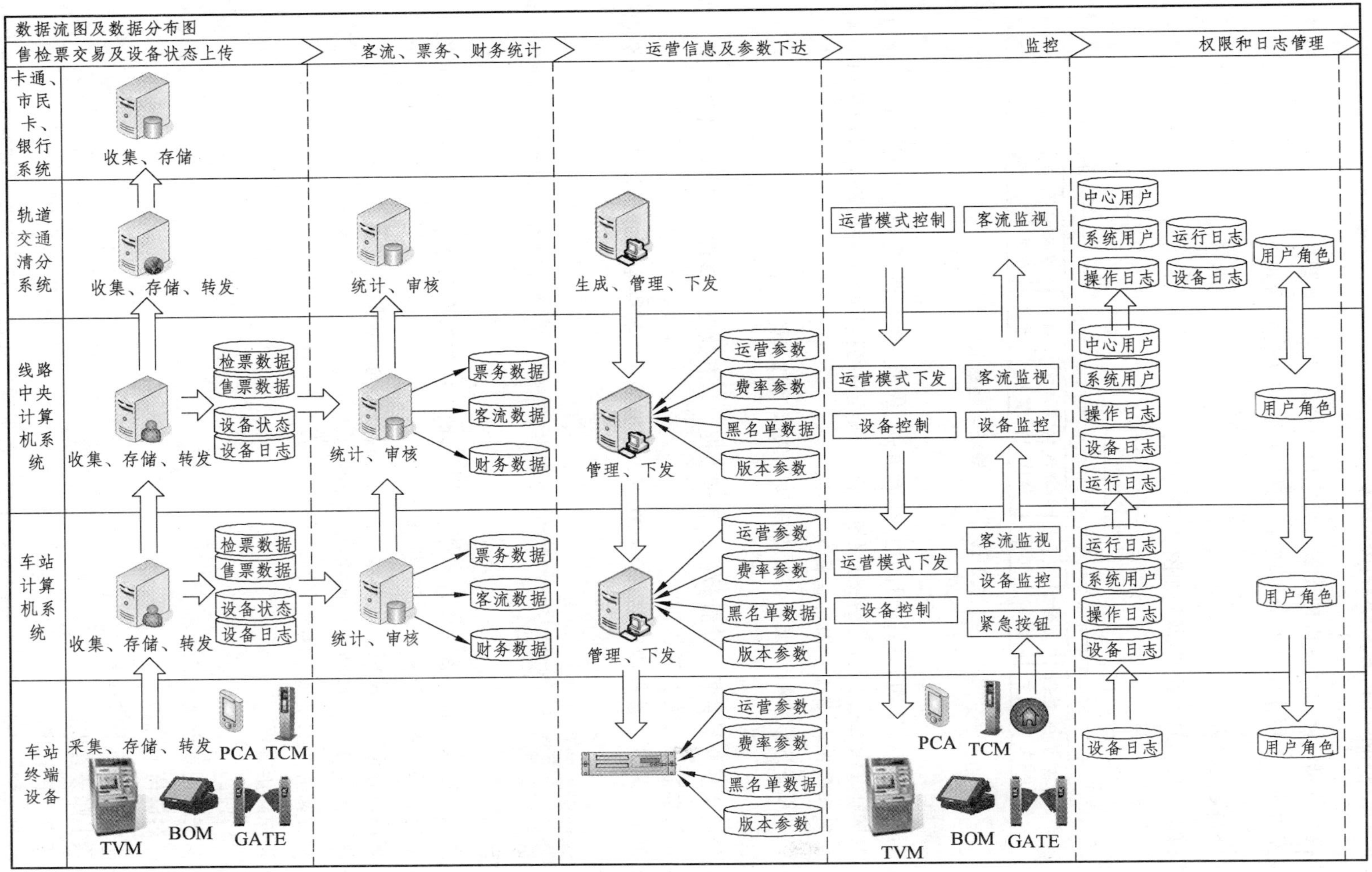
数据流图及数据分布图
售检票交易及设备状态上传
客流、票务、财务统计
运营信息及参数下达
监控
权限和日志管理
卡通、市民卡、银行系统
收集、存储
轨道交通清分系统
收集、存储、转发
统计、审核
生成、管理、下发
运营模式控制
客流监视
中心用户
系统用户
运行日志
操作日志
设备日志
用户角色
线路中央计算机系统
检票数据
售票数据
设备状态
设备日志
收集、存储、转发
票务数据
客流数据
财务数据
统计、审核
运营参数
费率参数
黑名单数据
版本参数
管理、下发
运营模式下发
设备控制
客流监视
设备监控
中心用户
系统用户
操作日志
设备日志
运行日志
用户角色
车站计算机系统
检票数据
售票数据
设备状态
设备日志
收集、存储、转发
票务数据
客流数据
财务数据
统计、审核
运营参数
费率参数
黑名单数据
版本参数
管理、下发
运营模式下发
设备控制
客流监视
设备监控
紧急按钮
运行日志
系统用户
操作日志
设备日志
用户角色
车站终端设备
采集、存储、转发
PCA
TCM
TVM
BOM
GATE
运营参数
费率参数
黑名单数据
版本参数
PCA
TCM
TVM
BOM
GATE
设备日志
用户角色

2-18　信息数据流轨迹

2.2.3　AFC 计算机系统应用模块功能

应用模块依据不同的运营机构设置，各类应用功能可灵活部署在 LC、SC 等处。有核心模块、监控模块、专用模块、财务模块等。具体模块的功能介绍如下。

1. 核心模块功能

核心模块一般包括 9 类功能，如图 2-19 所示。

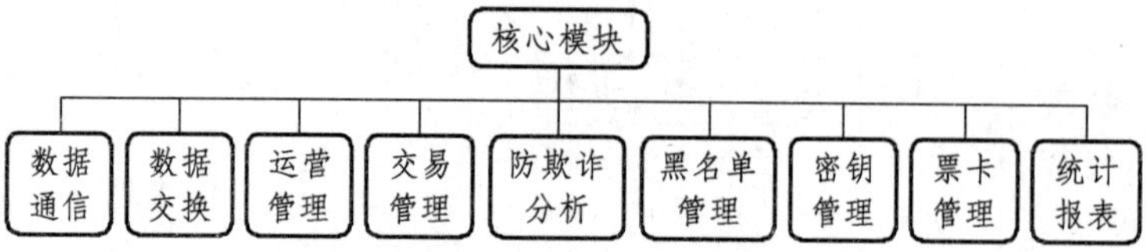

图 2-19　核心模块功能组成

1）数据通信

（1）可灵活配置传输源和传输目的地、传输方式、周期、频度等；提供标准编程接口（API）。

（2）架构在 TCP/IP 之上，支持分级别传输，保证网络拥挤时关键数据的及时传送。

（3）提供通信加密措施，保证传输安全性。

（4）提供设备连接权限认证，保证系统接入的安全性。

2）数据交换

（1）灵活实现交易数据、审计数据、管理数据、状态数据、事件数据、黑名单数据、费率表、配置管理数据等的交换管理。

（2）可配置的基于数据内容的有效性检查，数据格式的转换翻译，灵活支持不同格式的数据。

（3）实现数据路由功能。

（4）数据更新访问统　控制。

3）运营管理

（1）生成、修改、管理各类运行参数表，下发前确认参数表的有效性、一致性、完整性。

（2）采集和验证参数设置、下载应用软件。

（3）车站设备巡检、关机、暂停服务、恢复服务等命令控制管理。

（4）运行模式管理，控制运行模式的管理权限。

（5）实时客流数据采集上报。

（6）时钟同步管理。

4）交易管理

（1）卡交易记录查询和跟踪。

（2）记名储值卡管理。

（3）非记名储值卡管理。

（4）票卡账务管理。

（5）客户查询管理。

（6）设备故障、卡损坏等造成的不完整交易数据恢复功能，最大限度地保证数据的完整性、一致性。

5）防欺诈分析

（1）卡使用异常检查。

（2）卡资金平衡检查。

（3）票卡分配检查。

（4）SAM 卡分配检查。

（5）自动生成黑名单表。

6）黑名单管理

（1）票卡黑名单控制（允进、允出、允进出、允更换）。

（2）票卡黑名单更新，实时采集下发黑名单数据。

（3）依票卡生命周期设置，自动生成过期票卡黑名单。

（4）设备 ID 黑名单管理和控制。

（5）SAM 卡黑名单管理和控制。

7）密钥管理

（1）生成、下发、销毁分别存放于智能卡、终端设备、票务管理中心计算机中的密钥数据。

（2）管理安全存取模块（SAM）卡。

（3）管理密钥机。

8）票卡管理

（1）票卡采购、入库、领用、退回、出库等库存管理。

（2）票卡初始化管理，与 E/S 交互，监控和跟踪确保票卡成功初始化。

（3）票卡报废、报损、回收、分拣、分配、调拨等管理。

（4）编码设备监控管理。

（5）票卡使用状况反馈管理。

9）统计报表

（1）提供标准化、通用化的一整套预制报表，支持用户自由定制查询报表。

（2）设计报表中间数据，通过统计计算将常用统计数据指标进行汇总统计预处理，保证报表查阅速度。

（3）支持第三方报表工具软件、数据挖掘分析工具，深层次地分析报表。

2. 监控模块功能

监控模块包括设备监控和资产管理两大功能，如图 2-20 所示。

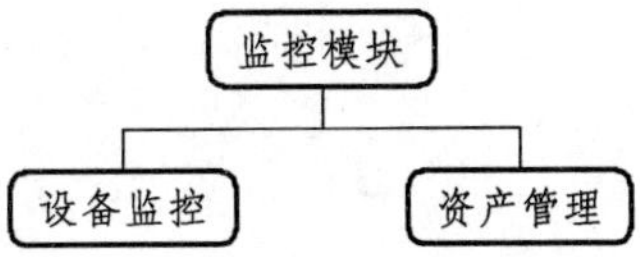

图 2-20　监控模块功能组成

1）设备监控

（1）图形化监控显示操作。

（2）运营和保养警报。

（3）系统健康状态监视。

（4）监控自动通知。

2）资产管理

（1）设备资产管理。

（2）设备保养周期管理。

（3）备品、备件领用管理。

（4）与第三方管理软件接口。

3. 专用模块功能

专用模块包括 4 个功能，如图 2-21 所示。

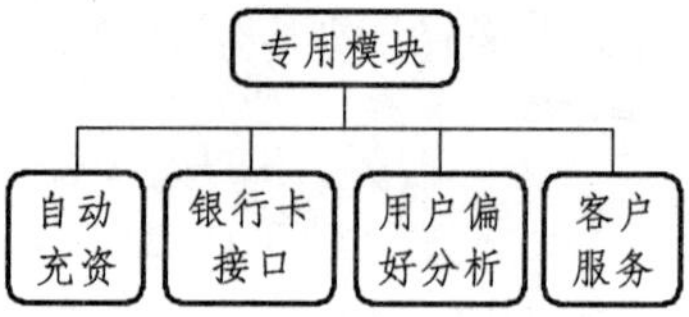

图 2-21　专用模块功能组成

1）自动充资

（1）银行卡自动充资管理。

（2）雇员补贴自动充资管理。

2）银行卡接口

（1）ISO 8583 接口协议，支持多家银行统一接口。

（2）签到、签退、结算接口。

（3）接收银行电子反馈。

3）用户偏好分析

（1）OD 表决策分析。

（2）用户偏好分析（如依赖度、频繁度等）。

（3）常旅客分析和常旅客营销支持。

4）客户服务

（1）乘客服务。

① 轨道交通运营通用信息查询服务。

② 网上订购业务。

③ 资金自动加载设置。

④ 票卡交易数据查询。

（2）代理商服务。

① 代理商销售管理。

② 代理商管理。

（3）集团客户营销支持。

4. 财务模块功能

财务模块包含 6 类功能，如图 2-22 所示。

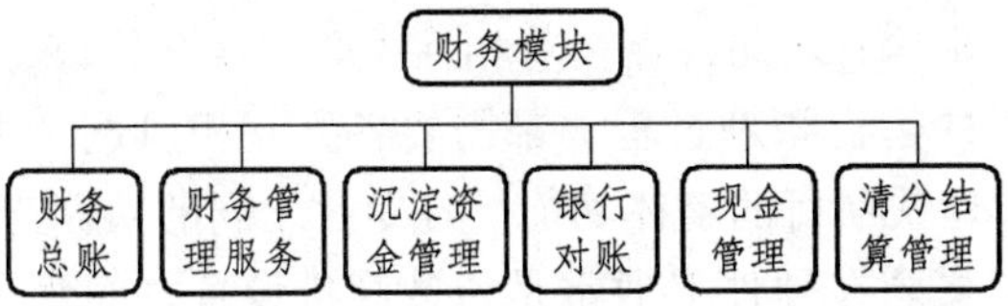

图 2-22　财务模块功能组成

1）财务总账

（1）财务总账支持。

（2）多运营商分账支持。

（3）日流水账管理。

2）财务管理服务

（1）应收款管理支持。

（2）应付款管理支持。

（3）付款凭证管理支持。

（4）发票管理支持。

3）沉淀资金管理

（1）票卡押金管理。

（2）资金平衡表。

（3）资金汇总分析报告。

4）银行对账

（1）（日/月）明细对账。

（2）（日/月）总账对账。

（3）账务冲销。

（4）账务冲正。

5）现金管理

（1）现金收入清点登记。

（2）现金对账。

（3）现金箱跟踪管理。

（4）备用金调配管理。

（5）银行存款跟踪。

6）清分结算管理

（1）营业数据的合法性、完整性、一致性的检查、校对，拆包处理。

（2）处理销售、充值、乘车等明细交易数据。

（3）清分、结算、对账。

（4）手续费、佣金、津贴管理；

（5）清分规则设置管理。

2.2.4　AFC 系统与其他系统的接口

地铁项目的专业技术涵盖了城市规划、土木工程、机电设备、信息技术及环境保护等 30

多个学科领域，在这些专业学科之间，存在着相互关联、相互约束的关系。从地铁项目规划、设计、施工到交付使用后的运行管理过程，都需要各方互相协调、密切配合，才能保证实现各项规划设计要求，发挥地铁项目的整体功能。各专业之间的协调与匹配称为技术接口问题。

计算机行业中的接口概念在硬件上通常是指计算机设备之间为了相互传输数据而制定的传送标准、通信协议以及连接设备；在软件上则指在不同的计算机软件系统之间进行数据交换的标准程序或协议数据格式。

地铁技术接口的意思是把地铁项目所涉及的各个专业学科视为许多个系统。技术接口是指相互关联的系统与系统之间的技术要求和匹配条件的定义和说明，包括建筑、机械、电气、计算机、交通规划、客流预测、环境保护等学科，与计算机行业的接口概念相比，技术接口的应用范围更广，影响更大。

技术接口文件是技术接口管理的重要依据，包含了众多专业的相互接口要求。建立接口文件需要诸多单位的协作，协调确认接口要求是一个逐步完善的过程。接口信息的变化需要进行动态监控。因此，技术接口管理是一项复杂的系统工程。

在建设期间，各系统之间的技术接口规定了各系统承包商应承担的接口工作。在系统建成投入正式运行后，原有的技术接口也间接演变成划分各系统维保单位工作界面的重要依据。因此，系统维保人员必须熟悉本系统与其他系统之间的技术接口，这对开展维保工作具有指导意义。

AFC 系统与其他主要系统之间的技术接口主要包括与时钟系统的接口、与通信传输系统的接口、与综合监控系统的接口、与综合 UPS 系统的接口。

1. 与时钟系统的接口

各城市 AFC 系统规划不尽相同。大型城市交通网络发达，基本上都要建设城市一卡通系统，如北京、上海、广州、武汉、深圳等。城市一卡通的建设必须依赖于包含 ACC 系统的 AFC 系统。

ACC 系统建成之前，是由各 LC 系统分别从通信时钟系统的一级母钟提取时钟信号，然后通过网络传输，逐级将时钟信号同步至 SC 和 SLE。

ACC 系统建成之后，系统从通信时钟系统的一级母钟提取标准时钟信号，同步清分系统时钟，并为线路 AFC 系统、异地容灾系统提供同步时钟。时钟信息是 ACC 和 LC 系统之间的交换数据，并同步至各 LC 系统（含原有线路和新建线路），然后逐级同步至 SC 和 SLE。

1）物理接口

AFC 系统与时钟系统（CLK）的接口界面如图 2-23 所示。

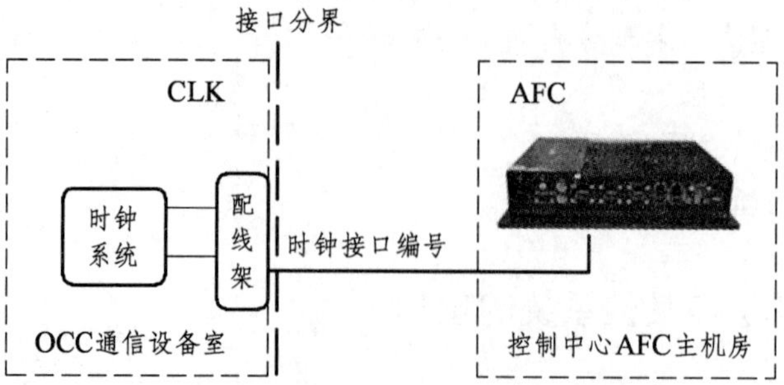

图 2-23　AFC 系统与时钟系统接口界面示意图

2）接口功能

时钟接口采用的是 EIA422（旧称 RS-422）数据接口，位于中央通信设备室。功能是由时钟系统为 AFC 系统提供经校准后的标准时间信息。AFC 系统接收时间信息后，逐级同步各类设备时钟。时钟精度要求到毫秒（ms）。

2. 与通信传输系统的接口

1）物理接口

AFC 系统与通信传输系统的接口界面如图 2-24 所示。

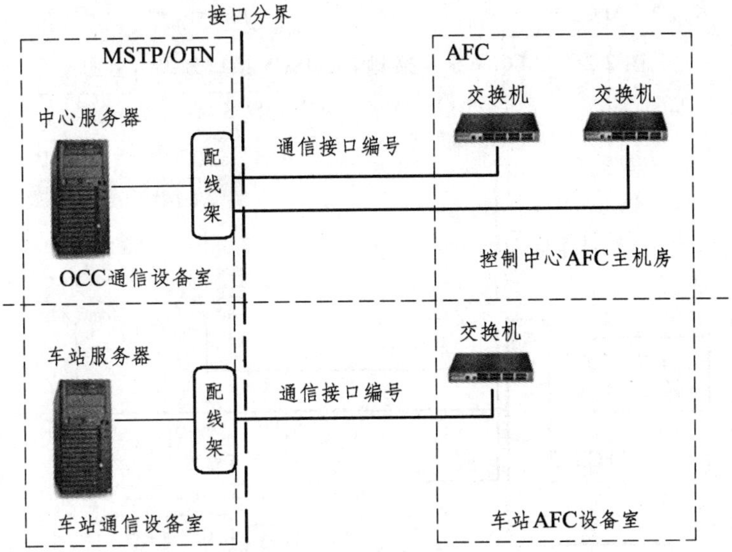

图 2-24　AFC 系统与通信传输接口界面示意图

2）接口功能

通信接口采用以太网数据接口、开放的软件通信协议。接口位置设在 OCC 通信设备室和车站通信设备室。接口数量为 2 个。

通信传输系统为 AFC 系统控制中心中央计算机系统提供共享型 100 Mb/s 数据传输通道，可实时监视传输通道的性能特征，包括业务流量、故障报警等。

通信传输系统为 AFC 系统车站计算机系统提供共享型 100 Mb/s 数据传输通道，可实时监视传输通道的性能特征，包括业务流量、故障报警等。

3. 与综合监控系统的接口

1）物理接口

AFC 系统和综合监控系统（ISCS）的接口分界分为 AFC 系统与控制中心综合监控系统的分界（见图 2-25）和 AFC 系统与车站综合监控系统的分界（见图 2-26）两种。

2）接口功能

综合监控接口有两类，一类采用以太网数据接口、开放的软件通信协议；一类采用硬线接口。

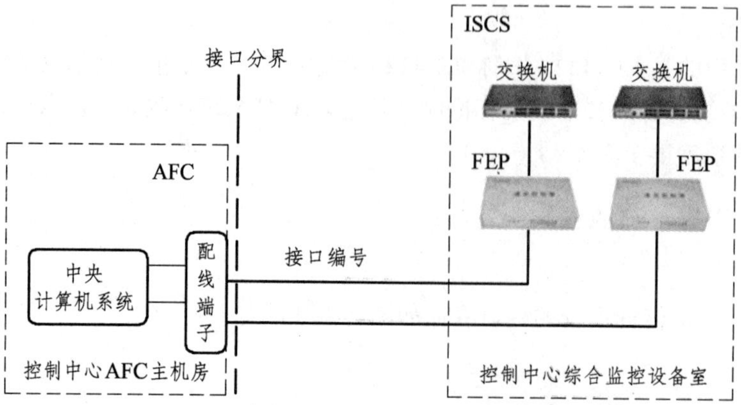

图 2-25 AFC 系统与控制中心 ISCS 接口分界示意图

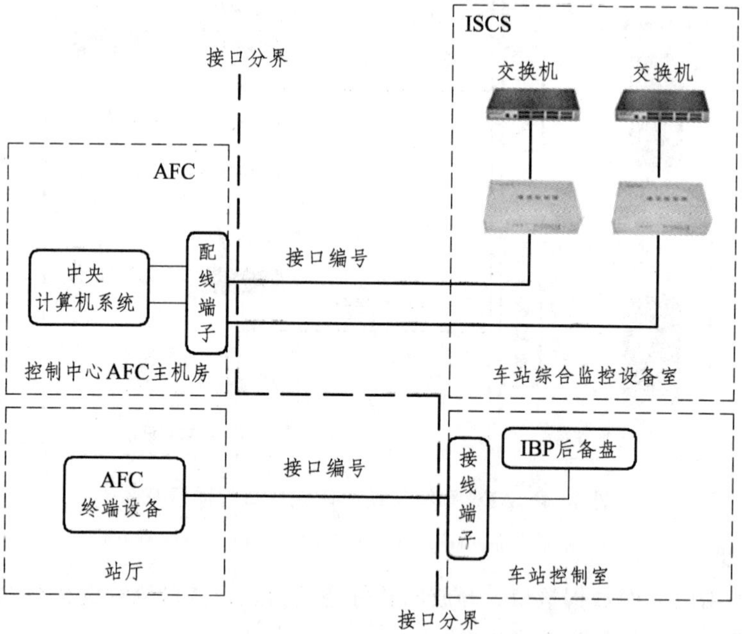

图 2-26 AFC 系统与车站 ISCS 接口分界示意图

控制中心 AFC 系统与控制中心综合监控系统采用以太网数据接口、开放的软件通信协议。接口位于控制中心 AFC 设备室，接口数量为 2 个。ISCS 通过该接口收集 AFC 系统提供的全线客流信息及有关的运营报表信息。

车站 AFC 系统与车站综合监控系统采用以太网数据接口、开放的软件通信协议。ISCS 监视自动售检票设备的状态、车站客流量及故障报警，监控 AFC 系统模式控制。AFC 系统执行 ISCS 发出的模式控制的启/停命令并回传模式状态到 ISCS。

车站控制室 IBP 盘与车站终端设备之间采用硬线连接，数量按需提供。紧急情况下通过人工按下紧急按钮发出释放命令，执行闸机常开启状态。火灾情况下 ISCS 自动发送联动指令，AFC 系统执行火灾联动情况下的闸机常开启。

4. 与综合 UPS 系统的接口

1）物理接口

AFC 系统和综合 UPS 系统的接口分界分为 AFC 系统与控制中心综合 UPS 系统的分界(见

图 2-27）和与车站综合监控系统的分界（见图 2-28）两种。

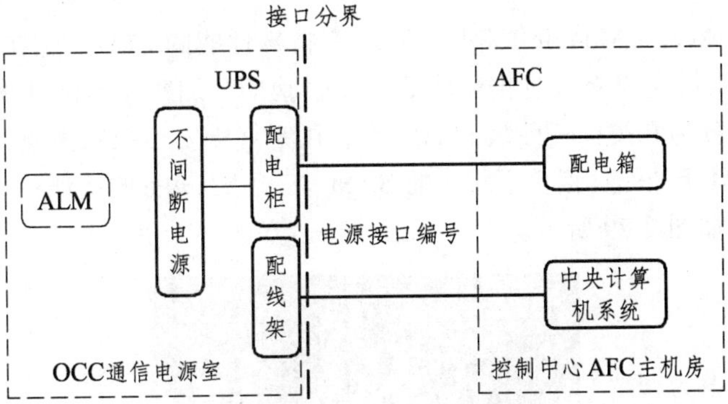

图 2-27　AFC 系统与控制中心综合 UPS 系统接口分界示意图

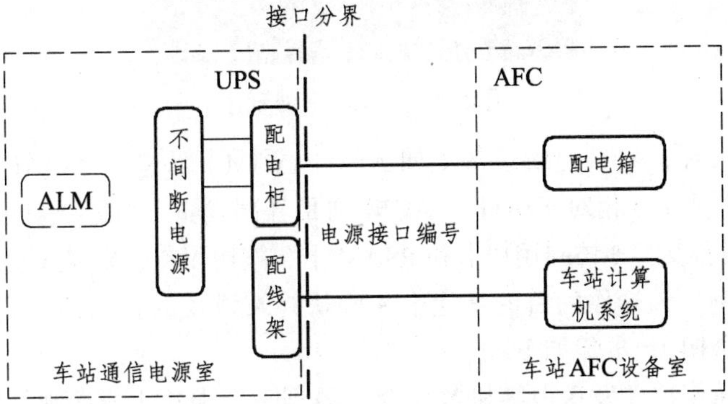

图 2-28　AFC 系统与车站综合 UPS 系统接口分界示意图

2）接口功能

综合 UPS 系统接口有电源接口和 RS-422 或 RJ-45 信息接口。电源接口有一个回路连接 AFC 系统和 UPS 系统。接口位置设在 OCC 通信电源室和车站通信电源室。

设在 OCC 通信电源室的电源接口提供 AFC 系统的供电，UPS 不间断电源后备时间及容量要满足 AFC 系统接入负载的需求。信息接口向 AFC 系统提供 UPS 电源的相关状态信息。

设在车站通信电源室的电源接口提供 AFC 系统的供电，UPS 不间断电源后备时间及容量要满足 AFC 系统接入负载的需求。信息接口向 AFC 系统提供 UPS 电源的相关状态信息。

任务 2.3　AFC 系统常用关键部件

任务目标

（1）掌握 SAM 卡的概念及原理。

（2）掌握读卡器的概念、结构及原理。

（3）掌握读卡器在自动售检票系统中的分布规律。

2.3.1 SAM 卡

SAM（Security Access Module）卡是一种具有特殊性能的 CPU 卡，在 AFC 系统中用于存放密钥和加密算法，可完成交易时相互认证、密码验证和加密、解密运算，一般作为合法性身份标志。SAM 卡分为几类：一种是 PSAM 卡，用于终端安全控制模块，一般用于小额支付扣款；一种是 ESAM 卡，是厂商（系统）的 SAM 卡，用于设备的认证；一种是 ISAM 卡，用于充值。SAM 外观如图 2-29 所示。

图 2-29　SAM 卡外观图

从应用的角度来看，AFC 终端设备（如 ATM、AGM）需包含 PSAM 卡才构成整体设备。用户卡（如城市一卡通卡）相对于 ATM、AGM 则是外部设备。当需要对用户卡进行操作的时候，其实质是终端设备交替地访问用户卡和 PSAM 卡，按协议流程来完成安全协议规定的操作。

以外部认证为例，该操作的目的是让卡片确认终端设备的合法性（实质上是检验终端设备是否持有共享的密钥），步骤如下：

（1）终端设备向用户卡发送取随机数命令，得到一个卡片生成的随机数。

（2）终端设备向 PSAM 卡发送一个加密命令，使其对上述随机数加密。

（3）终端设备向用户卡片发送带有上述加密结果（密文）的外部认证命令。用户卡片进行验证后，确定认证是否成功。如果成功，则可以进行后续的安全操作。

在实际的城市轨道交通 AFC 系统中，设备认证采用专用模块，密钥用软件实现，可能存在密钥泄露的问题，因此，会在 AFC 系统的计算机系统中存储多组密钥，使用过程中随机指定一组密钥。而在普通卡的发行中，一般采用密钥对唯一的物理卡号加密的方式。

城市轨道交通 AFC 系统在发卡时，将主密钥存入 SAM 卡中，然后由 SAM 卡中的主密钥对用户卡的特征字（如应用序列号）加密生成子密钥，再将子密钥写入用户卡中。由于应用序列号的唯一性，使得每张用户卡内的子密钥都不同。密钥一旦写入卡中，则不会在卡外出现。在使用时，由 SAM 卡的主密钥生成子密钥放在 RAM 区中，用于加密、解密数据。

2.3.2 车票读写器

读写器不是独立的自动售检票设备，而是很多自动售检票设备必不可少的关键部件，主要功能是完成车票的读写处理。

1. 读写器的工作原理

不同厂家设计的车票读写器外观千差万别，但产品总体架构基本类似。一般都是使用嵌入式主控单元（MCU）作为主控制器，连接射频模块、存储器、安全模块、通信接口及其他外部设备（显示和声光提示）、电源模块、天线等构成。其基本结构如图 2-30 所示。

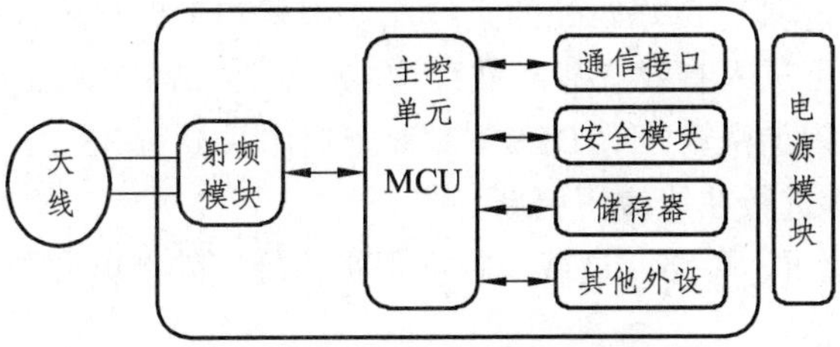

图 2-30　车票读写器基本结构图

读写器采用 SAM 卡作为安全模块。SAM 卡是一种内置加密算法的 IC 卡，保存了系统使用的密钥。读写器中的存储器通常使用 EEPROM 或 FLASH，失电时保存的数据不会丢失。射频模块用来完成与非接触式 IC 车票的通信，该模块通过天线发送和接收电磁波信号，将数字信号进行调制处理后通过天线发送给车票，并将天线接收到的信号进行解调处更理后变成数字信号返回给读写器 MCU 处理。车票读写器的通信接口用于读写器与自动售检票设备主控单元之间的通信. 通常采用串行通信方式，常见的通信接口有 RS-232、USB 等。

2. 读写器的功能

车票读写器的交易流程与车票的数据结构和应用系统的设计密切相关。在 AFC 系统中，车票读写器通常不作为一个独立的设备，而是在各种设备的主控单元的控制下进行工作。

1）车票读写器在 AFC 系统中的主要功能

（1）根据车票数据结构的定义读取车票数据，并将有关信息返回给主控单元。

（2）根据密钥体系的设计发送指令给安全模块，用于计算车票密钥，并使用安全模块计算出的车票密钥并对车票进行认证。

（3）根据主控单元发送的指令完成车票的交易处理，将交易处理的结果返回给主控单元。

（4）根据车票交易的处理流程要求完成车票数据保护和交易恢复操作，保证车票交易的完整性和原始性。

2）读写器的数据保护机制

由于非接触式 IC 卡车票交易时无须与读写器发生接触，车票可以在运动中完成交易，为防止交易过程中车票离开天线场造成的交易中断，车票读写器的软件设计有针对交易过程中车票数据的保护机制，保证车票的交易完整地进行，或取消未完成的交易、恢复车票数据。常用的方法是在车票和读写器内均备份有交易数据，在交易意外中断时可以利用备份数据恢复车票中原有数据。

要达到以上功能，读写器必须具备的技术指标如下：

（1）可读写符合 ISO/IEC 14443（1-4）TYPEA/B 标准的非接触 IC 卡。

（2）支持非接触 IC 卡的防冲突功能，能根据应用需求对同时在读写区的卡片进行选择读写或均不做处理。

（3）支持符合 ISO/IEC 7816（1-3）标准及建设部标准的 SAM 卡驱动，可驱动 8 个 SAM 卡。

（4）读写器通过 RS-232 串口或 USB Slave 口或 RJ45 网口与外部控制器进行通信连接。

（5）读写器通过内部驱动 LED 或蜂鸣器指示读写器工作状态。

（6）读写器通过 50 Ω 同轴电缆与天线连接。

（7）读写器通过外部低压直流电源提供工作电压，一般为 DC 12 V。

（8）读写器和车票应具有良好匹配的天线品质因素和工作频率，保证乘客所持非接触车票以任意角度、任意速度进入有效读写区域，均能可靠地、高效地、安全地完成读写操作。

（9）读写器硬件实现加密算法有 DES（对称密钥体系）和 RSA（非对称密钥体系）。

（10）读写器应能够进行在线应用更新。

（11）读写器采取稳压、短路、过载及掉电保护措施。外部电源失电时，不应破坏或改变读写器的数据。

（12）读写器应具有较强电磁防护能力，符合国际标准的电磁兼容，手机及轨道交通系统等电子电气设备不影响读写模块的使用。

3. 读写器的组成

读写器模块主要由主板、SAM 板组成，还包括接收和发送射频信号的天线板，以及用于两者连接的射频馈线。

读写器模块的主板、SAM 板相互插接在一起，安装在壳体内，通过主板上的通讯接口及电源接口与上位机等其他模块进行连接。主板是整个读写器的核心部件，包含了处理器、存储器、射频模块、安全模块、通讯模块、电源模块等。SAM 板是读写器的扩展组件，在 SAM 板的 SAM 卡槽中安装 SAM 卡，类似于手机 SIM 卡的卡槽安装方式。SAM 卡主要用于进行系统的密钥认证。其外观如图 2-31 所示。

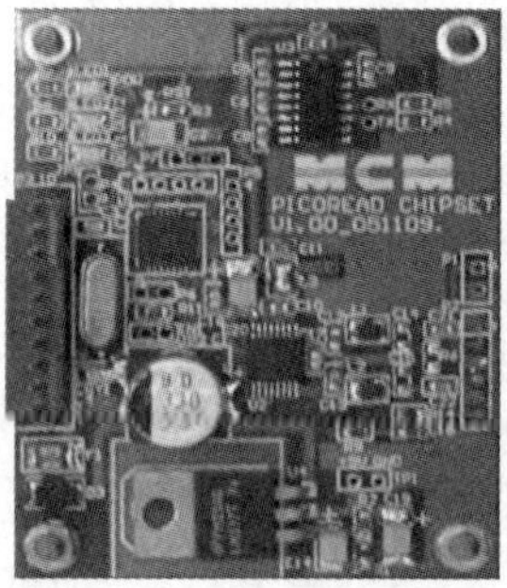

图 2-31　车票读写器主板外观图

车票读写器的天线板安装在 AFC 系统不同的终端设备需要处理车票的部位，以缩短车票读写距离，天线板通过射频馈线与读写器模块的主板连接。读写器主板一般有两个天线板接口，可以同时接受 2 个天线板的接入。根据安装位置不同可以配置多种规格的天线板。某天线板外观如图 2-32 所示。

图 2-32　某天线板外观图

4. 读写器接口规格

读写器接口包括通信接口和电源接口。

1）通信接口

物理接口：RS-232 串口 1 个，RJ45 网口 1 个；如图 2-33 所示。

通信速度：RS-232 串口的波特率默认值为 115 200 b/s，RJ45 网口的速率为 10/100 Mb/s。

（a）RS-232 接口　　（b）RJ45 公母对接

图 2-33　物理接口

2）电源接口

物理接口：航空插头。如图 2-34 所示。

电压等级：DC 9 ~ 24 V，常见为 DC 12 V。

电源功率：功耗≤5 W。

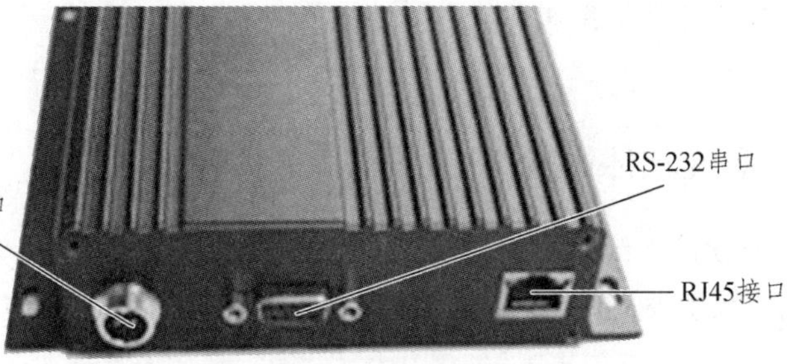

图 2-34　通信与电源接口示意图

5. AFC 终端设备读写器配置

AFC 终端设备中，凡是涉及需要车票读写的部位，均需要安装车票读写器。配置情况如表 2-2 所示。

表 2-2　AFC 终端设备读写器配置数量及方式

序号	设备名称		读写器数量	功能	备注
1	AGM	单向进站	1	处理进站车票	
2		单向出站	1	同一读写器，连接不同天线，分别处理单程票和储值票	
3		双向	2	一个处理进站车票，一个处理出站车票	
4	TVM		1	TVM 读写器是一个读写器连接两个天线，一个天线读写单程票，另一个天线读写储值票。	如 TVM 只配置单程票时，就只连 1 个天线
5	BOM		2	一个是单程票出票机构读写器，一个是桌面读写器	
6	TCM		1	查询车票的相关信息	
7	PCA		1	专用读写模块	

任务 2.4　AFC 系统软件操作

自动售检票系统
车站计算机系统操作

AFC 系统软件需要根据各地铁运营管理公司的要求，以及不同的物理设备层次和需要达到的应用要求进行设计。因此，不同的城市所采用的系统软件是有所不同的，但基本框架大同小异。本书以深圳高新现代智能系统股份有限公司为深圳地铁 AFC 系统开发的软件为例进行操作讲解。

任务目标

（1）了解系统软件模块构成及功能说明。
（2）了解系统运行环境。
（3）熟悉系统软件的操作。
（4）掌握车站计算机系统的操作。

2.4.1　AFC 系统软件简介

自动售检票系统软件系统是以轨道交通自动售检票为业务核心，维护 AFC 系统运行的基本参数的业务支持系统，通过系统支撑，提高自动售检票系统的总体工作效率和工作质量。

1. 系统模块组成及功能

深圳地铁一号线软件系统功能分为 7 个主要模块，如图 2-35 所示。

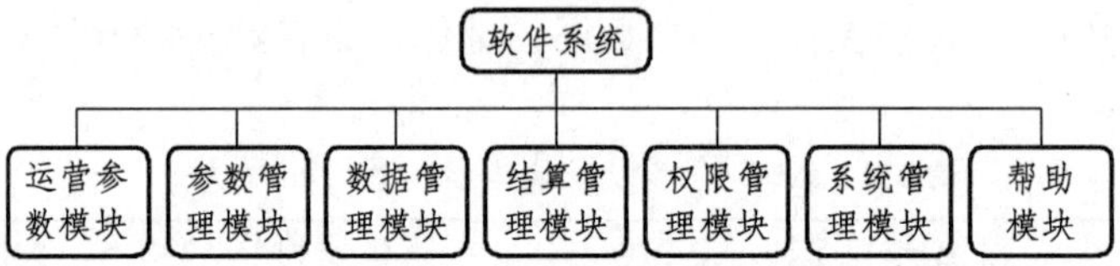

图 2-35　深圳地铁一号线软件系统模块构成

主要模块功能如下：

（1）运营参数模块：提供系统运营数据的设置和维护功能。

（2）参数管理模块：管理系统和设备运行的参数。

（3）数据管理模块：用于设置交易名参数以及查询交易数据，通信数据、审计数据、结算数据、操作审计日志和设备操作日志。

（4）结算管理模块：提供收益核对、对账以及结算报表功能。

（5）权限管理模块：完成对用户权限的管理。

（6）系统管理模块：帮助用户对系统包含的所有的数据名词进行归纳和整理

（7）帮助模块：为操作员提供在线帮助。

2. 系统逻辑关系

深圳地铁一号线 AFC 系统包括硬件、操作系统、应用软件（通信服务、数据库）、应用模块等。系统功能模块的逻辑关系如图 2-36 所示。

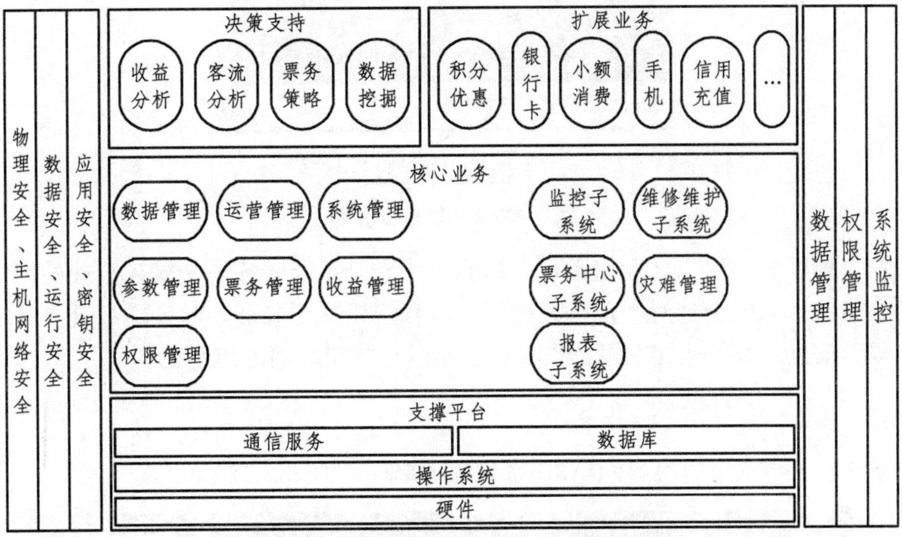

图 2-36　深圳地铁一号线系统逻辑关系图

3. 系统运行环境

1）硬件

（1）Server 配置。

硬件支撑环境：双核 CPU PⅣ 2 G 以上；RAM 4 G；硬盘 160 G；磁盘阵列。

（2）Client 配置。

硬件支撑环境：CPU PⅣ 1.8 G 以上；RAM 1 G 以上；硬盘 80 G。

2）支持软件

软件支撑环境：Windows 9X，或 Windows 2000 Professional；ORACLE 09I for NT 客户端软件。

界面环境：Flash Player 9 ActiveX.msi，Flash Player 9 Plugin.msi。

Word 工具：Word 2003 以上版本。

3）安装及初始化

系统的安装包括软件的安装和数据库的配置等操作步骤。

（1）Flash Player 9 ActiveX.msi、Flash Player 9 Plugin.msi 安装。本系统需在可播放 FLASH 环境下运行，所以应在客户端安装 FLANSH 的插件。

（2）数据库创建。本系统的后台数据库是 Oracle 数据库，版本号是：ORACLE 09I。

（3）系统安装。直接运行系统的安装程序。

2.4.2　AFC 系统软件操作

1. 系统登录

登录窗口界面如图 2-37 所示。

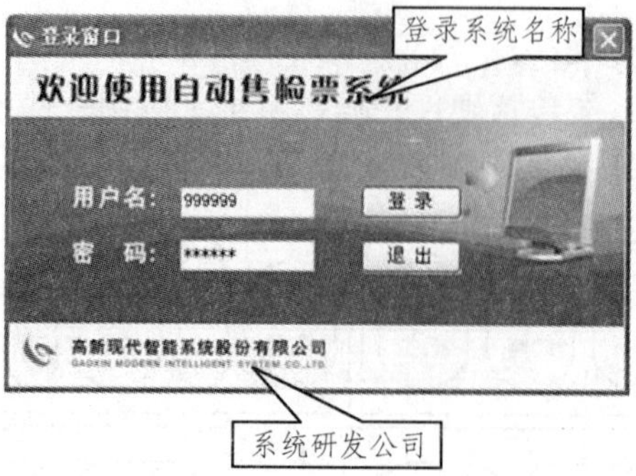

图 2-37　登录窗口界面

登录窗口界面显示用户名和密码框，这是用户登录系统的标识，输入正确的用户名和密码才能进入系统。系统会针对当前输入的用户名和密码进行验证。验证通过进入系统，不通过则给出提示信息。若要放弃登录操作，可点击退出按钮，即退出系统。

2. AFC 系统

登录系统后，界面上方会显示 AFC 系统的菜单栏，如图 2-38 所示。

图 2-38　AFC 系统的菜单栏

“系统”栏目下的功能包括：系统属性的查询、密码的修改、系统锁定及退出功能。其功能结构图如图 2-39 所示。

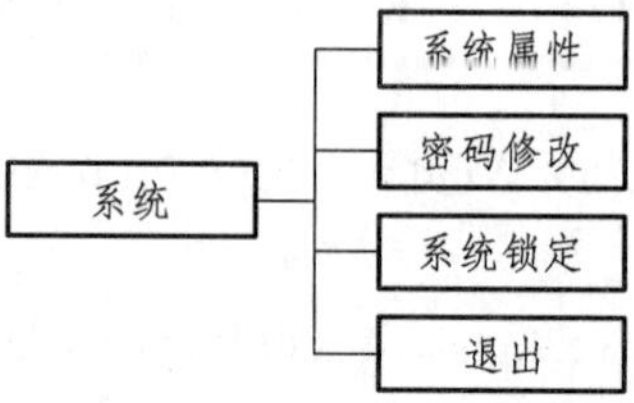

图 2-39　系统功能结构图

1）系统属性

（1）系统属性提供系统的相关信息，包括用户信息，系统信息，终端机信息。

① 用户信息：显示当前登录的用户在系统中注册的编号及姓名。

② 系统信息：显示当前使用的系统编号、名称、级别及数据库的名称。

③ 终端机信息：显示当前使用的终端在系统中注册的编号、名称及网络地址。

（2）系统属性操作如下：

① 单击“系统”下的“系统属性”，如图 2-40 所示。

② 弹出“系统属性”对话框，如图 2-41 所示。

图 2-40　点击系统属性

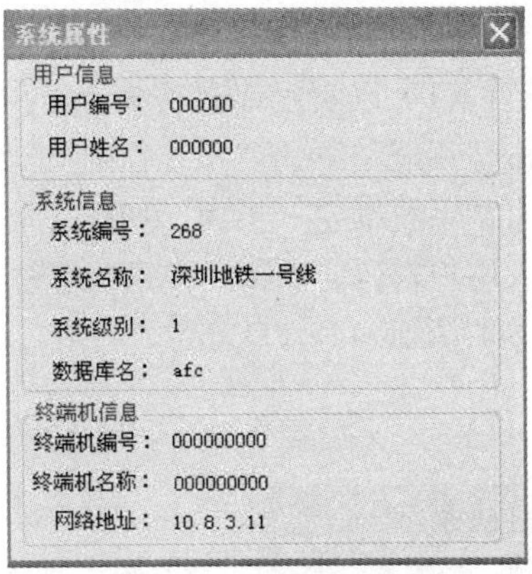

图 2-41　系统属性对话框

2）修改密码

修改密码栏目提供密码修改功能。只可以修改当前用户的密码，不可修改系统密码。密码由 6 位数字组成，新旧密码不能一致。

修改密码操作如下：

（1）单击“系统”下的“修改密码”，如图 2-42 所示。

（2）弹出“修改密码”对话框，如图 2-43 所示。

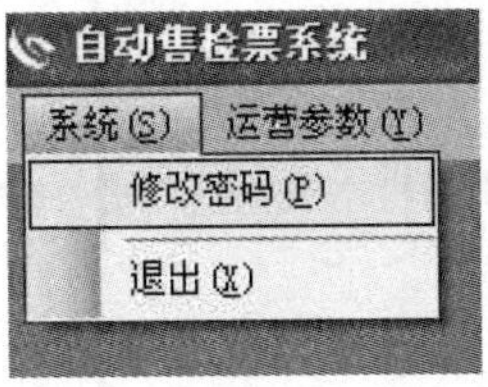

图 2-42　系统属性对话框

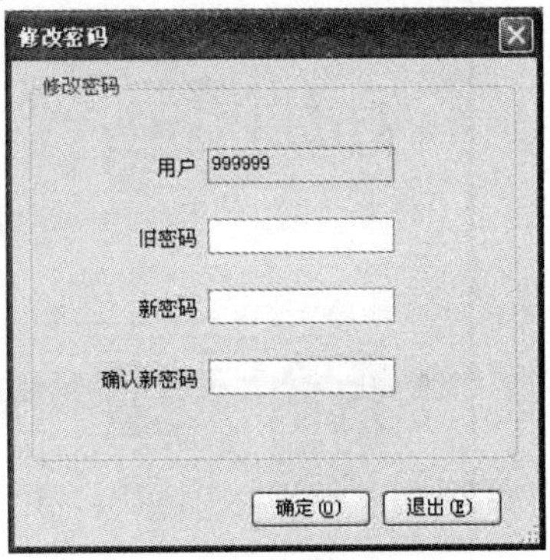

图 2-43　修改密码对话框

（3）输入旧密码、新密码并且重复确认新密码。点击“确定”，弹出“数据修改成功”提示密码修改完毕，如图 2-44 所示。退出系统后新密码生效。

图 2-44　修改密码成功

3）系统锁定

系统锁定栏目可以实现锁定系统功能，用户需要重新录入密码登录。系统锁定操作如下：

（1）单击“系统”下的“系统锁定”，如图 2-45 所示。

（2）弹出“系统锁定”界面，如图 2-46 所示。

（3）输入用户密码，点击“登录”，登录成功后，即恢复到锁定系统前的界面。重登录成功界面如图 2-47 所示。

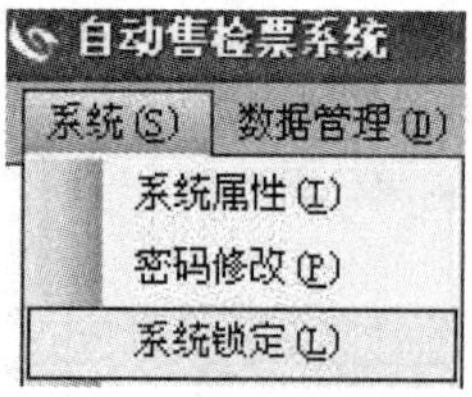

图 2-45　点击系统锁定

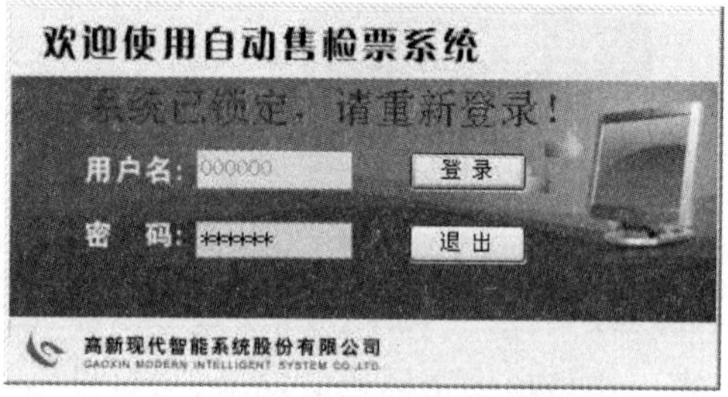

图 2-46　系统锁定重登录对话框

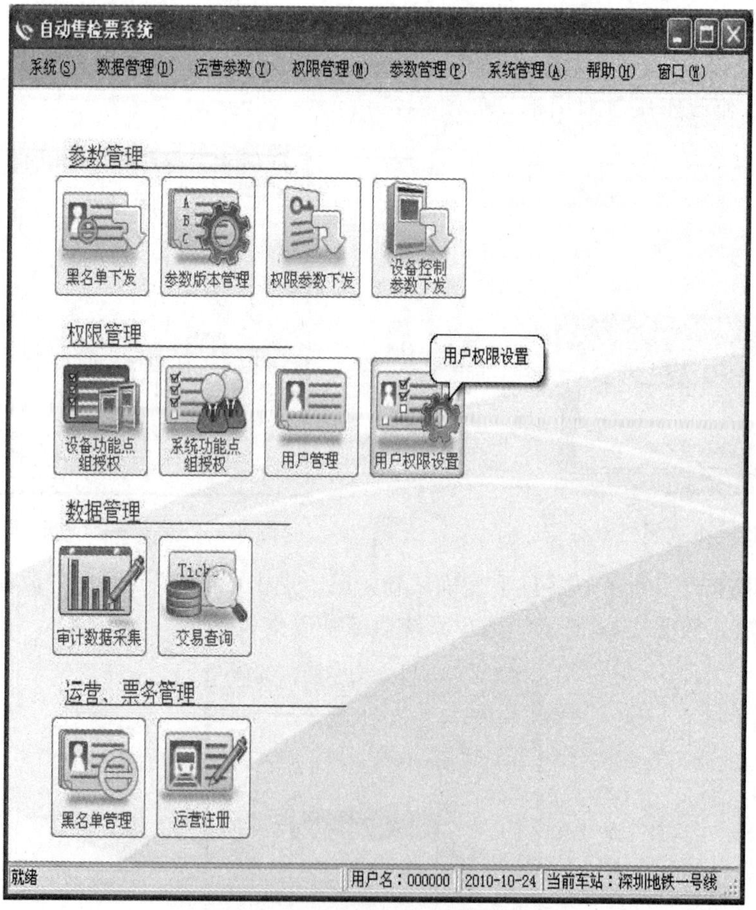

图 2-47　重登录成功界面

4）退出

退出系统。操作是单击“系统”下的“退出”，即可退出此系统，如图 2-48 所示。

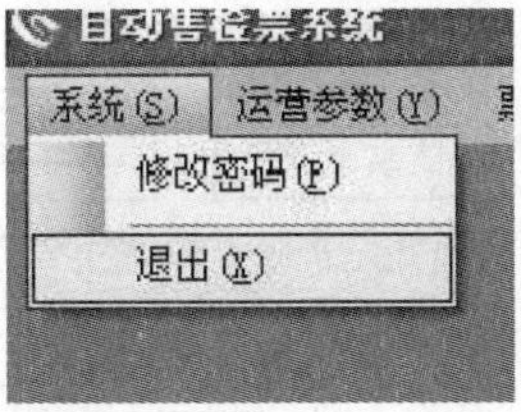

图 2-48　退出系统

3. 系统业务支撑平台

AFC 系统业务支撑平台包括运营管理、票务管理、参数管理、数据管理、权限管理、系统管理、收益管理等。

1）运营管理

运营管理主要提供系统运营数据的设置和维护功能。运营管理功能结构如图 2-49 所示，包括对 AFC 系统设备的管理、运营点管理以及运营模式的管理三部分。具体内容有运营种类信息、种类部件管理、运营注册、运营模式、运营模式集、运营点信息、运营点划分、运营点关联、运营时间维护等。

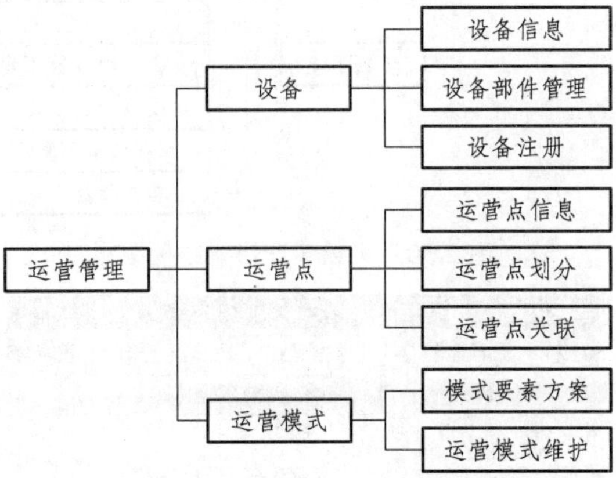

图 2-49　运营管理功能结构图

系统操作界面主菜单如图 2-38 所示。根据下拉目录栏提示可进行各项具体内容的操作与管理。详细内容可参照各运营管理公司所采用的 AFC 系统提供商所附带的用户手册。

2）票务管理

票务管理包括黑名单管理、特惠名单管理、设备黑名单管理、卡类型管理（卡种类及其属性的设置）、基本价格管理、计费规则、票价方案[按照卡种类、站点信息、规则等制定的收费方案，涉及规则包括：里程、区段、年龄、乘坐时间、乘坐时间段、限额（上、下）、尾乘、免乘、联乘、积分）]、联程规则等内容。

3）参数管理

参数管理是对系统中影响运营的各种参数进行版本控制，监控其执行情况等。包括管理系统和设备运行的参数、参数版本管理、参数下发等内容。其功能结构如图 2-50 所示。

参数管理界面在系统登录界面的主菜单栏的“参数管理”中。点击参数管理，从下拉的下级菜单栏中根据提示可以进行参数管理的各项操作，如图 2-51 所示。

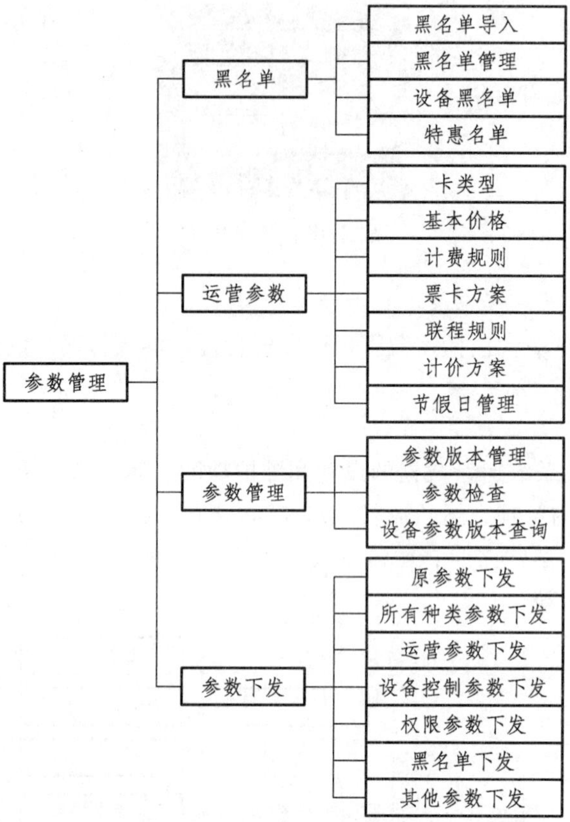

图 2-50　参数管理功能结构图

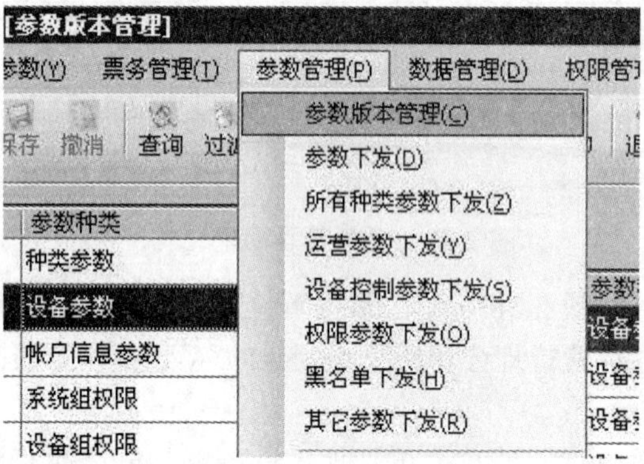

图 2-51　参数管理界面

4）数据管理

数据管理的功能是主要为设置交易参数，以及查询交易数据、通信数据、审计数据、结算数据、操作审计日志和设备操作日志，使用户能很快的查询到经过系统加工处理后的各种重要数据，通过日志还能辅助定位系统和设备操作中出现的异常情况。其内容包括交易名设定、交易名划分、交易查询、通信数据维护、审计数据管理、结算数据管理等。数据管理功能结构如图 2-52 所示。

具体操作见 AFC 系统集成商提供的软件系统用户手册。

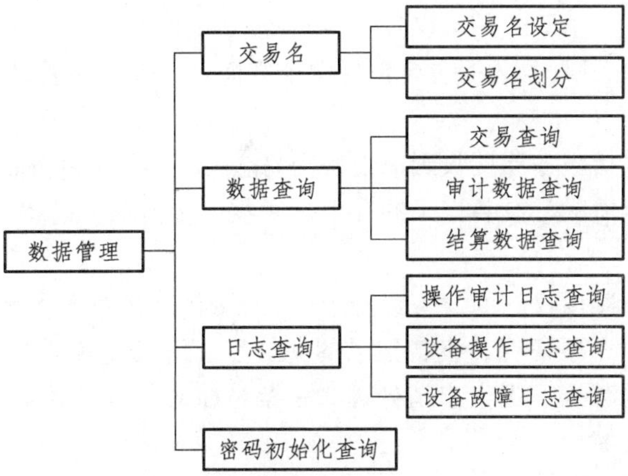

图 2-52　数据管理功能结构图

5）权限管理

权限管理模块是对用户权限进行管理，包括用户管理、组管理、用户分组管理、系统功能点维护、设备功能点维护、系统用户组授权、系统用户授权、报表组授权、报表授权、设备功能点授权、设备功能用户授权、密码修改等内容。其模块功能结构如图 2-53 所示。

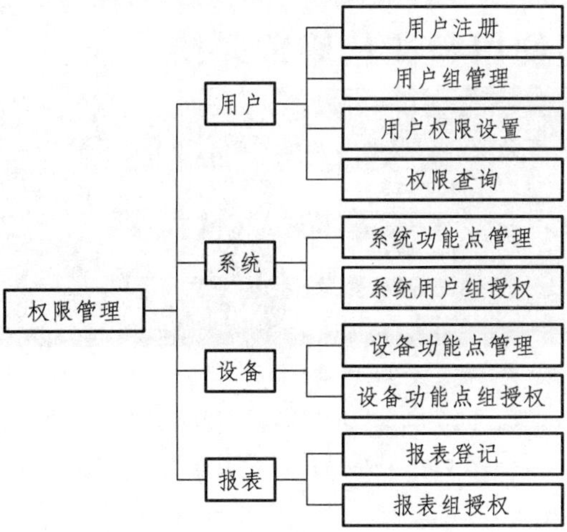

图 2-53　权限管理功能结构图

6）系统管理

系统管理功能是帮助用户对系统包含的所有的数据名词进行归纳和整理，以便于今后查询。它以对系统包含的所有数据名词的添加和修改为业务核心，完成对所有通信命令、参数、数据、设备软件版本记录的维护，包括添加、修改、删除、查询、打印的操作，以及通信命令维护、系统参数数据字典、软件版本管理、软件发布升级等内容。系统管理的功能结构如图 2-54 所示。

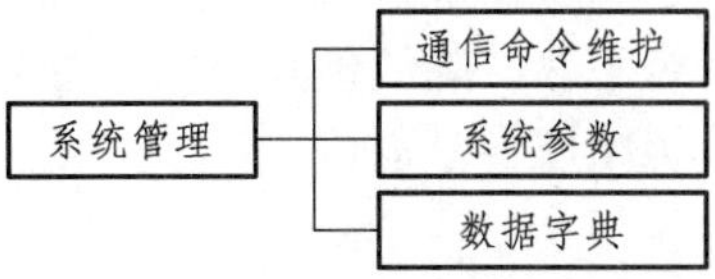

图 2-54　系统管理的功能结构图

7）收益管理

对于整个 AFC 系统，收益数据主要包括两个方面：一是现金管理；二是票卡管理。

（1）现金管理。

现金管理的内容包括服务器接收到的设备交易金额，客值（客服值班）在 SC 系统上录入的设备配发、回收现金情况，设备记录的补币、回收现金情况，设备记录的交易汇总情况。

（2）票卡管理。

票卡管理包括服务器接收到的设备交易数量，客值在 SC 系统上录入的配票、回收情况，设备记录的补票、回收车票情况，设备记录的交易汇总情况。具体有票箱更换记录、钱箱更换记录、设备交易汇总数据、退卡申请处理、售票员核对、设备核对、解行情况核对、备用金核对、收益营收日报等。

2.4.3 车站计算机软件操作

车站计算机系统包含监视子系统、票务子系统和运营子系统，可根据需要选择不同的子系统登录。登录需要用户名和密码，通过验证后才能进入主界面。如图 2-55 所示。

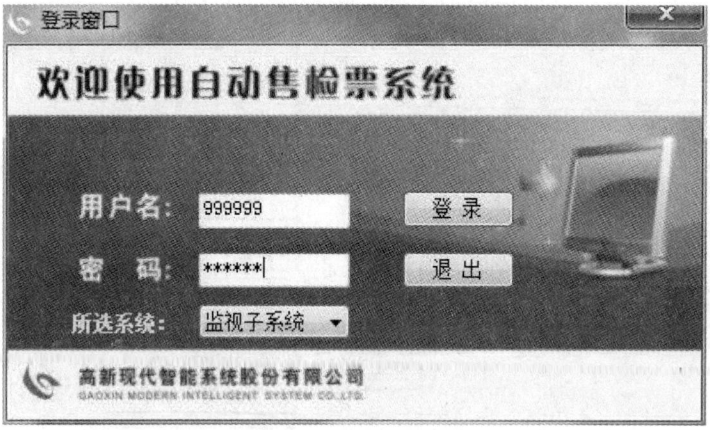

图 2-55 车站计算机系统登录界面

1. 监视子系统

监视子系统登录后的界面如图 2-56 所示。界面上的主菜单栏有系统、客流监控、设备监控、设备控制、窗口和帮助等栏目。右下角有用户名、监控时间及当前车站名。

各栏目的项目如下。

（1）系统：退出、修改密码。

（2）客流监控：监控设置、监控方案、高级监控、客流汇总。

（3）设备监视：参数设置、布局设置、状态监控、设备状态查询、布局类别选择、车站窗口、属性窗口、设备列表、消息列表、部件视图、全局视图，如图 2-57 所示。

（4）设备控制：设备控制命令下发、降级模式下发、参数版本查询、时钟管理。

（5）窗口：关闭所有监控、关闭所有子窗口。

（6）帮助：帮助主题、关于。

车站计算机系统监视子系统版本信息如图 2-58 所示。

图 2-56　监视子系统主界面

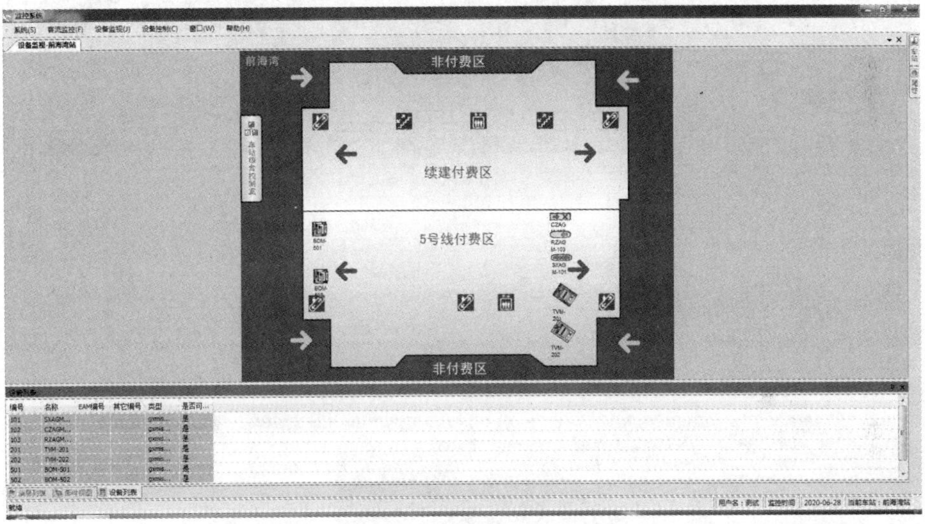

图 2-57　设备监控界面

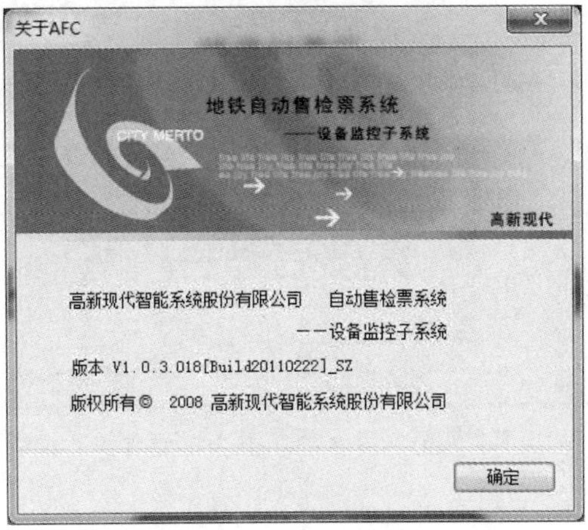

图 2-58　车站监视子系统版本信息

SC 通过设备控制功能对终端 SLE 进行控制操作的主界面如图 2-59 所示。设备控制命令下发界面如图 2-60 所示。

图 2-59　SC 车站计算机对终端设备的控制的主界面

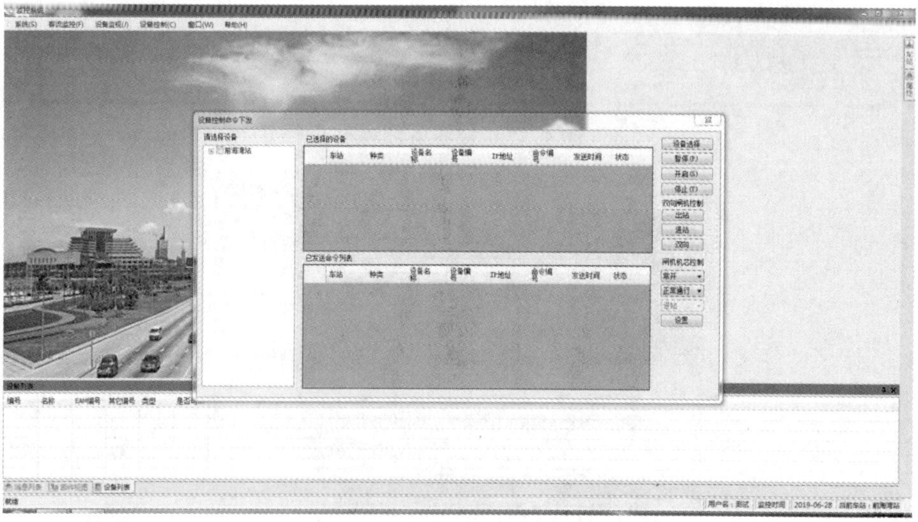

图 2-60　设备控制命令下发界面

1）SC 对 TVM 控制

SC 对 TVM 的控制操作：启动 SC 车站计算机，点击并登陆“子系统”，之后点击“设备控制”→“设备控制命令下发”→“自动售票机/入站闸机/出站闸机/双向闸机/票务处理机”→“设备选择”，如图 2-61 所示。然后在右侧的菜单栏选择“开启”“暂停”“停止”“常开/常闭”“正常通行”等命令对 TVM 进行操作。如图 2-62 所示。

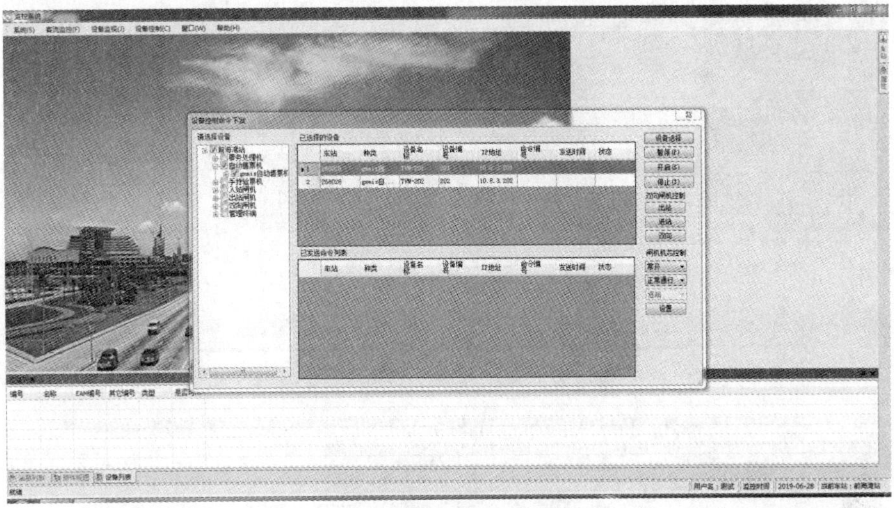

图 2-61　TVM 设备选择界面

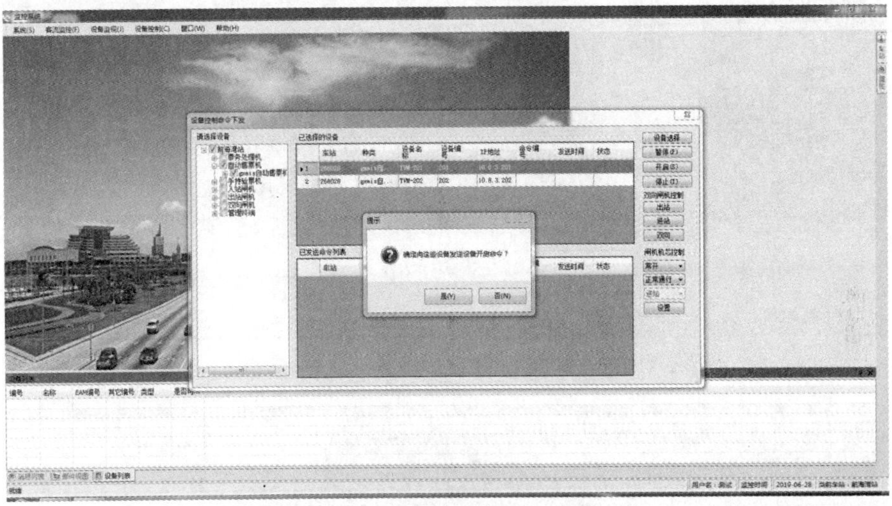

图 2-62　右侧菜单栏功能选择与确认

2）SC 对 AGM 控制

SC 对入站闸机的控制操作：启动 SC 车站计算机，点击并登陆“子系统”，之后点击“设备控制”→“设备控制命令下发”→“入站闸机”→“设备选择”，如图 2-63 所示。然后在右侧的菜单栏选择“开启”“暂停”“停止”“常开/常闭”“正常通行”等命令对 TVM 进行操作。如图 2-64 所示。

SC 对出站闸机的控制操作：启动 SC 车站计算机，点击并登陆“子系统”，之后点击“设备控制”→“设备控制命令下发”→“出站闸机”→“设备选择”，如图 2-65 所示。然后在右侧的菜单栏选择“开启”“暂停”“停止”“常开/常闭”“正常通行”等命令对 TVM 进行操作。如图 2-66 所示。

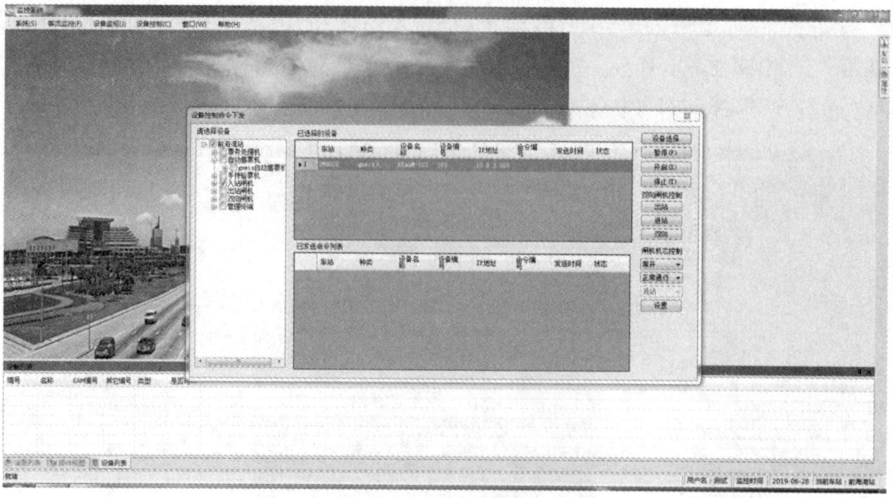

图 2-63　SC 选择入站闸机界面

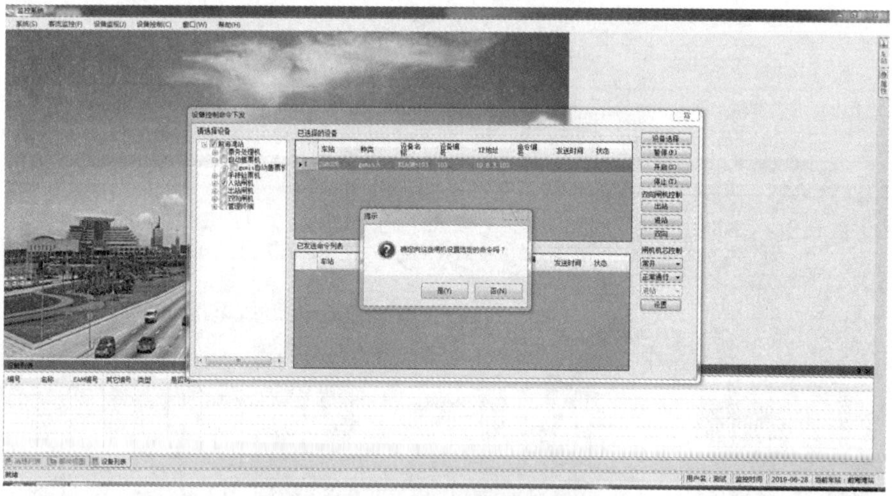

图 2-64　右侧菜单栏功能选择与确认

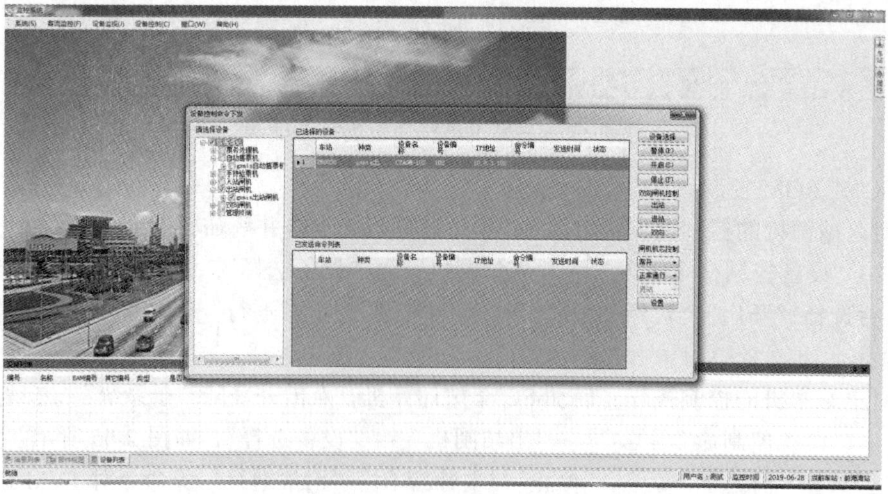

图 2-65　SC 选择出站闸机界面

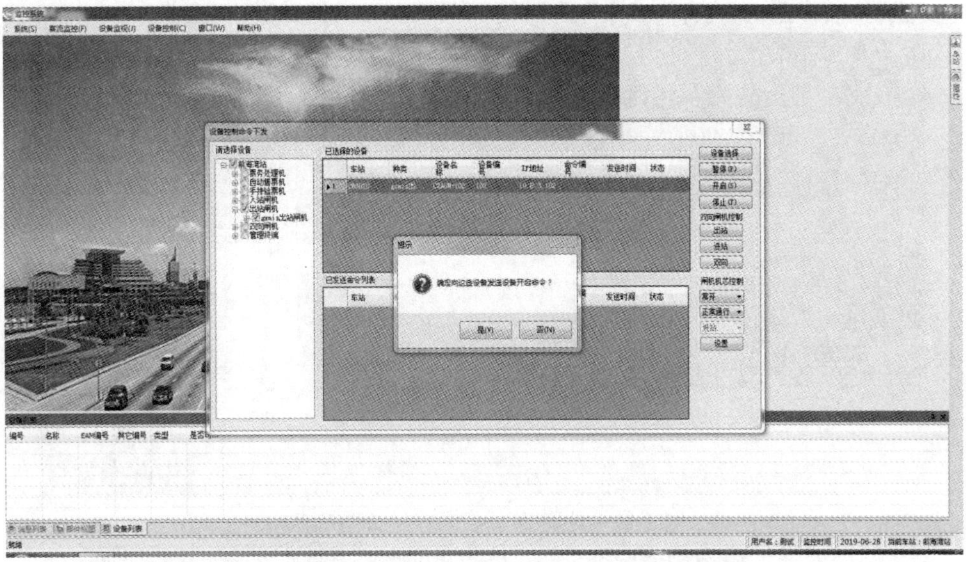

图 2-66　右侧菜单栏功能选择与确认

SC 对双向闸机的控制操作：启动 SC 车站计算机，点击并登陆“子系统”，之后点击“设备控制”→“设备控制命令下发”→“双向闸机”→“设备选择”，如图 2-67 所示。然后在右侧的菜单栏选择“开启”“暂停”“停止”“常开/常闭”“正常通行”等命令对 TVM 进行操作。如图 2-68 所示。

3）SC 对 BOM 控制

SC 对 BOM 的控制操作：启动 SC 车站计算机，点击并登陆“子系统”，之后点击“设备控制”→“设备控制命令下发”→“票务处理机”→“设备选择”，如图 2-69 所示。然后在右侧的菜单栏选择“开启”“暂停”“停止”“常开/常闭”“正常通行”等命令对 TVM 进行操作。如图 2-70 所示。

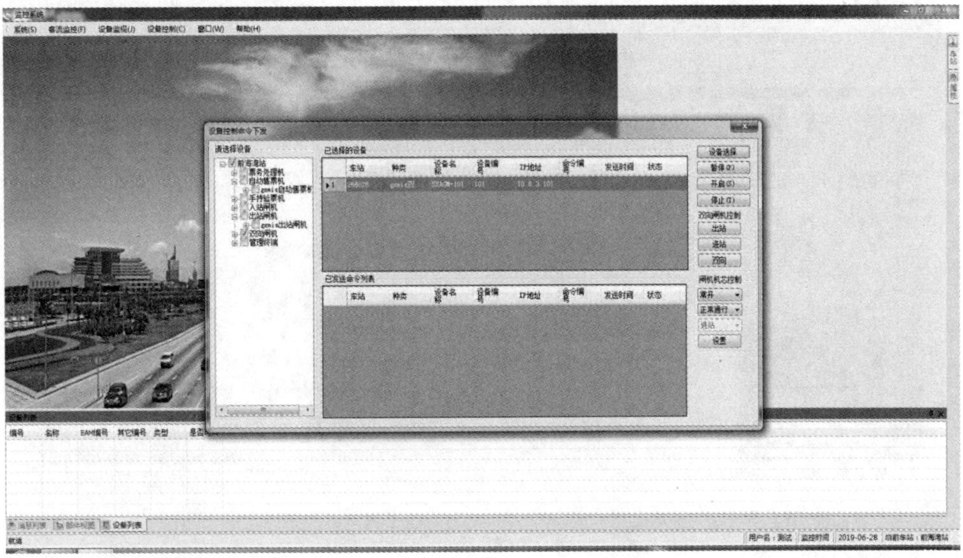

图 2-67　SC 选择双向闸机界面

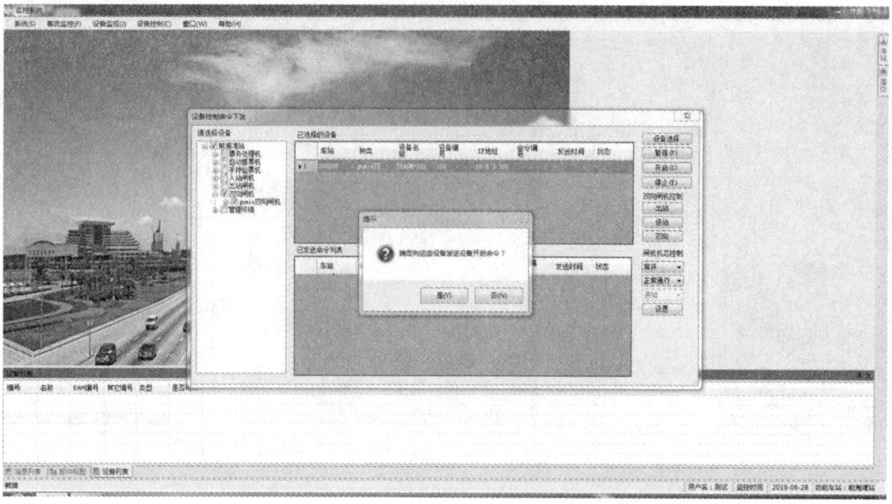

图 2-68　右侧菜单栏功能选择与确认

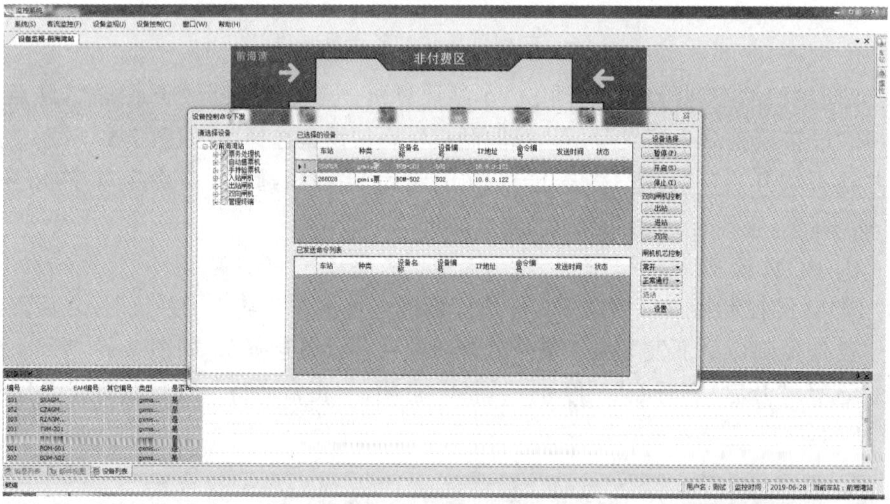

图 2-69　SC 选择 BOM 界面

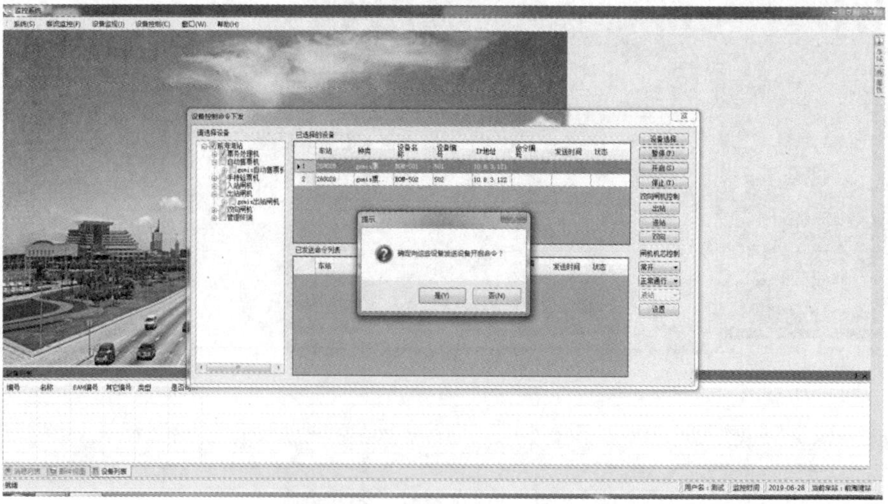

图 2-70　右侧菜单栏功能选择与确认

4）TVM 暂停/启用

SC 对 TVM 进行暂停/启用的操作：启动 SC 车站计算机，点击并登陆“子系统”，之后点击“设备控制”→“设备控制命令下发”→“自动售票机”→“设备选择”→“暂停/开启”→“设置”，即可完成 TVM 的暂停/启用。

5）AGM 双向改单向、自由通行、常开/闭设置

启动 SC 车站计算机，登陆“子系统”，选择“设备控制”→“设备控制命令下发”→“入站闸机/出站闸机/双向闸机”→“设备选择”，如图 2-71 所示。然后在右侧的双向闸机控制选择“出站”或“进站”，在右侧的闸机机芯控制选择“常开/常闭”和“自由通信”，选择完毕之后点击“设置”，即可完成 AGM 双向改单向、自由通行、常开/闭的设置。如图 2-72 ~ 2-75 所示。

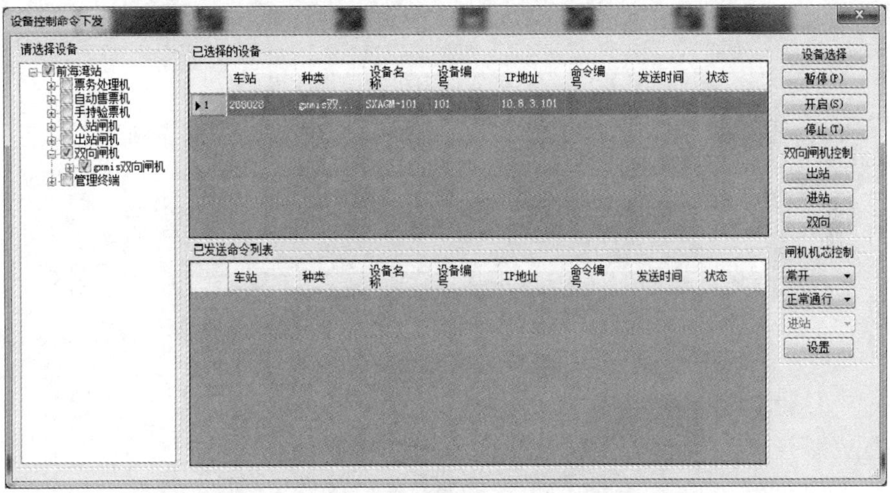

图 2-71　AGM 双向闸机自由通行修改界面

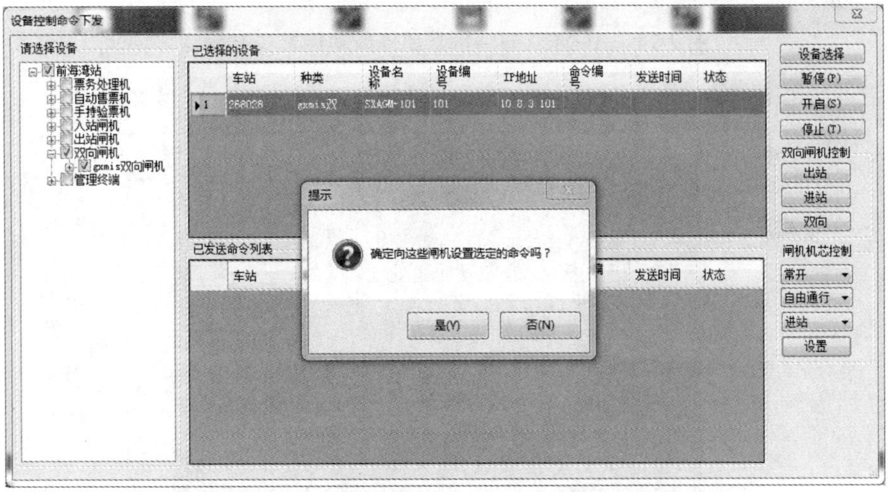

图 2-72　AGM 双向闸机自由通行功能选择与确认

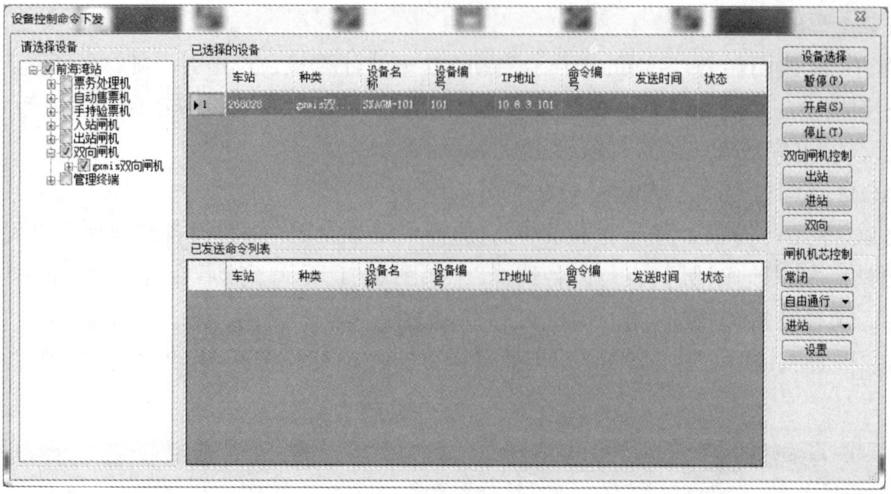

图 2-73　AGM 双向闸机常闭修改界面

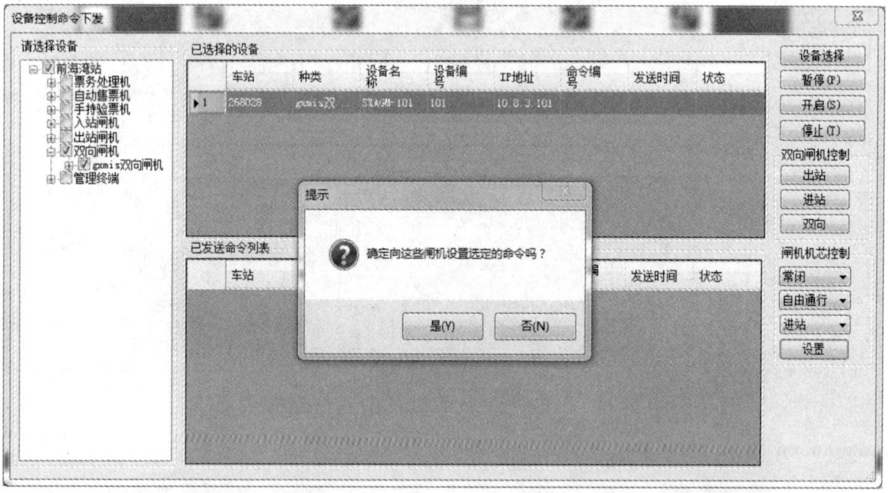

图 2-74　AGM 双向闸机常闭修改功能选择与确认

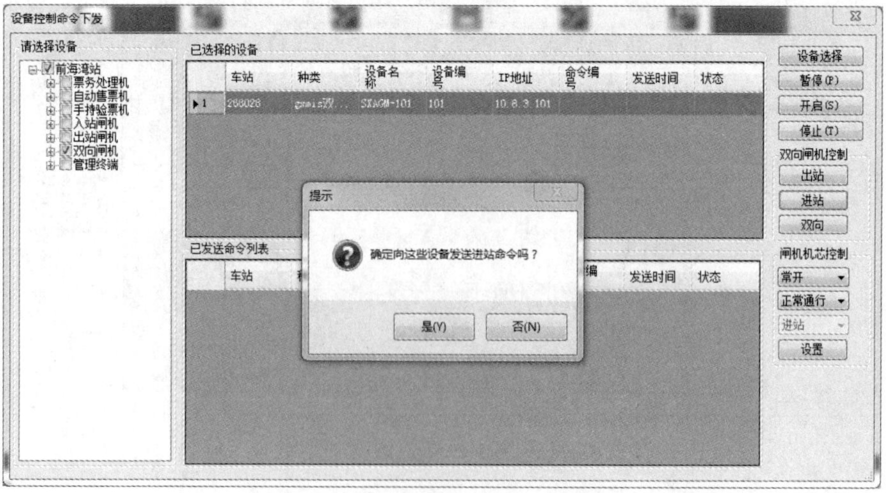

图 2-75　AGM 双向闸机双向改单向的功能选择与确认

6）运营模式的控制

启动 SC 车站计算机，登陆“子系统”，选择“设备控制”→“车站列表”→“降级模式下发”→“设置选择的模式”，如图 2-76 所示。点击右侧选择按钮选择“设置选择的模式”或“退出”，选择完毕之后点击“设置”，即可完成确认。如图 2-77 所示。

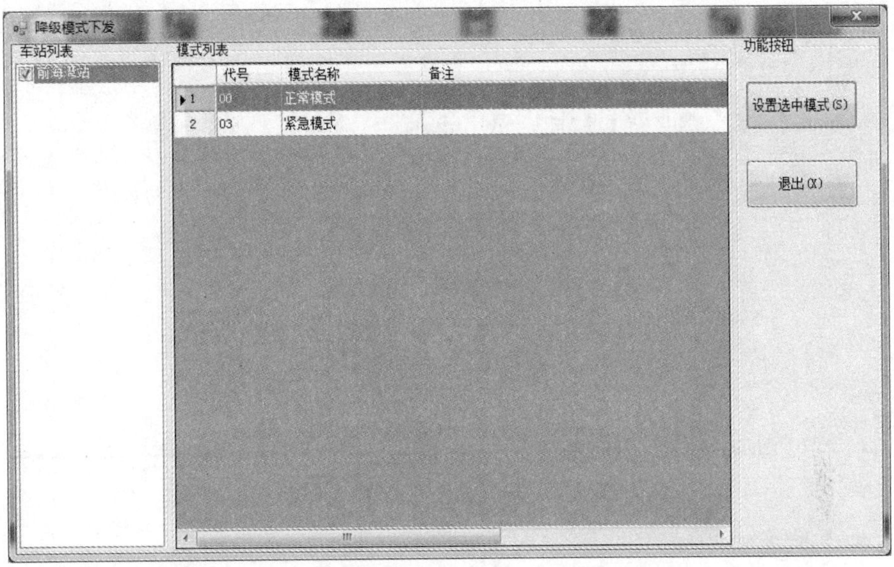

图 2-76　降级模式下发界面

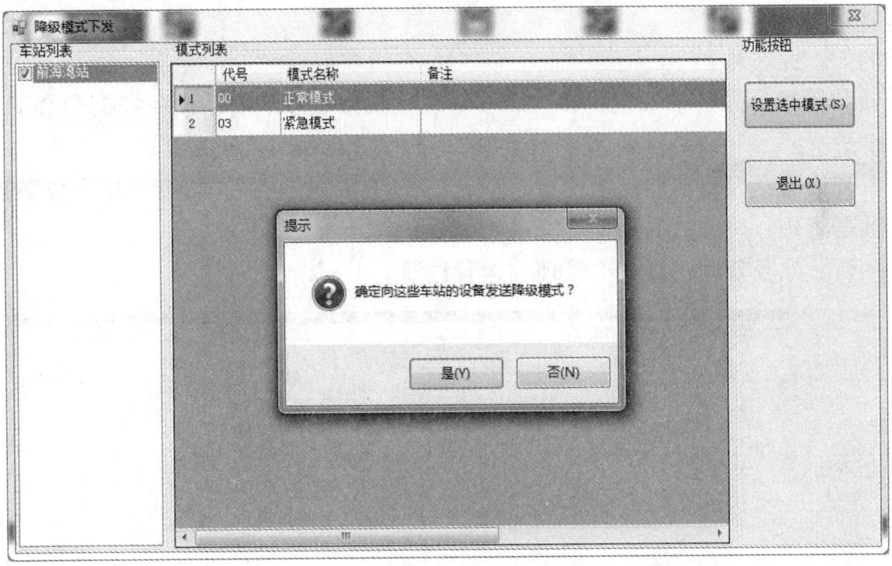

图 2-77　降级模式下发确认

2. 票务子系统

票务子系统登录界面如图 2-78 所示，包括车站配发调度管理、票款管理、票卡管理等内容。其功能如下：

（1）车站配发调度管理：客值交接班、配发车票、车票调入、车票调出、上交车票。

（2）票款管理：零钞申请、售票员预收款、下班上交票款、售票员配票款、短款补款登记、免费客流登记、上日实际解行、现金解行、银行配备用金。

（3）票卡管理：TVM 清空清点、库存查询、TVM/GATE 票箱回收、异常票款变动登记、TVM 补币补票、TVM/AVM 钱箱回收、库存调整。

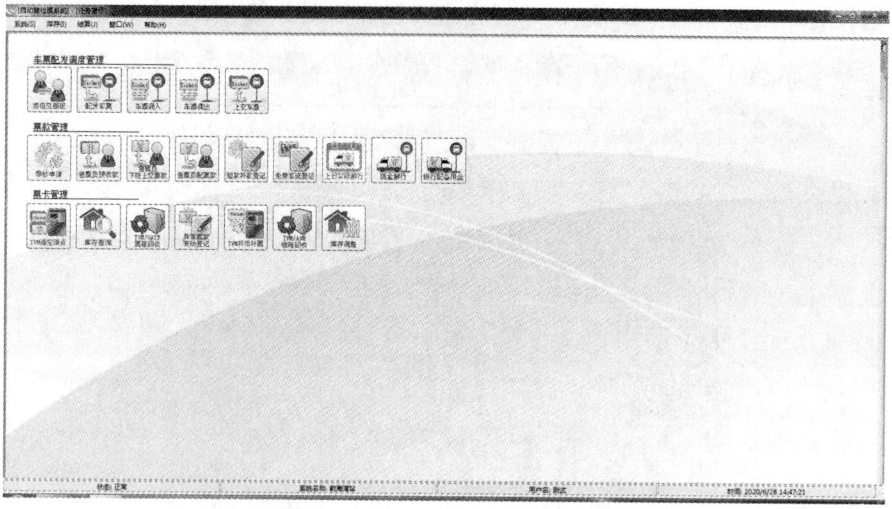

图 2-78　票务子系统登录主界面

3. 运营子系统

运营子系统登录主界面如图 2-79 所示，包括参数管理、权限管理、数据管理、运营、票务管理内容。

其功能如下：

（1）参数管理：黑名单下发、参数版本管理、权限参数下发、设备控制参数下发，如图 2-80、2-81 所示。

（2）权限管理：设备功能点组授权、系统功能点组授权、用户管理、用户权限管理。

（3）数据管理：审计数据采集、交易查询。

（4）运营、票务管理：黑名单管理、运营注册。

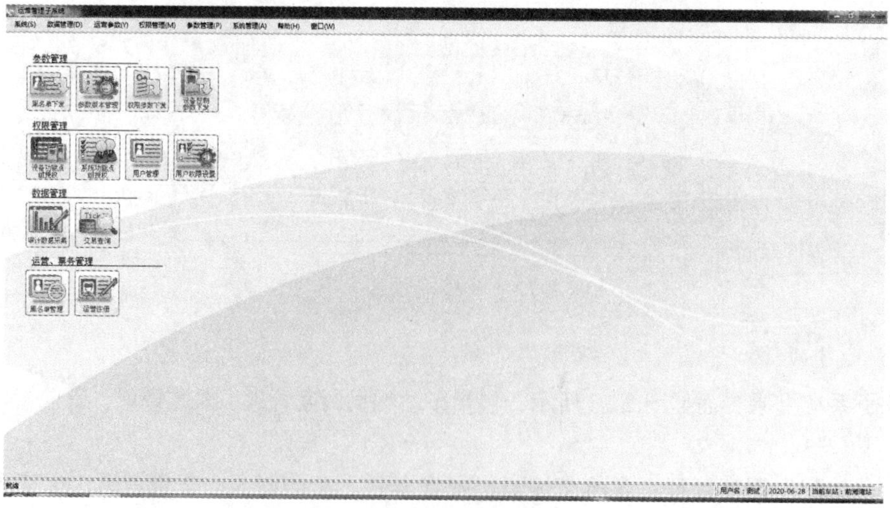

图 2-79　运营子系统登录主界面

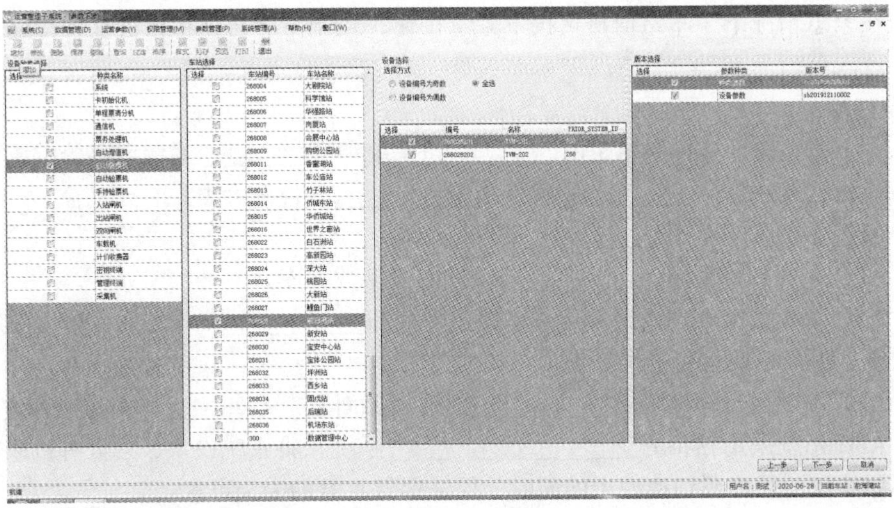

图 2-80　设备参数下发界面（一）

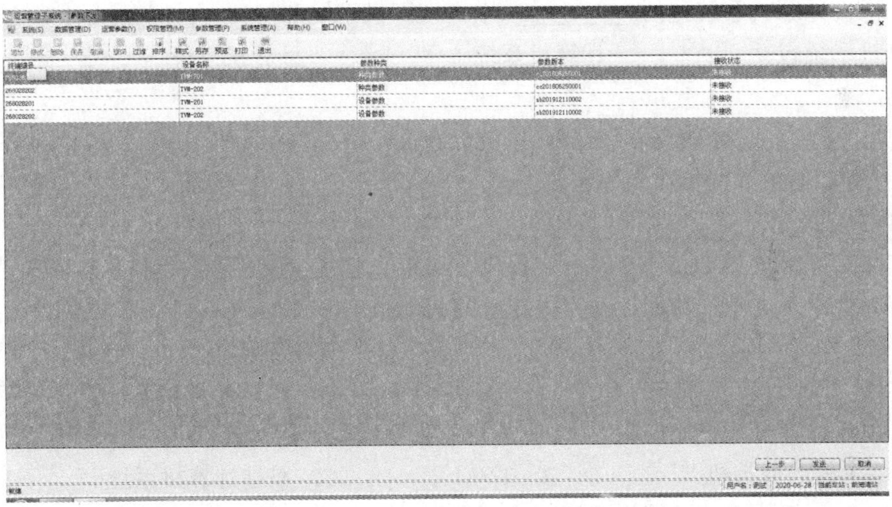

图 2-81　设备参数下发界面（二）

限于篇幅，仅对车站计算机系统的部分操作做简要说明，其他操作详情可查阅相关的使用指南或用户手册。

练习题

1. 判断题

（1）中央计算机系统可通过通信系统的时钟子系统获取标准时间，自动进行同步，并将标准时间信息下传至车站计算机和各终端设备。（　）

（2）线路中央计算机系统负责线网内各层面操作权限的管理。（　）

（3）中央计算机系统有备份和恢复功能及灾难恢复功能。（　）

（4）车站计算机系统对车站售票设备进行实时监控，并能显示设备的通信、运营状态及故障等信息。（　）

（5）在紧急情况下，车站值班员按下紧急按钮，控制所有自动检票机呈禁止通行状态，禁止乘客进入车站。（ ）

2. 填空题

（1）一个完整的计算机系统是由__________系统和__________系统两部分组成的。

（2）计算机软件包括__________软件和__________软件两大类。

（3）AFC 系统采用基于__________的网络架构。

（4）AFC 系统后台采用__________式设计的大型数据库。

（5）AFC 系统数据处理系统采用共享磁盘阵列的__________工作方式，最大限度地保证系统的安全，提高系统运行的可靠性。

（6）AFC 系统运行环境采用__________的管理界面及__________方式的报表访问。

（7）AFC 系统采用独特的__________________系统，将系统设备、票卡有机联系起来，在实现不同系统的无障碍切换使用的同时，保证运营收益的安全可靠。

（8）AFC 计算机系统分为__________级和__________级。

（9）中央计算机系统包括__________中央计算机系统和__________中央计算机系统。车站级计算机系统包括__________计算机系统、__________计算机系统、__________计算机系统等。

（10）__________系统是车站 AFC 系统的核心。

（11）AFC 系统数据传输主要包含__________流、__________流和__________流三大类。

3. 单项选择题

（1）AFC 系统的核心是（ ），它提供了监控、监视、设定参数、收集验证和销售数据、审计所有其他设备类型的功能，并产生相应的活动报表。

A. 车票　　B. 路网

C. 中央计算机系统（OCC）　　D. 车站计算机系统

（2）中央计算机系统能控制（ ）进行非接触式票卡的生产。

A. 编码分拣机　　B. TVM　　C. 车站计算机系统　　D. AGM

（3）（ ）不是中央计算机系统的组成部分。

A. 冗余配置的服务器　　B. 磁盘阵列　　C. 网络设备　　D. 读卡器

（4）以下（ ）不是车站计算机系统主要完成的功能。

A. 接受线路中央计算机系统下发的系统运行参数、运营模式和黑名单等，并下传给车站检票设备

B. 采集车站售检票设备的原始交易数据和设备状态数据，并上传给线路中央计算机系统。

C. 能完成清算对账工作

D. 对车站售票设备进行实时监控，并能显示设备的通信、运营状态及故障等信息

（5）车站计算机系统有一项功能，控制所有自动检票机呈自由通行状态，便于乘客快速疏散，这需要车站值班员（ ）。

A. 按下紧急按钮　　B. 登录车站计算机 SC 软件

C. 关闭车站计算机系统电源　　D. 关闭车站 AFC 终端设备电源

（6）在车站计算机系统架构中，（ ）不属于车站终端设备。

A. 自动售票机　　B. 票务工作站　　C. 进站检票机　　D. 出站检票机

（7）SAM 卡是一种具有特殊性能的（　　）卡，在 AFC 系统中是用来存放密钥和加密算法。可完成交易时相互认证、密码验证和加密、解密运算，一般作为合法性身份标志。

A. SIM　　B. CPU　　C. 磁　　D. IC

（8）（　　）不是独立的自动售检票设备。

A. 读写器　　B. 闸机　　C. 自动售票机　　D. 手持式验票机

（9）单向进站闸机配置（　　）个读写器，处理进站车票。

A. 1　　B. 2　　C. 3　　D. 4

（10）单向出站闸机配置 1 个读写器，连（　　）条天线，分别处理单程票和储值票。

A. 1　　B. 2　　C. 3　　D. 4

（11）双向闸机配置（　　）个读写器，一个处理进站车票，一个处理出站车票。

A. 1　　B. 2　　C. 3　　D. 4

（12）如自动售票机只处理单程票，读写器连（　　）条天线。

A. 1　　B. 2　　C. 3　　D. 4

（13）半自动售票机 BOM 配置（　　）个读写器，一个是单程票出票机构读写器，一个是桌面读写器。

A. 1　　B. 2　　C. 3　　D. 4

（14）自动验票机 TCM 配置（　　）个读写器，查询车票的相关信息。

A. 1　　B. 2　　C. 3　　D. 4

（15）手持式验票机 PCA 配置（　　）个读写器，可完成专用读写模块功能。

A. 1　　B. 2　　C. 3　　D. 4

4. 多项选择题

（1）路网中央计算机系统的功能包含（　　　）。

A. 收集及保存车站计算机上传的各类有关票务、账务、客流、车站设备运行状态等数据

B. 监视和控制所有车站设备的运行状态

C. 设置系统运营参数及系统运行模式，并下达给车站计算机和车站设备

D. 按照设定的周期（日、月、季、年）处理和统计收集到的各类数据，生成相应的各类报表并打印

E. 时钟同步功能

（2）一个典型的中央计算机系统由（　　　）构成。

A. 冗余配置的服务器　　B. 存储设备　　C. 工作站

D. 网络设备　　E. 不间断电源

（3）车站计算机系统由（　　　）组成。

A. 车站计算机　　B. 系统操作工作站　　C. 网络设备

D. 紧急报警按钮　　E. 时钟服务器

（4）SC 应用软件主界面包含（　　　）功能。

A. AFC 系统监控　　B. AFC 系统管理　　C. 报表系统

D. 用户管理　　E. 时钟管理

（5）配置读写器的自动售检票系统终端设备有（　　）、手持式验票机等。

A. 闸机　B. 自动售票机　C. 半自动售票机　D. 自动验票机

（6）配置读写器的自动售检票系统终端设备有（　　）、PCA 等。

A. AGM　B. TVM　C. BOM　D. TCM

（7）自动售票机（TVM）配置（　　）个读写器，连接（　　）个天线。

A. 1　B. 2　C. 3　D. 4

扫码看答案

项目3

自动售票机（TVM）的使用与维护

自动售票机（TVM）是城市轨道交通车站最常见的机电设备，通常放置于车站非付费区，用于乘客自助操作购买单程票。

自动售票机的制造厂家和品牌很多，本教材以深圳高新现代的TVM-3200自动售票机为对象进行讲解。（采用该型号的基本配置，仅售卖筹码式单程票，不选配银行卡支持和储值卡充值的功能。）

任务3.1 自动售票机（TVM）简介

任务目标

（1）了解自动售票机的工作方式。
（2）了解自动售票机的售票操作。
（3）了解自动售票机的功能。

3.1.1 自动售票机（TVM）简介

自动售票机（Ticket Vending Machine，TVM），如图3-1所示，是AFC自动售检票系统主要的车站级设备，安装在城市轨道交通车站的非付费区，提供轨道交通单程票发售、储值票充值、交通线路查询等功能。

乘客按照设备操作提示，使用纸币、硬币或银行卡等完成购票或储值票充值操作。

自动售票机能够向乘客发售指定购买面值及数量的单程车票或将指定金额充值到乘客的储值票中，同时将交易结果上传至车站计算机。

中央计算机和车站计算机分级对自动售票机进行管理。

一般情况下，自动售票机的主要功能模块包括：纸币模块（含纸币找零模块）、硬币模块、单程票发售模块、读写器、电源模块、主控模块、乘客显示器及触摸屏、运行状态显示器、票据打印机、选配模块（包括银行卡模块、储值卡模块、UPS模块等）。

通常，自动售票机基本售票功能包括接收识别纸币和硬币、单程票出售、硬币找零（纸币找零），有些自动售票机还具备储值卡发售、储值卡查询、票据打印、银行卡支付、微信/支付宝/电子钱包支付等扩展售票功能。

图 3-1　自动售票机（TVM）外观图

1. 自动售票机的售票功能

（1）接收硬币、纸币、购买单程票。具有一次交易可发售单张或多张单程票以及硬币找零功能（需由车站操作人员在设备开始运营之前补充一定数量的硬币）。

（2）乘客显示屏显示轨道交通线路、票价等信息，并配有触摸屏，乘客根据相关指引选择目的站点或票价购买单程票。乘客可通过触摸屏选择目的车站（并默认设备所在车站为乘客的起始站），乘客显示器将显示乘客所选到达目的地的票价，且默认购买单张车票，也可选择购买多张，相应的收费金额显示在乘客显示器上。

（3）乘客投入的硬币及纸币金额将显示在乘客显示器上，当投币金额大于或等于所需车费时，设备即开始发售车票并找还硬币。

（4）未支付足够费用前，乘客可按取消按钮中止正在进行的交易。若乘客购票过程超过规定时间未完成交易，TVM 将自动取消交易，并返还已投入的硬币及纸币。

（5）可在自动售票机增加相应硬件实现用纸币对城市轨道交通专用储值票进行自助充值功能。

（6）能发售的票种、车票票价表均由中央系统下载参数设置。

（7）通过状态显示屏实时显示 TVM 的状态，如正常服务、暂停服务、维修模式、只接收硬币、只充值模式、不找零模式等。

（8）TVM 通过局域网与 SC 相连，能实时上传交易数据、设备运行状态和接收 SC 下达的控制命令和参数。

2. 自动售票机的基本操作

（1）购票操作。乘客在触摸屏上点选目的车站后，画面会提示票价信息。选择购票张数并投入足够的现金，交易成功后，自动售票机会将车票和找零移送到出票与找零口。出票与找零口有小灯，出票后灯会亮，提示和方便乘客取票。

乘客购买车票时，在没有支付全部金额之前都可以取消交易。点击交易取消按钮或者一定时间内没有任何操作的话，自动售票机会返还乘客所投的现金，并返回初始界面。

（2）储值票充值操作。点选界面中显示的充值按钮，自动售票机会转到充值界面，提示乘客插入充值卡/一卡通。乘客插入充值卡后，屏幕显示卡的种类及余额，并提示乘客投入指定面额的纸币。充值完毕，屏幕显示充值后的金额并返还充值卡，自动售票机回到初始界面。

3.1.2 自动售票机（TVM）的功能

整体上，自动售检票机的功能包含三部分：基本功能、维护功能、后台数据处理功能。

1. 基本功能

基本功能包括售票、硬币找零、硬币鉴别、纸币鉴别等，具体说明如表 3-1 所示。

表 3-1 TVM 基本功能

功能	说明
售票	发售系统中允许自动售票机发售的各类车票
硬币找零	使用硬币为乘客提供找零
硬币鉴别	鉴别乘客投入的硬币的真伪、币值并进行相应处理
纸币鉴别	鉴别乘客投入的纸币的真伪、币值并进行相应处理

2. 维护功能

维护业务包括整机自检、系统维护、钱箱更换、票箱更换、状态查询、模块测试等。具体业务说明如表 3-2 所示。

表 3-2 TVM 维护功能

功能	说明
整机自检	对整机构成中的全部业务模块进行自检，以确认各模块是否存在故障
系统维护	对整个操作系统进行关机、重启、程序退出等
钱箱更换	更换硬币回收箱和纸币钱箱，把箱内的钱取出，钱箱计数清零
票箱更换	更换加票箱、回收箱
状态查询	查询各个模块的状态
模块测试	对整机构成中的业务模块进行命令级的测试

3. 后台数据处理功能

后台数据处理功能包括日志查询、数据上传、参数管理、数据管理、时钟同步、设备部件监视等，具体说明如表 3-3 所示。

表 3-3　TVM 后台数据处理功能

功能	业务说明
日志查询	查看一些主要的操作记录，如登录、换钱箱等
数据上传	设备可向系统上传设备状态、运行模式、报警及故障等信息
参数管理	设备通过网络接收参数并解析
数据管理	设备本地保存的数据的管理，对已经上传的数据在设定期限到达时自动清理，对未上传的数据根据策略进行处理
时钟同步	设备在线时通过定时、重启事件、运营开始和结束事件触发进行时钟同步，在离线时也可人工修正时钟
设备部件监视	定时监视设备各部件状态，及时报告设备状态，同时刷新系统各设备状态标志

3.1.3　自动售票机（TVM）的工作方式

根据不同情况，自动售票机的工作状态有 5 种：运行状态、暂停服务状态、关闭服务状态、紧急状态、维护状态。

1. 运行状态

自动售票机运行状态有联网运营和单机运营两种。两种运营状态下都有正常（运营）模式、暂停模式、不设找零模式（缺零钱）。

1）联网运行

自动售票机通常工作在联网运行状态，此时自动售票机可以完成所有正常功能。自动售票机的工作信息每隔几秒实时主动上传到车站计算机，同时车站计算机系统也可以通过车站网络下载参数和下发指令给自动售票机。

2）独立运行

当车站系统网络或车站计算机发生故障时，自动售票机将自动转入独立运行。独立运行时，自动售票机除了不能与车站计算机系统联网外，其余功能全部具备。但独立运行时间不能太长，以免超过单机存储空间。单机一般可以存储 100 万条交易数据及一个星期的设备数据。一旦通信恢复，自动售票机自动将保存的交易数据上传给车站计算机。

3）售票功能

自动售票机通常采用先选择车票后投币的购票方式。乘客首先根据目的地车站确认票价，再确认购买车票数量，然后投入需要的付费额度，确认后即可在取票口取所购车票。

在未付足购票款或未确认前，乘客可取消正在进行的交易。此外，当乘客购票操作超过设定参数所规定的时间时，自动售票机将自动终止交易（终止交易后会返还乘客已投入的票款）。

自动售票机自动完成制票的全过程并对所制车票进行有效性和数据校验，如果有效性或者数据校验失败，则自动将所制车票送入废票箱，同时再次尝试制票。如果连续出现车票检查/校验错误的次数达到参数设置的次数时，设备暂停服务并报告车站计算机，并退回乘客票款。

在售票过程中，乘客显示器上会明确提示可以接受的硬币和纸币种类，对于乘客的有效和无效操作，将提供不同的声音确认，同时乘客显示器上有明确的有效操作提示。

自动售票机发售的票价、票型种类参数由中央计算机系统设定，自动售票机自动接收中央计算机下发的票价表和其他参数表。

4）工作模式

（1）找零/无找零模式。自动售票机可通过参数设置为允许找零或禁止找零模式。当自动售票机的找零钱币存量低于设定值或找零装置出现故障时，自动售票机将自动进入无找零模式，在运行状态显示上显示“零钱不足，本机不找零”字样。当找零装置中的零钱达到最少存币量时，自动售票机将自动转换回找零模式。找零装置中的纸币与硬币的最少存币量可以通过系统参数进行设置。

（2）只收硬币模式。通过参数设置可将自动售票机设置为只收硬币模式。此外，当出现纸币接收机故障、纸币钱箱满或被损坏、纸币钱箱不在位或者找零硬币不够时，自动售票机也将自动切换为只收硬币模式。在此模式下，自动售票机只接收硬币且拒收纸币，纸币口关闭，并在运行状态显示器上显示“本机只收硬币”等字样。

（3）只收纸币模式。通过参数设置可将自动售票机设置为只收纸币模式。此外，在硬币机故障、硬币钱箱满或者损坏、硬币钱箱不在位且储值票单元发生故障的情况下，自动售票机也将自动转为只收纸币模式。在此模式下，自动售票机只接收纸币拒收硬币，硬币口关闭，并在运行状态显示器上显示“本机只收纸币”字样。

2. 暂停服务状态

当自动售票机发生不能继续售票的故障时，将自动转入暂停服务模式，不再响应乘客的购票操作，点击触摸屏被禁止，并在运行状态显示器上显示“暂停服务”字样。导致自动售票机无法继续服务的故障主要包括单程票发售模块故障、单程票不足、工作单元检测不到位、参数文件丢失等。

3. 关闭服务状态

当中央计算机系统、车站计算机系统发送关闭运营指令或每天运营结束后，自动售票机自动转为关闭服务模式。此时，自动售票机不响应用户的任何操作，但仍与车站计算机的通信连接状态，向车站计算机系统实时报告本机状态并接收车站计算机的命令，同时自动售票机的运行状态显示器上显示“服务已关闭”字样。

4. 紧急状态

在某些紧急状况下，当线路中央或车站控制室发出车站设备进入紧急状态命令或自动售票机采集到来自紧急按钮的紧急模式信号时，自动售票机将自动转入紧急模式，不再售票。如果此时正在执行一笔售票交易，则在该交易完成后自动转入暂停服务状态，运行状态显示器上显示“暂停服务”。当紧急状态取消后自动售票机可以自动切换回正常服务模式。

5. 维护状态

设备状态监控以及自动售票机自动上报的故障信息对自动售票机的维护十分重要，对自动售票机的维护操作是保证自动售票机正常运行的重要措施。

自动售票机发生的故障包括两类：一类是不影响继续售票的故障，一类是售票无法继续的故障。当需要进行维护时，打开自动售票机的维护面板，自动售票机自动进入维护模式，运行状态显示器上显示“暂停服务”。当维护完成正常退出维护模式后，自动售票机自动切换回正常运行状态。

3.1.4 自动售票机（TVM）的整体架构

自动售票机以主控单元（工控机）为核心，辅以车票读写器、纸币处理器、硬币处理器、单程票发售模块、乘客显示器、运行状态显示器、综合控制器、打印机等模块组成，还可以根据需要配置银行卡读写器、储值票读写器等。

主控单元一般采用高可靠、低功耗的通用性嵌入式计算机设备或工业级计算机设备，需要具有丰富的外部接口以支持外部设备的连接，并需要保留部分接口以支持未来设备的扩展，自动售票机整体架构如图 3-2 所示。

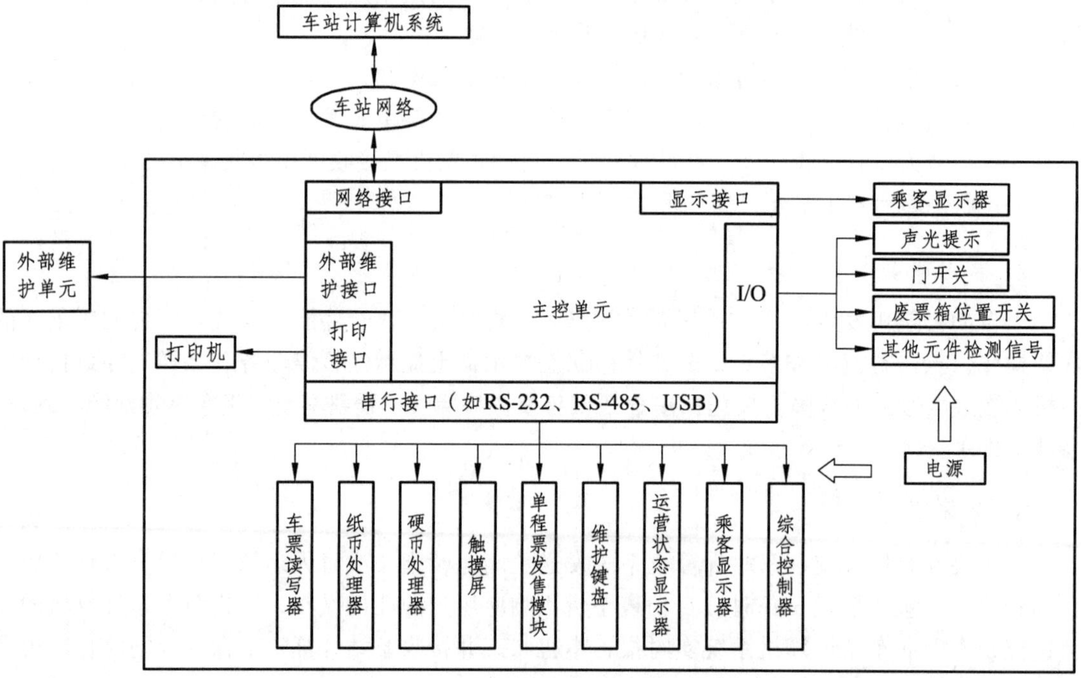

图 3-2 城轨车站自动售票机系统架构

任务 3.2 自动售票机（TVM）的组成与部件分析

任务目标

（1）了解自动售票机的工作方式。
（2）了解自动售票机的售票操作。
（3）掌握自动售票机的结构与组成。
（4）掌握自动售票机的工作过程与原理。

3.2.1 自动售票机的结构

自动售票机的结构分为外部结构和内部结构两部分。

1. 外部结构

从外部看，自动售票机正面结构如图 3-3 所示，背面结构如图 3-4 所示。

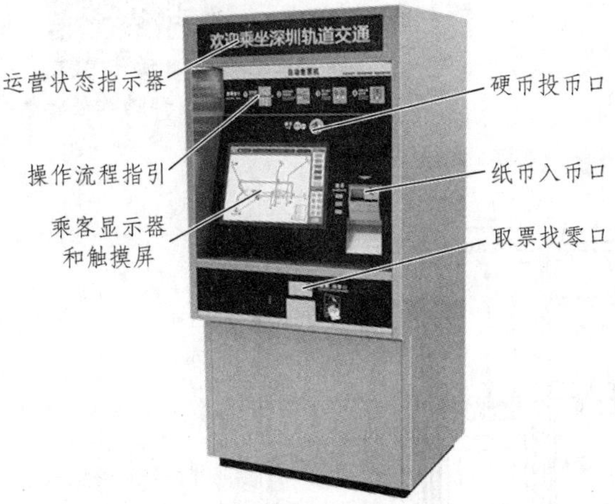

图 3-3 TVM 外部正面结构示意图

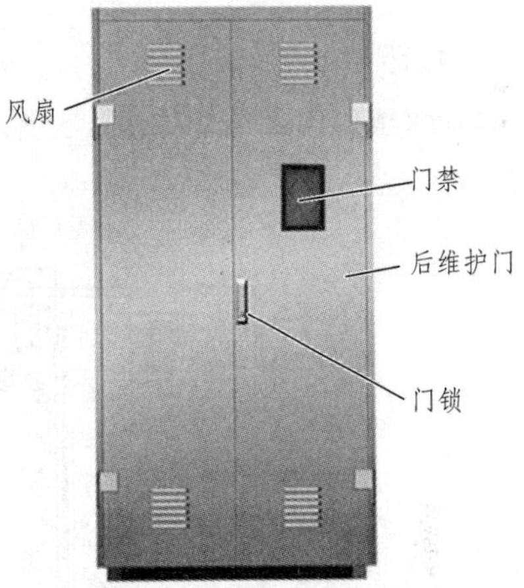

图 3-4 TVM 背面结构示意图

1）运营状态指示器

显示自动售票机当前的运营状态。正常运营时以绿色字体显示“欢迎乘坐××轨道交通”字样，故障或者维修时以红色字体显示“暂停服务”字样，缺找零时以橙色字体显示“本机仅支持硬币购票”等字样。

2）操作流程指引

用文字和简单图像的形式说明使用自动售票机的购票（含储值票充值）流程。

3）乘客显示器和触摸屏

乘客显示器是乘客和自动售票机交互的图形界面，显示轨道交通运行线路图，动态显示乘客操作的结构和提示等信息。

触摸屏和乘客显示器集成在一起，覆盖于乘客显示器的表面，是与乘客交互的载体设备。乘客通过触摸屏进行目的地选择、购票数量等信息的输入。

4）硬币投币口

用于乘客购票时（含充值）投入硬币，会有文字提醒所能投入的硬币种类（5 角或者 1 元）。

5）纸币入币口

用于乘客购票时（含充值）塞入纸币，会有文字提醒所能塞入的纸币种类（2 元、5 元或者 10 元）。

6）取票找零口

乘客正常购票完成后，购买的单程票从该处取走，如果有找零，零钱也从该处取走。

7）风扇

风扇位于售票机里面的门板上，用于设备的散热。

8）门禁

通过刷门禁卡，可以打开自动售票机后面维护门。该元件为选配件，没有选择安装的情况下，采用机械锁装置替代。

9）门锁

没有选配安装门禁的情况下，由机械式的门锁打开自动售票机的后维护门。

自动售票机
内部结构展示

2. 内部结构

自动售票机内部结构如图 3-5 所示。

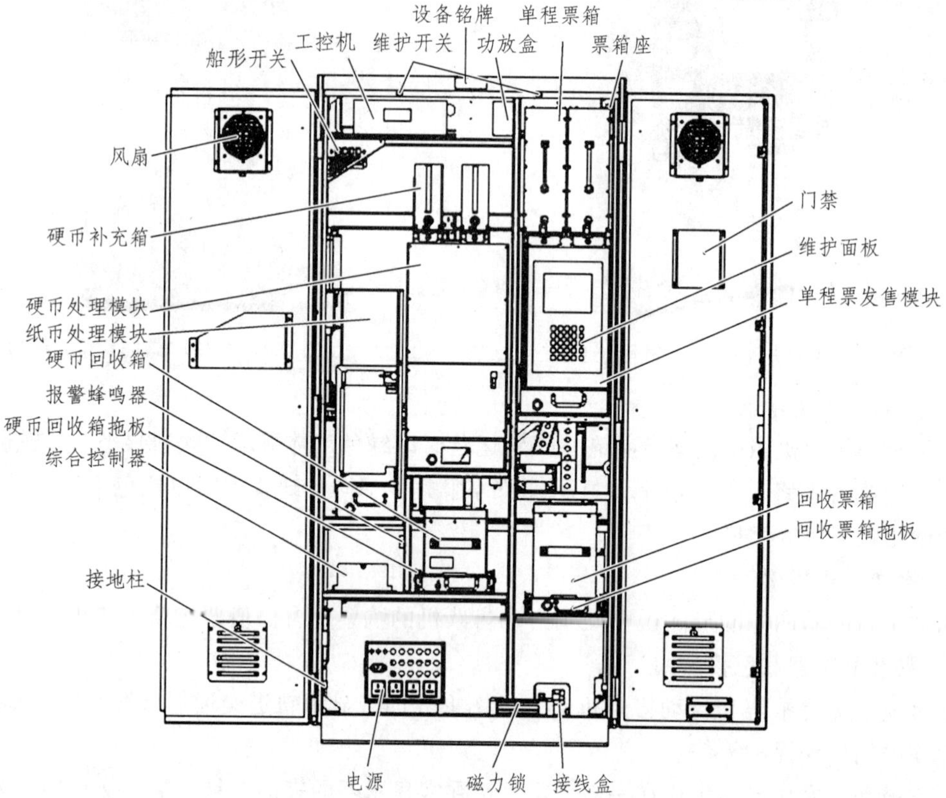

图 3-5　TVM 内部结构示意图

1）船型开关

配备 4 个船型开关（切换按钮），分别实现风扇启动与停止、乘客照明灯打开与关闭、维护照明灯打开与关闭、状态指示器的打开与关闭。

2）工控机

工控机也叫主控单元，是自动售票机最核心的部件，是整台设备的控制中心，需安装系统软件和自动售票机应用软件等。工控机带有多个接口，连接自动售票机的各个部件，在应用程序的控制下，根据输入信号控制各部分工作。

3）维护开关

打开后维护门时，维护开关动作，自动售票机自动进入维护模式。维护开关为机械式的行程开关，当后维护门关闭状态时，门板压住维护开关使其常开触点接通，当打开后维护门时，其常开触点断开。

4）设备铭牌

设备铭牌用于标注设备的型号规格。

5）功放盒

功放盒将工控机输出的音频信号经过放大，输出至扬声器。功放盒使用电源模块输出的220 V交流电源。该部件为选配件，根据用户需求配备。

6）单程票（补充）箱

单程票箱并排有 2 个，用于存放单程票或向单程票发售模块中补充单程票。自动售票机正常工作时，单程票箱中的单程票仅仅起到存储、备用的作用（也就是说，缺少单程票箱不影响自动售票机的正常工作），其必须通过人工操作，添加至单程票发售模块中才能被后续售卖。每个单程票箱设置有一个票箱 ID 板，用于标注票箱的物理地址。

7）票箱座

每个单程票箱有一个票箱座，工作时，单程票箱安装在票箱座上。票箱座上设置有 ID 识别器，可以读取票箱的 ID 号，用于检测对应单程票箱的 ID 地址，在系统中记录运营的数据。

8）门禁

用于对维护和运营人员的身份验证，在打开后维护门之前必须先刷卡认证，非法打开后维护门则报警。该部件为选配件，根据用户需求配备。

9）维护面板

维护面板主要包括维护显示屏和维护键盘，是维护人员和运营人员使用操作自动售票机的装置。维护面板像一块门板一样，利用磁铁吸附在安装框架上，向外掰开可以打开面板进行整个维护面板线路的检查和维护。

10）单程票（筹码式）发售模块

单程票发售模块是自动售票机非常重要的一个部件，包括单程票处理机构和单程票读写器。单程票处理机构用于单程票制票的流程控制；单程票读写器为通用读写设备，用于对要发售的单程票进行读写操作。

11）回收票箱

废票回收箱用于回收单程票发售模块流转下来出售失败的单程票。如果单程票发售模块在制票过程中制票失败，或者制票校验检查时有问题，则将该单程票作为废票处理，废票将会进入废票回收箱中。

12）回收票箱托板

废票回收箱安装在废票票箱座上，废票票箱座整体固定于废票回收箱托板上。当取、放废票回收箱或者维护时，右手大拇指压住托板上的黑色按键，其余四指抓住矩形拖环，可以将废票回收机构（包括废票回收箱、废票票箱座和回收托板）整体拖出。托板需要复位时直接推入即可。

废票票箱座上安装有检测废票回收箱安装到位的传感器，该传感器为一个机械式的行程开关。当废票回收箱安装到位时，该行程开关接通。

13）接线盒

接线盒是外部 220 V 交流电源的引入端口。

14）磁力锁

磁力锁吸附在后维护门的下方，为自动售票机增加门禁控制的功能，只有刷卡认证通过后才会自动解锁打开维护门，为设备操作提供更安全的保障。磁力锁为选配件，如果不带门禁功能，则不会配备该装置。

15）电源

电源即电源模块，是为设备提供能源的装置。它将外部输入的 220 V 交流电源经过降压、逆变等处理，输出的多路电源为自动售票机中所有电气部件提供稳定可靠的供电。

电源模块配有低压断路器实现整台闸机的过流保护和短路保护，低压断路器也是整台自动售票机的电源开关。

16）接线柱

接线柱是整台设备的安全接地装置，提供多路的地线接线端子。

17）综合控制器

自动售票机的重要控制部件。综合控制器对自动售票机的输入/输出（如检修开关、废票回收票箱到位检测开关、硬币回收箱到位检测开关、蜂鸣器、照明、操作指引等）进行统一的管理。

18）硬币回收箱托板

硬币回收箱安装在硬币回收箱固定座上，硬币回收箱固定座整体安装于硬币回收箱托板上。与推拉废票回收箱托板一样，当取、放硬币回收箱或进行维护时，右手大拇指压住托板上的黑色按键，其余四指抓住矩形拖环，可以将硬币回收机构（包括硬币回收箱、硬币箱安装座、硬币处理模块和回收托板）整体拖出。

19）蜂鸣报警器

蜂鸣报警器是自动售票机的报警提醒装置。当设备发生故障时，蜂鸣器发出“嘀、嘀……”的警报声，提醒进行维护处理。

20）硬币回收箱

硬币回收箱是回收硬币的机构。当自动售票机运营进行盘点时，硬币处理模块中的剩余硬币会进入硬币回收箱。

21）纸币处理模块

纸币处理模块包括纸币鉴币器、纸币传送机构和纸币回收箱。纸币鉴币器用于纸币识别；纸币传送机构用于纸币的接收并将纸币传送至纸币回收箱；纸币回收箱用于存储购票所收入的纸币。

22）硬币处理模块

硬币处理模块包括硬币鉴币器、硬币钱箱组件和硬币传送机构。硬币鉴币器用于硬币识别；硬币钱箱组件用于硬币储存和流转，硬币传送机构用于硬币找出和回收。

当硬币处理模块中的找零硬币数量不够时（具体数量由参数设置），自动售票机只能采用硬币购票，不支持纸币购票（避免找零硬币不足而出错）。

23）硬币补充箱

硬币补充箱用于向硬币模块补充用于找零的硬币。硬币补充箱并排有 2 个，一个用于补充 5 角的硬币，一个用于补充 1 元的硬币。自动售票机正常工作时，硬币补充箱中的硬币仅仅起到存储、备用的作用（也就是说，缺少硬币补充箱，不影响自动售票机的正常工作）。补充硬币必须登录系统后，通过人工操作，才能添加补充硬币。

24）风扇

后维护门板上左右各配置一个风扇，用于自动售票机工作时的散热。通过船型开关可以手动启动和停止运行。

3.2.2 自动售票机的组成部件

根据工作过程，我们将自动售票机的组成分为整体功能部件单元、单程票处理单元、硬币处理单元和纸币处理单元 4 部分（见图 3-6）。下面分别进行介绍。

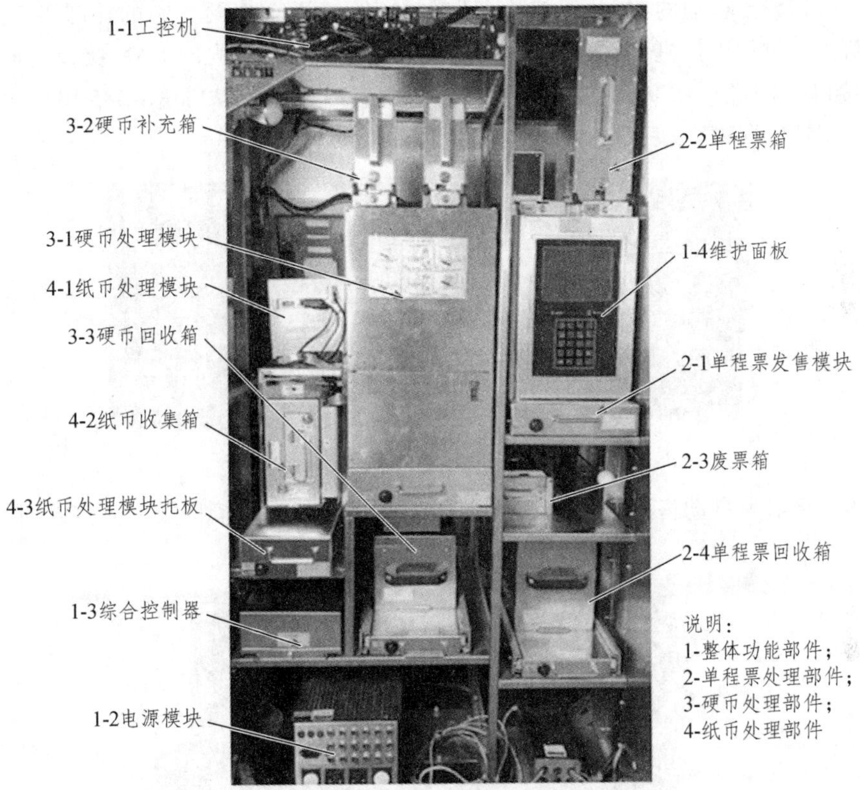

图 3-6　TVM 组成部件

1. 整体功能部件单元

如图 3-6 所示，整体功能部件单元包括“1-1 工控机”“1-2 电源模块”“1-3 综合控制器”和“1-4 维护面板”4 部分。

1）工控机

工控机也叫主控单元，如图 3-7 所示，工控机是自动售票机最核心的部件，安装有 LINUX 操作系统（或其他操作系统）和自动售票机控制系统应用软件。工控机通过各类端口连接到其他外部模块，利用安装的自动售票机系统应用软件协调各外部模块（纸币模块、硬币模块等）运转，共同完成终端设备（乘客显示器、单程票售票模块等）的各项功能，并通过网络与车站计算机系统连接，接收各类参数和命令，上传设备交易数据及设备运行状态等信息。

图 3-7　工控机轴测图

工控机为工业控制使用的计算机，和普通 PC 一样，也包含主板、CPU、存储器等基本的计算机硬件。相较于普通的 PC，工控机工作更稳定，而且具备更丰富的外部接口。如图 3-8 所示，自动售票机的工控机带有 20 多个外部接口，包括 1 路以太网 LAN 接口（RJ45 接口）、6 路 USB 接口、14 路通用 9 针 COM 接口（连接 RS-232、RS-422、RS-485 串口信号）、PS/2 接口、VGA 端口、LVDS 接口、I/O 接口、LTP 接口等。

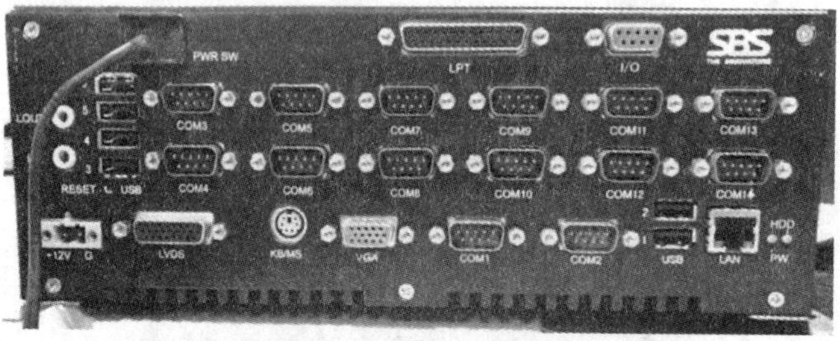

图 3-8　工控机背面接口

如图 3-9 所示为自动售票机的工控机接线实物图，其主要接口类型及连接部件如表 3-4 所示。

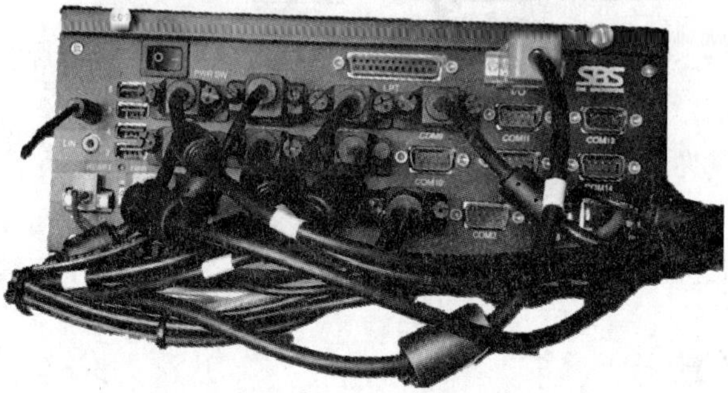

图 3-9　工控机接线实物图

表 3-4　工控机主要连接部件及接口类型

序号	连接部件	接口类型	备注
1	工作电源	DC 12 V	由电源模块提供
2	乘客显示器	VGA	视频信号
3	维护面板小键盘	PS/2	圆形接口
4	维护面板显示屏	LVDS	低压差分信号，传递液晶显示器的电源与信号

续表

序号	连接部件	接口类型	备注
5	输入输出信号	IO	扩展应用
6	功率放大器	Audio	音频信号
7	交换机	LAN	连接至 AFC 系统
8	综合控制器	COM1	RS-232 串行通信，参数设置固定串口号
9	运行状态显示器	COM3	RS-232 串行通信，参数设置固定串口号
10	单程票发售模块	COM4	RS-232 串行通信，参数设置固定串口号
11	硬币处理模块	COM5	RS-232 串行通信，参数设置固定串口号
12	纸币处理模块	COM6	RS-232 串行通信，参数设置固定串口号
13	触摸屏	COM7	RS-232 串行通信，参数设置固定串口号
14	读写器	COM8	RS-232 串行通信，参数设置固定串口号
15	UPS	COM9	RS-232 串行通信，参数设置固定串口号
16	键盘	USB	维护时，根据需要连接标准键盘
17	鼠标	USB	维护时，根据需要连接鼠标

2）电源模块

如图 3-10 所示，电源模块是自动售票机的电源配电、电源转换单元，为设备内部各模块提供单独的、稳定的工作电源。

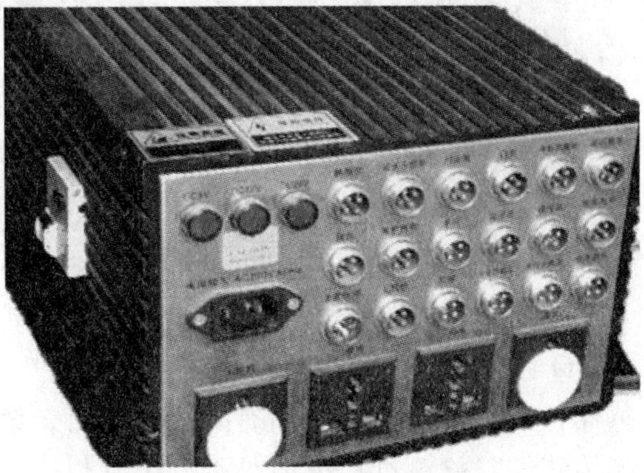

图 3-10　TVM 电源模块

电源模块将外部 220 V 50 Hz 的交流电经过处理，输出多路 DC 5 V、DC 12 V 和 DC 24 V 的电源，再通过统一的 4 芯接口连接至各设备元件。

电源模块带有低压断路器，对整台设备进行短路、过载保护。设置在左侧面的低压断路器的手动开关也是整台自动售票机的总电源开关，当需要对整台设备进行重启时，可以通过该开关操作。

电源模块对 DC 5 V、DC 12 V 和 DC 24 V 三种输出电源分别有独立的工作状况指示灯，指示当前负载运行情况。在电源模块的面板上，清晰标明了每路电源连接的对象。

电源模块输出电压与各部件对应关系如表 3-5 所示。

表 3-5　电源模块输出电压与各部件对应关系

序号	连接部件	所需电压	序号	连接部件	所需电压
1	电源引入	AC 220 V	9	维护照明	DC 24 V
2	功放盒	AC 220 V	10	前面板照明	DC 24 V
3	工控机（主控单元）	DC 12 V	11	单程票发售机构	DC 24 V
4	综合控制器	DC 24 V	12	车票读写器	DC 12 V
5	乘客显示器	DC 12 V	13	硬币处理模块	DC 24 V
6	运行状态显示器（条屏）	DC 24 V	14	纸币处理模块	DC 24 V
7	触摸屏	DC 12 V	15	打印机	DC 24 V
8	散热风扇	DC 24 V	16	银行卡模块、预留等	—

3）综合控制器

综合控制器也是自动售票机的重要组成部件，其主要功能是对设备 I/O 进行集中的处理与控制，并与工控机进行通信。

如图 3-6 所示，综合控制器位于自动售票机中下部，纸币模块的正下方，利用方型金属盒进行封盖。拧住金属盒上的螺丝，可以向上打开金属盒盖，打开后的综合控制器如图 3-11 所示。

图 3-11　自动售票机综合控制器

综合控制器连接的主要 I/O 包括：

（1）乘客接近检测传感器：当自动售票机前面有乘客操作时，该传感器有信号。

（2）纸币模块到位检测传感器：检测纸币模块是否安装到位。

（3）硬币回收箱到位检测开关：检测硬币回收箱安装到位的传感器，为一机械式行程开关。

（4）单程票回收箱到位检测开关：检测单程票回收箱安装到位的传感器，为一机械式行程开关。

（5）检修开关：后维护门打开时，检修开关有信号。检修开关为一机械式行程开关。

（6）召援（紧急）按钮输入信号：乘客有紧急情况时，可以通过该按钮向车站发出求助信息。该功能为选配件。

（7）报警蜂鸣器：自动售票机发生故障时，报警蜂鸣器发出警报声。

（8）出票找零口照明：当完成车票购票时，车票出票口（含找零）照明灯点亮。

（9）各种操作指引：购票操作指引。

4）维护面板

图 3-12 为维护面板的正面和背面实物图。维护面板包括维护键盘和维护显示器两部分，是自动售票机运营和维护的显示与操作界面。

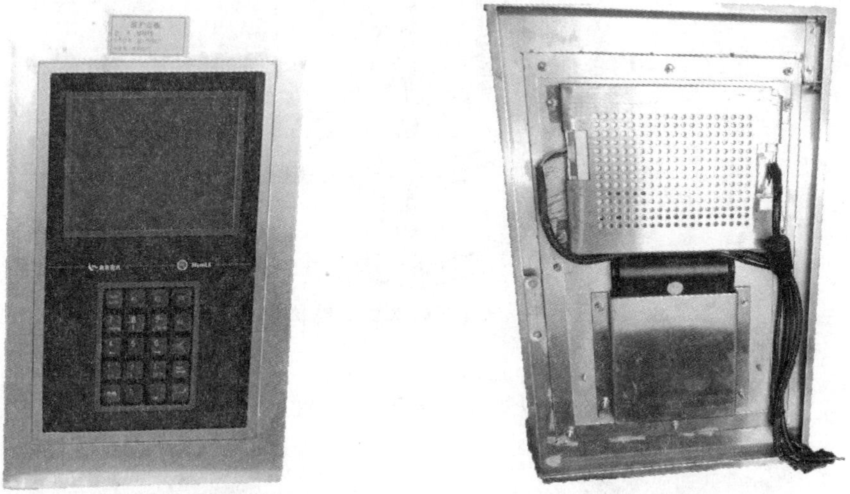

（a）维护面板正面　　（b）维护面板背面

图 3-12　维护面板

通常情况下，打开后维护面板，自动售票机自动进入维护模式。输入用户名、用户密码后可以设置设备的运营参数、运营操作（添加单程票、添加找零硬币、盘点等），进行故障检测等。

维护键盘和显示器作为输入/输出设备，直接连接至工控机，由工控机直接控制，但 LCD 液晶显示器的背光板电源由综合控制器控制。综合控制器通过控制背光板，达到控制显示器亮度（包括亮屏与熄屏），实现屏保等功能。

需要注意的是，乘客显示器和触摸屏也是工控机的输入/输出设备，也可以作为维护面板。所以，由乘客显示器和触摸屏组成的维护面板叫作“前维护面板”，由维护键盘和维护显示器组成的维护面板叫作“后维护面板”。但一般情况下，维护都是在打开后维护门之后进行的，都是操作后维护面板，很少使用前维护面板，所以一般说维护面板就是指“后维护面板”。

操作人员可以通过参数更改或者点击屏幕切换（需参数设置）“前维护面板”或者“后维护面板”。

TVM 单程票模块工厂测试视频

2. 单程票处理单元

单程票处理单元的结构如图 3-13 所示，具体包括：票箱座、票仓、出票器、托板、废票管道、废票箱、回收票箱、集票管道、读写器、TPU 单元（车票读写处的橡胶座）、回收管道、出票管道、出票/找零漏斗等元件。

如图 3-6 所示，整体上，单程票处理单元包括“2-1 单程票发售模块”“2-2 单程票箱”“2-3 废票箱”和“2-4 单程票回收箱”4 部分，下面分别进行介绍。

1）单程票发售模块

单程票发售模块外观如图 3-14、图 3-15 所示，包括票箱座、票箱 ID 识别板、票仓、托板、出票器、维护面板、分票器几部分。

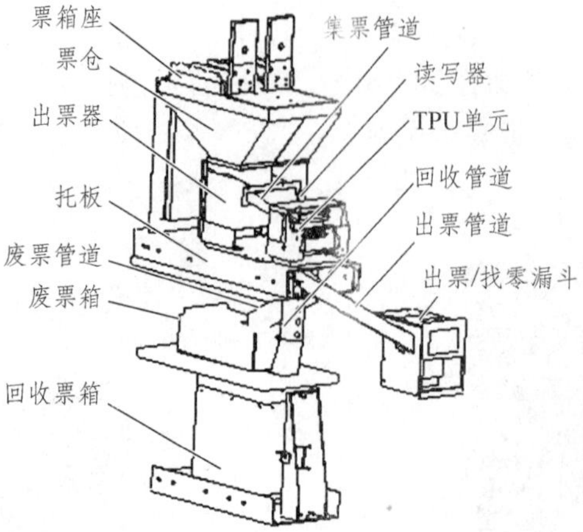

图 3-13　单程票处理单元结构示意图

图 3-14　单程票发售模块正面图（外观）

3-15　单程票发售模块侧面图（外观）

拆除外壳后，单程票发售模块外观如图 3-16～3-19 所示，包括单程票发售模块主控板、读写器、分票器的内部结构等部分。

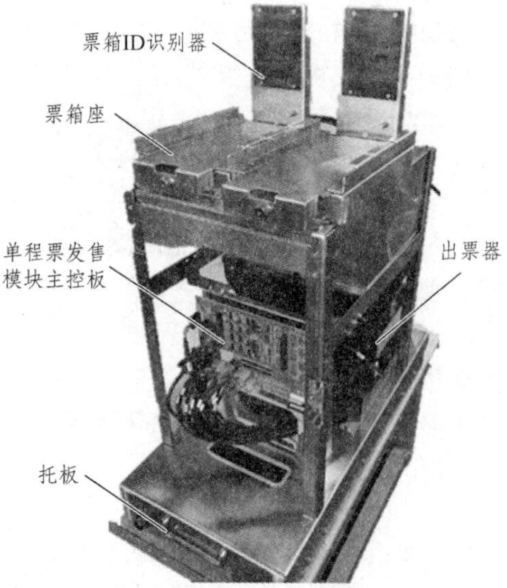

图 3-16　单程票发售模块正面图（无外壳）

图 3-17　单程票发售模块侧面图（无外壳）

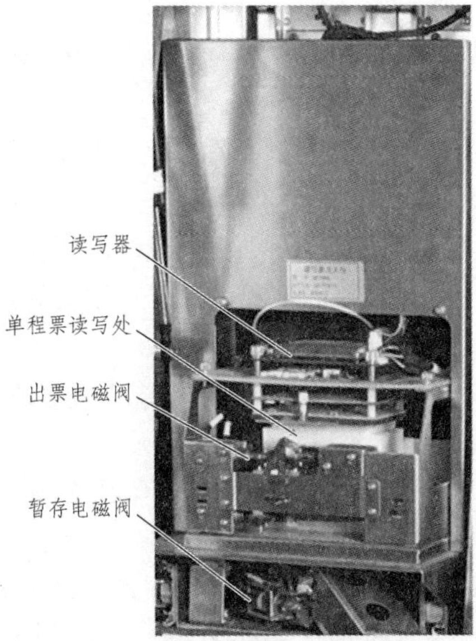

图 3-18　单程票发售模块后视图（外观）

图 3-19　单程票发售模块托出后状态图（外观）

单程票发售模块的工作流程如图 3-20 所示。

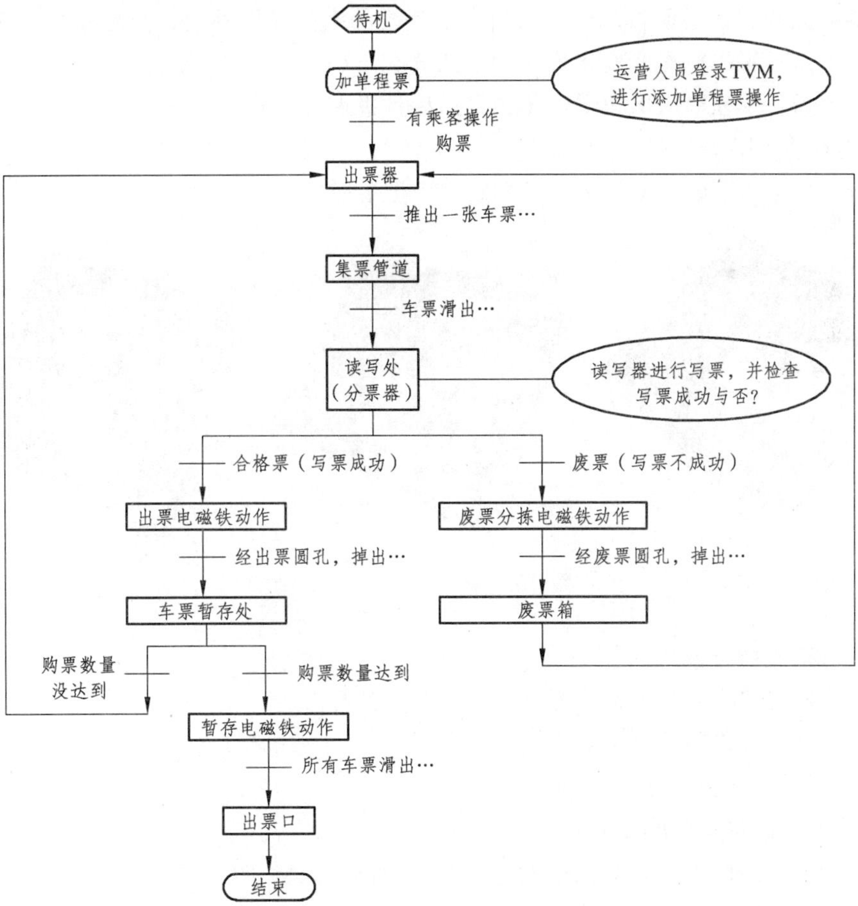

图 3-20　单程票发售模块工作流程图

下面具体介绍单程票发售模块部件。

（1）票箱座与票箱 ID 识别板：单程票发售模块包含两个票箱座，票箱座上带有票箱 ID 识别板，用于读取票箱的编码。

（2）票仓：单程票箱中的单程票通过手动添加（需运营人员登录后进行“添加单程票”操作）后，进入票仓。

（3）托板机构和托板锁扣：单程票发售模块整体固定安装在一个可以滑动的托板上，按下托板锁扣，可以将单程票发售模块整体拖出，方便维护维修。拖出后的单程票发售模块如图 3-19 所示。

（4）出票器：票仓里面包含左右两个出票器，一般情况下（可以通过系统设置更改），只有票箱 1 对应的出票器内单程票用完后，才开始使用票箱 2 对应的出票器。

出票器的作用是将票仓内杂乱无章的单程票（空白票）一张张地送入集票管道（见图 3-18），然后集票管道内的单程票会“滑入”读写区（圆孔）中。

出票器出票的工作过程如图 3-21 所示。出票过程中，转盘连续旋转，弹簧的拨动保证单程票能平稳地进入转盘的每个孔内，因为转盘与固定座之间有一层间隙，刚好可以容纳一张单程票。通过固定座上的机械结构，使转盘在转动的过程中，转盘孔内的单程票被逐一的“推出”出票器而进入集票管道中。

（5）维护面板：维护面板属于整台自动售票机的维护操作界面，只是安装在单程票发售模块的外壳上，不属于单程票发售模块的一部分。

（6）分票器：单程票从出票器经集票管道后，进入分票器。

① 分票器的作用。

· 进行空白单程票的制票（即读写器写入数据）操作。

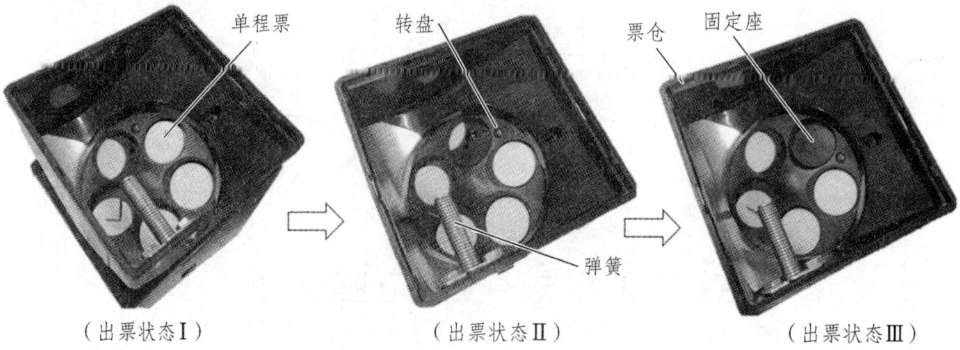

图 3-21　出票器出票过程演示图

· 校验写票成功与否。

· 写票不成功的票通过废票分拣电磁铁送入废票箱。

· 写票成功的车票通过出票电磁阀送入出票口。

· 购买多张票时同时出票。

② 分票器内部结构（见图 3-22）。

· 集票管道：2 个出票器送出的空白单程票，都经过集票管道进入下一流程。

· 对射式传感器：用于检测单程票从集票管道滑出，进入车票读写区。

图 3-22　分票器内部元件结构图

·车票读写区：车票从集票管道滑出至车票读写区，并在此处停留，其上方的读写器（见图 3-18）对车票进行读写操作。同时判断写入成功与否。（如果该车票已经卖出，或者车票芯片故障等，会导致写票失败。）

·废票（分拣）电磁阀、拨杆、拨杆旋转轴、废票（落票）通道：如果车票为废票（写入失败），则废票分拣电磁阀动作（缩回），拨杆绕着拨杆旋转轴摆动，将读写区的车票拨入右侧的废票（落票）通道，车票掉入废票箱。

·出票电磁阀：如果是合格票（或者下班结算时盘点操作），则出票电磁阀动作（缩回），拨杆绕着拨杆旋转轴摆动，打开出票通道上的盖板，车票掉入出票通道，被暂存电磁阀挡住。

·U 型传感器：2 个 U 型传感器分别检测合格票和废票的拨杆动作。当拨杆被电磁铁带动向外移动时，对应的 U 型传感器有信号。

·暂存电磁铁：合格票进入出票通道后，被暂存电磁铁挡住，待乘客所购数量的车票全部集中在此处后，暂存电磁铁动作，打开出票通道，因为此时盘点通道为关闭状态，车票则掉入出票口中，完成购票的整个流程。

·盘点电磁铁：如图 3-23 所示，盘点电磁铁在暂存电磁铁的下方。当运营人员因下班、维护等需要而进行盘点结算操作时，在 TVM 维护面板上登录后选择“盘点操作”，则盘点电磁铁动作，出票通道的车票会进入盘点回收通道后掉入回收票箱，而不会进入出票口。

图 3-23　分票器的电磁阀分布图

综上所述，我们可知，分票器总共包含 4 个电磁阀：出票电磁阀、废票（分拣）电磁阀、暂存电磁阀、盘点电磁阀。电磁阀的整体分布如图 3-23 所示。

简单地说，发售单程票的过程包括：（出票器出票）入票→（读写器）写票→（读写器）验票→出票或者废票处理 4 个过程，其过程示意如图 3-24 所示。

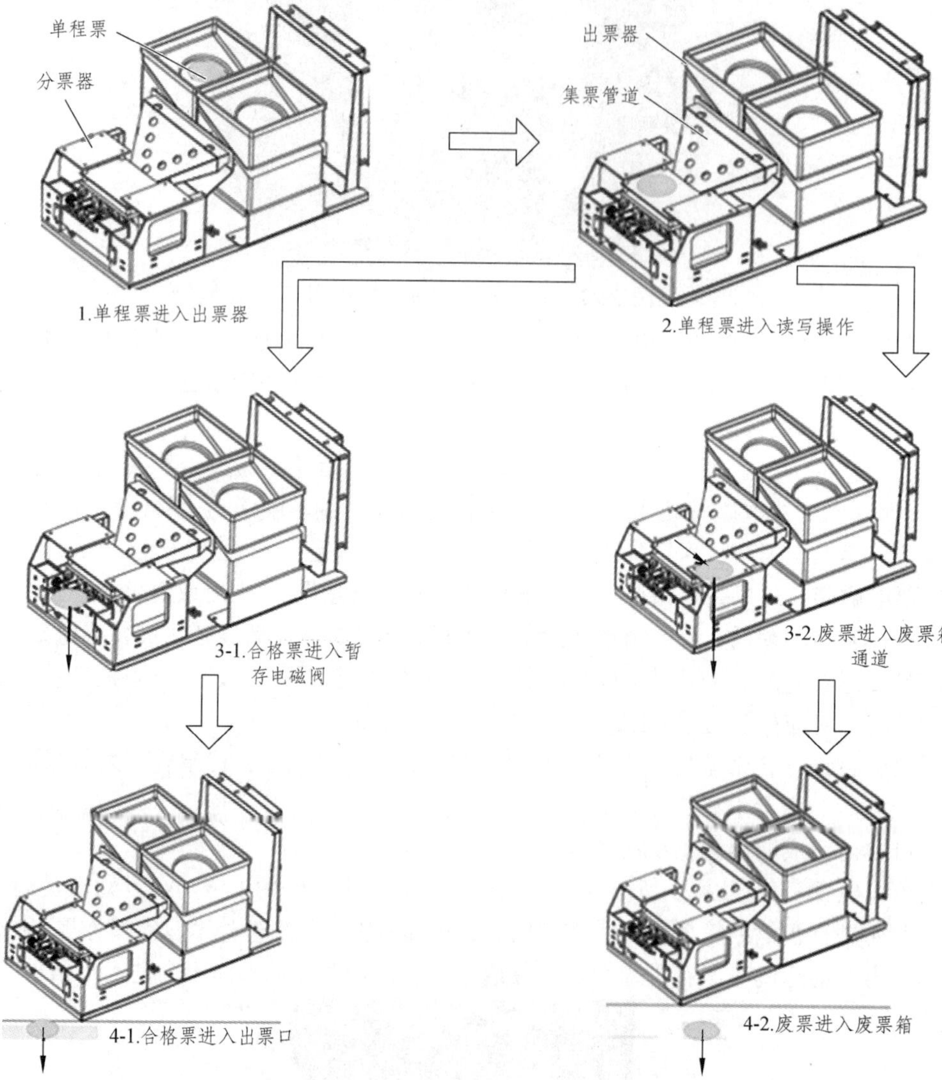

图 3-24　单程票发售过程示意图

TVM 单程票出票或回收票流程

TVM 单程票进废票箱流程

2）单程票票箱

如图 3-25 所示，单程票票箱包含票箱体、票箱提手、票箱钥匙孔、票箱盖板、票箱 ID 板（背面未标出）。

（1）票箱可以从票箱座上整体取出，方便携带。

（2）一台自动售票机有 2 个单程票票箱。票箱采用 1 mm 厚的不锈钢材质制成，可存储 1000 张以上的单程票。

（3）在票箱的背面装有票箱电子 ID 板，当票箱安装在票箱座上时，可以通过票箱座的 ID 识别器读取票箱的编号。

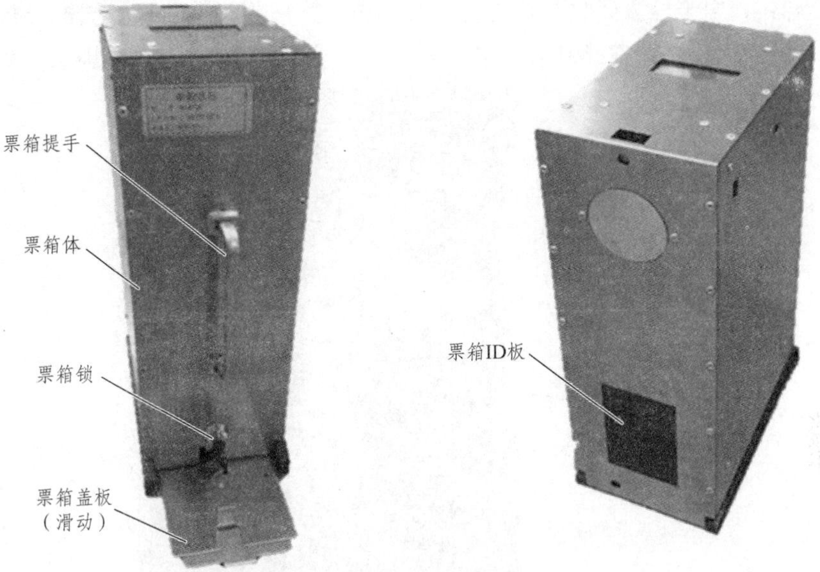

图 3-25　单程票票箱外形图

（4）票箱钥匙孔：使用专用的 12#钥匙插入票箱钥匙孔后，往里压的同时顺时针旋转 90°，可以打开票箱锁。然后，往里压的同时逆时针旋转 90°，可以重新锁上票箱。

（5）票箱盖板：当票箱锁打开后，用手拉票箱盖板，可以将盖板从票箱滑槽中拉出，票箱中的单程票则掉入单程票发售模块的票仓中。当票箱从票箱座上取下后，用钥匙打开票箱锁，拖出盖板，可以向票箱中添加单程票。

3）废票箱

如图 3-6 所示，废票箱位于单程票发售模块的下方、自动售票机的右侧中间位置。

废票箱用于回收单程票发售过程中产生的废票，其外形如图 3-26 所示。

图 3-26　废票箱

在单程票售票过程中，已经进入发售环节的单程票如果通过读写器验票时检验为废票，则进行废票处理，废票进入废票通道后掉入废票箱中。

因为产生废票的概率很小，所以废票箱基本处于闲置状态。

自动售票机正常工作时，废票箱直接放置于废票通道的下方，没有检测其存在与否的检测装置，也就是说，没有废票箱，自动售票机也能正常工作且不会产生任何报警信息。

4）单程票回收箱

如图 3-6 所示，单程票回收箱位于废票箱的下方、自动售票机右侧下部位置。

（1）单程票回收箱整体放置于单程票回收箱托板上，用手按住回收箱托板上的按钮，可以将单程票回收箱整体拖出，进而可以取下单程票回收箱。

（2）如图 3-27 所示，在回收票箱托板的后面、自动售票机的机架上，安装有“回收票箱到位检测传感器”，用于检测回收票箱是否安装到位。当回收票箱随托板被推回自动售票机原位时，该检测机构的传感器检测到有信号，表示回收票箱完全“归位”（即安装到位）。

图 3-27　回收票箱座

回收票箱到位检测传感器为一机械式的行程开关。当回收票箱安装到位时，票箱的后部侧板会压下该传感器。

回收票箱顶杆用于将回收票箱的入口挡板“顶开”，以便正常运行时，回收票能进入回收票箱。

（3）如图 3-28 所示，单程票回收箱包包括收票箱箱体、票箱提手、票箱锁、票箱顶杆插孔、拨杆等。

（4）用 12#专用钥匙，对准票箱锁锁孔，按住的同时顺时针旋转 90°，可以打开单程票回收票箱。打开后的单程票回收票箱如图 3-28（b）所示。这里有个重要的机构——回收箱“拨杆”。

每当回收票箱安装到位时，“回收箱顶杆”会插入“回收箱插孔”中，“回收票入口”挡片打开，该拨杆会自动复位弹回。因此，在下次推回回收票箱前，必须先将该“拨杆”拨至下端，否则回收箱顶杆会被该拨杆机构挡住，无法完全插入回收箱插孔中，导致回收箱无法安装到位。

回收票箱一旦随托板拖出而脱离原位（此时回收票入口关闭），必须用钥匙打开回收票箱后，将拨杆拨至下端，才能再次将回收票箱推回原位；否则，因为拨杆机构挡住回收票入口挡片，导致基座上固定的“回收箱顶杆”不能推开回收票入口挡片，回收票箱就不能回复原位。

回收箱拨杆的存在，使回收票箱的拖出和推入不是完全可逆的，必须按照运营操作流程进行操作，从而方便操作权限的管理。

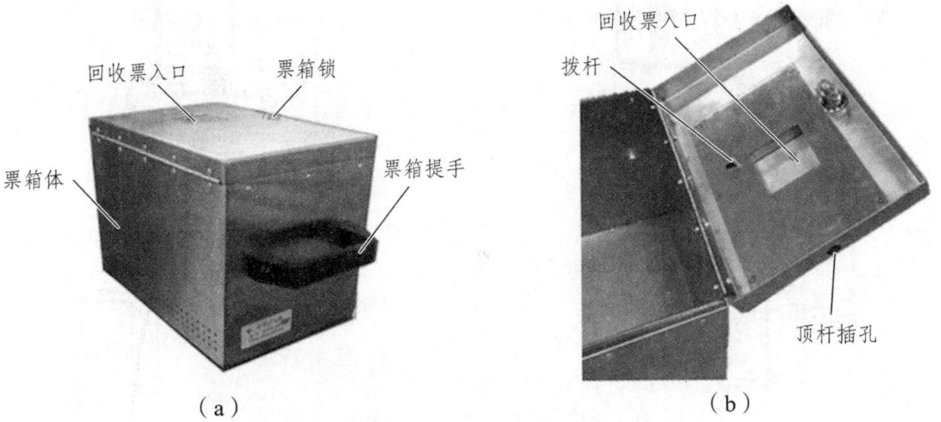

图 3-28　单程票回收箱结构图

回收票箱安装的过程（即托盘推回原位）：**拨杆拨至下端**→托盘推入→“回收票箱顶杆”插入“回收票箱顶杆插孔”→回收票入口挡片打开（即回收票入口打开）**→拨杆弹回上端**（复位）→回收票箱安装到位→回收票箱到位检测传感器接通，同时 ID 识别器识别到票箱 ID 板。

回收票箱拖出的过程：托盘拖出→“回收票箱顶杆”从“回收票箱顶杆插孔”抽出→回收票入口挡片关闭（即回收票入口关闭）→回收票箱到位检测传感器断开，票箱 ID 板离开 ID 识别器。

3. 硬币处理单元

如图 3-6 所示，整体上，硬币处理单元包括“3-1 硬币处理模块”“3-2 硬币补充箱”和“3-3 硬币回收箱”3 部分。

硬币处理单元如图 3-29 所示。

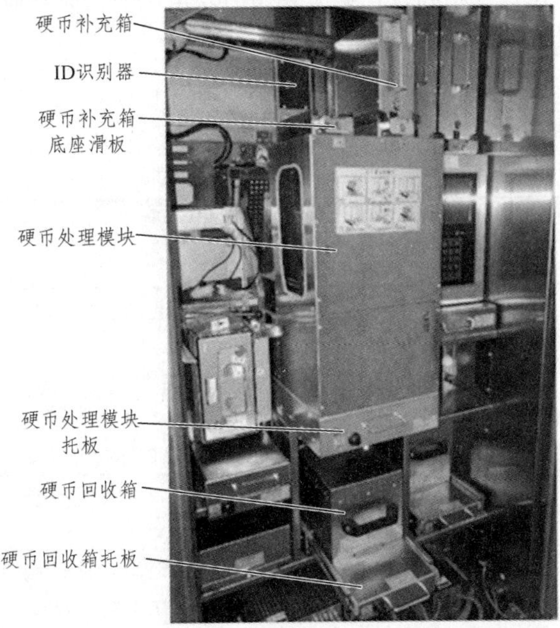

图 3-29　硬币处理单元展示图

硬币处理单元结构如图 3-30 所示。

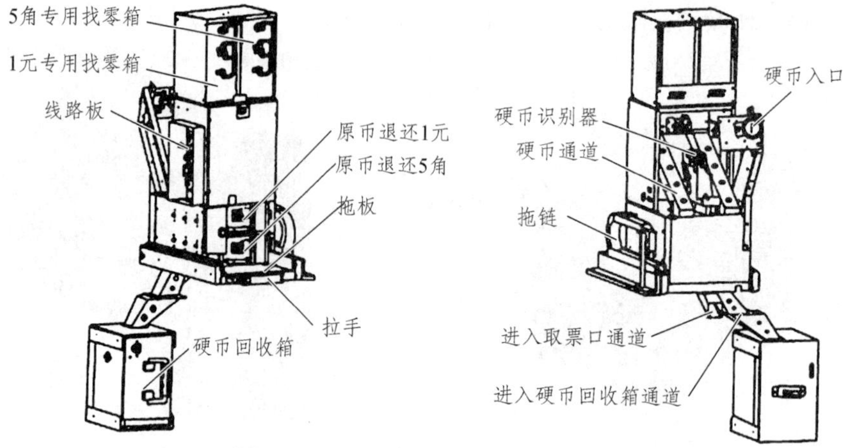

图 3-30　硬币处理单元结构示意图

1）硬币处理模块

（1）概述。

硬币处理模块主要负责硬币的接收、识别、暂存、回收与找零工作，是自动售票机的核心模块之一。

硬币处理模块主要由硬币识别器、硬币暂存器、缓存找零器（也叫循环找零器）等组成。

硬币处理模块可以通过参数设置增加新硬币种类，也可通过参数下载的方式自行增加新硬币的种类，而无须进行任何软件及硬件的更改。

硬币处理模块配置循环找零器，能接收并缓存硬币以用于找零，循环找零器的存币容量在 300 枚以上。当循环找零器内的存币量不足时，能自动将乘客投入的硬币导入循环找零器进行补充。

硬币处理模块中专用找零箱和暂存器所存储的硬币能通过命令清空。清空命令可通过车站计算机系统下达，也可按流程就地操作。

（2）硬币处理模块组成部件。

硬币处理模块各组成部件功能如表 3-6 所示。

表 3-6　硬币处理模块组成

序号	组成部件	功能
1	凸轮机构	用于硬币卡币时的退币操作
2	硬币接收器	接收来自乘客的硬币，对硬币进行识别分类。其中无效币直接退还给乘客，有效币进行细分（5 角、1 元等）
3	硬币暂存器	暂存器放在硬币接收器的下面，负责暂存硬币接收器识别通过的硬币，当乘客取消操作后，硬币暂存器会把投入的硬币返还给乘客。当乘客成功交易时，暂存器就会把硬币倒入缓存找零器以实现循环找零功能，或者倒入硬币钱箱储存
4	缓存找零器	实现硬币循环找零功能。把乘客投入的硬币存在缓存找零器里，以减少专用找零器补充硬币的次数
5	换向器	安装在暂存器和找零口、硬币钱箱之间。通过控制换向器的挡板把硬币导向不同的通道，从而使硬币流向找零口或存入硬币钱箱
6	导轨	承载硬币模块的拖拉机构，方便维护

（3）硬币模块工作流程。

硬币模块工作流程如下：

① 乘客投入的 1 元（或者 5 角）硬币经过硬币识别模块识别后，进入硬币暂存区，等待下一步的处理。不合格的硬币直接退出至出币口，返还给顾客。当乘客取消交易时，硬币分拣机构将投入的硬币原币返还顾客。

② 当交易成功后，硬币分拣机构自动将硬币投入储币箱或找零箱中（当找零箱的硬币数量低于某一设定值时）。找零机构及找零箱构成硬币循环机构，可以将乘客投入的硬币用作找零。循环式找零箱中的硬币总是保持在一定数量（可由参数设定），如果进入的硬币超过这个数量将进入下面的储币箱，如果找零箱中硬币数量低于设定值，可以由找零补充箱补充。硬币找零箱可以存储 1 元硬币 1000 枚以上，找零出币速度可达 5 个/秒。储币箱和补币箱可以互换，两者都具有电子 ID，主机可通过指令查询票箱状态和身份。当钱箱从自动售票机的存放座上取走时，钱箱的入币口会自动关闭，以防止更换钱箱的操作人员接触到钱币。

实现以上功能依赖于硬币模块与主控单元的通信，需要接收主控单元的控制信号，以乘客投入的硬币进行传送、识别、接收合法硬币、退回非法硬币，并实现硬币找零等。

其中硬币识别器起到非常关键的作用。一般硬币模块采用的硬币识别器能够接收多种硬币的参数设置，能够根据硬币的直径、材质和厚度等参数指标识别硬币的真伪，硬币检测准确率可达 99.9%，还能对无法识别的硬币进行退币处理。

2）硬币补充箱

如图 3-31 所示，硬币补充箱分为 5 角、1 元的补充箱。硬币补充箱包含箱体、补充箱提手、硬币补充箱锁、硬币补充箱基座锁、硬币补充箱基座滑板、补充箱 ID 板（背面未标出）。

（1）票箱可以从票箱座上整体取出，方便携带。

（2）一台自动售票机有 2 个硬币补充箱。补充箱采用 1 mm 厚的不锈钢材质制成，可存储 1000 枚以上的硬币。

（3）在硬币补充箱的背面装有票箱电子 ID 板，当补充箱安装在补充箱基座上时，可以通过补充箱基座的 ID 识别器读取补充箱的编号。

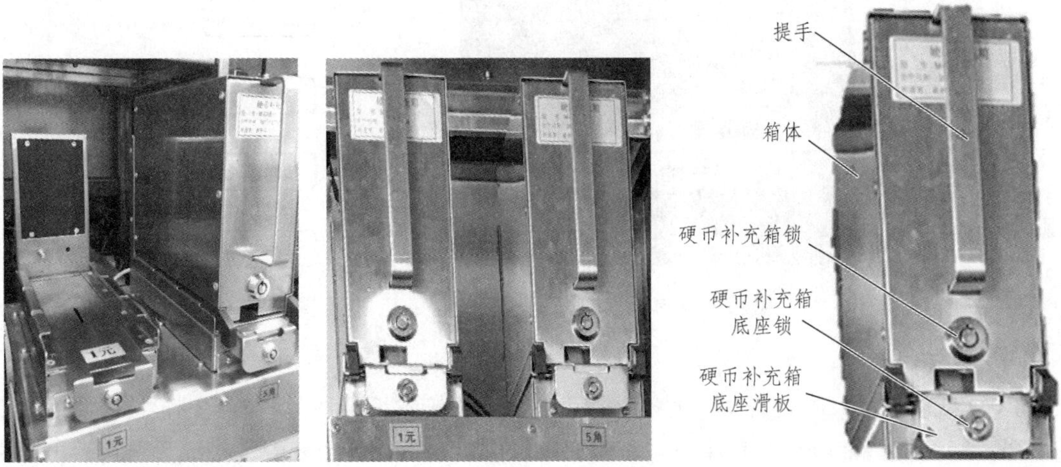

图 3-31　硬币补充箱

（4）补充箱锁、补充箱基座锁：硬币补充箱采用双锁功能，补充箱锁使用专用的27#钥匙，补充箱基座锁使用专用的02#钥匙，只有两把锁同时打开的情况下，才能将硬币补充箱的硬币添加到硬币模块中。补充箱开锁的方法和单程票箱的开锁方法相同，对应的专用钥匙插入钥匙孔后，往里压的同时顺时针旋转90°，可以实现开锁。然后，往里压的同时逆时针旋转90°，可以重新上锁。

（5）硬币补充箱基座滑板：当两把锁打开后，用手拉补充箱基座的滑板，可以将滑板从补充箱滑槽中拉出，补充箱中的硬币则掉入硬币模块中。

3）硬币回收箱

如图3-29所示，硬币回收箱安装在TVM的中间下部位置、硬币模块的下方，用于运营盘点时回收硬币。工作时，其放置于硬币回收箱托板上，随托板拖出与推回。硬币回收箱的结构和使用与单程票回收箱相同，此处不再赘述。

4. 纸币处理单元

如图3-6和图3-32所示，纸币处理单元主要包括纸币模块、纸币储币箱及纸币处理单元托板。

1）纸币模块的工作过程

纸币模块的工作过程如图3-33所示。

图3-32　纸币处理单元

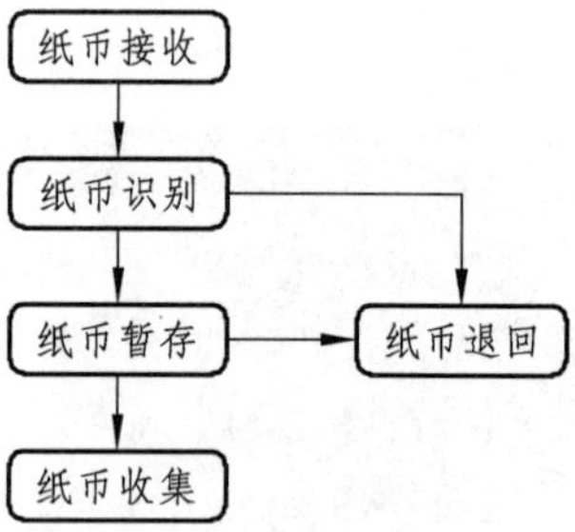

图3-33　纸币模块工作过程

（1）纸币接收。

TVM纸币投币口附近有明显的投币指引。可根据接收纸币种类的参数设置接收乘客购票的纸币。乘客需将纸币平整有序地靠左侧投入投币口，纸币传送装置会将纸币送入纸币识别器中进行识别。在自动售票机暂停接收纸币、暂停服务或关闭情况下，投币口会关闭，不接收纸币。（接收纸币的投币口指示灯熄灭。）

（2）纸币识别。

经纸币传送装置送入的纸币在纸币识别器中进行识别。识别的主要部件是纸币检测传感器。传感器具有激光、光学、电感、电介质和交叉传感器，采用激光、读磁、紫外线、红外线、荧光反射成像、透视成像、物理尺寸等多种识别技术交叉识别，可根据投入的纸币的双面影像、油墨的磁性、纸质的密度、防伪线和水印等来鉴别纸币是否有效。一般单张纸币鉴别时间为 2.5 s，假钞识别率达 99.99%，不符合参数的纸币或假钞会通过纸币投币口原币原路退回。

（3）纸币暂存。

纸币处理模块具有暂存单元，可实现原币退还功能，最多可暂时存放 15 张纸币。具体存放的数量可通过参数设定。乘客从投入纸币到车票吐出前，都是由暂存机构保管接收的纸币。其工作示意图如图 3-34 所示。

（4）纸币收集。

乘客购票或充值（现钞充值）完成后，暂存机构保存的纸币需要送入纸币箱中保存。纸币保存和返还示意图如图 3-35 所示。纸币钱箱采用的是纸币堆叠技术，不分钞票的类别，一般可整齐堆叠 1000 张纸质钞票。现有技术纸币堆叠器的工作原理大致有三种。

① 传送带利用摩擦将纸币展平，并收集整理堆叠。

② 振动并通过气流对纸币进行分离，洒水降低纸币硬度，压平烘干。

③ 利用静电吸引的原理，用带电的圆筒吸附纸币。此方法不可控。

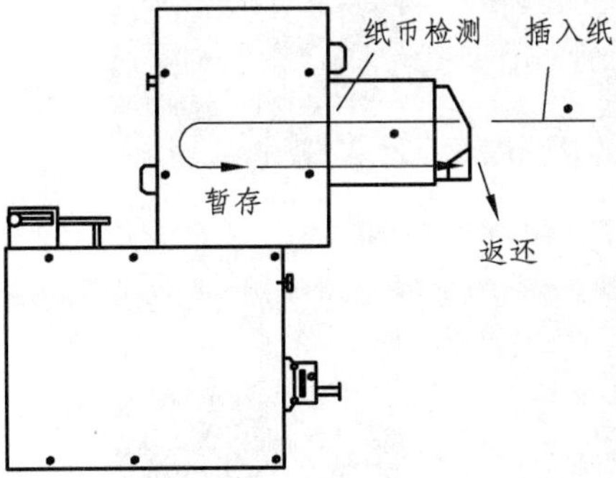

图 3-34　纸币接收、暂存和返还原理示意图

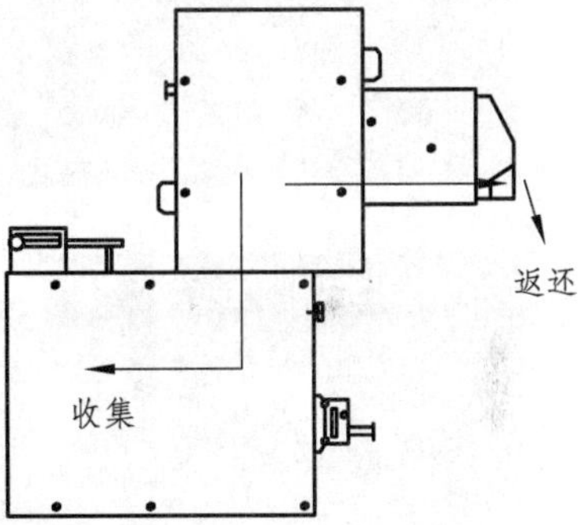

图 3-35　暂存纸币收集入箱和返还原理示意图

纸币钱箱具有独立的电子标签和存储单元来记录钱箱的操作和纸币数据。存储单元数据在停电情况下不会丢失，移动和更换钱箱需在维护面板上正确登录后进行，否则 TVM 会报警。

当纸币数量达到上限，钱箱可自动通知 TVM 主控单元。

钱箱在 TVM 上正常安装的情况下，钱箱上的入币口是可以自动打开存币的。当钱箱从 TVM 上取下，入币口会自动关闭。纸币钱箱具有双锁，包括箱盖锁和钱箱固定锁。两把锁是不同的钥匙，两把锁钥匙配合才能打开钱箱取出保存的纸币。

（5）纸币退回。

纸币存放在暂存机构时，有两种情况会退还乘客：一是乘客自动取消，在乘客操作面板上按“取消键”，暂存纸币会退回乘客；二是乘客操作时间过长，暂存纸币也会退回给乘客。

2）更换纸币钱箱

纸币钱箱更换步骤包括纸币钱箱的取下和装入。纸币钱箱的实物如图 3-36 所示。

图 3-36　纸币钱箱实物图

更换钱箱的步骤如图 3-37 所示，具体如下。

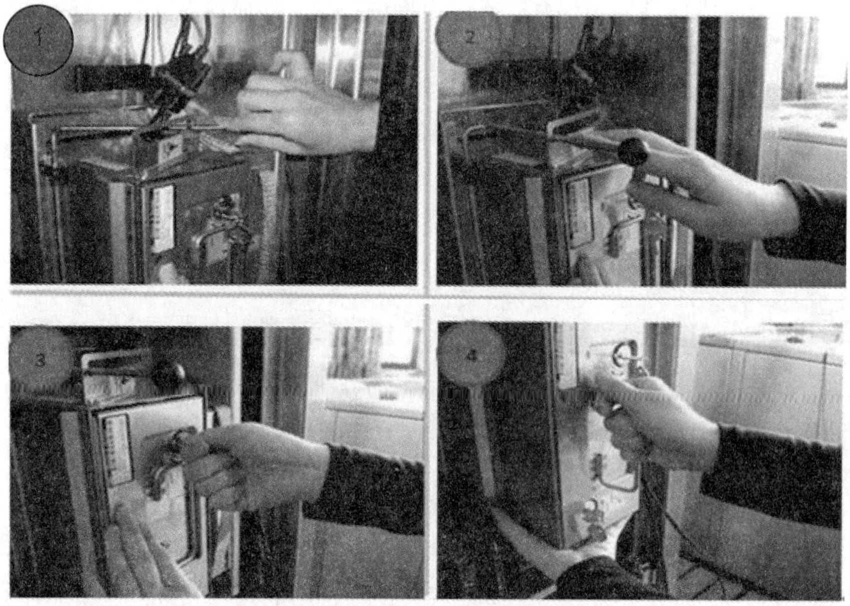

图 3-37　纸币钱箱更换步骤

（1）取下纸币钱箱的操作步骤。

① 轻轻抬起纸币钱箱锁定压杆。

② 将纸币钱箱的锁定压杆从右侧拨至左侧。

③ 将钥匙插入纸币钱箱右上角固定锁，顺时针旋转钥匙。

④ 左手托住钱箱底部，右手握住手柄，平稳将钱箱拉出。

（2）装入纸币钱箱的操作步骤。与取出过程正好相反。

① 当钱箱上盖指示灯显示为绿色时，才能够将空钱箱装入钱箱座。

② 将钥匙插入右上角固定锁内，逆时针旋转钥匙，锁好钱箱。

③ 将纸币钱箱的锁定压杆从左侧拨至右侧，压紧纸币钱箱。

任务 3.3　自动售票机（TVM）的操作与使用

自动售票机使用与操作

任务目标

（1）了解自动售票机的乘客购票操作流程。

（2）熟练掌握自动售票机登录、盘点、更换票钱箱等常规运营操作。

（3）熟悉运营统计、运营设置查询等功能。

TVM 的操作包括正常开机运营和常规维护操作两类。开机运营后，乘客可通过 TVM 设备的触摸屏和乘客显示屏进行购票或充值操作；常规维护操作是车站站务人员和设备维保人员通过设备内部的维护面板进行设备的管理维护操作。

自动售票机
单程票售票过程

3.3.1　自动售票机乘客购票操作

乘客购票流程如图 3-38 所示，主要包括选择目的站、选择购票张数、投入钱币、取票几个步骤。

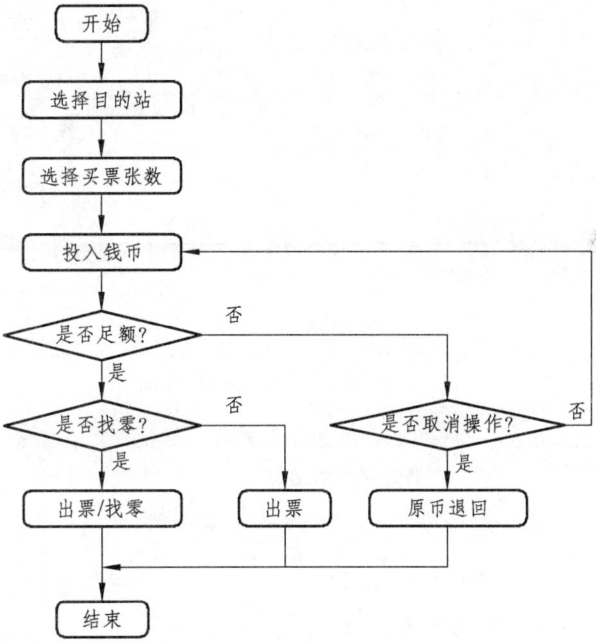

图 3-38　自动售票机乘客购票流程

1. 选择目的站

乘客购票时，首先点击选择目的站。

在待机状态，自动售票机显示的主界面如图 3-39 所示。

乘客购票的界面有两种：一种是按地图放大的购票界面，如图 3-40 所示；一种是按照线路购票的界面，如图 3-41 所示。

在待机状态的主界面中，如果点击地图，则进入“按地图放大的购票界面”，如果点击线路，则进入“按线路购票界面”。在两种购票界面的右下角，都有一个“返回”按钮，点击此按钮，可以回到待机主界面。

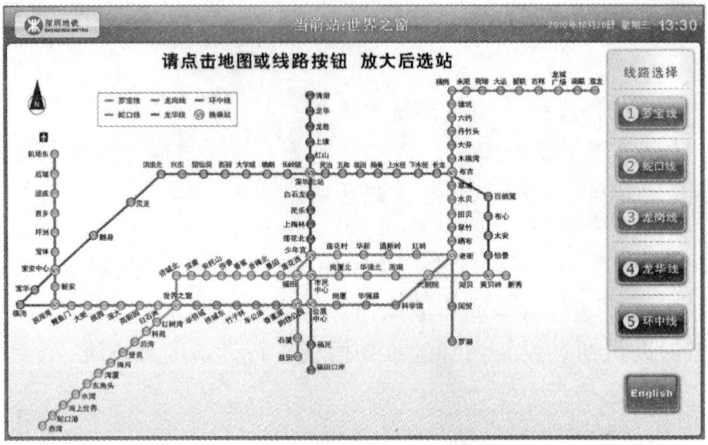

图 3-39 TVM 主界面

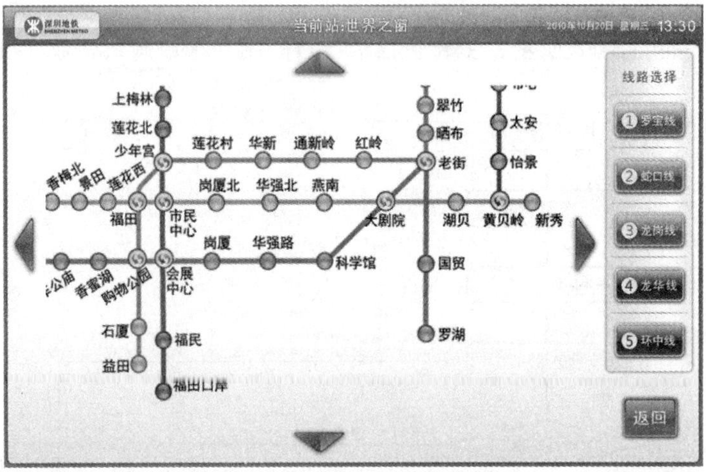

图 3-40 按地图放大购票界面

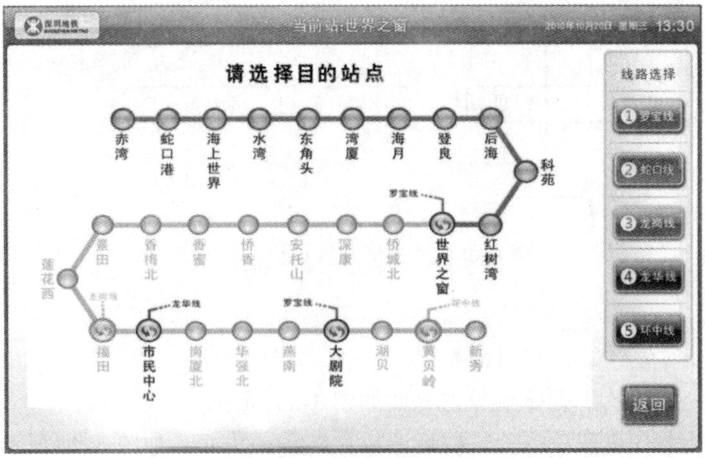

图 3-41 按线路购票界面

选择完目的站后，自动售票机界面自动切换至“选择购票张数”界面。

2. 选择购票张数

选择购票张数界面如图 3-42 所示。

在“票数选择”区域，乘客可以点击选择购买 1 ~ 8 张单程票（系统默认为 1 张）。

在“选择购票张数”界面，显示器会显示乘客前面选择的目的站点，同时根据乘客选择的购票张数，同步显示所需支付的购票金额。

任意时刻，点击界面右下角的“取消”按钮，可以取消当前的购票操作，系统返回主界面。

点击“确认”按钮，系统进入投币界面。

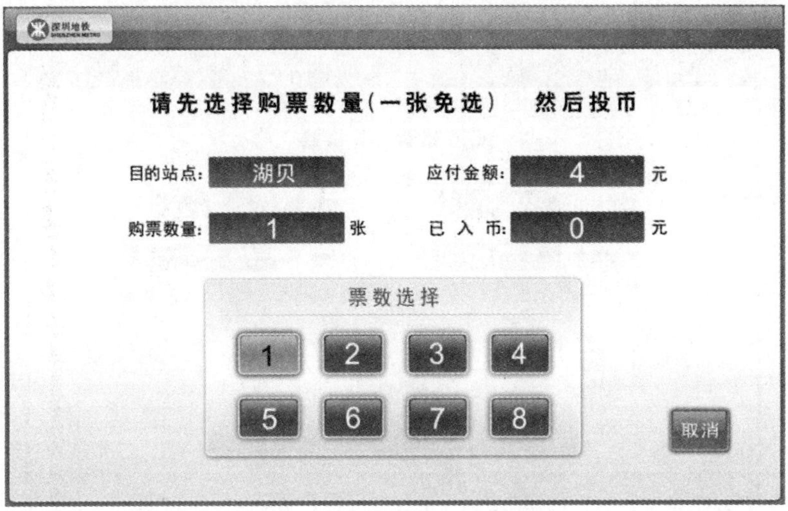

图 3-42　选择买票张数界面

3. 投币

投币界面如图 3-43 所示。

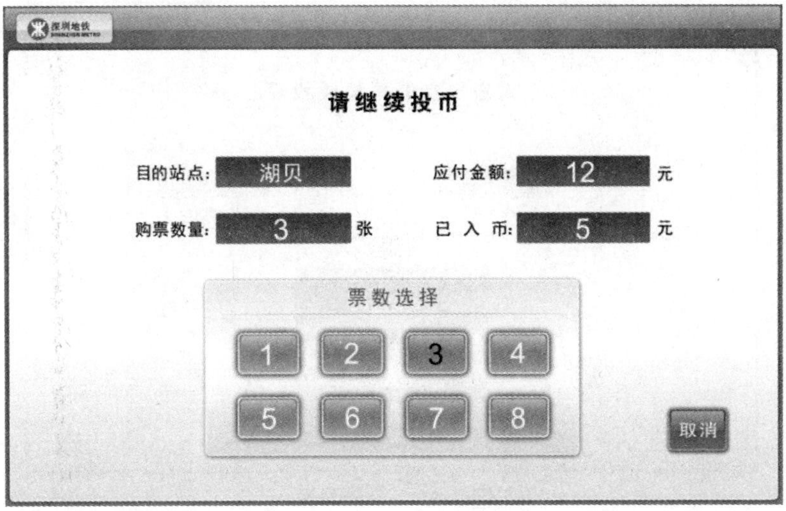

图 3-43　投币界面

出现投币界面时，乘客按照 TVM 支持的币种投入相应的纸币或者硬币，系统同步显示当前投入的有效金额，一旦达到或者超过所需购票金额，系统自动切换至出票界面。

在投币过程的任意时刻，点击界面右下角的“取消”按钮，可以取消当前的购票操作，系统返回主界面并退还已投入的钱币。

4. 出票

出票界面如图 3-44 所示。

在出票界面，系统进行计算和出票找零处理。同时，乘客可以观察到购票的目的站点、已付金额、购票数量、找零金额等信息，但此时乘客不能进行任何操作。

系统出票处理完成后，自动切换进入取票界面。

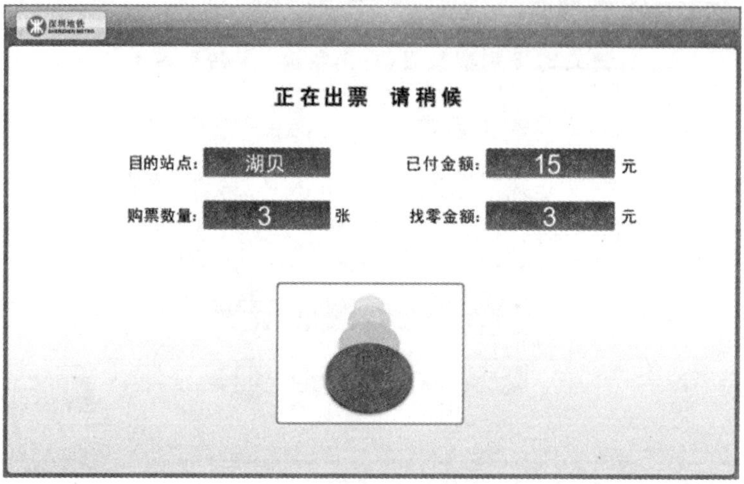

图 3-44　出票界面

5. 取票

取票界面如图 3-45 所示。

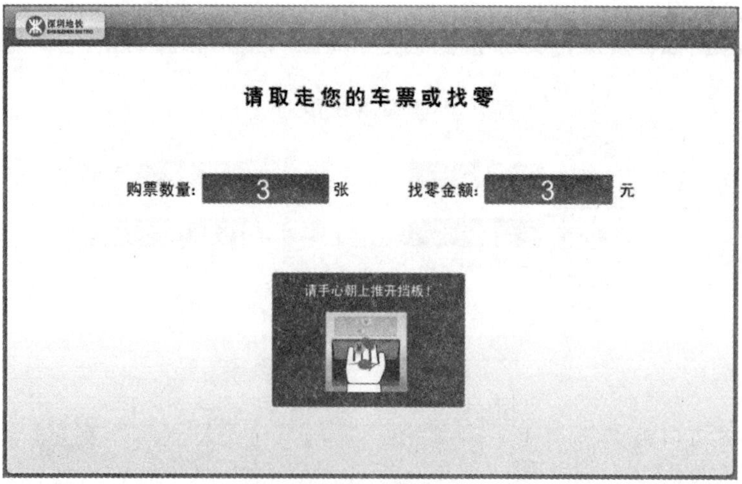

图 3-45　取票界面

在取票界面，乘客显示器提示显示“请取走您的车票或找零”，同时显示购票数量和找零金额。

此时 TVM 的取票口指示灯点亮，乘客按照 TVM 的指引，手心朝上，推开取票口挡板伸入取票口内，车票和找零则掉下落入乘客手中。

待乘客从取票口中收回手后，取票口指示灯熄灭，TVM 界面切回待机界面，完成本次购票流程。

3.3.2 自动售票机的运营操作

自动售票机的运营操作包括基本的开、关机运营操作，以及补充硬币、补充单程票、更换硬币回收箱、更换单程票回收箱等高级运营操作。

运营操作的整体操作步骤如图 3-46 所示。

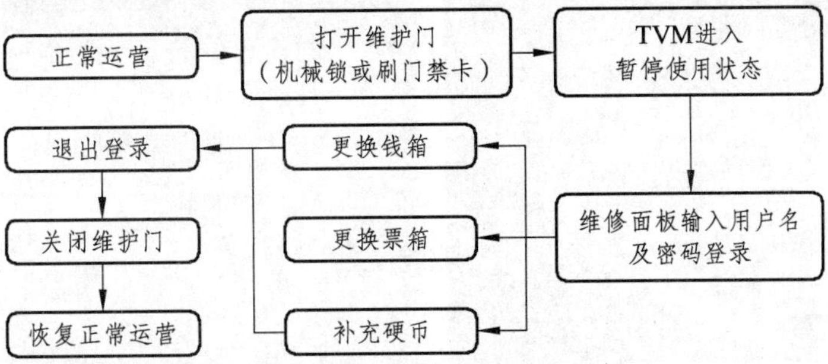

图 3-46　高级运营操作步骤

1. 开机操作

开机操作步骤如图 3-47 所示。

在外部主电源接通的前提下，开机操作在打开维护门后进行。打开自动售票机内部电源开关，自动售票机自动上电自检，并完成所有启动操作。如果系统不能自动完成启动操作，则说明自动售票机出现了故障，需进行维护维修。

通常情况下，自动售票机处于 24 h 连续工作状态，很少进行开关机操作。因此，在轨道交通实际日常运营中，自动售票机内部的电源开关通常始终处于接通状态（一个车站那么多台 TVM，每天逐一开关机将是一项繁重的工作），偶尔的开关机操作，也是通过控制外部主电源的方式直接控制自动售票机的开关机操作。

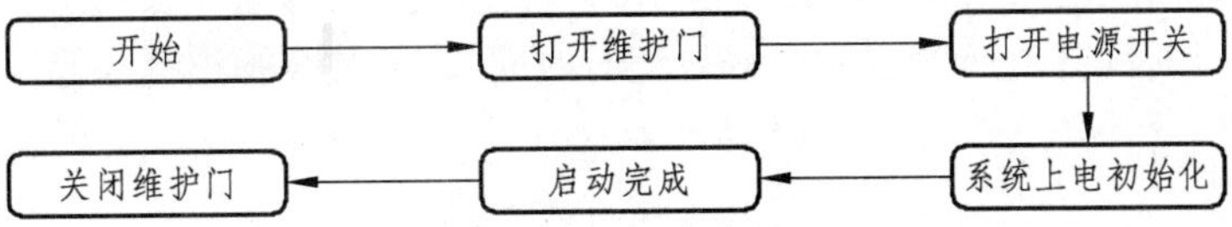

图 3-47　TVM 开机操作

2. 关机操作

关机操作步骤如图 3-48 所示。

3. 后维护登陆

进行高级运营操作时，必须先刷卡、打开后面维护门板，登录 TVM 系统后才能进行相应的操作，这个过程就叫作后维护登录。

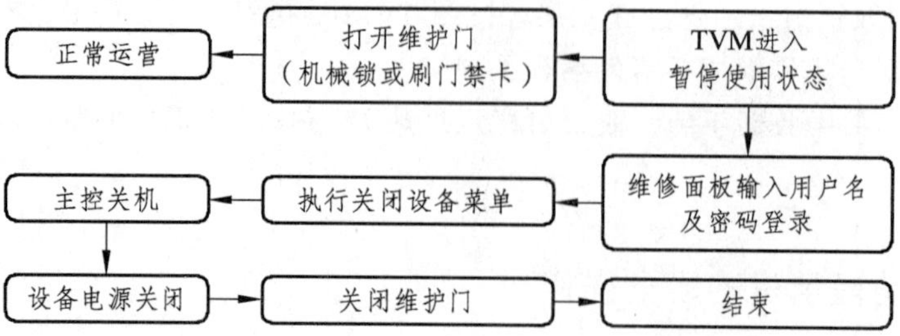

图 3-48　关机操作流程

后维护登录界面如图 3-49 所示。

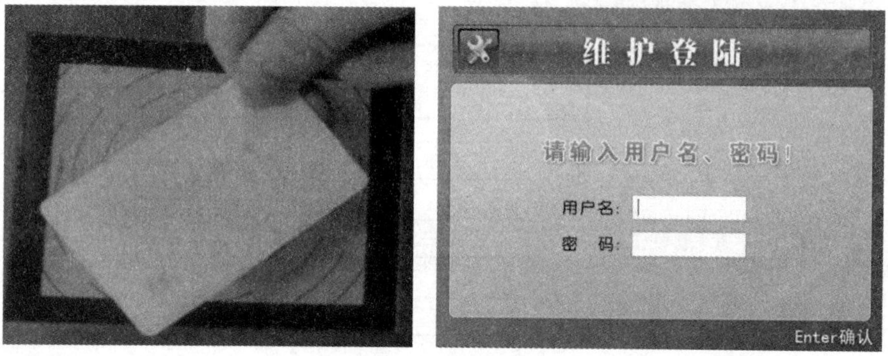

图 3-49　后维护登录

每次进行设备或部件维护维修，以及更换票箱钱箱等操作前，需先输入正确的用户名、密码完成登录。

打开后维护门，此时乘客显示器显示“暂停服务”，在后维护显示屏弹出如图 3-49 的维护登录窗口。

在维护登录窗口中（维护单元第一次登录的窗口），通过维护键盘输入正确的用户名和密码，会自动进入维护主界面。

维护登录注意事项：

（1）如果用户名或者密码输入错误，设备维护登录界面会显示“用户名或密码错误，请重新输入”。

（2）如果密码三次输入错误，设备会警示“非法入侵”且报警（长鸣），并上报车站系统。

（3）如果登录时间超过所设定的“登录超时时间”，系统会弹出登录超时界面，并报警。

4. 后维护注销

（1）维护完成后，返回到主菜单界面（即主界面），如图 3-50 所示。

（2）按维护键盘上的数字键“9”选择注销退出，会弹出一个“确定注销并退出维护”的对话框。

（3）按维护键盘上的数字键“1”或者“Enter”回车键，退出维护模式，完成后维护注销。

5. 补充硬币

补充硬币是自动售票机对“五角硬币备用箱”和“一元硬币备用箱”进行补充，以找零备用，下面将对五角硬币补充进行讲述。(一元硬币补充的流程可参照执行。)

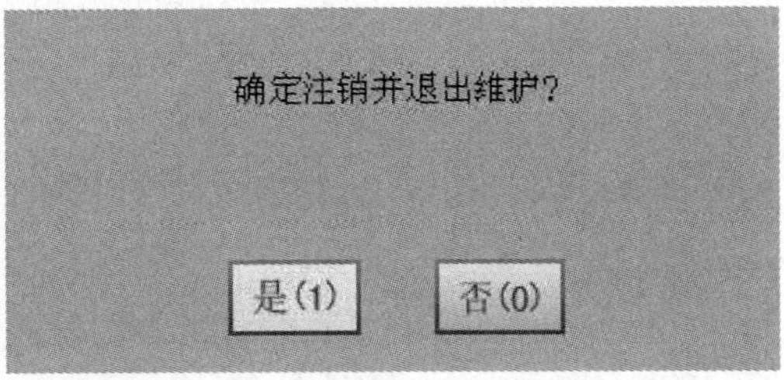

图 3-50　维护主菜单界面与注销

具体操作步骤分为：

(1) 后维护登录。

(2) 操作维护界面。

(3)(手动) 加入硬币。

(4) 完成硬币补充。

(5) 注销退出。

1) 后维护登陆

后维护登陆操作过程见前面的“3.后维护登录”。

2) 操作维护界面

(1) 在“主菜单”界面下，按维护键盘上的数字键“1”选择“日常维护”，系统进入“日常操作”界面 (见图 3-51)。

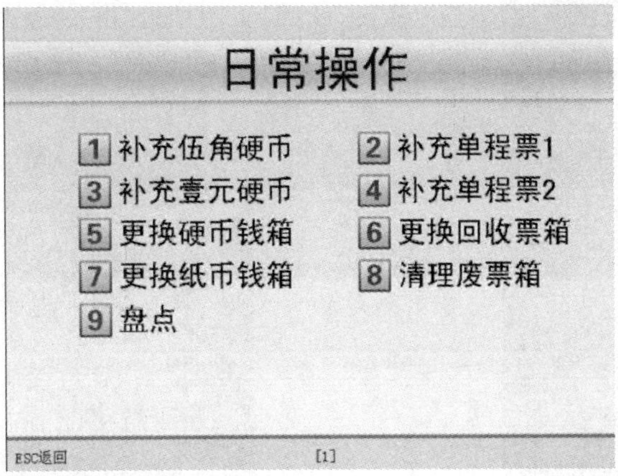

图 3-51　日常操作界面

(2) 在“日常操作”界面下，按维护键盘上的数字“1”选择“补充伍角硬币”，系统进入“补充伍角硬币”界面 (见图 3-52)。

(3) 在“补充伍角硬币”界面，按维护键盘上的“F3”按键选择“修改加入数量”。

（4）输入需要加入的硬币数量后，按“Enter”键确认。

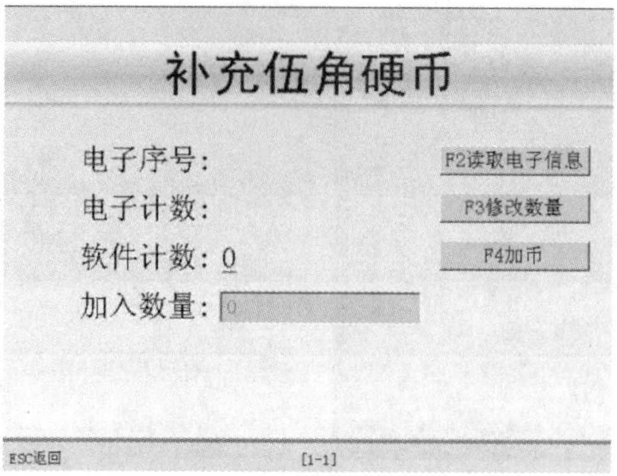

图 3-52　补充伍角硬币界面

【说明：在补充硬币界面，根据显示的内容能查看到① 系统默认的硬币加入数量为 0；② 如果按维护键盘上的“F2”按键，还能读取该硬币补充箱的 ID 号；③ 电子计数；④ 软件计数。】

3）（手动）加入硬币

（1）把装有硬币的硬币补充箱（也简称为硬币箱）放到卡槽推进到顶，这时按维护键盘的“F2”键能读取加币箱的 ID 信息。

（2）分别把钥匙插入加币箱和挡板的钥匙孔，逆时针旋转钥匙。

（3）向外抽出挡板，硬币加入漏斗。

（4）硬币加完后，向里推挡板到顶，顺时针旋转钥匙回锁挡板和加币箱（见图 3-53）。

（5）取出硬币补充箱，加币完成。（此时只是完成了实际的加币操作，TVM 系统并不知道。）

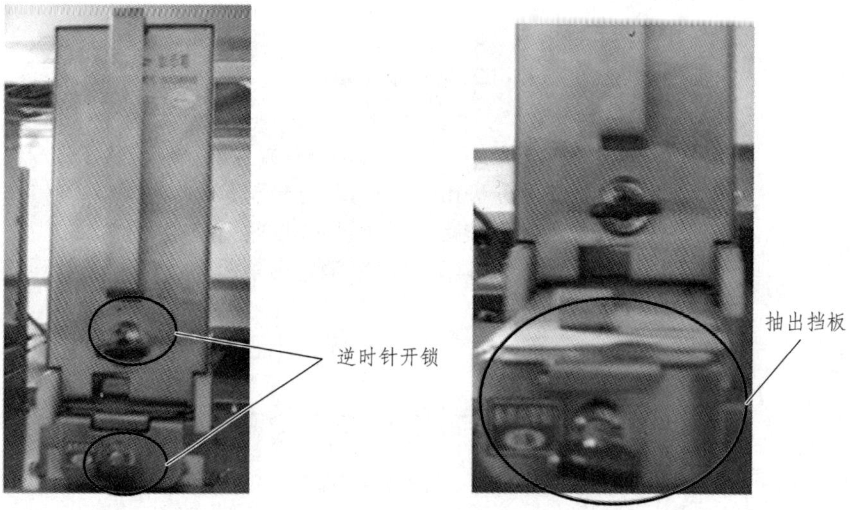

图 3-53　补充硬币示意图

4）（系统）完成硬币补充操作

（1）手动加币完成后，在“补充伍角硬币”界面，按维护键盘的“F4”键完成加币。

（2）弹出如图 3-54 所示的“确定将伍角加币箱的硬币加到对应漏斗中？”窗口，按维护键盘的“1”或“Enter”键确认。

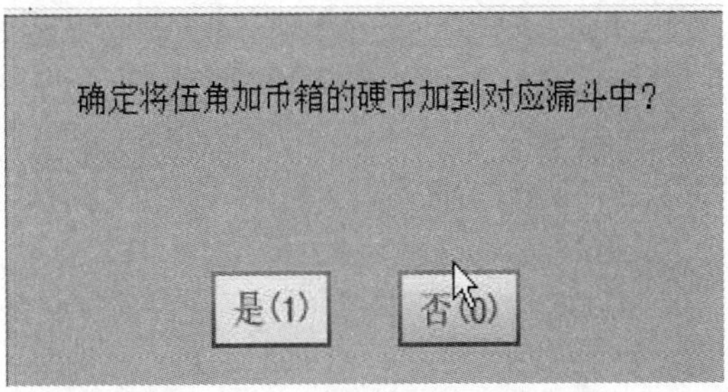

图 3-54　确定加币提示框

【说明：手动添加的硬币已经进入 TVM 中，但系统不能对这个过程进行检测，也没有判断加入的“实际数量”和“需要加入的数量”是否一致，所以实际加币完成后，必须告诉系统完成了加币。】

5）注销退出

注销退出的操作过程见前面的“4.后维护注销”。

6）补充硬币的注意事项

（1）加入的硬币数量要与写入的电子计数一样。

（2）当加完硬币后，应点击按键“F4”确定加币完成，并计数到电子计数。

（3）加币时若读取不到加币箱 ID，向前顶一下加币箱或抽出加币箱再装入。

（4）用钥匙开加币箱时，如果开不了，应查看钥匙是否用错或适当向前用力顶再开。

（5）加完币后要把挡板推到顶，否则钥匙无法回锁。

6. 补充单程票

补充单程票是对自动售票机单程票箱 1 和单程票箱 2 的单程票进行添加补充，以确保正常运营。下面介绍补充单程票 1 的步骤。（补充单程票箱 2 的流程可参照执行。）

具体操作步骤分为：

（1）后维护登录。

（2）操作维护界面。

（3）（手动）添加单程票。

（4）完成单程票的补充。

（5）注销退出。

1）后维护登陆

后维护登陆操作过程见前面的“3.后维护登录”。

2）操作维护界面

（1）在“主菜单”界面下，按维护键盘上的数字键“1”选择“日常维护”，系统进入“日常操作”界面，如图 3-51 所示。

（2）在“日常操作”界面下，按维护键盘上的数字“2”选择“补充单程票 1”，系统进入“补充单程票 1”界面，如图 3-55 所示。

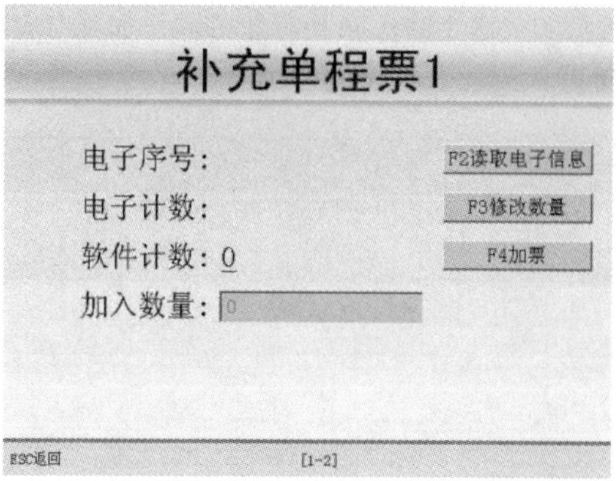

图 3-55　补充单程票

（3）在“补充单程票”界面，按维护键盘上的“F3”按键选择“修改数量”。

（4）输入需要加入的单程票数量后，按“Enter”键确认。

【说明：在补充硬币界面，根据显示的内容能查看到① 系统默认的单程票加入数量为 0；② 如果按维护键盘上的“F2”按键，还能读取该单程票箱的 ID 号；③ 电子计数；④ 软件计数。】

3）（手动）添加单程票

添加单程票操作如图 3-56 所示。

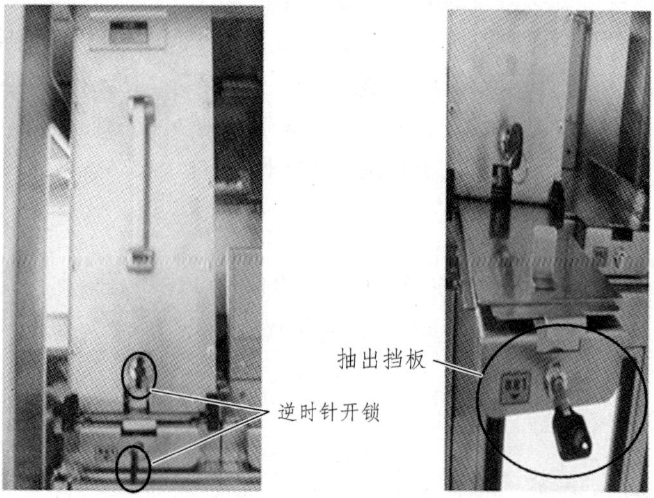

图 3-56　补充单程票示意图

（1）把装有单程票的票箱放到卡槽推进到顶，这时按维护键盘的“F2”键能读取票箱的 ID 信息。

（2）分别把钥匙插入票箱和挡板的钥匙孔，逆时针旋转钥匙。

（3）向外抽出挡板，单程票加入漏斗。

（4）票加完后，向里推挡板到顶，顺时针旋转钥匙回锁挡板和票箱。

（5）取出单程票票箱，加票完成。

4）（系统）完成单程票补充操作

（1）手动加币完成后，在“补充单程票 1”界面，按维护键盘的“F4”键完成添加单程票。

（2）弹出如图 3-57 所示的“确定将 1 号加票箱的单程票加到对应对应漏斗中？”窗口，按维护键盘的“1”或“Enter”键确认。

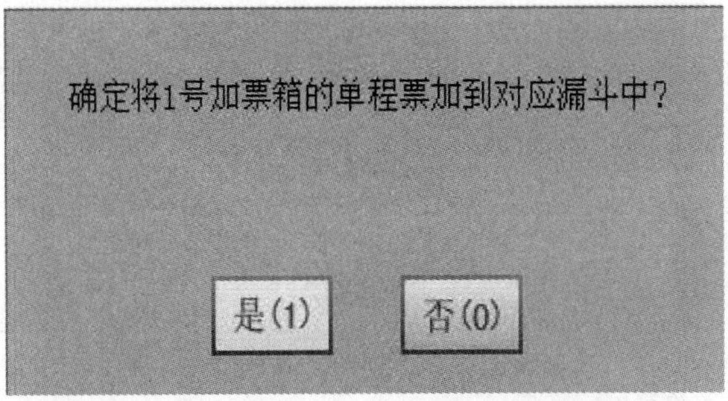

图 3-57　确定添加单程票提示框

【说明：手动添加的单程票已经进入单程票单元的票仓中，但系统不能对这个过程进行检测，也没有判断加入的“实际数量”和“需要加入的数量”是否一致，所以实际添加完后，必须告诉系统完成了添加单程票。】

5）注销退出

注销退出的操作过程见前面的“4.后维护注销”。

6）补充单程票的注意事项

（1）加入的单程票数量要与写入的电子计数一样。

（2）当加完票后，应点击按键“F4”确定加票完成，并计数到电子计数。

（3）加币时读取不到加票箱 ID 时，可向前顶一下加票箱或抽出加票箱再装入。

（4）用钥匙开加票箱时，如果开不了，应查看钥匙是否用错或适当向前用力顶再开。

（5）加完票后要把挡板推到顶，否则钥匙无法回锁。

7. 盘点

盘点是运营一段时间后，对硬币循环箱、硬币备用箱、单程票票箱进行的结算工作。盘点分为日常盘点和下班盘点。

1）日常盘点

日常盘点的操作过程如下。

（1）登录操作。

操作过程见前面的“3.后维护登录”。

（2）维护界面操作。

① 在“主菜单”界面下，按维护键盘上的数字键“1”选择“日常维护”，系统进入“日常操作”界面（见图 3-51）。

② 在“日常操作”界面下，按维护键盘上的数字“9”选择“盘点”，系统进入“盘点”操作界面（见图 3-58）。

③ 选择盘点对象。在“盘点”操作界面，根据需要盘点的对象，分别按维护键盘上的“1 ~ 6”键可以选择“1 伍角循环箱”“2 单程票箱 1”“3 伍角备用箱”“4 单程票箱 2”“5 壹元循环箱”“6 壹元备用箱”的盘点操作。

④ 具体的盘点操作。选择进入具体的盘点操作后，系统进入相应的盘点操作界面。

例如，当选择“2 单程票箱 1”盘点时，系统进入“单程票箱 1”盘点界面（见图 3-59），在该界面中，按“F1”查询单程票数量，按“F2”启动盘点。

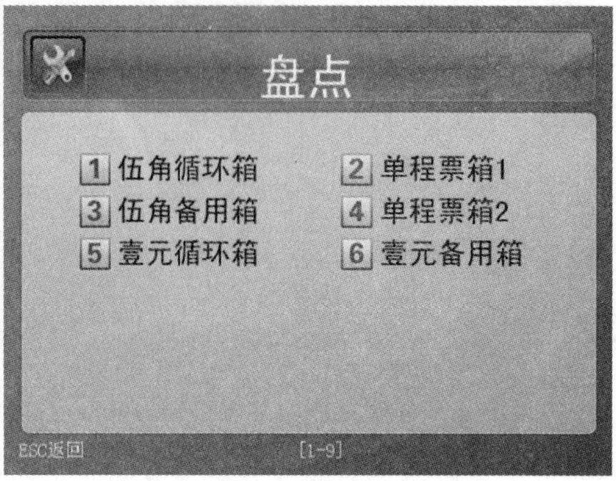

图 3-58　日常盘点操作界面

启动盘点后，单程票箱 1 中剩余的单程票经过出票器、出票通道、盘点电磁阀等依次掉入单程票回收箱中。同时，系统对盘出的单程票进行计数，并显示在图 3-59 的“单程票箱 1”盘点界面中。在该盘点界面中，“原始数量”表示票箱 1 中应有的单程票数量（数量=已经添加的单程票数-已经售出的单程票数）。

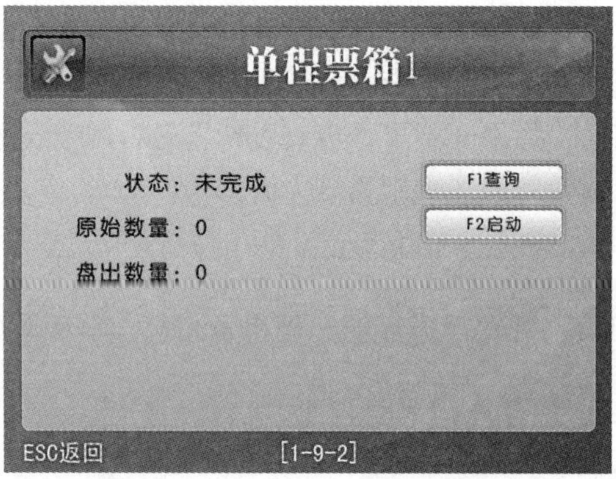

图 3-59　单程票箱 1 盘点操作界面

其他的盘点操作与此类似，此处不再赘述。

（3）注销退出。

操作过程见前面的“4.后维护注销”。

2）下班盘点

下班盘点的操作流程如下。

（1）登录操作。

登录操作的操作过程参照前面的“3.后维护登录”。

（2）维护界面操作。

① 在“主菜单”界面下，按维护键盘上的数字键“7”选择“下班盘点”，弹出“确定执行下班盘点”的提示框（见图 3-60）。

② 在弹出“确定执行下班盘点”提示框界面，按维护键盘的数字键“1”或“Enter”键，进入下班盘点执行界面（见图 3-61）。

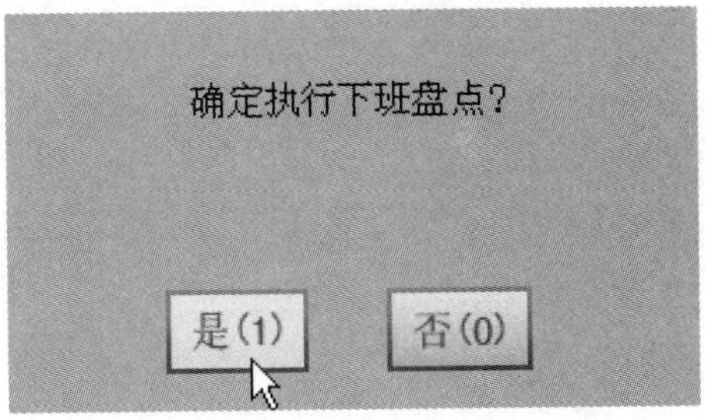

图 3-60 下班盘点确认界面

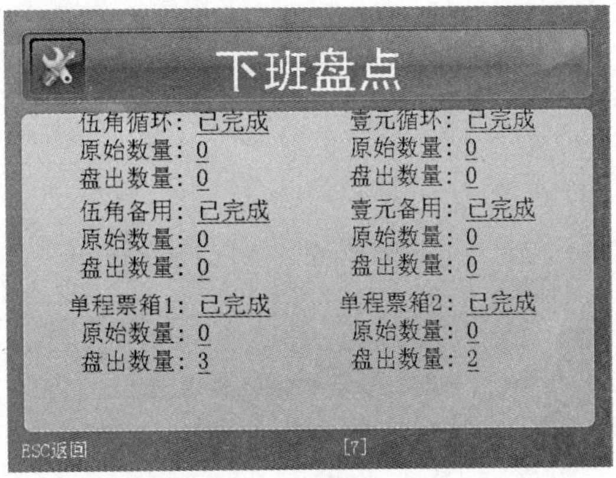

图 3-61 下班盘点界面

③ 进入下班盘点后，系统自动对硬币和单程票进行盘点（即所有的单程票进入单程票回收箱、所有的硬币进入硬币回收箱），直到盘点结束。

（3）盘点完成操作。

在盘点完成后，在维护键盘上按“ESC”键，退回到“维护菜单”主界面（可以选择其他日常操作）。

（4）注销退出。

注销退出的操作过程见前面的“4.后维护注销”。

（5）下班盘点注意事项。

① 下班盘点是对硬币和单程票一起盘点的，中途不可停止。

② 日常盘点或下班盘点不能 2 个漏斗同时进行盘点。

③ 盘点时要确认硬币钱箱和单程票回收箱到位情况。

8. 纸币钱箱更换

根据纸币模块以及参数设置的不同，本自动售票机只接受 5 元、10 元和 20 元 3 种纸币。在更换纸币钱箱时，可以查询到纸币数量和金额的情况，以及纸币钱箱里面各种纸币的数量。

当需要更换纸币钱箱时，用空的纸币钱箱更换设备内的当前纸币钱箱。

纸币钱箱更换操作流程如下。

1）登录操作

登录操作的操作过程参照前面的“3.后维护登录”。

2）维护界面操作

（1）在“主菜单”界面下，按维护键盘上的数字键“1”选择“日常操作”，进入日常操作界面（见图 3-51）。

（2）在“日常操作”界面，按维护键盘上的数字键“7”选择“更换纸币钱箱”，系统弹出一个“钱箱登录”的界面，如图 3-62 所示。

（3）在“钱箱登录”界面上输入正确的用户名和密码后，进入到“更换纸币钱箱”界面，如图 3-63 所示。

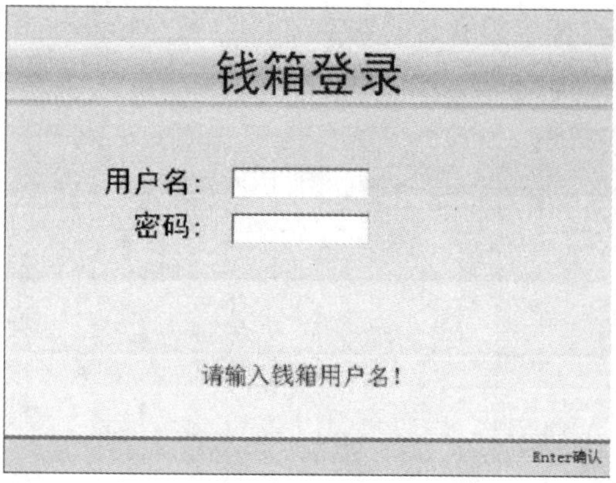

图 3-62　更换钱箱登录界面

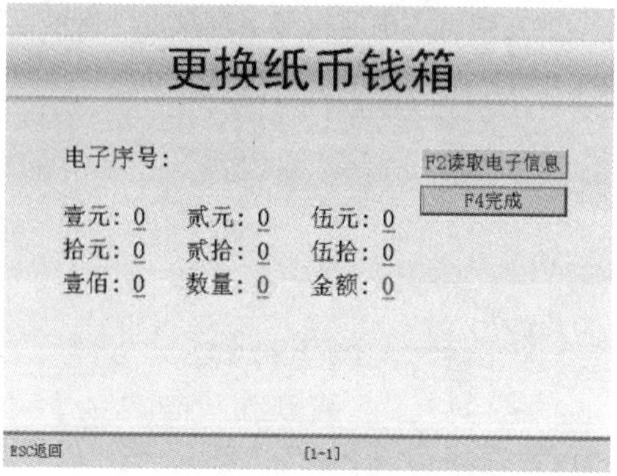

图 3-63　更换钱箱界面

3）纸币钱箱的装入与取出

取下纸币钱箱的具体操作（见图 3-64）：

图 3-64　纸币钱箱更换操作

（1）将钱箱的压杆由右侧拨到左侧打开压杆。

（2）将钥匙插入右上角的锁，顺时针旋转钥匙。

（3）抽出纸币钱箱。

将空钱箱装入钱箱座，钱箱指示灯显示为橙色，其操作过程与取出过程正好相反。

4）完成纸币钱箱的更换

（1）装入钱箱，压好钱箱压杆后，纸币模块会进行自检。

（2）纸币模块自检完成后，在维护键盘上按“F4”键，会弹出“更换好钱箱了吗？”的提示框（见图 3-65），再按“1”键或“Enter”键确认更换好纸币钱箱。

5）注销退出

确认更换好纸币钱箱后，在维护键盘上按“ESC”键，注销退出菜单。具体操作过程参照前面的“4.后维护注销”。

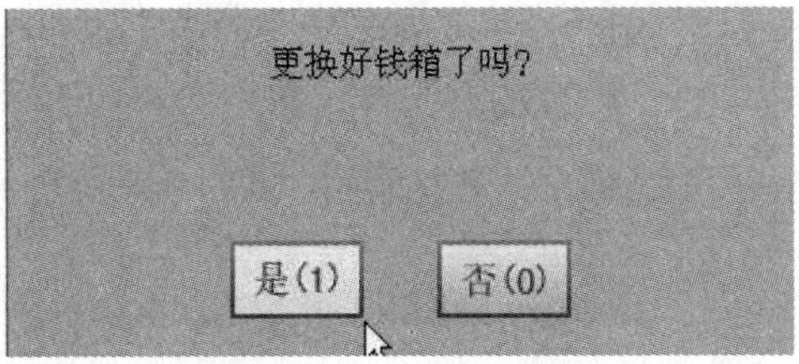

图 3-65　更换钱箱确认

6）纸币钱箱更换注意事项

（1）未进行更换钱箱登录身份确认（输入用户名及操作密码），而直接打开现金区机械密码锁，设备将报警并上传信息。

（2）用户必须在限定的时间内移走钱箱，否则将注销当前登录信息。

（3）当用户移走纸币钱箱后必须在限定的时间内把新纸币钱箱归位，否则将报警。

（4）把空钱箱装入后要把压杆压下去。

（5）更换完钱箱后应敲击“确认”键结束操作。

9. 硬币回收箱更换

运营结束盘点后，更换硬币回收钱箱以回收硬币。

硬币回收箱更换操作流程如下。

1）登录操作

登录操作操作过程参照前面的“3.后维护登录”。

2）维护界面操作

（1）在“主菜单”界面下，按维护键盘上的数字键“1”选择“日常操作”，进入日常操作界面（见图 3-51）。

（2）在“日常操作”界面，按维护键盘上的数字键“5”选择“更换硬币钱箱”，系统弹出一个“钱箱登录”的界面，如图 3-62 所示。

（3）在“钱箱登录”界面上输入正确的用户名和密码后，进入“更换硬币钱箱”界面，如图 3-66 所示。

（4）在“更换硬币钱箱”界面，根据提示在维护键盘上点击相应的按键“F4”，弹出“确认写入电子计数信息？”提示框（见图 3-67）。

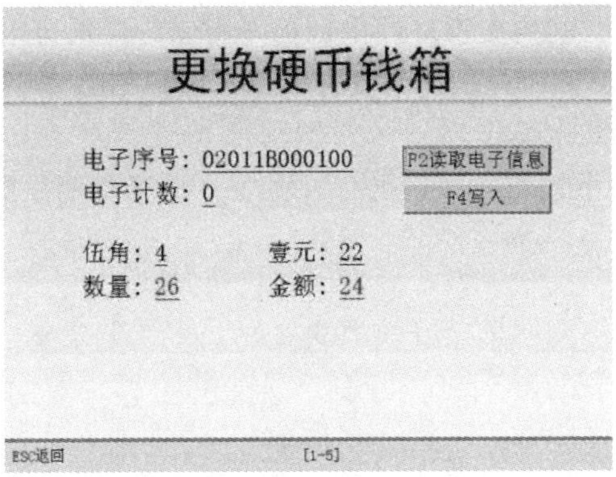

图 3-66　更换钱箱登录界面

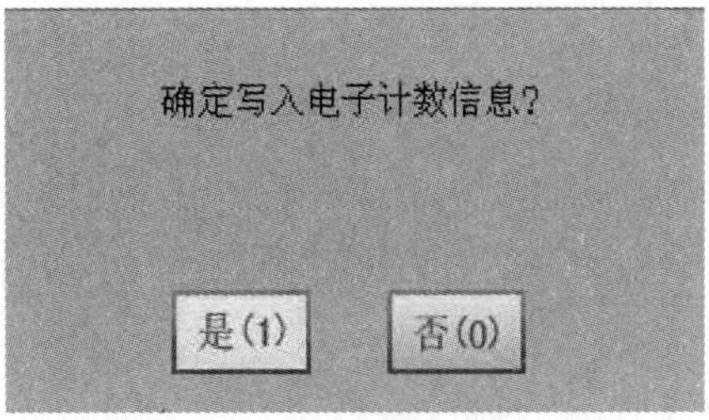

图 3-67　确认更换硬币钱箱界面

（5）在确认写入对话框，按“1”键或“Enter”键确认更换币钱箱，此操作会将显示的硬币数量写入钱箱。

（6）完成以上操作之后才可以取出钱箱。硬币回收箱离位之后，软件记录的硬币数量和金额会自动清零。

3）硬币钱箱的取出与装入

取下与装入硬币钱箱的具体操作如图 3-68 所示。

（1）按下托板锁扣，拉开硬币回收箱拖板。

（2）往上提起拿走硬币钱箱。

（3）将空硬币回收箱的复位销（拨杆）拨下至复位状态，锁上后放置到硬币回收箱拖板。

（4）往里推拖板，直到定位锁锁上。

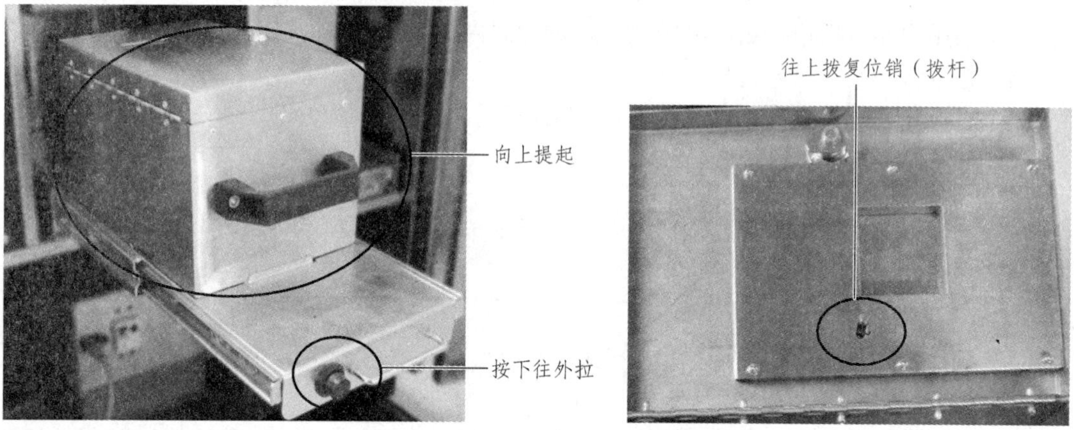

图 3-68　硬币回收箱取出示意图

4）注销退出

确认更换好硬币回收箱后，在维护键盘上按“ESC”键，注销退出菜单。具体操作过程参照前面的“4.后维护注销”。

5）更换硬币回收箱注意事项

（1）未进行更换钱箱登录身份确认（输入用户名及操作密码），而直接取出硬币钱箱，设备将报警并上传信息。

（2）用户必须在限定的时间内移走钱箱，否则将注销当前登录信息。

（3）当用户移走硬币钱箱后必须在限定的时间内更换好硬币钱箱并归位，否则将报警。

（4）在取出硬币回收箱之前，必须先点击“F4 写入”，否则会报警，而且不会清零。

（5）更换完硬币钱箱后应敲击“确认”键结束操作。

（6）硬币钱箱推不进去时，可重新抽出硬币钱箱，用钥匙打开箱盖，把复位稍拨到上面再重新装入。

10. 更换单程票回收箱

更换单程票回收箱操作流程如下。

1）登录操作

登录操作的操作过程参照前面的“3.后维护登录”。

2）维护界面操作

（1）在“主菜单”界面下，按维护键盘上的数字键“1”选择“日常操作”，进入日常操作界面（见图 3-51）。

（2）在“日常操作”界面，按维护键盘上的数字键“6”选择“更换回收票箱”，系统进入“更换回收票箱”界面，如图 3-69 所示。

（3）在“更换回收票箱”界面，根据提示在维护键上点击相应的按键“F4”，弹出“确认写入电子计数信息”提示框，再按“1”键或“Enter”键确认更换回收票箱，此操作会将显示的单程票的数量写入钱箱。

（4）完成以上操作之后才可取出回收票箱。回收票箱离位之后，软件记录的单程票数量会自动清零。

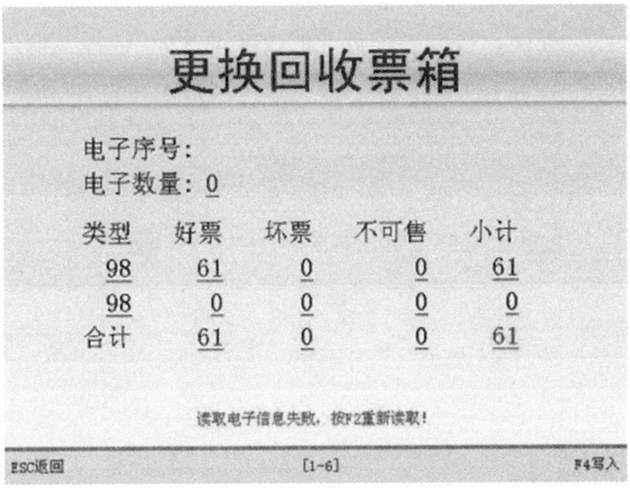

图 3-69　更换回收票箱界面

3）单程票回收箱的取出与装入

（1）按下按压门锁，拉开单程票回收箱拖板。

（2）往上提起回收票箱。

（3）换上空的单程票回收箱。

单程票回收箱的具体操作要领与前面硬币回收箱一致。

4）完成单程票回收箱更换

装入空单程票回收箱后，在维护键盘上按“F4”键，弹出“确认写入电子计数信息”提示框再按“1”键或“Enter”键确认更换好硬币钱箱，此操作会将硬币回收箱（硬件计数）的数量清零。

5）注销退出

确认更换好单程票回收箱后，在维护键盘上按“ESC”键，注销退出菜单。具体操作过程参照前面的“4.后维护注销”。

6）更换单程票回收箱注意事项

（1）在取出回收票箱之前，必须先点击“F4 写入”，否则不会清零。

（2）装入回收票箱要确保到位，否则读取不到回收票箱的信息。

（3）回收票箱里的票都是可以再用的。

（4）更换完钱箱后应敲击“确认”键结束操作。

（5）回收票箱推不进去时，可重新抽出回收票箱，用钥匙打开箱盖，把复位稍拨到上面再重新装入。

11. 清理废票箱

废票箱清理操作流程如下。

1）登录操作

登录操作的操作过程参照前面的“3.后维护登录”。

2）维护界面操作

（1）在“主菜单”界面下，按维护键盘上的数字键“1”选择“日常操作”，进入日常操作界面（见图3-51）。

（2）在“日常操作”界面，按维护键盘上的数字键“9”选择“清理废票箱”，系统进入“清理废票箱”界面，如图3-70所示。

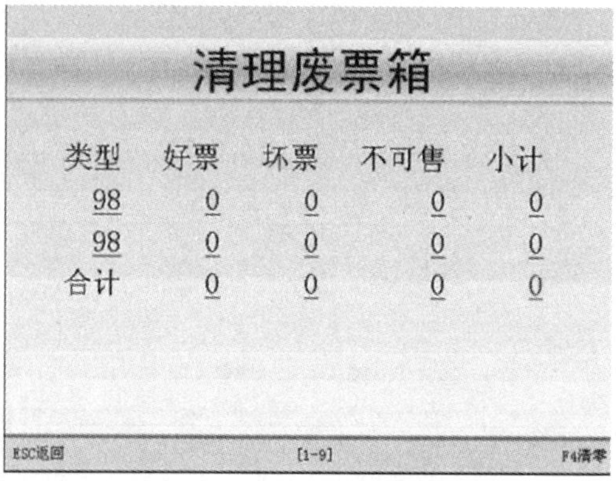

图3-70　清理废票箱界面

3）废票箱的取出与装入

（1）把挡板向上拨起，抽出废票箱，如图3-71所示。

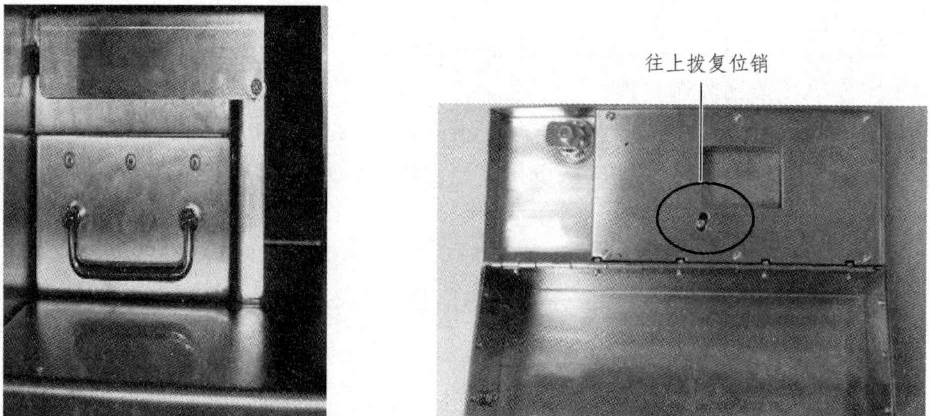

图3-71　废票箱更换示意图

（2）用钥匙打开废票箱盖，清理废票。

（3）把拨杆往上拨，合上废票箱盖并锁上。

（4）把废票箱推进废票箱口，并拨下挡板。

4）完成废票箱更换

装入空废票箱后，在维护键盘上按“F4”键，弹出“确定将废票箱计数清零？”提示框（见图 3-72），再按“1”键或“Enter”键确认更换好硬币钱箱并清零，然后退出。

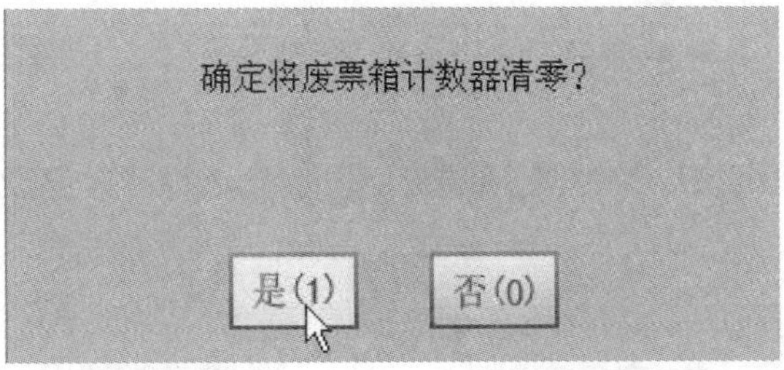

图 3-72　确定清零提示框

5）注销退出

确认清理好废票箱后，在维护键盘上按“ESC”键，注销退出菜单。具体操作过程参照前面的“4.后维护注销”。

6）清理废票箱注意事项

（1）清理完废票箱后要确定清零废票箱。

（2）废票箱推不进去时，应重新抽出废票箱，用钥匙打开箱盖，把复位稍（拨杆）拨到上面再重新装入。

12. 运营统计

运营统计的主要功能是显示各钱箱和票箱中钱币和车票的数量。查看运营统计信息的具体操作流程如下。

1）登录操作

登录操作的操作过程参照前面的“3.后维护登录”。

2）维护界面操作

在“主菜单”界面下，按维护键盘上的数字键“5”选择“运营统计”，进入运营统计界面（见图 3-73）。

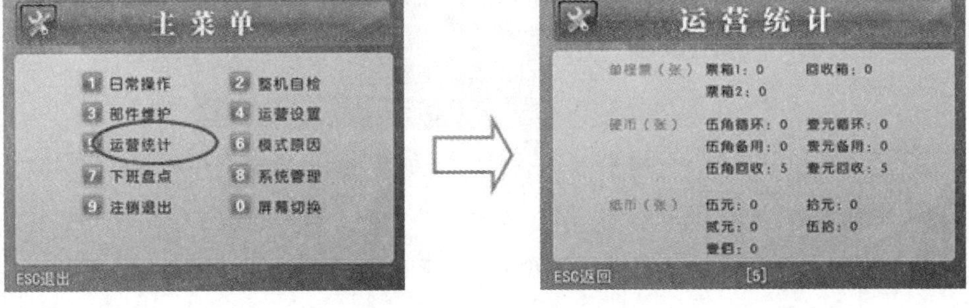

图 3-73　运营统计操作界面

3）返回主菜单

查看操作完成后，在维护键盘上按“ESC”键，返回“主菜单”界面。

13. 运营设置查询

利用运营设置查询功能，可以查询自动售票机当前的本地参数配置及网络状态，具体操作流程如下。

1）登录操作

登录操作的操作过程参照前面的“3.后维护登录”。

2）维护界面操作

在“主菜单”界面下，按维护键盘上的数字键“4”选择“运营设置”，进入运营设置（查询）界面（见图 3-74）。

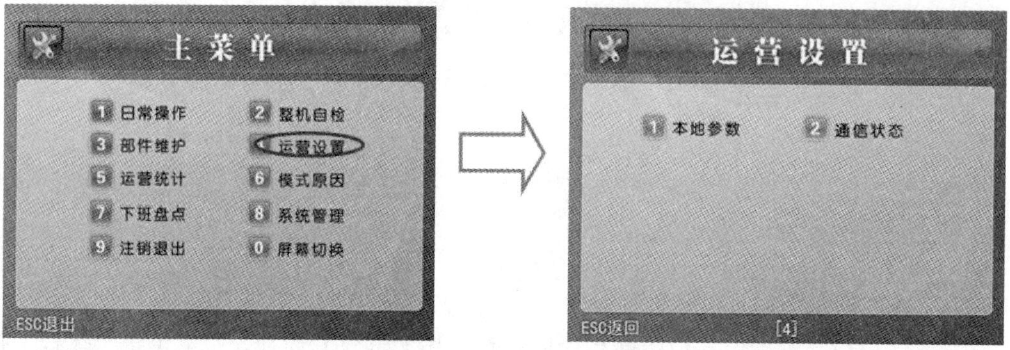

图 3-74　运营设置界面

3）参数设置

根据界面的显示，在维护键盘上按“1”键，返回当前参数设置，如图 3-75 所示；按“2”键，返回当前通信状态。

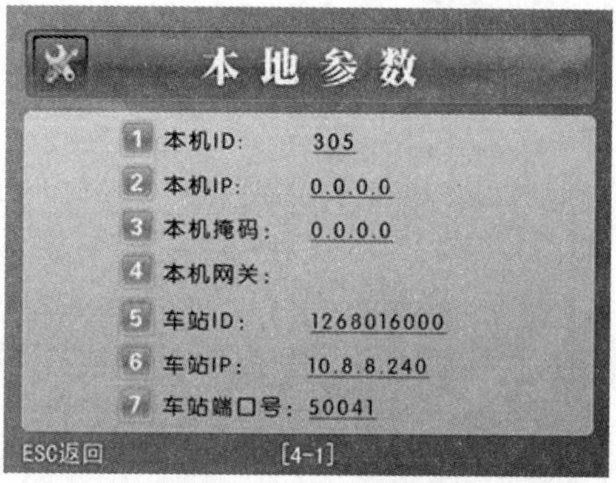

图 3-75　运营设置本地参数查询界面

4）返回主菜单

运营设置查询操作完成后，在维护键盘上按“ESC”键，返回“主菜单”界面。

任务 3.4　自动售票机（TVM）的电气控制接线原理图分析

任务目标

（1）了解自动售票机的电气控制原理。
（2）掌握自动售票机的电气控制接线原理图。
（3）能进行自动售票机所有电气元件的连接。

TVM 整机采用模块式结构，以 MCU 主控单元（工控机）为控制核心，将单程票发售模块、硬币处理模块、纸币处理模块 3 个独立工作的模块连接为一个整体。通过综合控制器 I/O 板，将船型开关、行程开关、传感器、蜂鸣器、显示器等输入/输出元器件连接起来，在 MCU 的控制下，协同工作。

TVM 的控制对象如表 3-7 所示。

表 3-7　TVM 控制对象

序号	模块名称	输入部件	输出部件
1	单程票发售模块	单程票回收箱电子 ID 天线	乘客显示器
2		单程票回收箱开关	触摸屏
3		单程票读写器	运行状态显示器
4		单程票发售机构	散热风扇
5		出票口检测开关	维护照明灯
6	硬币处理模块	硬币回收箱电子 ID 天线	报警蜂鸣器
7		硬币回收箱开关	喇叭
8		硬币闸口开关	
9		硬币闸口传感器	
10	纸币处理模块	纸币模块开关	
11	其他	后门检测开关 2 个	
12		维护操作面板	

3.4.1　自动售票机电气控制原理图

自动售票机电气控制原理图如图 3-76 所示。

（1）自动售票机通过以太网接口“LAN”连接到车站计算机，接收车站计算机下发的参数等控制信号。

（2）主控单元（工控机）是自动售票机的核心部件，由 CPU、主板、内存、硬盘、CF 卡等组成。

（3）主控单元提供了 10 个串行通信 COM 端口，用于连接门禁、触摸屏、运行状态显示屏、单程票发售模块、纸币处理模块、硬币处理模块、综合控制器等，同时预留了 3 个 COM 端口用于扩展其他应用。

（4）综合控制器为自动售票机的主要 I/O 接口，它将出票/找零指示灯、蜂鸣报警器、维护门检测传感器、单程票回收票箱的到位检测传感器、操作指引、召唤按钮（应急求救）等 I/O（输入/输出）信号进行集中输入采集与输出处理。

（5）乘客显示器通过 VGA 端口连接至主控单元。

（6）单程票读写器通过标准的 USB 接口连接至主控单元。

（7）维护显示器通过 LVDS 接口连接至主控单元。

（8）系统预留了多个 USB 接口。

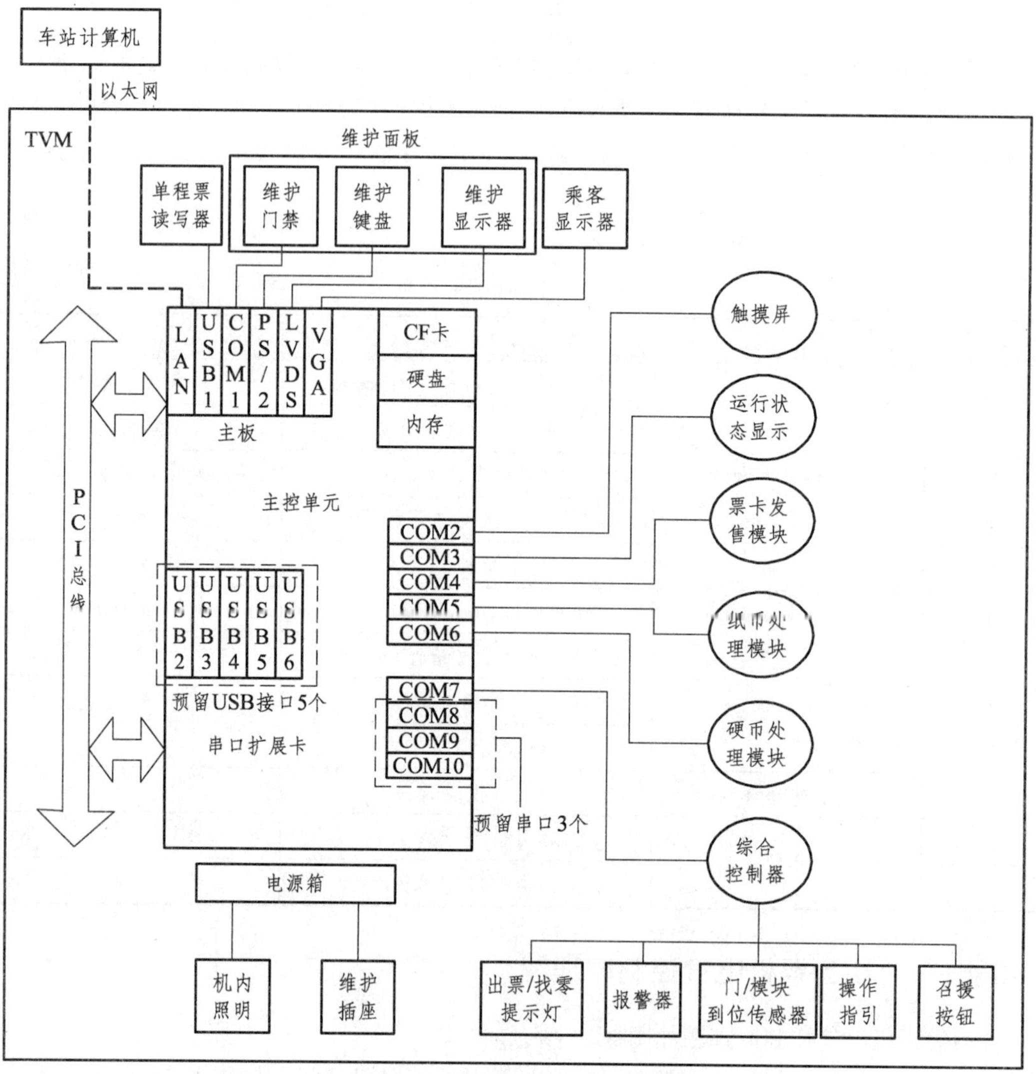

图 3-76　自动售票机电气控制原理图

3.4.2　自动售票机电气控制接线原理图

自动售票机电气控制接线原理如图 3-77 所示。

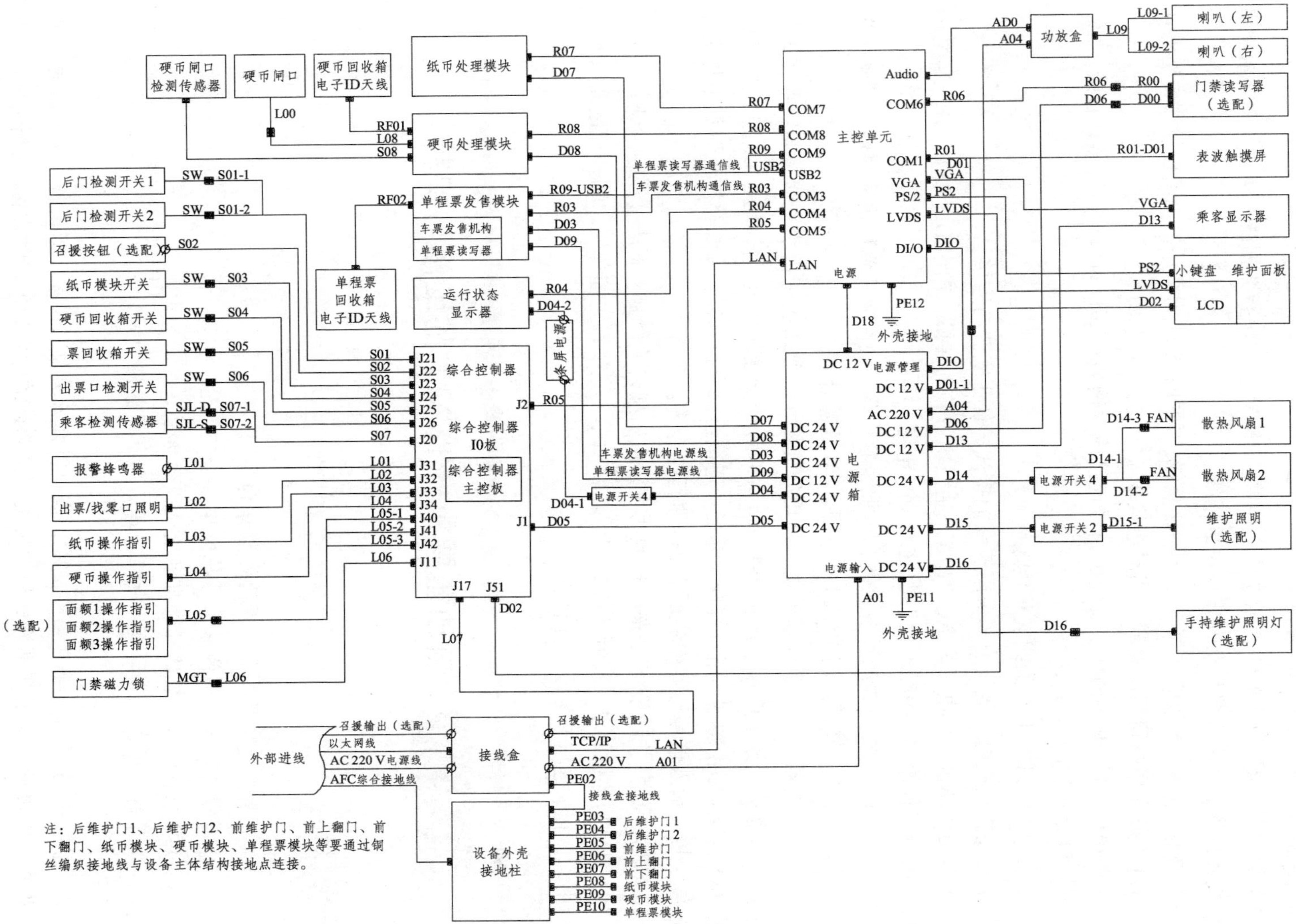

注：后维护门1、后维护门2、前维护门、前上翻门、前下翻门、纸币模块、硬币模块、单程票模块等要通过铜丝编织接地线与设备主体结构接地点连接。

图 3-77　自动售票机电气控制接线原理图

（1）图中以“D”开头的线表示电源线。例如：D08 为硬币处理模块电源线，D09 为单程票读写器电源线。

（2）图中以“R”开头的线表示连接主控单元 COM 口的串行数据线。例如：R08 为硬币处理模块数据线，R09 为单程票发售模块数据线。

（3）图中以“S”开头的线表示传感器连接线。例如：S03 为纸币模块到位检测传感器连接线，S04 为硬币回收箱到位检测传感器连接线。

（4）图中以“L”开头的线表示输出信号连接线。例如：L01 为蜂鸣报警器连接线，L02 为出票/找零口指示灯连接线。

（5）图中以“PE”开头的线表示接地线。

（6）自动售票机电气接线全部采用接头插接式，便于安装与连接。

（7）自动售票机工作电源为 AC 220 V，通过电源箱的转换，输出 DC 12 V、DC 24 V 的电源供各设备元件使用。（仅功放使用 AC 220 V 电源。）

（8）使用 DC 12 V 电源的设备元件有：乘客显示器、触摸屏、单程票读写器、门禁（选配件）。其他的设备元件都使用 DC 24 V 电源。（功放除外。）

（9）综合控制器、单程票处理模块、硬币处理模块、纸币处理模块、读写器、乘客显示器、维护显示器输出数字信号，通过 USB 或者 COM 口直接连接至主控单元（工控机）。其他的简单 I/O 信号（如传感器、指示灯等）都统一连接至综合控制器，由综合控制器集中与主控单元连接，传递输入信号与主控单元发出的执行指令等。

（10）散热风扇、维护照明、前面板照明直接由船型开关控制，不通过控制系统。

（11）自动售票机的电气控制接线原理图非常简单，主要以主控单元、综合控制器以及电源箱为中心，辐射连接其他设备元器件。

任务 3.5　自动售票机（TVM）的维修与保养

任务目标

（1）熟悉自动售票机各部件的安装结构。
（2）掌握自动售票机的基本维护操作。
（3）掌握自动售票机的部件自动测试操作方法。
（4）了解利用自动售票机的故障代码进行简单维修的方法。

TVM 机在使用过程中会出现一些故障，需要维修人员及时排除。当设备发生故障时，维修人员根据用户界面的显示和维修面板的模块测试确认故障发生的确切原因并进行修复。如果判断为某个模块不能修复的故障，则需要更换发生故障的模块。TVM 的故障处理流程如图 3-78 所示。

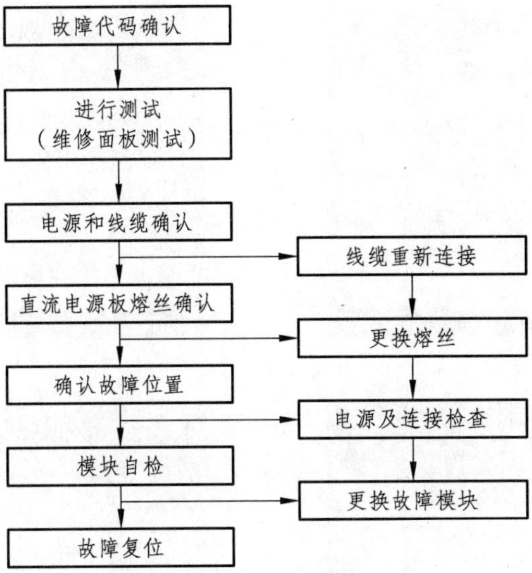

图 3-78　自动售票机故障处理流程

3.5.1　部件维护（测试）

利用自动售票机的部件维护功能，可以判断元部件的运行情况，为故障检测提供依据。如图 3-79 所示，在主菜单界面状态，按维护键盘的“3”，进入自动售票机“部件维护”界面。

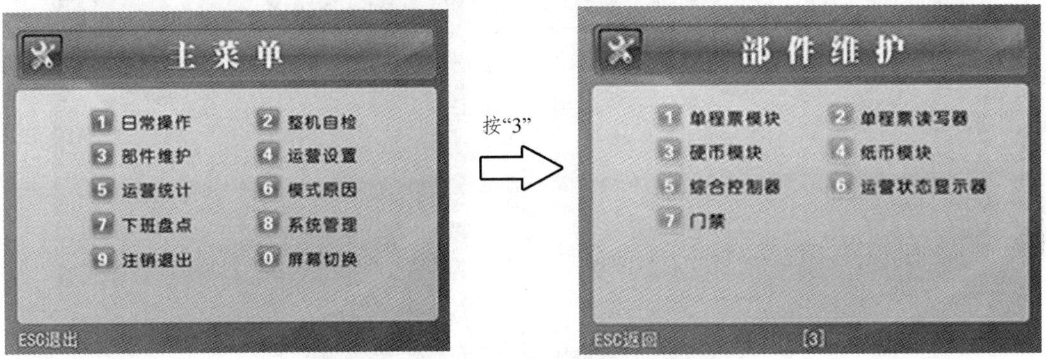

图 3-79　自动售票机部件维护（测试）

在部件维护界面，按维护键盘的“1”~“7”键，可分别进入单程票模块、单程票读写器、硬币模块、纸币模块、综合控制器、运营状态显示器及门禁维护的子界面，如图 3-80 所示。然后可以在各子界面完成相应的测试与维护功能。

1. 单程票模块维护

在自动售票机“部件维护”界面，按维护键盘的“1”键，进入“单程票模块”维护界面（见图 3-80）。在单程票模块界面，按维护键盘的“1”~“4”键，分别执行单程票模块的部件诊断、部件自检、部件测试、状态查询功能，同时系统画面切换至相应的部件维护界面。

（1）部件诊断：“单程票模块”维护界面下，按维护键盘的“1”键，系统进入“单程票模块诊断”界面，显示单程票模块的诊断信息。

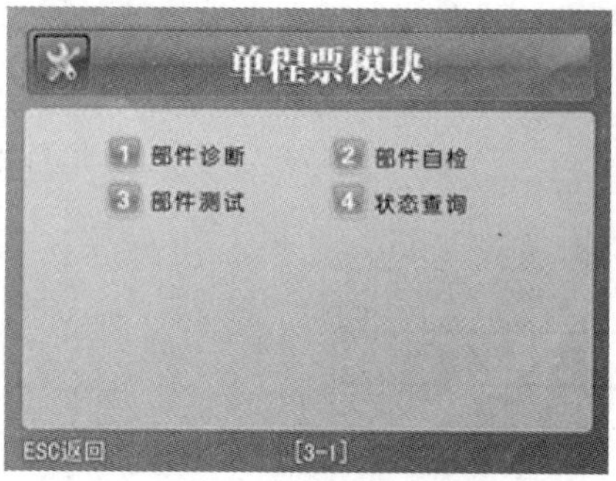

“1”键

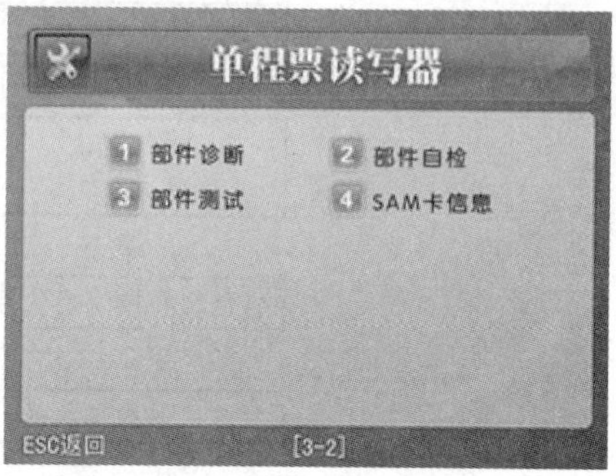

“2”键

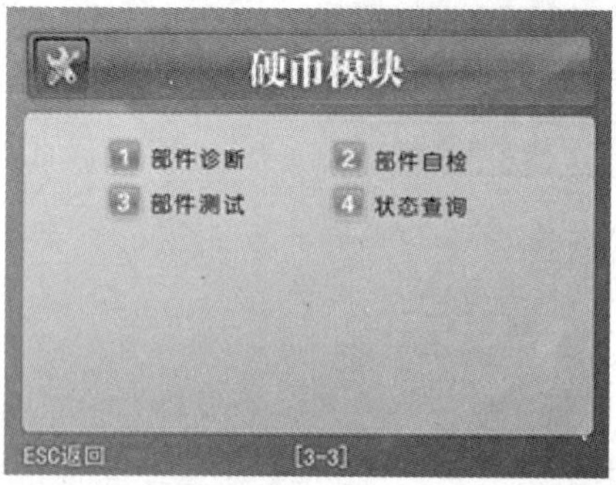

“3”键

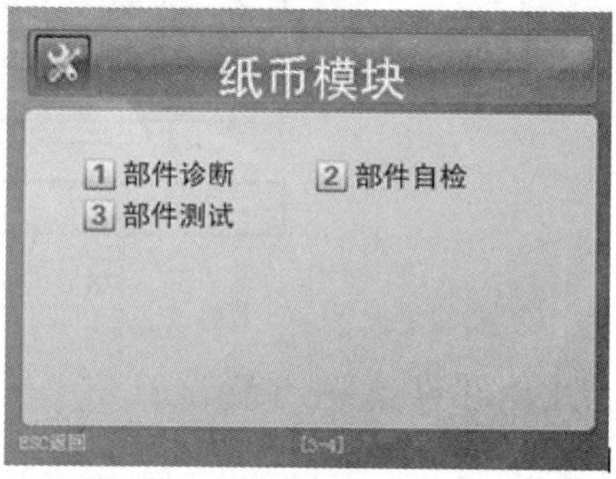

“4”键

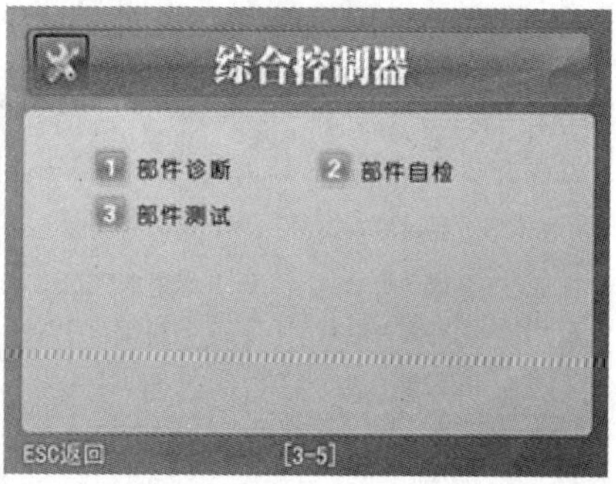

“5”键

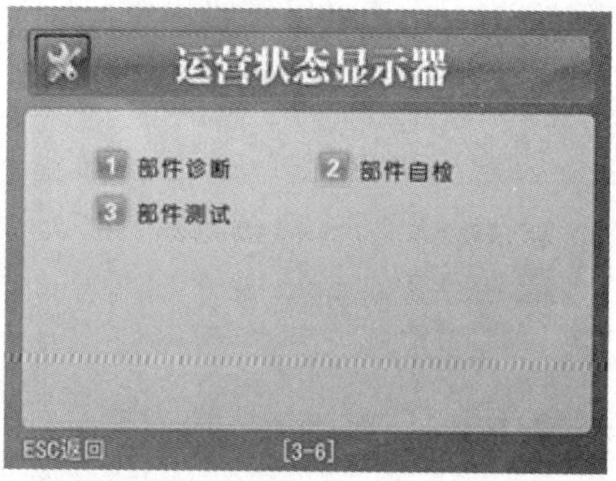

“6”键

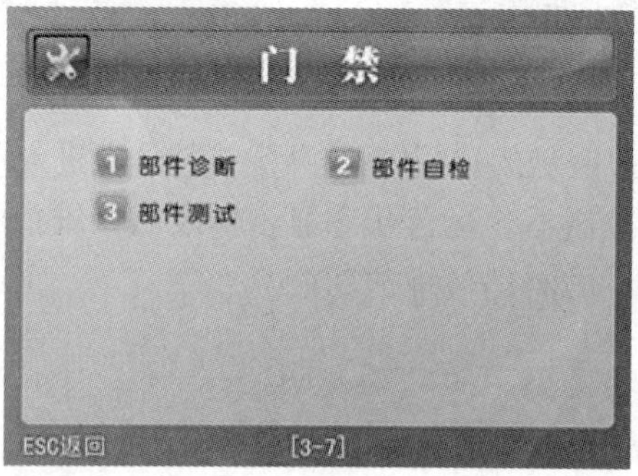

“7”键

图 3-80 自动售票机各部件测试与维护界面

（2）部件自检：“单程票模块”维护界面下，按维护键盘的“2”键，系统进入“单程票模块自检”界面，在该界面下系统一次性完成单程票模块全部运动过程，进行运行检测。

（3）部件测试："单程票模块"维护界面下，按维护键盘的"3"键，系统进入"单程票模块测试"界面，如图 3-81 所示。在该界面下，根据界面的提示，按维护键盘的"1"～"5"键，可以进行"票到读写区""票到暂存区""票到废票箱""票到出票口""票到回收箱"的动作测试。

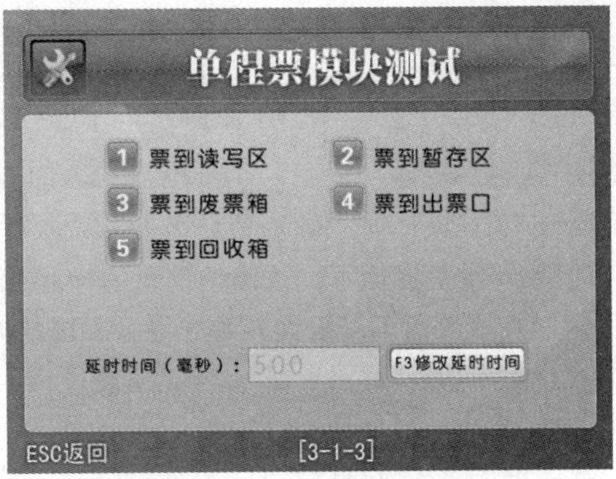

图 3-81　单程票模块部件诊断界面

① 这里的"票"是指单程票。

② 这里的测试功能实际上控制单程票制票出票的几个过程。

·"1 票到读写区"：执行该测试时，出票器运转，将一张单程票经集票管道，送出至读写器下方的读写位置。

·"2 票暂存区"：执行该测试时，出票电磁阀接通，打开出票通道，单程票落入出票通道暂存电磁阀处（被暂存电磁阀挡住）。

·"3 票到废票箱"：执行该测试时，废票（分拣）电磁阀接通，将废票拨至废票圆孔通道，废票掉入废票箱。

·"4 票到出票口"：执行该测试时，暂存电磁阀接通，单程票掉入出票口。

·"5 票到回收箱"：执行该测试时，单程票盘点电磁阀接通，单程票掉入回收箱中。

·"F3 修改延时时间"：可以设置电磁阀接通的时间，单位为毫秒（ms）。

【小提示：利用部件测试功能，能很好地帮我们学习与理解单程票模块的结构及工作过程。】

（4）状态查询："单程票模块"维护界面下，按维护键盘的"4"键，显示单程票模块的状态信息。

2. 硬币模块维护

在自动售票机"部件维护"界面，按维护键盘的"3"键，进入"硬币模块"维护界面（见图 3-80）。在硬币模块界面，按维护键盘的"1"～"4"键，分别执行硬币模块的部件诊断、部件自检、部件测试、状态查询的功能，同时系统画面切换至相应的部件维护界面。

（1）部件诊断："硬币模块"维护界面下，按维护键盘的"1"键，系统进入"硬币模块诊断"界面，如图 3-82 所示，显示硬币模块的诊断信息。

（2）部件自检："硬币模块"维护界面下，按维护键盘的"2"键，系统进入"硬币模块自检"界面，如图 3-83 所示，在该界面下系统一次性完成硬币模块全部运动过程，进行运行检测，并将结果显示出来。

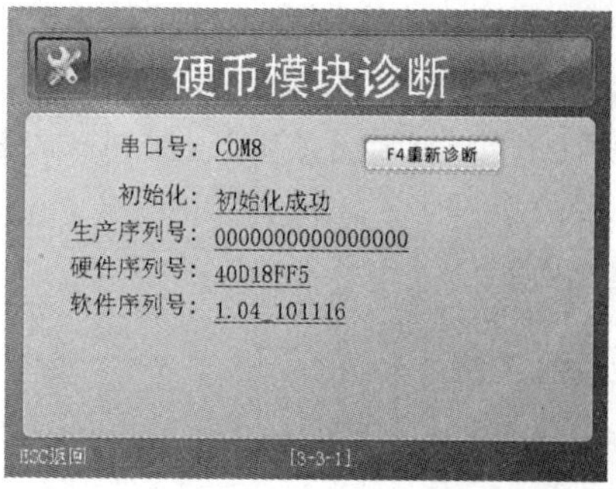

图 3-82　硬币模块部件诊断界面

图 3-83　硬币模块部件自检界面

（3）部件测试："硬币模块"维护界面下，按维护键盘的"3"键，系统进入"硬币模块测试"界面，如图 3-84 所示。在该界面下，根据界面的提示，按维护键盘的"1"~"7"键，可以进行"开始接受硬币""排除卡币""远比奉还""停止接受硬币""找零测试""回收测试"及"指向设置"的动作测试功能。

① 选择标记功能项的数字键进入相应执行界面，选择数字键"1""2""3""4"直接执行"开始接受硬币""排除卡币""远比奉还""停止接受硬币"的功能，可以听到执行动作的声音。

② 选择数字键"5"执行"找零测试"功能，系统进入"找零测试"界面，如图 3-85 所示。按"F3"键在各输入框间切换，输入测试数据后，按"F4"键执行找零。

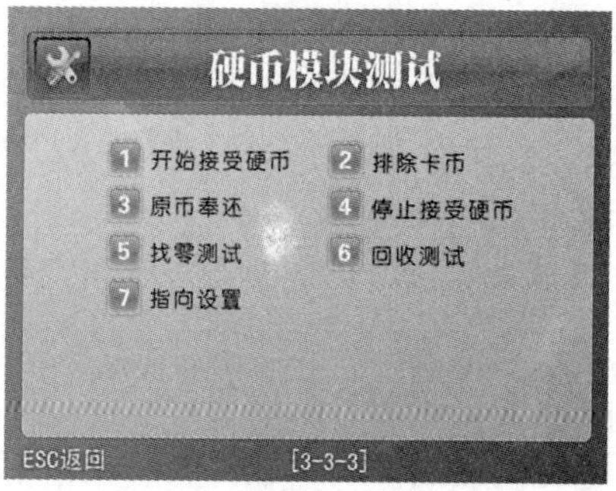

图 3-84　硬币模块测试界面

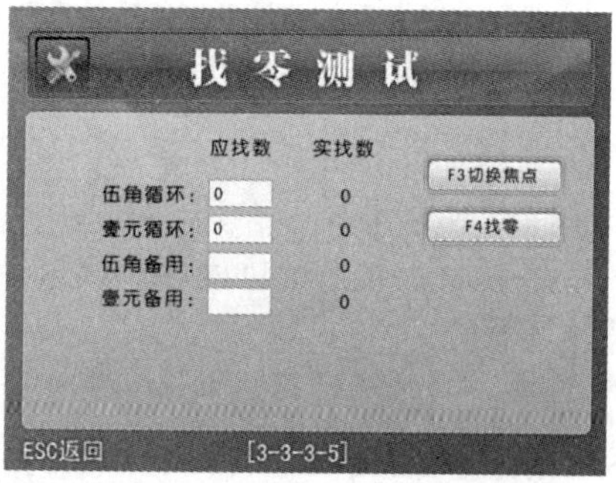

图 3-85　硬币模块找零界面

③ 选择数字键"6"执行"回收测试"功能，系统进入"回收测试"界面，如图 3-86 所示。按"F3"键在各输入框间切换，输入测试数据，按"F4"键执行回收。

④ 选择数字键"7"执行"指向设置"功能，系统进入"指向设置"界面，如图 3-87 所示。在该界面，可以设置暂存器和分币器的初始位置。

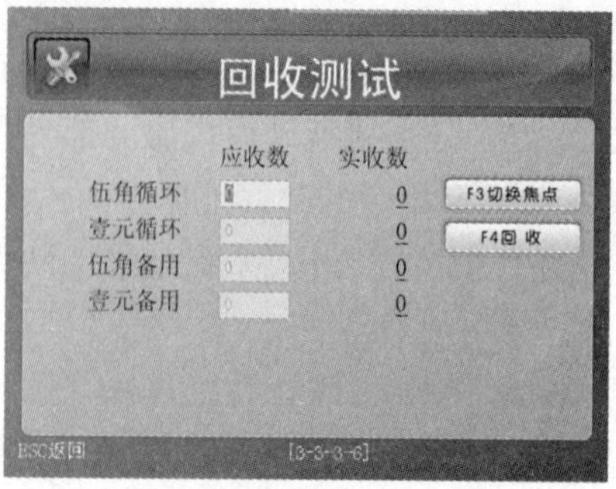

图 3-86　硬币模块回收测试界面

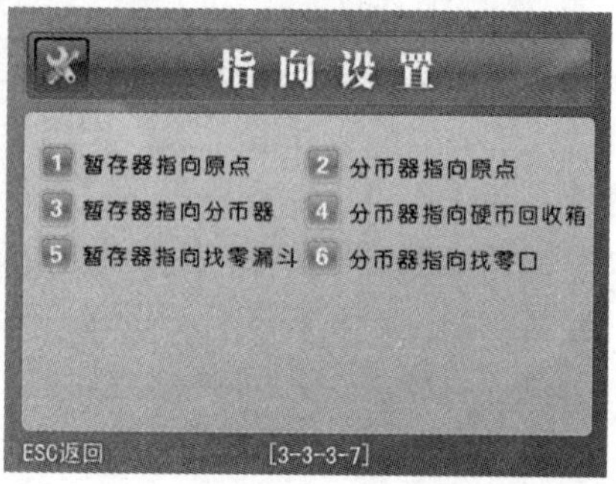

图 3-87　硬币模块指向设置界面

· 按键“1”“3”“5”将暂存器设置指向原点、分币器、找零漏斗。

· 按键“2”“4”“6”将分币器设置指向原点、硬币回收箱、找零口。

（4）状态查询：“硬币模块”维护界面下，按维护键盘的“4”键，显示当前硬币模块各组件的状态。

3. 其他模块维护

其他模块的维护操作方法与单程票模块和硬币模块的维护操作基本一致，此处不再赘述。其他模块的测试界面如图 3-88 所示。

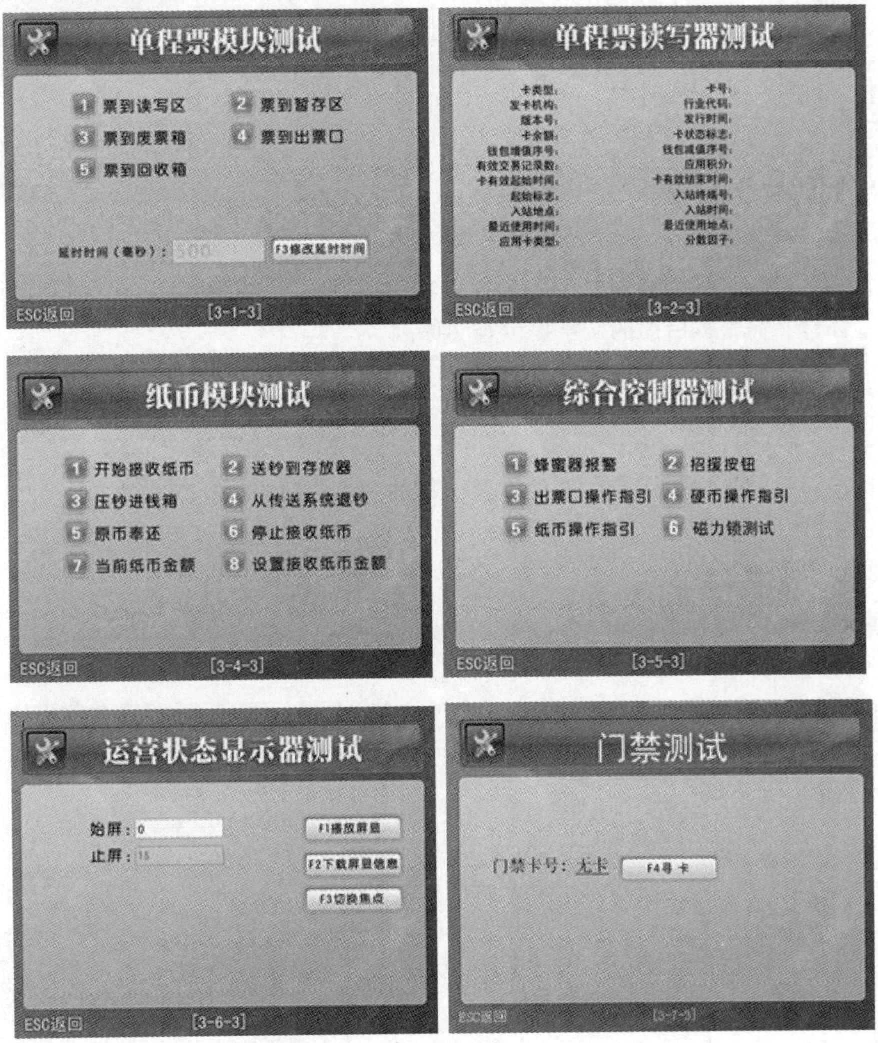

图 3-88　其他模块的测试界面

3.5.2　自动售票机故障查询

1. 利用“模式原因”查询故障

模式原因中列出了可能导致设备运营模式发生变化的要素，以及各要素的当前状态，从而帮助操作人员尽快定位问题。

具体操作流程如下。

（1）根据“主菜单”界面标记的“模式原因”快捷键“6”，在维护键盘上按数字键“6”，进入“模式原因”界面，如图 3-89 所示。

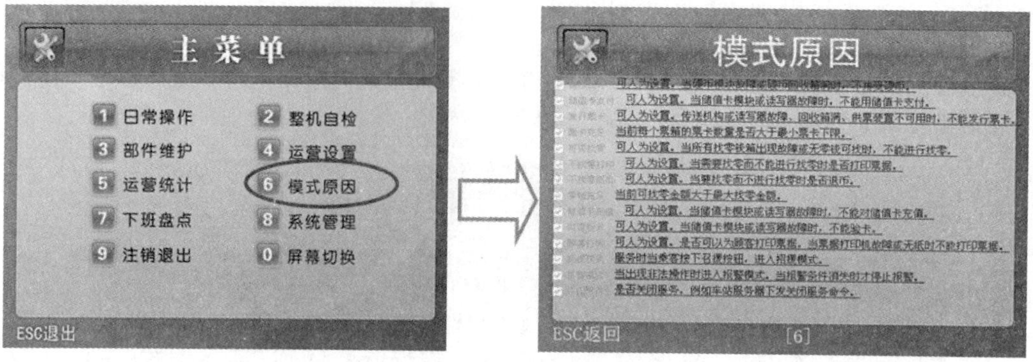

图 3-89　模式原因查看操作示意图

（2）在模式原因界面，前面打了勾的要素项表明该要素是正常的；没有打勾的要素项表明该要素有异常，需根据后面的文字提示查明原因。

（3）查看操作完成后，在维护键盘上按“ESC”键，返回“主菜单”界面。

2. 利用“整机自检”查询故障

整机自检对自动售票机所有的部件以及全部的业务进行自动运行与检查，可以快速定位故障。

具体操作流程如下。

（1）根据“主菜单”界面标记的“整机自检”快捷键“2”，在维护键盘上按数字键“2”，进入“模式原因”界面，如图 3-90 所示。

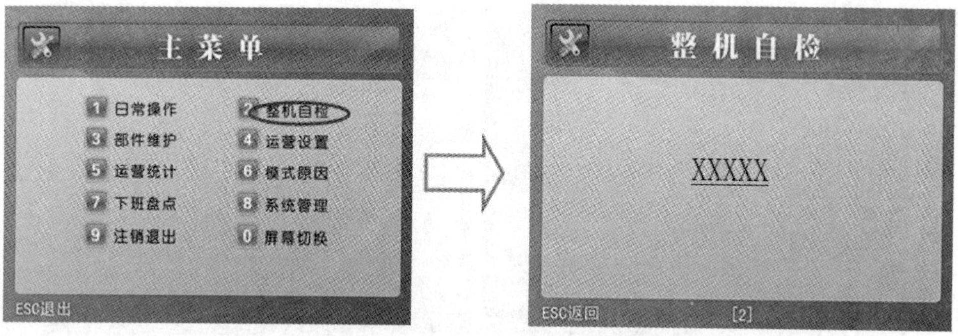

图 3-90　整机自检操作示意图

（2）自动售票机会自动对各部件进行自检操作，并返回结果。

（3）自检操作完成后，在维护键盘上按“ESC”键，返回“主菜单”界面。

3. 利用“系统管理”功能“关机-重启”复位故障

系统管理主要是对操作系统和系统软件进行维护操作。利用系统管理的“关机-重启”功能，经常能够通过系统复位解决。

具体操作流程如下。

（1）根据“主菜单”界面标记的“系统管理”快捷键“8”，在维护键盘上按数字键“8”，进入“模系统管理”界面，如图 3-91 所示。

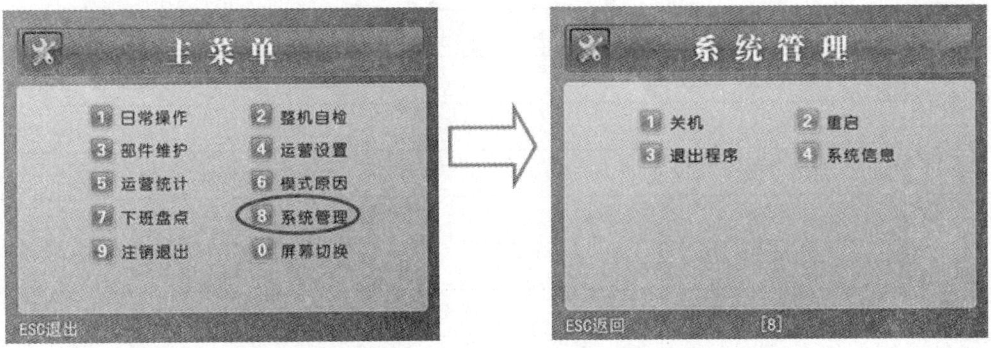

图 3-91　系统管理操作示意图

（2）根据界面的显示，在维护键盘上按相应的操作键，系统将进入相应的工作状态。

· “1 关机”：关闭 Windows 操作系统。

· “2 重启”：重新启动 Windows 操作系统。

· “3 退出程序”：关闭自动售票机运营程序，但操作系统不关闭。

· “4 系统信息”：显示自动售票机当前系统的信息及硬盘使用情况。

（3）如果不需要进一步操作，在维护键盘上按“ESC”键，返回“主菜单”界面。

3.5.3　自动售票机常见故障的维修

当自动售票机出现故障时，后维护显示器的主界面和暂停服务时的运营显示屏会显示故障代码。故障代码由三部分组成：故障分类代码、代码间隔符（=）和故障代码。例如：TP=34 表示发售模块暂存闸口故障。

当某一部件不能正常工作时，可以通过模块的部件自检来定位故障，自检之后会显示出部件存在的故障。

1. 自动售票机故障分类代码

自动售票机故障分类代码如表 3-8 所示。

表 3-8　自动售票机故障分类代码

序号	故障分类代码	代码含义	序号	故障分类代码	代码含义
1	TP	发售模块	7	DR	门禁读写器
2	NT	纸币模块	8	BR	银行卡模块
3	CN	硬币模块	9	PP	密码键盘
4	GC	综合控制器	10	PR	票据打印机
5	TR	单程票读写器	11	BS	条屏显示器
6	CR	储值卡读写器			

上述故障代码编码规则是根据高新现代公司设备来编写。自动售票机每个故障均对应一个故障代码，在程序设计时就已经确定，需根据设备厂家的维护手册查找具体含义，维护人员需掌握常用代码的含义并排除代码故障。常见的故障代码见表 3-9 所示。

表 3-9　自动售票机常见故障代码表

分类	故障代码（十进制）	中文解释
部件通信（通用）	9006/254	超时
	9001/255	无相应串口
	-30378	实在抱歉，你无权执行此功能
发售模块（TP）	1	读写 EEPROM 错误
	2	控制参数无效
	3	读加票箱 1 电子 ID（数据）错误
	4	读加票箱 2 电子 ID（数据）错误
	5	读票回收箱电子 ID（数据）错误
	6	写加票箱 1 电子 ID（数据）错误
	7	写加票箱 2 电子 ID（数据）错误
	8	写票回收箱电子 ID（数据）错误
	9	HOPPER1 传感器故障
	16	HOPPER2 传感器故障
	17	读写闸口复位传感器故障
	18	读写闸口打开传感器故障
	19	暂存闸口复位传感器故障
	20	暂存闸口打开传感器故障
	21	回收闸口复位传感器故障
	22	回收闸口打开传感器故障
	23	废票闸口复位传感器故障
	24	废票闸口打开传感器故障
	25	命令长度错误
	31	票回收箱离位
	32	TOKEN 模块离位
	33	读写闸口故障
	34	暂存闸口故障
	35	回收闸口故障
	36	废票闸口故障
	37	集票通道卡票
	160	HOPPER 出票未完全成功，但未发现其他错误

续表

分类	故障代码（十进制）	中文解释
发售模块（TP）	226	2个或2个以上故障
	255	命令执行失败
	220	命令长度有误
	145	票回收箱离位
	224	发售模块离位
	138	闸口故障
	160	出票未完全成功
	225	命令执行失败
硬币模块（CN）	1	读写 EEPROM 错误
	2	控制参数无效
	3	读电子 ID 数据错误
	4	写电子 ID 数据错误
	5	排除卡币电机故障
	6	缓存器电机故障
	7	漏斗电机故障
	8	HOPPER1（5角循环箱）传感器故障/传感器位置有异物
	9	HOPPER2（1元循环箱）传感器故障/传感器位置有异物
	16	HOPPER1（5角后备箱）传感器故障/传感器位置有异物
	17	HOPPER2（1元后备箱）传感器故障/传感器位置有异物
	18	硬币鉴币器故障
	19	硬币闸口故障
	20	导币机构传感器故障
	21	暂存器传感器故障
	22	漏斗传感器故障
	23	入币传感器故障/入币口卡币
	24	退币通道传感器故障
	25	命令长度错误
	32	硬币模块不到位
	33	硬币钱箱不到位
	160	找零时未找出指定数量，但没发现其他错误
	161	处于接收硬币状态
	162	正在盘点
	163	回收硬币时未回收到指定数量，但没发现其他错误

续表

分类	故障代码（十进制）	中文解释
硬币模块（CN）	164	目标通信设备代码不匹配，命令执行失败
	240	不能接受硬币
	242	不能接受硬币并且不能找零
	223	读写 EPROM 错误
	132	控制参数无效
	223	读写电子 ID 数据错误
	225	电机故障
	131	5 角循环箱传感器故障
	133	1 元循环箱传感器故障
	135	5 角后备箱传感器故障
	136	1 元后备箱传感器故障
	138	硬币鉴币器故障
	139	硬币闸口故障
	140	导币机构传感器故障
	141	暂存器传感器故障
	142	漏斗传感器故障
	143	入币口卡币或传感器故障
	144	退币通道传感器故障
	224	硬币模块不到位
	145	硬币钱箱不到位
	221	找零未找出指定数量
	222	处于接收硬币状态
	150	不能接收硬币
	151	不能找零
纸币模块（NT）	1	钞票送入堵塞（停止进一步输入）
	2	退回堵塞（停止进一步输入）
	3	钞票送进错误（停止进一步输入）
	4	传送系统堵塞（停止进一步输入）
	5	送钞装置堵塞（停止进一步输入）
	15	输出槽口未清空
	16	输入槽口未清空
	17	光遮断器 1 肮脏
	18	光遮断器 2 肮脏

续表

分类	故障代码（十进制）	中文解释
纸币模块（NT）	19	光遮断器 3 肮脏
	20	光遮断器 4 肮脏
	21	光遮断器 5 肮脏
	22	光遮断器 6 肮脏
	23	光遮断器 7 肮脏
	24	光遮断器 8 肮脏
	25	光遮断器 9 肮脏
	33	光遮断器 1 故障
	34	光遮断器 2 故障
	35	光遮断器 3 故障
	36	光遮断器 4 故障
	37	光遮断器 5 故障
	38	光遮断器 6 故障
	39	光遮断器 7 故障
	40	光遮断器 8 故障
	41	光遮断器 9 故障
	48	与传感器模块没有数据通信
	49	传感器模块故障
	50	清洁传感器（面板）
	51	传感器模块故障
	65	环境光水平 1
	66	环境光水平 2
	67	环境光水平 3
	69	电磁干扰水平 1
	70	电磁干扰水平 2
	71	电磁干扰水平 3
	80	无送钞装置通信
	81	送钞装置电源故障
	82	送钞装置故障
	83	芯片故障
	84	送钞装置未锁紧
	85	钱箱装满
	86	钱箱接近装满（箱内大约有 800 张钞票）

续表

分类	故障代码（十进制）	中文解释
纸币模块（NT）	96	传送系统时钟故障或者传送系统堵塞
	97	传送速度超出允许范围
	98	传送系统报警
	128	输出槽口不能打开
	129	怀疑被操纵（从上一次状态请求开始）
	130	怀疑被操纵（在输入处）
	131	怀疑被操纵（在防钓鱼装置、存放器处）
	240	电池运行
	241	断电（从上一次状态请求起）
	242	迭钞装置电池运行
	248	钞票在传送系统中（在复位或者上电之后）
	256	未用
	511	未知错误
	32	纸币模块不到位
	-1	无相应串口
	-2	超时
	131	钞票送入堵塞
	132	钞票退回堵塞
	133	钞票送进错误
	134	传送系统堵塞
	135	迭钞装置堵塞
	145	输出槽口为清空
	248	钞票在转送系统中
	224	纸币模块不到位
打印机（PT）	0	正常
	1	缺纸
读卡器（TR、CR、DR）	00	命令执行成功
	1	天线有效区域无卡（未检测到卡或寻卡超时）
	2	天线有效区域有多张卡
	3	SAM 卡命令执行返回错误的 SW
	4	通信错误：发送数据不成功，请检查通信端口是否正常
	5	通信错误：无应答数据
	6	数据错误

续表

分类	故障代码（十进制）	中文解释
读卡器（TR、CR、DR）	7	串口打开失败
	8	当前操作的物理卡号不相符
	9	卡操作流程不符合
	10	坏卡
	11	读卡器返回的其他错误
	12	SAM 卡启动失败
	17	卡交易信息读回后比较失败
	18	读卡失败
	19	无效的 SAM 功能调用
	20	无效的 SAM 卡类型
	22	卡认证失败
	23	写卡失败，卡状况未知，需要验卡重试保证卡完整性
	25	块数据校验码错误
	32	返回的数据范围有误
	33	提供的写卡数据有误
	34	充值额度不足
	35	充值授权有效期已过
	36	充值限额文件未找到
	37	充值授权序列号错误
	38	安全报文数据项不正确
	39	应用已被锁定
	40	金额不足
	51	没有找到文件
	57	超过 SAM 卡有效期
	58	SAM 状态不对
	70	SAM 卡未激活，不能执行此命令
	80	在线下载读卡器软件时发生的错误
	99	单程票 MAC 验证错误
	100	单程票发行 MAC 错误
	128	网络通信失败
	129	网络通信返回数据有误
	133	TAC 校验错

2. 自动售票机维护保养周期

设备的维护保养，可以减少故障发生，延长使用寿命。一般保养周期可参照表 3-10 执行。

表 3-10　自动售票机维护保养周期

部件	维护间隔	维护内容
电源箱	3 个月	检查电源箱安装是否牢固，设备接地是否良好，漏电保护器是否功能是否完好
		检查电源输出 DC 5 V、DC 12 V、DC 24 V 是否正常
		检查电源接线是否牢固可靠，没有老化现象
主控单元	3 个月	检查工控机电源安装是否牢固，是否损坏，检查各插头连接是否牢固
		检查工控机电源输入电压是否正常（DC 12 V）
单程票发售模块	3 个月	检查各传感器是否正常，清洁传感器上的灰尘，清洁时请断电
		检查电磁铁是否有损坏，安装是否发生松动
		清洁单程票通道及出票口，清洁时请断电
乘客触摸屏	3 个月	检查触摸屏表面是否有污物，清洁触摸屏表面
		检查触摸屏安装是否牢固，检查触摸屏定位是否准确，反应是否灵敏
乘客显示器	6 个月	检查乘客显示器安装是否牢固，与触摸屏之间是否有水汽或其他污物
		检查 LCD 亮度、对比度是否正常，显示画面是否清晰，完整
维护面板	3 个月	检查维护面板安装是否牢固，操作键盘操作是否正常
		检查 LCD 亮度、对比度是否正常，背光控制是否正常，画面是否清晰，完整
单程票读写器	6 个月	检查单程票读写器安装是否牢固，接线是否可靠，清洁单程票读写器上的灰尘
门禁读写器	6 个月	清洁门禁读写器上的灰尘，检查门禁读写器安装是否牢固，接线是否可靠，读卡是否正常
运行状态显示器	3 个月	检查运行状态显示器安装是否牢固，接线是否可靠，显示是否正常，有无死点
		检查条屏电源输出是否正常
综合控制器	6 个月	检查综合控制器安装是否牢固，接线是否可靠
硬币回收单元	3 个月	检查硬币回收箱推拉是否轻便，能否轻松推到位
		检查定位锁是否完好，到位开关是否正常，硬币回收箱电子 ID 读写是否正常
单程票回收单元	3 个月	检查单程票回收箱推拉是否轻便，能否轻松推到位
		检查定位锁是否完好，到位开关是否正常，单程票回收箱电子 ID 读写是否正常

3. 自动售票机常见故障处理

自动售票机常见故障有售票故障、硬币找零故障、纸币卡币、找零故障、模块离位、钱箱离位、显示等故障。并非所有故障会导致暂停服务，只有严重缺陷，或涉及安全、功能性故障才会导致暂停服务。

自动售票机暂停服务是指乘客显示屏和整机状态显示器显示暂停服务，乘客无法正常购票的一种状态。如图 3-92 所示。暂停服务即停止业务，不能正常为乘客提供购票、取票服务，一般是由于某一模块离位，或者某一部件故障导致，可分为设备故障暂停服务与业务性暂停服务。

业务性暂停服务，如火灾、地震、反恐、非服务时间、票卡短缺，钱箱已满，业务软件设置所致暂停服务。

设备故障暂停服务，如卡币、卡票、找零失败、板卡故障电源故障、模块无法通讯，需维护维修处理。

图 3-92　TVM 暂停服务界面

维修自动售票机故障时，通常可以采用新元件更换试探法，来快速排除因为元器件损坏引起的故障。当然，快速查出故障并进行维修的能力和速度，需要长时间经验的积累。表 3-11 列举了自动售票机一些常见故障的排除方法。

表 3-11　自动售票机常见故障及排除

序号	故障现象	可能的故障原因	解决方法
整机			
1	开机无显示	无电源输入	检查电源及显示器、部件连接或联系专业维护人员
		部件连接异常	
2	提示暂停服务（非上级系统控制）	单程票处理单元异常	首先检查部件电源及通信连接 或联系专业维护人员
		硬币单元或和纸币单元同时异常	
		触摸屏异常	
		后维护门在开启状态或后维护门状态检测传感器异常	首先关闭后维护门或联系专业维护人员
		连续出废票	首先登录后维护再退出或联系专业维护人员

续表

序号	故障现象	可能的故障原因	解决方法
3	提示只接收硬币方式	纸币识别单元异常或找零硬币不足	先维持此方式运行,并联系专业维护人员或站务人员
		纸币钱箱满或离位	
4	门禁刷卡无效	卡无效或门禁连接线故障	检查连接或验卡,或联系专业维护人员
5	维护界面显示器没有画面信息	主控程序未启动	启动主控程序
		维护单元与主机的连接线故障	检查连接或联系专业维护人员
		维护单元硬件故障	
6	登录不成功	输入密码错误	重新输入
7	设备报警	未在限定时间内登录	重新登录
		三次登录均失败	人工重新验证用户信息,在输入操作密码重新登录
		未进行更换钱箱登录而直接挪走钱箱	人工重新验证用户信息,输入操作密码重新登录,再按正规流程进行更换钱箱操作
		更换钱箱后未归位	重新归位并确认完成
8	未完成购票操作而钱币被退出	操作超时	重新进行购票操作
9	卡票	出票漏斗(也称歪嘴)处卡票	拧开出票漏斗(也称歪嘴)滚花螺丝,打开漏斗取出被夹的票
		电磁铁闸口处	用非金属物体拨动通道或电磁铁闸门,让票进废票箱或出票口
		出票通道和金属通道衔接处	轻轻向后拉开 TDU 模块,取出被夹的票,再将 TDU 推到位
		出票找零口处	直接取出
		HOPPER 内	上报专业维护人员处理
10	卡币	鉴币器入口处	通过维护命令,使硬币退到出票找零口
		鉴币器内	上报专业维护人员处理
		其他位置	上报专业维护人员处理
11	纸币被夹	纸币有可能被夹在纸币单元内	上报专业维护人员处理
12	硬币回收箱不能推到位	把箱盖内的复位销未拨到上位	把箱盖内的复位销拨到上位,再装入
13	纸币钱箱不能上锁	推进时纸币钱箱指示灯为红色	打开纸币钱箱侧盖再锁上,此时应指示绿灯;轻轻把纸币钱箱推到位;锁紧纸币钱箱,此时应指示红灯,完毕
状态显示模块			
1	串口通信故障	通信线松脱	接牢 R04 通信线
		通信线端子接触不良	检查、修复通信线插头端子
		条屏电源故障	修复或更换电源

续表

序号	故障现象	可能的故障原因	解决方法
1	串口通信故障	工控机串口故障	检查并修复工控机串口
		软件参数配置错误，如串口号、波特率配置错误等	检查实际连接的串口和软件设置的串口是否匹配，串口通信的波特率是否匹配，若不匹配则需调整过来
2	上电无显示	条屏电源无输出	修复或更换电源
		条屏电源电压过低	电源电压应该是：DC 5×（1±5%）V，修复或更换电源
		条屏损坏	修复或更换条屏
3	条屏显示乱点	条屏储存信息发生紊乱	重新下载显示信息
		条屏屏体上的连线接触不良	重新查接线缆
		条屏控制板上的IC插接不良或焊接不良	把控制板上的IC插接牢固，或更换条屏，取下送维修
乘客显示模块			
1	无显示	显示器上电按钮处于关闭显示状态	按一下按钮板上的上电按钮，使转换到显示状态
		电源异常	修复或更换电源，电源：DC 12×（1±10%）V
		VGA线缆松脱	插牢VGA线缆
		显示器驱动板故障	修复或更换驱动板
		液晶面板损坏	更换液晶面板
2	显示花屏/颜色不正常	VGA线缆松脱	插牢VGA线缆
		显示器驱动板故障	修复或更换驱动板
		液晶面板损坏	更换液晶面板
3	显示屏亮度很低	亮度设置原因	通过按钮调节亮度
		显示器驱动板故障	修复或更换驱动板
		背光灯管损坏	更换液晶面板
电源模块			
1	DC 24 V电源输出电压低于要求数值	DC 24 V负载回路有短路	排除短路，自动恢复
		DC 24 V开关电源故障	维修或更换DC 24 V开关电源
2	DC 12 V电源输出电压低于要求数值	DC 12 V负载回路有短路	排除短路，自动恢复
		DC 12 V开关电源故障	维修或更换DC 12 V开关电源
3	DC 5 V电源输出电压低于要求数值	DC 5 V负载回路有短路	排除短路，自动恢复
		DC 5 V电源板故障	维修或更换DC 5 V电源板

续表

序号	故障现象	可能的故障原因	解决方法
4	所有电源端口无输出	漏电开关未合上	合上漏电开关
		漏电开关损坏	更换漏电开关
		电源输入线未插好	插好电源输入线
		电源箱内部有断路	打开电源箱修复断路
5	漏电开关频繁跳闸	设备有漏电现象	检查并排除漏电
		设备内有短路或过载	检查并排除短路或过载
6	设备无法上电，上电马上跳闸	设备内有短路、过载或漏电现象	检查并排除设备内短路、过载或漏电故障
		漏电保护开关损坏	更换漏电保护开关
综合控制模块			
1	串口通信故障	综合控制器保险管烧断	排除短路，更换保险丝
		综合控制器硬件故障	修复或更换综合控制器
		工控机串口故障	修复或更换工控机
2	上电无反应	综合控制器保险管烧断	排除短路，更换保险丝
		板上电源部分故障	修复或更换综合控制器
		电源电压过低	调整电压，或更换电压
3	打开维护门设备不暂停	维护门到位开关损坏	更换维护门到位开关
4	提示纸币模块不到位	纸币模块没有推到位	纸币模块推到位
		纸币模块到位开关损坏	更换纸币模块到位开关
		综合控制器输入电路故障	修复或更换综合控制器 IO 板
5	提示硬币回收箱不到位	硬币回收箱没有推到位	硬币回收箱推到位
		硬币回收箱到位开关损坏	更换硬币回收箱到位开关
		综合控制器输入电路故障	修复或更换综合控制器 IO 板
6	提示单程票回收箱不到位	单程票回收箱没有推到位	把单程票回收箱推到位
		单程票回收箱到位开关损坏	更换单程票回收箱到位开关
		综合控制器输入电路故障	修复或更换综合控制器 IO 板
7	不报警	报警蜂鸣器损坏	更换报警蜂鸣器
		综合控制器输出电路故障	修复或更换综合控制器 IO 板
8	出票找零口灯不亮	出票找零口灯板损坏	更换或修复出票找零口灯板
		综合控制器输出电路故障	修复或更换综合控制器 IO 板
9	纸币操作指引不亮	纸币操作指引板损坏	更换或修复纸币操作指引板
		综合控制器输出电路故障	修复或更换综合控制器 IO 板
10	硬币操作指引不亮	硬币操作指引板损坏	更换或修复硬币操作指引板
		综合控制器输出电路故障	修复或更换综合控制器 IO 板

续表

序号	故障现象	可能的故障原因	解决方法
12	纸币面额指引发光板不亮	纸币面额指引发光板损坏	更换或修复纸币面额指引发光板
		综合控制器输出电路故障	修复或更换综合控制器IO板
13	门禁磁力锁故障	门禁磁力锁损坏	更换门禁磁力锁
		综合控制器输出电路故障	修复或更换综合控制器IO板
14	乘客接近检测传感器无法检测乘客靠近	传感器损坏	更换传感器
		综合控制器输入电路故障	修复或更换综合控制器IO板
		软件参数配置错误	正常配置参数
嵌入式工控机			
1	操作系统无法启动	工控机操作系统损坏	重新安装操作系统
		硬盘故障	更换硬盘或工控机
2	蓝屏	系统、硬盘、中毒或工控机坏，根据以上处理	根据具体情况如上处理
4	业务软件无法启动	运营软件无法启动	修复或重新安装运营软件
		运营参数无法解析	断电重新启动整机
6	工控机长鸣报警	工控机故障	更换
7	无法识别硬盘	使用超过3年的设备，一般硬盘坏	更换
单程票发售模块			
1	单程票模块、回收箱离位	一般为检测开关坏	更换
2	单程票加票箱、回收箱电子ID读不到	一般为放置位置不对，或ID板、控制板损坏	更换
3	卡票	一般为电磁铁动作不正常导致	观察可视化的出票管道，极易排除卡票
4	缺票	一般为单程票已售完	及时补充
5	传感器故障	一般属于传感器老化	更换
6	不出票	控制板或出票器故障	更换或维修
7	电磁铁故障	一般意外导致线圈烧坏	更换
8	出票器故障	出票器转盘或控制板坏	更换
硬币模块：硬币模块由于涉及钱币安全，设计时重点考虑安全性与可靠性，使用初期极少故障，随着多年使用常见的硬币故障为结构磨损带来的物理结构性故障			
1	找零错误	一般为找零器物理性磨损导致同时能找出2枚硬币导致多找零，或有硬币卡在硬币模块内部，导致少找币	更换磨损部件或排除卡币
2	找不出币	一般为后备找零器拖链磨损，导致硬币无法流出	更换

续表

序号	故障现象	可能的故障原因	解决方法
3	硬币识别率低	鉴币器内部线圈老化，导致参数发生改变	及时调整参数或更换鉴币器
4	不识别硬币	鉴币器损坏	更换
5	硬币模块、回收箱离位	一般为检测开关故障	需修复或更换
6	缺币	硬币已用完，导致硬币不能找零，停止工作	补充硬币

练习题

1. 判断题

（1）通常，TVM 的工作电源为 220 V 交流。 （ ）

（2）为了安全，TVM 的电源模块输出的电源最高电压为 36 V。 （ ）

（3）任何一台 TVM，都可以进行单程票的购买、储值卡的充值业务。 （ ）

（4）TVM 的乘客显示器用于显示有关售票操作指引信息，触摸式操作，同时，也可充当维护面板进行操作。 （ ）

（5）打开 TVM 的后维护门板，运营状态指示器上立即显示“暂停服务”。 （ ）

（6）TVM 上，都安装有两块触摸屏，乘客显示器和后维护显示器上各 1 块。 （ ）

（7）TVM 的综合控制器就是 TVM 的工控机。 （ ）

（8）打开 TVM 的维护面板后，即使未进行任何操作，也要在维护面板上进行“注销退出”，否则，就会显示“暂停服务”。 （ ）

（9）自动售票机上安装有单程票回收箱。 （ ）

（10）如果 TVM 连接车站计算机的网络断了，TVM 立即进入“暂停服务”状态。（ ）

（11）自动售票机的外部接口主要包括车站计算系统接口、紧急按钮信号接口等。（ ）

（12）如果没有安装单程票票箱，TVM 将报故障，不能正常工作。 （ ）

（13）如果没有安装单程票回收箱，TVM 将报故障，不能正常工作。 （ ）

（14）如果没有安装硬币补充箱，TVM 将报故障，不能正常工作。 （ ）

（15）如果没有安装硬币回收箱，TVM 将报故障，不能正常工作。 （ ）

（16）TVM 上的车票读写器，只是用其写的功能，没有使用其读的功能。 （ ）

（17）乘客在操作单程票购买的过程中，TVM 即使进入了出票阶段，乘客也能立即取消购票。 （ ）

（18）乘客在操作单程票购买的过程中，一旦投入了钱币，就不能取消购票了。 （ ）

（19）如果一次购买多张单程票，TVM 会先将制好的车票暂存，待数量达到时才统一送至出票口。 （ ）

（20）如果不考虑补充箱，下班盘点操作，能一次性将 TVM 中所有的单程票和硬币都回收至单程票回收箱和硬币回收箱中。 （ ）

（21）如果不小心将单程票回收箱拖出，直接推回原位即可。（　）

（22）TVM 维护操作时，必须断电才能进行。（　）

（23）添加单程票时，TVM 会对添加的单程票进行计数，操作人员不需要输入具体的数量。（　）

（24）单程票回收箱和硬币回收箱结构一样，在内部结构中都有复位销（拨杆）。（　）

（25）综合控制器是控制单程票模块运行的设备部件。（　）

2. 填空题

（1）TVM 的全称英文是________________________________。

（2）TVM 安装在车站__________内，用于乘客自助式购买__________。

（3）TVM 可接受人民币________币、________币并出售单程票，同时具________币找零功能。

（4）根据工作过程，TVM 的组成可分为：整体功能部件单元、单程票处理单元、______和________ 4 部分。

（5）整体上，单程票处理单元包括单程票处理模块、________、________及废票箱 4 部分。

（6）整体上，硬币处理单元包括________、________及硬币回收箱 3 部分。

（7）集票管道是 TVM__________单元上的一个机构。

（8）单程票发售模块有出票电磁阀、废票（分拣）电磁阀、________、________共 4 个电磁阀。

（9）添加找零硬币需要__________把钥匙同时操作。

（10）购买单程票时，乘客投入的硬币会先存放在____________。

（11）TVM 故障代码主要由三部分组成：故障分类代码、________和________。

（12）TVM 故障分类代码 TP 代表单程票发售模块故障、NT 代表________、CN 代表________、TR 代表________。

（13）单程票发售模块的分票器部分，在集票管道、出票电磁阀等原件上安装有______个传感器。

（14）TVM 的散热风扇直接由________开关控制。

（15）TVM 的________，可以提供给外部设备 220 V 交流电源。

3. 单项填空题

（1）乘客显示器连接主控单元的接口形式为（　　）。

A. COM　　B. VGA

C. LVDS　　D. USB

（2）维护面板（显示器）连接主控单元的接口形式为（　　）。

A. COM　　B. VGA

C. LVDS　　D. USB

（3）一台 TVM 有几个出票器？（　　）。

A. 1　　B. 2

C. 3　　D. 4

（4）TVM 维护键盘的连接接口形式为（　　）。

A. PS/2　　B. LVDS

C. USB　　D. COM

（5）自动售票机触摸屏的连接接口形式为（　　）。

A. VGA　　B. LVDS

C. USB　　D. COM

（6）自动售票机的条形屏的供电电压为（　　）。

A. 24 V　　B. 12 V

C. 5 V　　D. 36 V

（7）下面哪个操作有时间限制？（　　）

A. 更换单程票回收箱　　B. 添加单程票

C. 更换硬币回收箱　　D. 添加补充硬币

（8）TVM 的（　　）部件，取出后必须进行机械复位操作才能装回原位。

A. 单程票箱　　B. 单程票回收箱

C. 废票箱　　D. 5 角/1 元备用钱箱

（9）自动售票机的（　　）部件，取出后不需要进行机械复位操作就能装回原位。

A. 单程票箱　　B. 单程票回收箱

C. 硬币回收箱　　D. 以上都不是

（10）自动售票机电源模块提供给元部件的电源不包括（　　）。

A. DC 5 V　　B. DC 12 V

C. DC 24 V　　D. DC 36 V

（11）自动售票机电气接线图中，符号“COM”通常表示（　　）。

A. 网线端口　　B. 普通多线插接口

C. 串口　　D. 任意端口

（12）关于自动售票机的下班盘点操作，说法正确的是（　　）。

A. 下班盘点能将单程票发售模块中的单程票盘出至废票箱

B. 下班盘点能将硬币处理模块中的各种硬币一次性盘出至硬币回收箱

C. 下班盘点能将纸币处理模块中的纸币盘出至纸币回收箱

D. 以上都不正确

（13）自动售票机的报警蜂鸣器直接连接在（　　）。

A. 工控机　　B. 功放盒

C. 电源箱　　D. 综合控制器

（14）检测出票电磁阀动作的传感器是什么类型的传感器？（　　）

A. 对射式光电传感器　　B. 电感式传感器

C. 机械式行程开关　　D. U 型传感器

（15）自动售票机通常采用（　　）的购票方式。

A. 先选择车票后投票　　B. 先投票后选择车票

C. 先确认票价再确定目的地　　D. 随机

（16）自动售票机的单程票处理模块必须配置（　　）。

A. 钱箱　　B. 票箱

C. 空箱　　　　　　　　　　　　D. 回收箱

（17）检测单程票回收箱是否安装到位的传感器是什么类型的传感器？（　　）

A. 对射式光电传感器　　　　　　B. 电感式传感器

C. 机械式行程开关　　　　　　　D. U 型传感器

（18）集票管道上安装的传感器是什么类型的传感器？（　　）

A. 对射式光电传感器　　　　　　B. 电感式传感器

C. 机械式行程开关　　　　　　　D. U 型传感器

（19）当前 TVM 的 IP 地址在维护面板的哪个界面能查询到？（　　）

A. 运营设置界面　　　　　　　　B. 部件维护界面

C. 系统管理界面　　　　　　　　D. 日常操作界面

4. 问答题

（1）详细说明补充 1 元硬币/5 角硬币/单程票 1/单程票 2 的完整操作步骤。

（2）自动售票机的主要组成部件有哪些？

（3）简述更换单程票回收箱的完整步骤。

（4）简述自动售票机添加单程票的完整步骤。

（5）简述自动售票机添加 50 个 1 元硬币的完整步骤。

（6）某日，张三进行 TVM 的日常操作“添加单程票”，他的操作为：打开后维护门→登录→日常维护→添加单程票箱 1→修改数量→将单程票箱 1 的车票添加进单程票模块→确认写入→关闭后维护门，请问，操作中有哪些错误？

（7）从外观上看，除了机座，闸机还包含哪些部分？

（8）自动售票机开机后，触摸屏界面及条形屏显示全部正常，但是点击触摸屏界面无响应，请分析原因并写出具体解决方案。

（9）自动售票机开机后，条形屏显示只能充值，请分析原因并写出具体解决方案。

（10）如果一台自动售票机条形屏上显示“暂停服务”，请分析可能的原因。

（11）利用 TVM 部件维护功能，手动操作维护键盘，将一张单程票从票仓里“移送”至出票口，简述其过程。

（12）简述盘点时，单程票从票仓“移至”单程票回收箱的过程。

（13）TVM 其他都正常，但后维护显示屏不显示，分析可能的原因。

扫码看答案

项目 4

闸机（自动检票机）的使用与维护

闸机使用范围很广，除了轨道交通车站外，还常用于商场、写字楼、工地、宿舍等需要监视控制人流的场所。本书仅对城市轨道交通车站的闸机，即自动检票机进行讲解。严格地讲，自动检票机才是轨道交通车站所用闸机的准确设备名称，但为了与其他交通运输企业一致，这里仍采用现场通俗的叫法“闸机”，以便于交流。

闸机的制造厂家和品牌很多，本书以深圳高新现代智能系统股份有限公司的HIG-2120扇门式轨道交通车站闸机为对象进行讲解。

任务 4.1 闸机（自动检票机）简介

任务目标

（1）了解闸机的功能。

（2）熟悉闸机的分类方法。

（3）掌握闸机的类型。

4.1.1 了解闸机

自动检票机（Auto Gate Machine，AGM）在国内一般称为闸机。它安装在车站的付费区与非付费区之间，是将地铁车站划分为付费区和非付费区的分割线。闸机是车站自动化检票的机器，也称为自动检票机，起到对进站乘车的乘客执行检票入站（非付费区→付费区），对准备离开车站的乘客进行检票出站（付费区→非付费区）的作用。

目前，闸机一般能识别单程票、储值卡（含一卡通、城市通等）和电子车票（二维码、NFC 等）三种类型的车票。

闸机通过读取和验证车票来控制阻挡机构（即闸门）的开关，从而达到控制乘客进出的目的。若乘客持有效票进行验票，则打开闸门；若乘客持有无效票进行验票，则提醒乘客到售票处处理。闸机配备有电子读写器，当验票时，读写器会扫描“读取”内置电路，并在闸门打开前，验证并将新的信息加密“写入”内置电路中。当出站检票时，读写器会再次扫描车票的内置电路，验证并将新的信息改写入其中。

工作中，闸机除了完成自动检票的功能外，还同时进行通行检测，对非法闯入和非正常通行产生报警信息。

闸机在城市轨道交通车站应用广泛，是城轨交通 AFC 系统的核心设备之一。闸机能实现自动检票和出入控制，能高度体现服务质量和管理水平，可使票务、账务系统管理变得更迅速、准确，杜绝人工检票的疏漏。

城市轨道交通车站闸机的特点：

（1）对通道进、出行为进行有效控制。

（2）根据通道乘客流量，可以方便设置通道运行模式（双向、单向、常开、常闭）。

（3）能进行多种信息显示（通道指示、票信息显示、报警声光提示）。

（4）采用微电脑控制，具备出现故障时显示故障代码的功能。

（5）全不锈钢制作，造型美观大方。

（6）整体模块化设计，安装维修方便。

（7）人性化的方向指示功能。

（8）拥有可靠的安全保护措施。

（9）系统远行平稳，噪声小，稳定性好。

（10）具有报警提示功能，方便用户维护及使用。

（11）整机不锈钢厚实，稳固耐用。

（12）具备防尾随功能。

（13）具有故障自检和报警提示功能，方便用户维护及使用。

（14）系统采用实时数据采集方式，保证数据及时传输和处理。

4.1.2　闸机的分类

闸机可以按照功能、机芯的控制方式和阻挡形式进行分类。

1. 按照功能分类

按照闸机的功能，可以分为进站闸机、出站闸机和双向闸机三类。

1）进站闸机

进站闸机用于完成进站乘客的检票工作，单通道单向通行，其工作内容如下：

（1）读取信息。读取车票（包含 NFC、二维码等电子车票）的信息。

（2）检查信息。对车票进行有效性的判断，包含密钥安全性检查、名单检查、票种合法性检查、状态检查（如未初始化、已初始化、正常使用、已退款、已回收、已注销、已列入黑名单等状态）、使用地点检查、余值/乘次检查、有效期检查、进出次序检查、更新信息检查等。

（3）写入信息。根据判断的结果做出相应处理。如果是有效票，将当前入站的时间、车站编码、入口等信息写入车票，同时发出允许通行命令；如果是无效票，则直接发出禁止通行命令。

（4）执行命令。执行允许通行命令时，通过指示灯和显示屏等信息提醒乘客通行，同时开启通行阻挡机构。执行禁止通行命令时，通过指示灯和显示屏等信息提醒乘客禁止通行。

（5）通行检测。在闸机待机和乘客通行时，进行通行行为的检测。对非法闯入和异常通行行为进行声光报警。

2）出站闸机

出站闸机用于完成出站乘客的检票工作，单通道单向通行，其工作内容如下：

（1）读取信息。读取车票（包含 NFC、二维码等电子车票）的信息。

（2）检查信息。对车票的信息进行有效性判断，包含密钥安全性检查、名单检查、票种合法性检查、状态检查（如未初始化、已初始化、正常使用、已退款、已回收、已注销、已列入黑名单等状态）、使用地点检查、余值/乘次检查、有效期检查、进出次序检查、超乘检查、超时检查、更新信息检查等。

（3）回收处理。根据判断的结果做出相应处理。如果是有效的单程使用车票，那么将车票记录的乘车信息擦除，并回收车票供循环使用，同时发出允许通行命令；如果是无效票，则直接发出禁止通行命令。如果是电子车票，则扣费后发出允许通行命令。

（4）执行命令。执行允许通行命令时，通过指示灯和显示屏等信息提醒乘客通行，同时开启通行阻挡机构。执行禁止通行命令时，通过指示灯和显示屏等信息提醒乘客禁止通行。

（5）通行检测。在闸机待机和乘客通行时，进行通行行为的检测。对非法闯入和异常通行行为进行声光报警。

3）双向闸机

双向闸机（见图 4-1）既可完成乘客的进站检票也可完成乘客的出站检票，单通道双向通行，其工作内容如下：

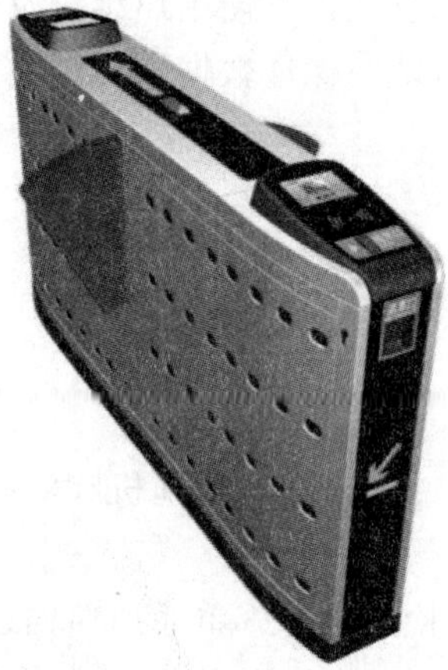

图 4-1　双向闸机

（1）进站侧执行进站闸机的功能。

（2）出站侧执行出站闸机的功能。

（3）运行控制功能。一侧刷卡通行时，对侧方向禁止通行。

2. 按照阻挡方式分类

按照闸机的阻挡方式，可以分为扇门式闸机、三辊式闸机、拍打门闸机和平移闸机四类。

1）扇门式闸机

扇门式闸机也称为翼闸或剪门闸，国外很多地方也称为速通门，是当今国内外使用最为普遍的一种闸机，其阻挡体一般表面积呈扇形，垂直于地面，通过摇摆实现阻挡和放行。阻挡体材质一般采用金属板外包柔软材料，以减少撞击乘客造成的伤害。老式的扇门式闸机也有部分采用玻璃和钢化玻璃。

扇门式闸机的门体属于对开门，由 2 块门板组成一个通行通道，如图 4-2 所示。

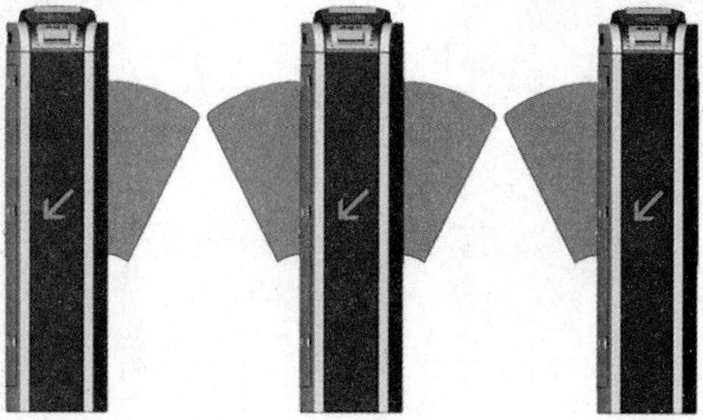

图 4-2　扇门式闸机

（1）扇门式闸机的优点：

① 通行速度快。扇门式闸机是目前所有闸机中通行速度最快的。

② 通道尺寸可调。其通道的尺寸可以根据使用特点，在安装时进行调整。

③ 外观美观，材料丰富。

④ 通行灵活。扇门式闸机可根据需要，设置为常开运行或常闭运行。

⑤ 安全高效。在掉电、火灾等紧急情况下，扇门式闸机的阻挡门会缩回，形成无障碍通道，提高通行效率，方便疏散人员。

（2）扇门式闸机的缺点：

① 控制方式比较复杂，成本较高。

② 防水防尘性能较差，一般只适用于室内。

③ 外观形态比较单一。

④ 受阻挡体形态的限制，扇门的抗冲击性比较低，乘客非法冲关容易损坏设备。

⑤ 对制造厂家的技术要求比较高，一旦设计出现缺陷，容易造成伤害。

2）三辊式闸机

三辊式闸机也叫三杆闸机、三滚闸机、辊闸、滚闸等。其阻挡体是由 3 根金属杆组成空间三角形，金属杆一般采用中空封闭的不锈钢管，坚固不易变形，工作时通过简单的旋转实现阻挡和放行。

三辊式闸机是最早出现的闸机类型，也是至今发展最为成熟和完善的一种闸机，但现已基本被扇门式闸机所取代。

三辊式闸机从机芯的控制方式上分为机械式、半自动式、全自动式三种，从形态上又分为立式（见图 4-3）和桥式（见图 4-4）两种，立式三辊式闸机体积较小，比较容易安装；桥式三辊式闸机的通道较长，安全性更高。

（1）三辊式闸机的优点：

① 唯一通行控制效果好。能够非常有效地实现单次单人通行，即一次只能通过一人。

② 安全性和可靠性比较高。机械结构上决定了通行一人，旋转三分之一圈，安全稳定可靠。

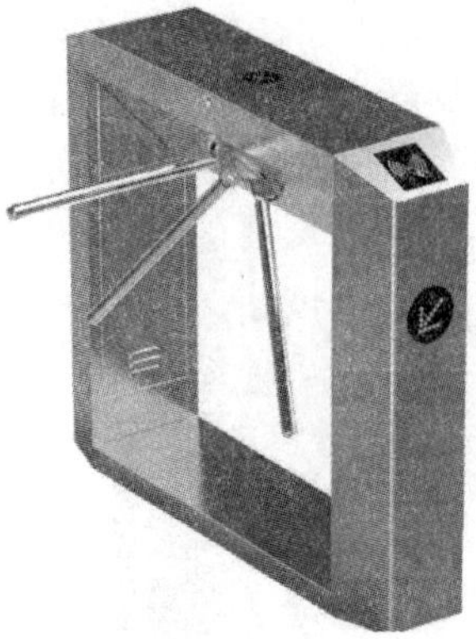

图 4-3　立式三辊式闸机

图 4-4　桥式三辊式闸机

③结构简单，成本较低。

④ 防水防尘能力较强，对环境的适应性很强，特别适用于一些环境比较恶劣的户外场合。

（2）三辊式闸机的缺点：

① 通行宽度比较小，一般在 500 mm 左右。

② 通行速度相对较慢。

③ 受阻挡体机械结构的限制，不适宜携带行李者通行（轨道交通车站最致命的弱点）。

④ 依靠人力驱动，自动化程度不高，档次低。

⑤ 运行中有碰撞声，噪声加大。

3）拍打门闸机

拍打门闸机（见图 4-5）在轨道交通行业一般称为拍打门，其阻挡门体通常为一对矩形平面，通行时门体绕着门轴旋转 90°，因开门时会“拍打”侧板，故称为拍打门。拍打门闸机阻挡体的材质通常采用不锈钢、有机玻璃、钢化玻璃等材料。常用于写字楼、智能楼宇和会所等高端场合。

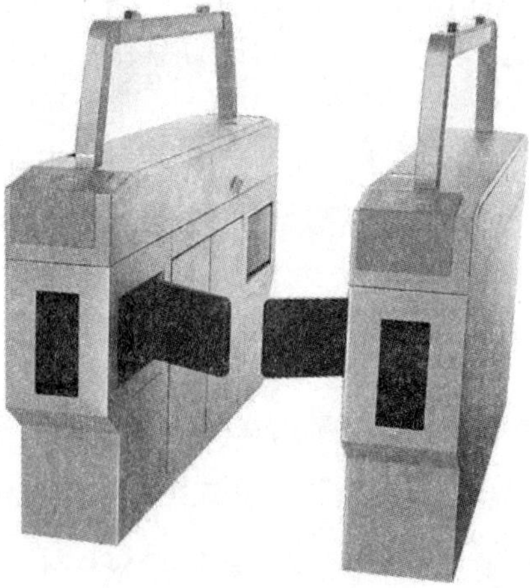

图 4-5　拍打门闸机

拍打门闸机根据机芯控制方式的不同，也有机械式和全自动两种，在形态上分为立式、桥式、圆柱式闸机三种。立式和圆柱式拍打门闸机体积小，容易安装，但通道长度较短，行人检测功能差；相比之下，桥式拍打门闸机通道较长，行人检测功能较强，安全性更高。

（1）拍打门闸机的优点：

① 通道宽度范围广，是所有闸机中能做到宽度最大的一种，一般宽度为 550 ~ 1000 mm，某些高端产品甚至可以做到 1500 mm，比较适合用于行李通道、残疾人通道等特殊用途。

② 相对于三辊式闸机，通行检测能力强，能防止尾随入站的问题。

③外观形态多样，可塑性强。

（2）拍打门闸机的缺点：

① 防水防尘能力不强，只适用于室内。

② 耐冲撞性能比较差。

③ 成本高，价格贵，适用性不广。

④ 对厂家的技术要求较高，可靠性和安全性相对难保证。

4）平移闸机

平移闸（见图 4-6）也叫平移门、全高翼闸等。其阻挡体面积较大，阻挡高度较高，通过向两边伸缩实现阻挡和放行。阻挡体材质常采用有机玻璃和钢化玻璃。

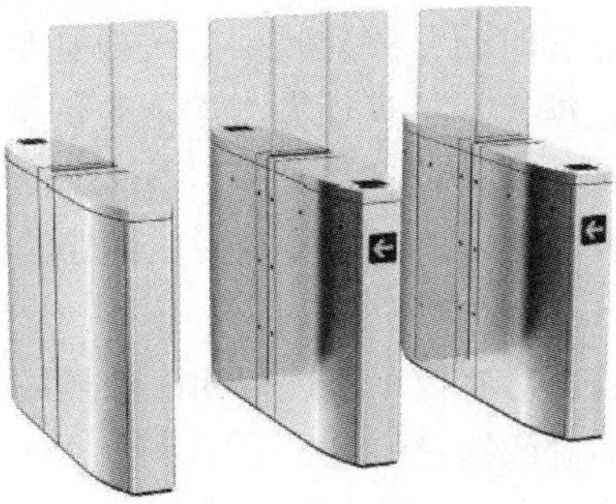

图 4-6 平移闸

平移闸的机芯控制方式通常为全自动的，行人通行检测能力较强。

（1）平移闸的优点：

① 安全性强。由于阻挡体面积较大，可以防止行人的上爬、下钻或者翻越等，可以有效避免逃票等行为发生，所以现在经常用于边境、高铁车站等人脸识别的较高端场合。

② 外观形态美观，大气，档次高。

③ 通行速度较快。

④ 通道宽度比较适中，一般为 550 ~ 900 mm。

⑤ 安全高效。功能和扇门式闸机类似，在掉电、火灾等紧急情况下，闸机的阻挡门会缩回，形成无障碍通道，提高通行效率，方便疏散人员。

（2）平移闸的缺点：

① 控制方式较复杂，成本高。

② 防水防尘能力不强，只适用于室内。

③ 外观形态比较单一，可塑性不强。

④ 对制造厂家要求比较高，相比之下可靠性和安全性较难保证。

3. 按照机芯的控制方式分类

按照闸机机芯的控制方式来分，闸机可以分为机械式、半自动式、全自动式三类。

（1）机械式闸机：通过人力控制阻挡体（与机芯相连）运转，通过机械限位来控制机芯的停止。

（2）半自动式闸机：通过电磁铁来控制机芯的运转和停止，也称为电动式闸机。

（3）全自动闸机：通过电机来控制机芯的运转和停止，从而控制阻挡体的开启和关闭。根据同一台闸机所含机芯和阻挡体数量的不同，全自动闸机又分为单机芯闸机（只包含一个机芯和一个阻挡体）和双机芯闸机（包含两个机芯和两个阻挡体）两种。在轨道交通车站，闸机通常是多台（多个通道）并列运行，两边的闸机也叫“边机”，边机就是单机芯闸机，中间的则为双机芯闸机。当前轨道交通车站使用的基本都是全自动闸机，本教材只对全自动闸机进行介绍。

4.1.3 闸机的功能

闸机的功能是对乘客所持的车票进行检验，并完成进站或出站的交易处理。在限时、计程的收费规则下，在进入收费区和离开收费区时都需要进行车票检验，进入收费区时检查车票的合法性，并记录进站的地点和时间；离开收费区时检查车票的合法性、乘车信息的合法性及收费区内的停留时间等；根据乘车信息计算本次通行的费用，完成车票扣款操作。闸机利用多对传感器对乘客的通行行为进行监控，具备区分大人、小孩、手持行李与手推车行李的能力，并能检测乘客在通道内的移动情况，检查到任何非法行为可产生声光报警。

闸机的基本功能包括：

（1）对车票进行有效性检验，对有效车票进行相应处理后放行，对无效车票拒绝放行。

（2）对车票处理结果给出明确的提示信息。

（3）对通道的通行状态给出明确的提示。

（4）对特殊车票的使用给出明确的提示。

（5）对需要回收的车票通过参数设置执行回收操作。

（6）对各部件的工作状态进行检测，并向车站计算机系统上报工作状态。

（7）接收车站计算机系统下发的参数和控制命令，并执行相应的操作。

（8）存储并上传交易信息。

（9）具有进出站客流记录、扣除车费记录、黑名单使用记录以及信息输出功能。

（10）接收紧急按钮信号并控制设备相应的操作。

（11）具有离线独立工作及数据保存能力。在车站计算机系统通信中断时，闸机能保存上万条交易数据及最近一段时间的设备数据。在通信恢复时，又能将保存的交易数据及时上传给车站计算机。

（12）具备应对突然断电的功能。在突然掉电时，能保存最后一笔交易记录和相关信息。

1. 进站检票

闸机有外部感应方式和内部感应方式，进站检票机采用外部感应方式。乘客使用储值票、单程票或电子车票进站检票时，将车票靠近进站检票机的读写器天线，检票有效则开启通道阻挡装置，乘客显示器显示相关信息，提醒乘客进站，检票机在车票内写入进站交易记录，并在检票机的存储介质内（一般是硬盘）保存交易记录。如果是双向通道，进站端检票处理时，出站检票端则暂停服务。

2. 出站检票

乘客使用储值票、单程票或电子车票出站检票时，需将车票靠近出站闸机的读写器天线。乘客使用单程票出站检票时，需将车票投入单程票回收口，由闸机读写器及单程票回收装置分别完成单程票的交易与回收。当检测单程票为有效票时，闸机的通道阻挡装置开启，乘客显示器显示相关信息提醒乘客出站，闸机通过读写器在车票内写入出站交易记录，并将交易记录保存于检票机的存储介质中。如果出站通道是双向通道，则出站检票处理时，进站检票端暂停服务。

3. 无效票处理

在执行进站检票和出站检票操作时，如果检测车票为无效票，则通过乘客显示器显示相关信息，提醒乘客去客服中心进行相应的处理。同时，根据无效票的具体情况，会发出声光报警信号。闸机不对无效的车票进行交易处理，只保存无效票记录于检票机的存储介质中。

4. 紧急情况处理

紧急情况下，通过按下车控室 IBP（综合应急盘）上的紧急按钮，可以打开所有检票机的阻挡装置，使检票机通道打开，用于疏散乘客，保证乘客在特殊情况下无阻碍地离开付费区。另外，在没有电力供应的情况下，闸机的阻挡装置也处于开启状态以保证安全。

5. 数据传输

闸机通过车站局域网连接在车站计算机系统（SC）上，动态上传车票处理交易、运行状态、日志等数据；同时，闸机还接收车站计算机系统或中央计算机系统（CC）下达的命令、票价表、黑名单及其他参数等数据，并对版本控制参数执行自动生效处理。另外，闸机还具有与时钟服务器同步时钟的功能。

4.1.4 闸机的发展趋势

随着轨道交通的发展，闸机也发生着巨大的变化。

机械结构上，从最开始的三辊式发展到现在的扇门式；控制功能上，从最开始的机械式到现在的工控机；检票介质上，从开始的磁卡式到当前的 RFID 电子标签和二维码。很快，在轨道交通行业，闸机将会进入以二维码电子车票、电子钱包、人脸识别为主的时代。将来，闸机会随着计算机、网络技术的发展，在支付方式上越来越多样化。

任务 4.2 闸机的整体组成与部件分析

任务目标

（1）掌握闸机的结构组成。
（2）掌握闸机机芯等关键部件的结构和工作原理。
（3）掌握闸机的基本操作与使用。

4.2.1 闸机的整体组成

闸机内部结构展示

闸机的整体结构（见图 4-7）可以分为机械本体、检测传感系统、控制系统、执行机构和电源模块五部分。

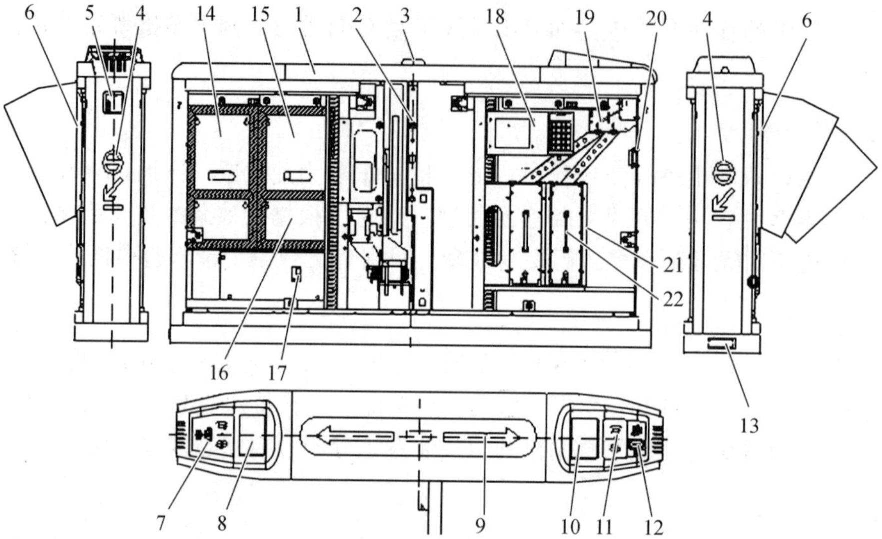

1—机壳；2—通行控制单元；3—优惠报警指示灯；4—通行指示器；5—无效票退票口；6—闸机机芯；7—进站车票读写区；8—进站乘客显示器；9—乘客通行指示器；10—出站乘客显示器；11—出站储值票读写区；12—出站单程票回收口；13—金属标识牌；14—工控机；15—通行控制 PCM 板；16—综合控制器；17—电源和开关；18—维护单元；19—回收机构；20—出站单程票读卡器；21—票箱座；22—票箱。

图 4-7 闸机整体结构图

1. 机械本体

闸机的机械本体为金属箱体，起着保护、支撑各零部件的作用。箱体主体材质通常采用 304 或 316 的不锈钢薄板，薄板厚度 1.5 mm 左右。辅助材质包括有机玻璃、钢化玻璃、树脂、橡胶等。一般选用坚固、美观、不易变形，防刮擦防划痕，防生锈防腐蚀，较易加工固定的材料。

2. 检测传感系统

闸机的检测传感器系统用于检测乘客的通行、设备元件的工作过程及工作状态等，并将检测到的信号通过变换、放大传递给控制系统，包括乘客通行检测传感器、安全传感器、单程票回收机构工作传感器、机芯工作检测传感器、维护检修传感器、读写器等。

3. 控制系统

控制系统是闸机的核心，主要以工控机为中心，利用闸机控制系统软件，对各传感器的信号进行采集，使单程票回收模块、车票处理模块等协调工作，控制闸机的机芯、乘客显示器、指示机构等同步工作。

4. 执行机构

根据控制系统命令，执行通行控制、乘客指示等任务，包括机芯、拦阻体、乘客显示屏、通行指示器等。

（1）机芯：主要包含机芯电机、减速器、连杆结构等，用来执行控制系统发出的闸门开启、关闭命令。

（2）拦阻体：拦阻体由机芯电机驱动的连杆机构带动，用于控制乘客的通行。拦阻体在不允许行人通行的时候起拦阻作用，允许行人通行时会打开放行。目前一般以扇门或者栏杆的形式实现。一般选用坚固、能承受一定的冲击力、质量小、美观、防锈防腐蚀、易于加工固定、损坏后不伤人的材料。

（3）乘客显示屏：用于执行控制系统发出的显示指令，显示乘客进、出站指引信息，车票余额信息，欢迎界面等。

（4）通行指示器：一般为 LED 指示灯的形式，根据控制系统发出的指令，采用点亮、熄灭、闪烁的形式指引乘客通行与禁行。

（5）电磁铁：根据控制系统发出的指令，控制电磁铁伸出或者缩回，实现单程票回收票箱选择、无效票退回等的控制。

5. 电源模块

电源模块是为闸机提供能源的机构，通常做成一个整体的盒状结构，其主要功能是将 220 V 的外部交流电源经过变压和整流，输出 48 V 和 12 V 的稳定直流电供各部件工作。其性能要求如下：

（1）输入的电压范围：AC 220 V，+10% ~ −15%；50 Hz，4%。

（2）输出的直流电压：12 V、48 V。

（3）能确保闸机整机 24 h 不停机地稳定运行，电源具备滤波和过流保护功能。

（4）电源带有电能储存机构，当外部电源断电后，后备电源能够提供闸机完成最后一笔交易并关闭闸机系统的电量。

4.2.2 闸机的组成部件

整体上，闸机的组成部件可以分为外部组成部件和内部组成部件。

1. 闸机的外部组成部件

外部组成部件是从外观上就可以看到的部分，如图 4-8 所示。

1）机壳

机壳由壳体和支撑支架组成，外壳采用有纹理的防腐不锈钢构成，底座采用不锈钢制成。底座通过螺栓固定在地面上，并有足够的强度保证在受到正常的冲击时不发生移位。闸机的机壳包含维护门（也称为维护面板），维护门安装有门锁，须使用专用的门锁钥匙才能打开维护门。

2）乘客通行指示器

乘客通行指示器安装于闸机箱体的顶部，用绿色箭头显示，当扇门打开允许通行时，乘客通行指示器点亮，提示乘客通过闸机。

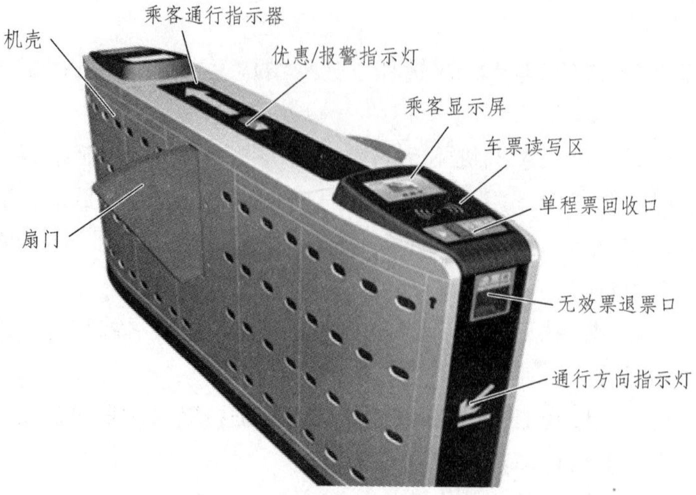

图 4-8　闸机的外部组成部件

3）优惠/报警指示灯

优惠/报警指示灯安装在在闸机上盖的中部位置，内有红色指示灯和橙色指示灯各一个。通道中每个可以使用的方向上都装有一套优惠/报警指示灯。当有乘客持优惠票刷卡时，该方向上的橙色指示灯点亮，当有乘客持黑名单票或无效票刷卡时该方向上的红色指示灯点亮。

4）乘客显示屏

乘客显示屏分为进站乘客显示屏和出站乘客显示屏。

（1）进站乘客显示屏：安装于车票读写区的正前方，用于显示进站车票余额等相关信息，以及给乘客相应的操作提示。

（2）出站乘客显示屏：出站乘客显示器安装于双向闸机和出站闸机出站端车票读写区的正前方，用于显示出站车票本次消费额和余额等相关信息，以及给乘客相应的操作提示。

闸机维护时（打开维护门），乘客显示屏就成为维护显示屏，用于显示维护操作界面和反馈信息等。

5）车票读写区

车票读写区分为进站车票读写区和出站车票读写区。

（1）进站车票读写区：安装于双向闸机和进站闸机进站端，用于处理进站的单程票和储值票。

（2）出站车票读写区：安装于双向闸机和出站闸机的出站端，用于处理储值票和电子车票。

6）单程票回收口

单程票回收口用于乘客出站时投入单程票。

7）无效票退票口

安装在双向闸机和出站闸机的出站端，当乘客投入无效单程票时，单程票将从退票口退出。当有单程票退出时，退票口的提指示灯点亮，退票取走后，指示灯熄灭。

8）通行方向指示器

通行方向指示器安装在闸机两端的面板上，由表示“通道可用”的绿色指示灯和“通道不可用”的红色指示灯组成，乘客可以在远处依据该指示器选择通道。

9）扇门

扇门由闸机的机芯电机及连杆机构带动，用于执行闸机的禁止通行和允许通行指令。当允许通行时，扇门缩回至闸机机箱内，即扇门打开；当禁止通行时，扇门从闸机机箱内伸出，即扇门关闭。

2. 闸机的内部组成部件

内部组成部件为打开维护门板后才能看到的部分，如图 4-9 所示。

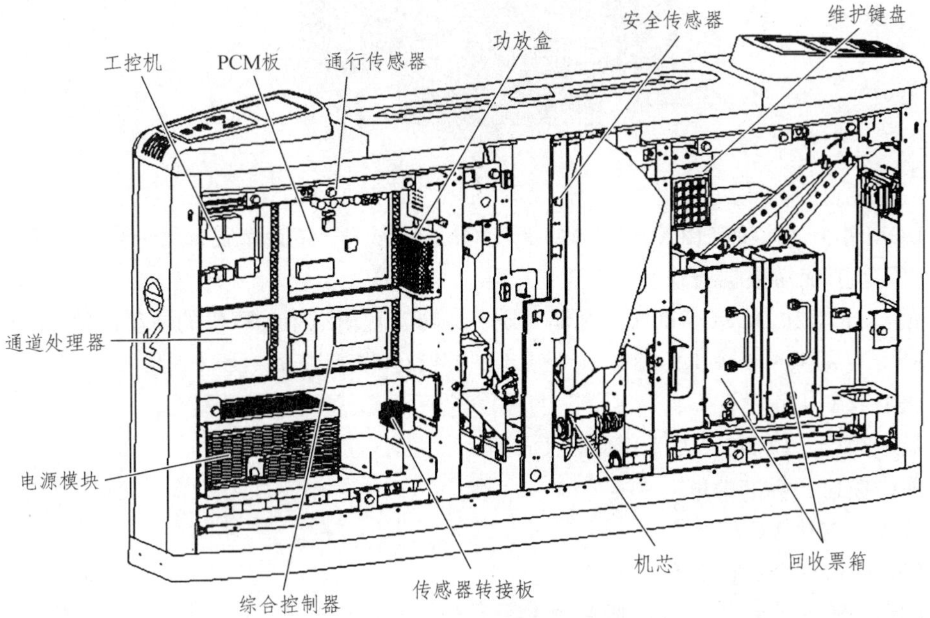

图 4-9　闸机的内部组成部件

1）电源模块

电源模块主要由变压器（含整流）和开关电源组成。变压器将 220 V 的交流电降压为 48 V 后再经过整流变成 48 V 的直流电供机芯电机使用。开关电源输出多路 12 V 的稳定直流电源，为闸机的乘客显示器、读写器、传感器、PCM 等部件供电。电源模块配有低压断路器，实现整台闸机的过流保护和短路保护，低压断路器也是整台闸机的电源开关。

2）工控机

工控机是闸机的最核心部件（见图 4-10），安装有 LINUX 操作系统和闸机控制系统软件。工控机通过接口将其他部件的工作行为、工作状态等进行收集，经过运算和处理，将控制命令发送给机芯、显示器、回收机构、指示灯等的执行机构。通过工控机，闸机能记录所有交易、状态、操作和台账，并实时上传数据。

一般，工控机会配置有一个金属外盒（此处工控机无外盒，其散热性能较好，但防尘放水溅性能差）。

（1）工控机的参考配置如下：

① 主板：盛博 SDK-A0130（CPU 主频：1.7 GHz，板载 256 MB 内存）。

② CF 卡：Apacer 1 GB。CF 卡用于存放操作系统、应用程序、状态参数、操作日志及交易数据等。对于有些机型，CF 卡可由 DOM 卡代替。

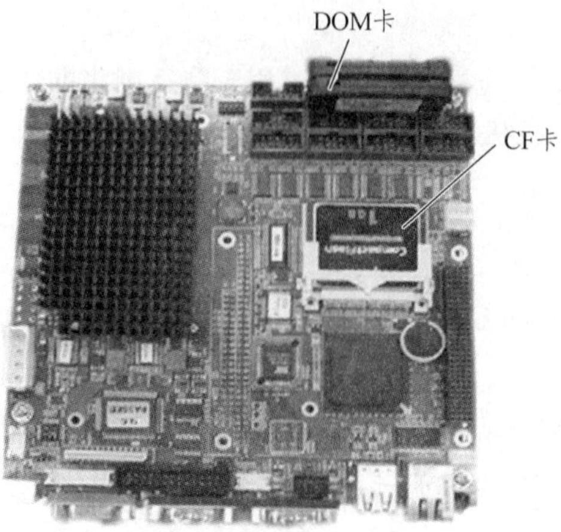

图 4-10　工控机

③ DOM 卡：Apacer 512 MB+128 MB。DOM 卡是一个存储介质，用于存储闸机的状态参数、操作日志、交易数据备份。

【说明：CF 卡和 DOM 卡都属于存储介质，其功能就相当于计算机的硬盘，但其体积更小。】

④ RS-232 接口：5 个 RS-232，1 个 RS-232/422/485 接口。

⑤ USB 接口：4 个。

⑥ 显示端口：LVDS+VGA（独立双显）。

⑦ 网络接口：标准 RJ45。

⑧ 音频：支持 AC97。

⑨ IDE 接口 2 个；PCI 插槽接口 1 个。

⑩ 时钟：安装备用电池，精度：±1 秒/日。

（2）本书中，闸机使用的操作系统为 LINUX 稳定内核（2.6.×），具有如下特点：

① 体积小。

② 实时性好。

③ 快速启动：开机启动时间在 20 s 以内。

④ 稳定性好：开始运行后不需要用户过多的干预，支持直接断电关机，文件系统有自我恢复能力。

⑤ 硬件适应性：支持 X86 硬件平台。

⑥ 安全性好。

⑦ 易于安装复制及更新。

⑧ 具有在线系统升级功能。

3）通道处理器

通道处理器（见图 4-11），专门为通道两边的传感器、指示器、维护检修开关、乘客显示屏等提供统一的电源和信号转接，方便线路的集中连接与传输，所以也叫通道转接板。闸机通道两边各安装有一块通道转接板（见图 4-12）。

通道处理器的作用：提供电源及信号转接，如 USB 信号、方向指示器/通行指示器/优惠报警灯/乘客导向器信号、维护门开关信号、通道传感器发射端电源、通道传感器接收端的电源和信号、乘客显示器的 LCD 背光电源等。

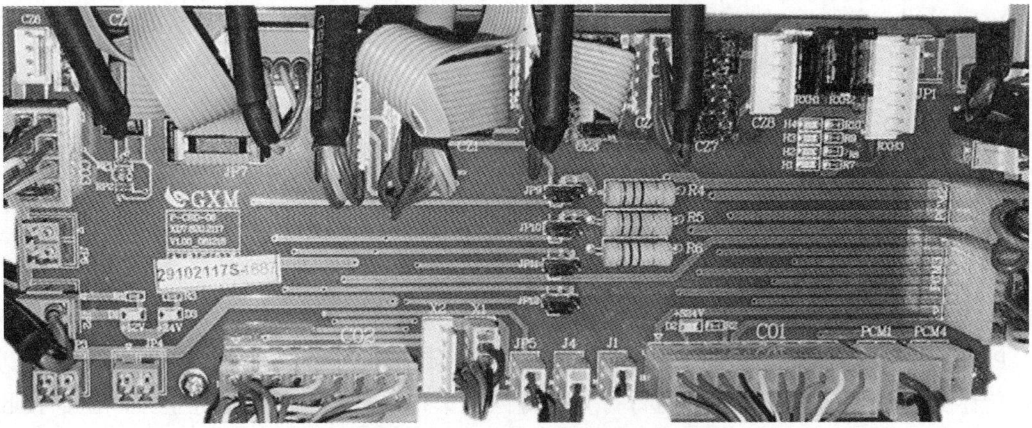

图 4-11　通道处理器

图 4-12　通道处理器的分布

4）综合控制器

综合控制器[见图 4-13（a）]由 32 位通用 ARM7 主控板[见图 4-13（b）]及 I/O 接口板[见图 4-13（c）]组成。

ARM7 主控板是以 PHILIPS 公司的 LPC2214FBD144 为核心组成的 32 位 ARM 控制系统，并通过 ATMEL 公司的 EPM7032STC44-10 CPLD 进行 I/O 口扩展，形成的一块具有丰富接口的通用主控制板。

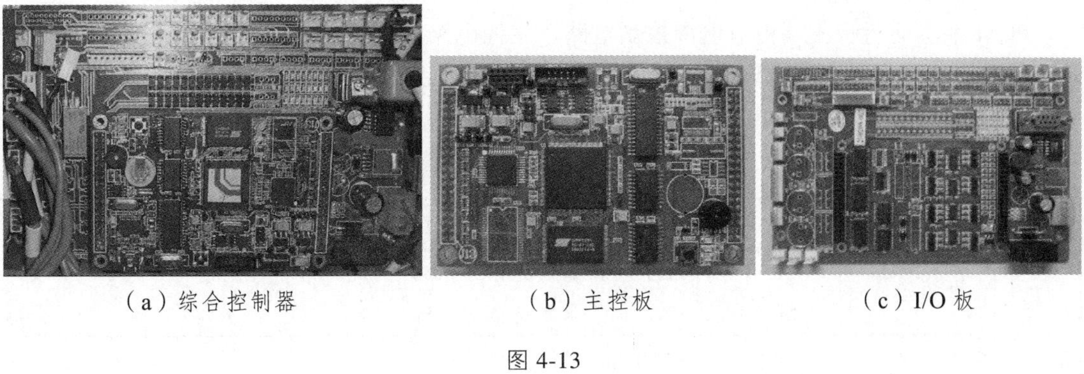

（a）综合控制器　（b）主控板　（c）I/O 板

图 4-13

I/O 接口板为外部电路与 ARM7 主板之间提供信号转接和驱动，并为 ARM7 主板提供电源以及 RS-232 与 TTL 信号转换。

在闸机中，由 ARM7 主控板与 I/O 接口板组成的综合控制器的主要作用：

（1）为闸机通行指示器、优惠/报警灯、整机蜂鸣器等提供或转接 I/O 控制信号。

（2）控制乘客显示器 LCD 背光电源。

（3）连接维护门开关信号。

5）PCM 乘客通行控制板

PCM 是 Passeger Control Module 的缩写，即乘客通行控制板（见图 4-14）。

PCM 是闸机控制系统的一个重要组成部件，为乘客通行行为处理的前置机构，其通过对通行传感器的计算来识别乘客的通行行为，将信号集中处理，并传给工控机；同时，接收工控机的指令，控制机芯电机的运转。其主要作用：

图 4-14　PCM 乘客通行控制板

（1）初始化闸门状态和工作参数。

（2）控制闸门的开关。

（3）判断乘客的通行行为是否符合通行算法的规则。

（4）阻挡无票乘客的通行。

（5）闸门机构的状态检测。

（6）通道的安全管理。

PCM 乘客通行板主要由双电源控制电路、主控电路、电机控制及驱动电路、驱动输出电路、传感器处理电路、输入光电隔离电路、通信端口等组成。

PCM 的技术参数如表 4-1 所示。

表 4-1　PCM 的技术参数

序号	项目名称	规格描述
1	电源接口	AC 40 V，6 A，电压波动范围为±5% AC 24 V，3 A，电压波动范围为±5%
2	通信接口	RS-232，19 200 bps

续表

序号	项目名称	规格描述
3	输入接口	（1）9 路光隔离的输入： 额定输入电压：DC 24 V；最大输入电压：DC 28 V 输入高电压：最小 DC 22 V；输入低电压：最大 DC 2 V 输入电流：15 mA （2）24 路光隔离的输入： 额定输入电压：DC 5 V；输入高电压：最小 DC 4 V 输入低电压：最大 DC 0.8 V；输入电流：3 mA
4	输出接口	2 路 48 V，2.5 A 的电机输出 2 路 1 A 可调整电压的电磁离合器输出 2 路 DC 24 V，500 mA 的方向指示器输出 ULN2803 驱动的输出（额定输出电流：200 mA，最大电压：DC 24 V，输出的低电平：最大 1.5 V） 8 路继电器输出（最大输出电流：1 A，电压：DC 24 V）

6）通行传感器

闸机安装有 14 对通行传感器，分布在闸机两侧通道内，用来监控乘客的通行行为。

7）功放盒

功放盒将工控机输出的音频信号经过放大，输出至扬声器。功放盒使用电源模块输出的 220 V 交流电源。

8）安全传感器

闸机安装 4 对安全传感器，布置在扇门两旁，PCM 对安全传感器的信号进行计算，防止扇门夹伤乘客。

9）维护键盘

USB 接口的维护键盘是闸机运营和维护的操作面板（见图 4-15），是运营维护人员与闸机的交互媒体，可以用于输入用户名、用户密码、设置运营参数、故障检测等。维护操作键盘是维护人员与闸机控制系统的交互接口。通过维护操作键盘，可以在显示器上显示闸机的维护信息、软件配置信息，以及修改闸机参数等。

图 4-15　维护键盘

10）回收票箱

回收票箱是出站闸机回收单程票的存放地，并排设置有两个回收票箱，位于闸机底部，靠近出站端。通过调整运营参数，可以设置回收票箱的回收票数量。通常，单程票回收箱最多可存储 1000 张单程票，票箱带有电子 ID，以便让系统内的所有设备可以直接获取单程票回收箱的编号。

11）机芯

机芯安装在闸机的中间位置，是闸机最主要的执行机构，机芯电机的旋转运动通过连杆机构带动扇门摆动，从而达到扇门开关的功能，主要包括电机、减速器、机械传动机构、电磁铁等。关于机芯，后面部分会进行详细的介绍。

12）传感器转接板

在主控单元扇门机构的前后部各设置有一块传感器转接板（见图 4-16），它是通行传感器、安全传感器的集中连接处理机构，为 18 对传感器接收端提供电源、传送检测信号。在传感器转接板上，每个传感器都有一个工作状态指示灯，通过该工作指示灯可以判断对应传感器的运行状态。

图 4-16　传感器转接板

4.2.3　闸机的关键部件

下面，介绍几个闸机的关键部件，包括机芯、单程票回收机构、乘客通行（安全）传感器、乘客提示单元。

1. 机芯

闸机机芯工作原理

机芯是闸机的最主要执行机构，它通过控制拦阻体（扇门）达到控制乘客通行的目的。闸机工作时，工控机接收通行传感器、安全传感器等的信号，进行处理判断，发出指令控制机芯电机运动。

如图 4-17 所示，机芯的组成部件有直流电机、减速器、摆臂、电磁铁、锚定板、襟翼臂、阻挡体、机芯转接板等。

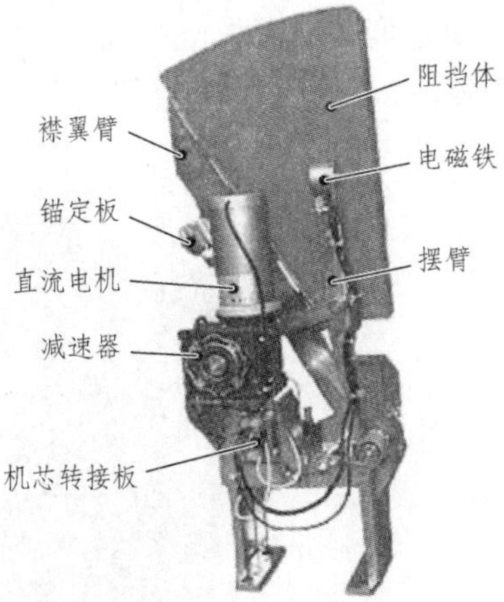

图 4-17　闸机机芯

1）直流电机

如图 4-18 所示，机芯的驱动电机通常采用有刷直流电机或者无刷直流电机，这里的“刷”是指控制直流电机内部电流换向的电刷（因其材质主要为石墨碳，也叫碳刷）。有刷直流电机控制简单、成本较低，但其中的电刷容易磨损，需要定期维护和更换。无刷直流电机因为采用无电刷结构，使用寿命较长。

图 4-18　直流电机

直流电机带动扇门运动视频

断电情况下手动带动扇门运动视频

断电情况下电磁铁为断开状态（非闭合）

闸机机芯工厂测试视频

直流电机采用 48 V 的直流电源驱动，工作时通过正反转实现扇门的开启和关闭。

2）减速器

闸机采用机械式齿轮减速器，将电机的高速旋转变为摇杆的低速旋转，同时提高了转矩以带动扇门机构运动。

3）摆臂

如图 4-19 和 4-20 所示，电机的旋转通过减速器输出，带动摇杆转动，再通过连接杆带动摆臂不停地摆动。

4）电磁铁和锚定板

如图 4-21 所示，电磁铁固定在摇臂上，跟随摇臂一起摆动。当电磁铁通电时，在电磁吸力的作用下，吸住锚定板，使与锚定板固定于一体的襟翼臂跟随摆臂摆动。当电磁铁断电时，摇臂与襟翼臂脱离，襟翼臂在弹簧的作用下，带动阻挡体（见图 4-22）缩回闸机箱体内，闸门打开。当闸机失电，或者出现火灾等紧急情况时，电磁铁断电。

当扇门机构正常工作时，电磁铁始终通电吸合锚定板，跟随摆臂带着扇门阻挡体摆动；当闸机处于应急模式或者失电状态时，电磁铁处于断电状态，襟翼臂在弹簧的作用下，也会带动阻挡体缩回，实现闸门的开启。

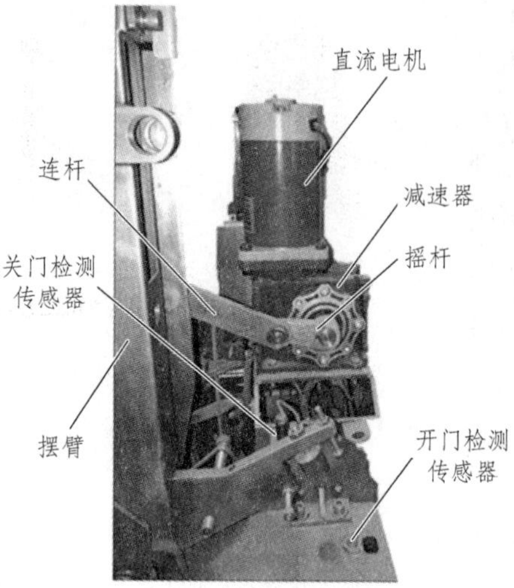

图 4-19　电机的组成

图 4-20　摇杆机构

图 4-21　电磁铁和锚定板

图 4-22　阻挡体

5）阻挡体

如图 4-22 所示，阻挡体为扇形，通过螺钉安装在襟翼臂上，跟随襟翼臂一起运动。

（a）　　（b）

图 4-23　位置检测的接近开关

6）开、关门检测传感器

如图 4-23 所示，机芯上安装有开门和关门检测的传感器。该检测传感器的类型为电感式接近开关，通过感应图 4-24 中的“T”和“S”两个金属杆，达到检测开、关门的目的。

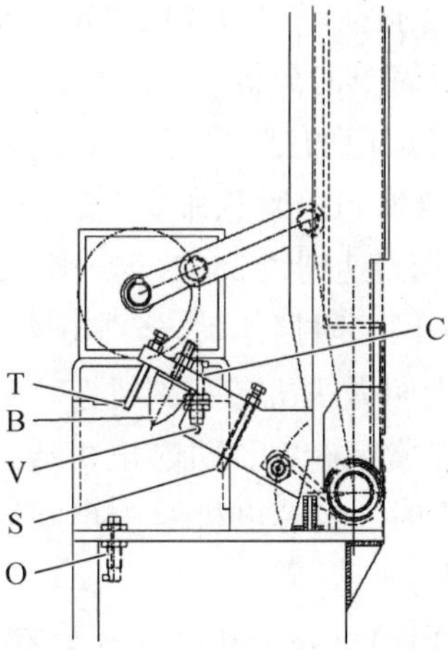

图 4-24　接近开关布置示意图

7）锚定板吸住检测传感器

如图 4-17 和 4-21 所示，在摆臂电磁铁的下方，安装有一个机械式的微动开关，用于检测锚定板是否吸附在电磁铁上（锚定板吸附在电磁铁上，扇门才能跟随机芯电机摆动而开关门）。

8）机芯转接板

如图 4-25 所示，机芯转接板为机芯的电气元件的集中接线电路板。

（1）接口功能：

① J1：标注“SIGINALS TO PCM”，8 孔插座，为将机芯各信号传递给 PCM 乘客通行控制板的接口。

② J2：标注“MOTOM FROM PCM”，4 孔插座，为 PCM 传递过来的控制机芯电机正反转运行的动力线（48 V 直流）。

图 4-25　机芯转接板

③ J3：标注“MOTOM”，4 孔插座，为连接机芯电机的动力线。

④ J4：标注“OPENING LIMIT SW.”，4 孔插座，开门限位传感器插接口。

⑤ J5：标注“CLOSING LIMIT SW.”，4 孔插座，关门限位传感器插接口。

⑥ J6：标注“MICROSWITCH”，2 孔插座，为检测电磁铁吸住与否的锚定板吸住检测传感器（微动开关）插接口。

⑦ J7：标注“SOLENOID”，2 孔插座，为连接锚定板电磁铁的接口（12 V 直流电源）。

下面，对机芯的工作过程进行简单的分析。

根据工控机的指令，闸机通过扇门的打开和关闭，实现对乘客的放行与阻挡。在紧急模式下，闸机能执行车控室内 IBP 盘发出的紧急命令，远程操作扇门开启。闸机同时具有防夹伤的功能，在关门的过程中，当阻挡力达到约 250 N 时，则会自动打开扇门，避免人员的夹伤。

扇门式闸机一个通道有两个扇门（阻挡体），分别由两个同步运动的机芯控制，实现扇门的同步开、关动作。两个机芯分别叫做主机芯和副机芯，通常，连接在工控机一边的为主机芯，另外一边的为副机芯。闸机正常运行时，机芯电机通过正反转实现往复的摆动，带动摆臂往复运动。闸机在初始上电自检时，机芯电机做 360°圆周运动进行状态复位。

（2）开关门位置检测注意事项：

① 如图 4-23 所示，为了检测扇门是处于开启或者关闭状态，在主、副机芯中安装了两个传感器（电感式接近开关）。

② 如图 4-24 所示，C 位置的接近开关用于检测闸门机构是否已经关闭。当闸门关闭时，该接近开关接通，传感器上的指示灯点亮。

③ 图 4-24 中 O 位置的接近开关用于检测闸门机构是否已经打开。当闸门打开时，该接近开关接通，传感器上的指示灯点亮。

小知识：

机芯上检测扇门开、关的传感器为电感式接近传感器（接近开关）。

接近传感器是一种具有感知物体接近能力的器件。它利用位移传感器对所接近物体具有的敏感特性达到识别物体接近并输出开关信号的目的，因此，通常又把接近传感器称为接近开关。

电感式接近传感器是一种利用涡流感知物体接近的接近开关。它由高频振荡电路、检波电路、放大电路、整形电路及输出电路组成。当金属物体接近检测元件时，金属物体会产生涡流而吸收振荡能力，使振荡减弱直至停振。振荡与停振这两种状态经检测电路转换成开关信号输出。

电感式接近传感器只对金属对象敏感，因此电感式接近传感器不能用于非金属对象的检测。

2. 单程票回收机构

闸机单程票回收

单程票回收机构为出站闸机或者双向闸机特有的机构，进站闸机没有该机构。

如图 4-26 所示，单程票（筹码式）回收机构安装在出站闸机或者双向闸机内部靠近出站端。乘客投入的有效单程票将进入单程票回收票箱（以下简称票箱），而乘客投入的无效票及其他物体（如硬币等）被退回至退票口。

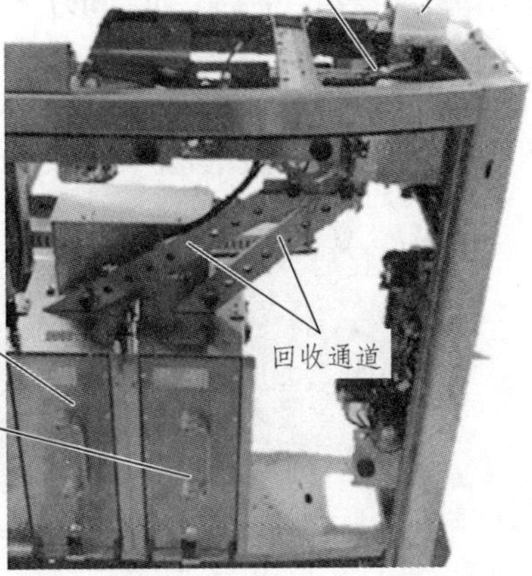

图 4-26　单程票回收机构整体布局

外观上看，单程票回收机构整体上包括投票口、退票口、回收机构核心模块（见图 4-27）、回收通道和 2 个回收票箱等。

图 4-27　回收机构核心模块

简单地讲，单程票的回收过程如下：单程票从投票口投入，经过回收机构核心模块的判断处理，由回收通道进入票箱中。

单程票在回收过程中，利用其圆形的特点，始终处于“滚动”的状态。

单程票回收机构的功能：

（1）无效票退还乘客。

（2）有效票分拣后进入票箱。

（3）投票口不能同时投入两张单程票，投入一张单程票后立刻关闭闸口，避免连续投票。

（4）与读写器配合，具有不接收非法票或物品的功能。

（5）有自检测及自诊断功能。

从控制功能的角度，单程票回收机构主要包含回收机构电磁铁、回收机构（检测）传感器、回收机构转接（电路）板、回收票箱（含票箱座）、读写器等。

1）回收机构电磁铁

单程票回收机构通过电磁铁（见图 4-28）带动的挡杆（滑杆或挡片）控制单程票在回收过程中的“滚动”方向。

图 4-28　回收机构电磁铁

回收机构电磁铁有两种：双稳态电磁铁和普通电磁铁。双稳态电磁铁也叫磁保型电磁铁，DC 12 V 电源供电，有两组线圈，采用 3 线插接式。当电磁铁一个线圈通电时，挡杆缩回并保持；当另一电磁铁通电时，挡杆伸出并保持。普通电磁铁为 DC 12 V 电源供电，只有一组线圈，当线圈通电时，挡杆缩回；当线圈断电时，挡杆在弹簧作用下伸出。

如图 4-29 所示，单程票回收机构上设置有投票闸口电磁铁、退票口电磁铁、回收通道电磁铁和票箱切换电磁铁共 4 个电磁铁，下面分别予以介绍。

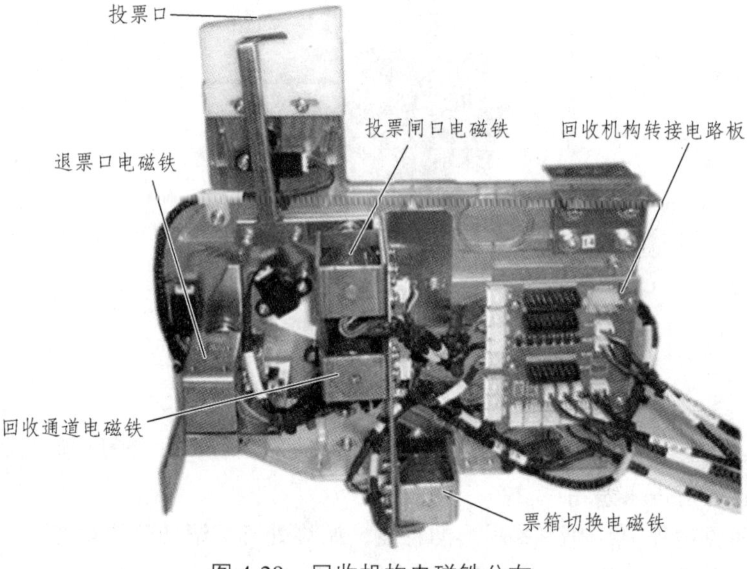

图 4-29　回收机构电磁铁分布

（1）投票口电磁铁：该电磁铁为双稳态电磁铁，采用 3 线插接式连接，安装在投票口的下端部位，通过一个长连杆连接到投票口顶端的挡片，用来封闭和打开投票口。当投票口电磁铁的一个线圈通电时（脉冲信号），投票口封闭，阻止单程票进入回收机构。闸机工作时，当有单程票投入投票口后，该电磁铁会推拉挡片封闭投票口，保证回收机构同时只能处理一张单程票，直到单程票处理完毕才会重新打开投票口。当闸机关闭电源后，电磁铁也会推拉挡片封闭投票口。

（2）退票口电磁铁：该电磁铁为双稳态电磁铁，采用 3 线插接式连接。退票口电磁铁安装在退票口的后端，用于允许和阻止单程票进入退票口。当闸机处于待机状态时，退票口电磁铁的一个线圈通电，带动挡杆动作，阻止单程票从回收通道进入退票口；当回收通道的读写器检测到单程票为无效票时，该电磁铁另一线圈通电带动挡杆动作，打开退票口，使单程票滚入退票口。

（3）回收通道电磁铁：该电磁铁为单线圈的普通电磁铁，采用 2 线插接式连接。回收通道电磁铁用于允许和阻止单程票进入回收票箱的回收通道（如图 4-26 所示，回收通道是横截面为矩形的管道，筹码式单程票依靠重力在其中可以滚动）。待机状态下，该电磁铁断电，挡杆在弹簧作用下伸出，从投票口进入的单程票被挡在读写区，读写器对单程票进行读卡分析。如果为有效票，该电磁铁通电，挡杆缩回，单程票进入下一回收步骤；如果为无效票，该电磁铁继续保持断电阻止状态。（该情况下，退票口电磁铁将会动作而打开退票口，无效票将会进入退票口。）

（4）票箱切换电磁铁：该电磁铁为双稳态电磁铁，采用 3 线插接式连接。回收机构有 2 个回收票箱，默认情况下，回收票会进入票箱 1，当票箱 1 的单程票满了后（达到设置的数量），回收的单程票则进入票箱 2。票箱切换电磁铁的作用就是控制需要回收的单程票进入票箱 1 或者进入票箱 2 中。当该电磁铁一组线圈通电时，带动挡杆动作，回收的单程票进入票箱 1，当另一组电磁铁通电时，带动挡杆动作，回收的单程票进入票箱 2。

小知识：

双稳态电磁铁，是一种双线圈保持式直流电磁铁，从其动作的角度看，其属于推拉式电磁铁。结构上，双稳态电磁铁的滑杆两端，分别有 2 组带铁芯的线圈，2 个铁芯上分别安装有永磁铁。

双稳态电磁铁工作原理：当一组线圈通电励磁后，在电磁场的作用下，滑杆会向该线圈的铁芯方向移动，并停在该端点的位置，而当线圈断电后，在永磁铁的作用下仍然保持在该端点位置；当给安装在另外一端的另一组线圈通电后，同样在电磁场的作用下，滑杆克服永磁铁的磁力，反向滑动到另一端点，当线圈断电后，在永磁铁的作用下，也仍然保持在该终端的位置。

能看出，双稳态电磁铁其工作原理与普通电磁铁基本是一致的，唯一不同的就在于其内部安装有永磁铁，从而导致滑杆在行程的末端还能够停留在那里并维持一定的保持力。同时，其通过给不同的线圈通电来控制其推拉的方向。

双稳态电磁铁工作时，只需要在改变推拉方向时线圈短暂通电（脉冲信号），所以使用时比较省电，而且发热量小。

双稳态电磁铁在两个线圈都不通电的状态下，用外力（例如手指）推拉挡杆，可以克服永磁铁的磁力，随意切换挡杆伸出或者缩回的状态。

2）回收机构传感器

（1）对射式光电传感器。

单程票回收机构中，使用了 8 组对射式红外线光电传感器（对射式光电开关），用于检测单程票所处的位置、对单程票进行计数、故障诊断等。如图 4-30 所示，单程票回收机构中包含了投票口传感器、退票口传感器、读写区传感器、回收通道传感器、回收通道 1 传感器-上、回收通道 1 传感器-下（图上未标出）、回收通道 2 传感器-上、回收通道 2 传感器-下（图上未标出）共 8 组对射式传感器。下面分别予以介绍。

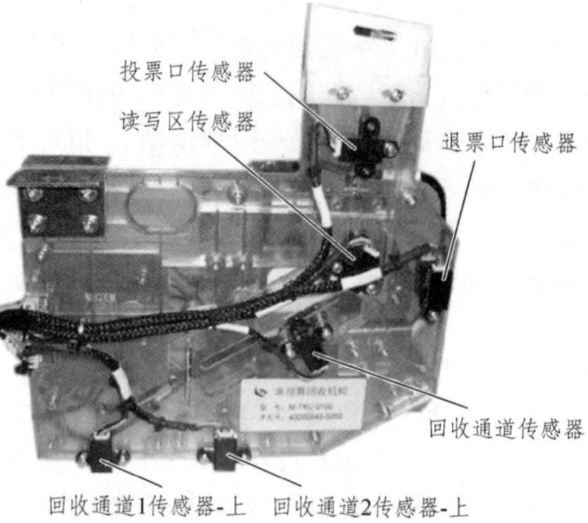

图 4-30　回收机构传感器分布

① 投票口传感器。

该传感器用于检测判断是否有单程票投入。当有单程票从投票口投入时，该传感器有信号。因为单程票是在“掉落”过程中短暂触发了该传感器，所以在工作中，该信号产生后会马上会消失，只接通 0.2 s 左右的时间。

② 读写区传感器。

该传感器有信号时，表示单程票进入了读写区（读写器的天线），读写器开始进行读卡识别操作。因为单程票从投票口投入后，被回收通道电磁铁的挡杆挡住而停留在读写区，所以在单程票进入回收通道或者退票口前，即读卡操作完成前，该传感器始终有信号。

③ 退票口传感器。

退票口传感器用于检测无效的单程票是否已经进入退票口。当系统检测到无效票时，退票口电磁铁动作，无效票“滚”入退票口，退票口传感器产生信号，退票口指示灯点亮，提示乘客取走单程票。

当乘客将手伸入退票口取走无效票后，安装在退票口里面的对射式退票检测传感器（注意，是退票检测传感器，不是退票口传感器。退票检测传感器直接连接在回收机构主控板上，而不是回收机构转接板上）检测到无效票已经取走，通知控制系统熄灭退票口指示灯。

说明：退票口传感器安装在退票口外面，用于检测无效票是否已经进入退票口；退票检测传感器安装在退票口里面，用于检测无效票是否已经被取走，实际是感应被遮挡后又断开的过程。

④ 回收通道传感器。

该传感器用于监控回收过程进行以进行故障诊断，同时对回收单程票的数量进行计数。当读写器识别到有效单程票，回收通道电磁铁动作，带动回收通道挡杆缩回，单程票进入回收通道，该传感器信号接通，单程票在回收通道中继续“往下滚”，传感器信号断开。所以，从这个过程中能看出，该传感器接通、断开一次，就表示有一个单程票已经进入回收通道。

⑤ 回收通道 1 传感器-上。

该传感器用于监控回收过程进行以进行故障诊断。当回收的单程票滚入回收通道 1（矩形管道）的入口，即回收通道 1 的上部位置，该传感器信号接通，单程票继续“往下滚”，该传感器信号断开。

⑥ 回收通道 1 传感器-下（图 4-30 未标出）。

回收的单程票经过“回收通道 1 传感器-上”后，继续“往下滚”，该回收通道 1 传感器-下信号接通，表示单程票已经滚下来了。如果在一段时间内，该传感器还没有信号，则表示出现了卡票或者其他故障，在故障诊断时可以查询到相关的信息。

⑦ 回收通道 2 传感器-上。

其功能和“回收通道 1 传感器-上”一样，是对回收通道 2 中的单程票进行检测。

⑧ 回收通道 2 传感器-下（图 4-30 未标出）。

其功能和“回收通道 1 传感器-下”一样，是对回收通道 2 中的单程票进行检测。

以上 8 组都为对射式红外线光电传感器，其特征参数为：

· 采用统一的插接端子连接在回收机构转接板上。

· 发射端：电源 DC 5 V；插接线 2 根。

· 接收端：电源 DC 5 V；插接线 3 根，分别为+5 V，0 V，信号线。

小知识：

对射式光电开关由发射器和接收器组成（也叫发射端和接收端），其工作原理是如图 4-31 所示。对射式光电开关包含在结构上相互分离且光轴相对放置的发射器（发射头）和接收器（接收头），发射器发出的光线直接进入接收器。当被检测物体经过发射器和接收器之间且阻断光线时，光电开关就产生了开关信号。当检测物体为不透明体时，对射式光电开关是最可靠的检测模式。

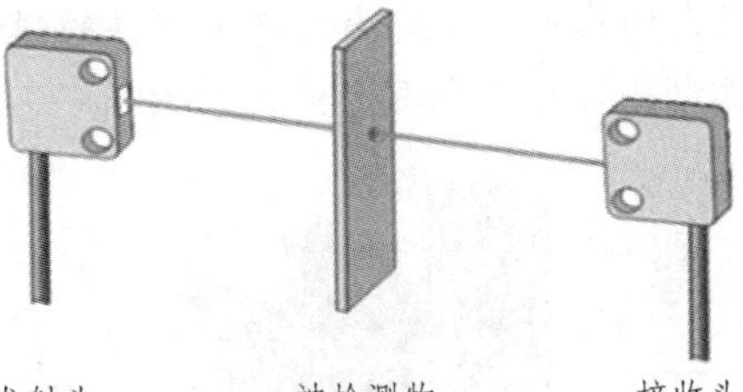

图 4-31　对射式光电开关工作原理

（2）U 型光电传感器。

如图 4-32 所示，在“投票闸口电磁铁”“退票口电磁铁”“回收通道电磁铁”和“票箱切换电磁铁”4 个电磁铁旁边，都安装了一个 U 型光电传感器（也叫 U 型光电开关），用以检测电磁铁挡杆伸出或者缩回的状态（即检测电磁铁的动作）。

图 4-32　U 型光电传感器

U 型光电传感器特征参数：

· 采用统一的插接端子连接在回收机构转接板上。

· 电源：DC 5 V。

· 连接线：3 根；分别为+5 V，0 V，信号线。

小知识：

U 型红外线光电传感器（见图 4-33）实际上也是对射式光电传感器的一种，其又被称为槽型光电开关、U 型光电开关。

U 型光电传感器包含红外线发射器和红外线接收器两部分，两部分集成于一体。其发射器和接收器分别位于 U 型槽的两边，并形成一光轴。当被检测物体经过 U 型槽且阻断光轴时，光电开关产生动作，输出一个开关量信号。

U 型光电开关与其他接近开关一样，因为没有机械运动，所以能对高速运动的物体进行检测。其镜头容易受有机尘土等的影响，当镜头受污染后，光会散射或被遮光，所以在有活水蒸汽、尘土等较多的场合，需施加适当的保护装置。

U 型光电开关会受到强光的影响，如果像太阳光那样的强光直接照射受光体，会造成误动作或损坏，但一般的照明光对其几乎没有任何影响。

图 4-33　U 型红外线光电传感器

3）回收机构的工作流程

综上所述，我们可以分析得知，单程票回收机构的工作流程如图 4-34 所示。

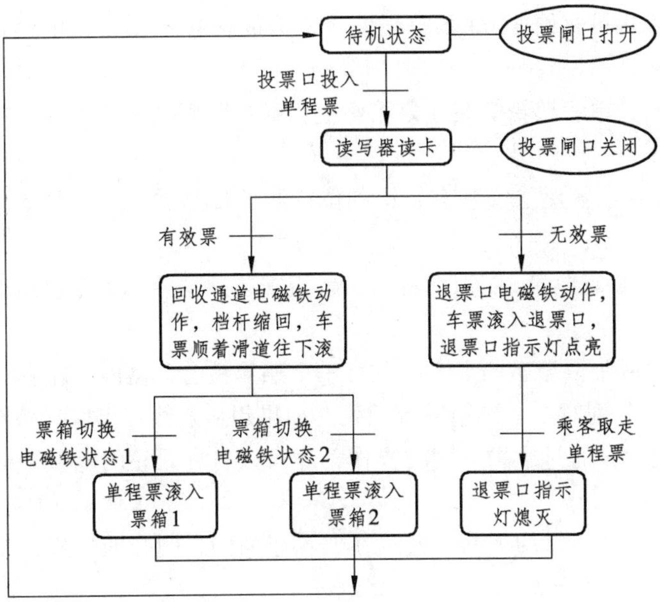

图 4-34　单程票回收机构工作流程

闸机单程票进票箱1流程

闸机单程票进票箱2流程

4）回收机构转接电路板

如图 4-35 所示，在单程票回收机构中，采用了回收机构转接电路板，简称为回收机构转接板，用于回收机构的各电磁铁、传感器等连接线的集中连接，以方便设备的安装、调试和维护。

图 4-35　单程票回收机构转接板

闸机单程票退票流程

关于回收机构转接板，有以下几点说明：

（1）电磁铁、传感器都采用插头的形式，直接插接在单程票回收转接板上。

（2）转接电路板上，标注“M1”“M2”“M3”“M4”的分别为“投票闸口电磁铁”“退票口电磁铁”“回收通道电磁铁”“票箱切换电磁铁”4 个电磁铁的插接端口。

（3）标注 SQ1 ~ SQ4 的为 U 型光电传感器的插接端口。

（4）标注 S01R ~ S12R 的为对射式光电传感器接收端。

（5）标注 S01E ~ S12E 的为对射式光电传感器发射端。

5）回收票箱

如图 4-26 所示，单程票回收机构设置有 2 个回收票箱。单程票回收票箱安装在闸机内部，位于闸机底部，靠近出站端的位置。

关于票箱及其票箱座，有几点说明：

（1）票箱 ID：单程票回收箱最多可存储 1000 张单程票。票箱带有电子 ID，以便让系统可以获取单程票回收箱的编号。

（2）票箱卡扣：如图 4-36 所示，单程票箱安装在票箱座上，通过弹簧锁紧装置将票箱卡在票箱内，防止票箱左右移动。

（3）票箱安装到位检测传感器：票箱座上安装有票箱到位检测的传感器，检测票箱是否安装到位。

（4）票箱 ID 识别器：票箱座上装有票箱 ID 识别器，当票箱安装到位后，可以识别出票箱的 ID 号。

（5）票箱锁：如图 4-37 所示，两个票箱座的上方设置有一个票箱锁盒，盒内设置有 2 个电磁锁（电磁铁控制的锁扣机构），分别对 2 个票箱进行锁死。如果想从票箱座上取走票箱，必须拥有维护权限并进入维护模式后，通过维护界面的操作，才可以打开票箱的电磁锁，将票箱从票箱座内取出。

（6）票箱满检测传感器：在每个票箱座的侧面，通过在票箱座两侧开圆孔的方式，安装有对射式光电传感器，用于检测票箱是否已满。

（7）票箱转接板：每个票箱的后部都设置有票箱电路接线板，用于票箱所有控制元件的电路连接。

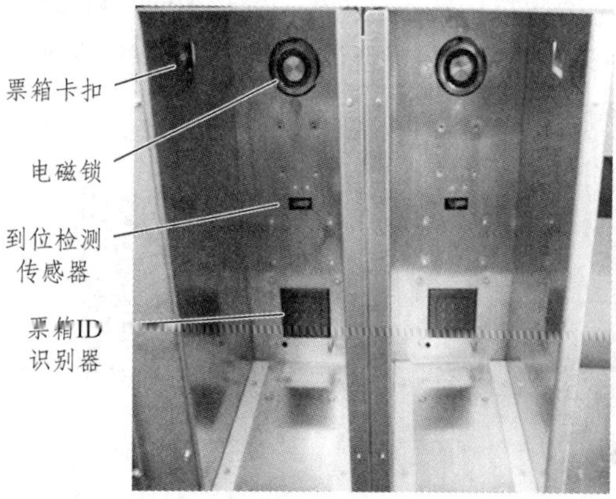

图 4-36　票箱座

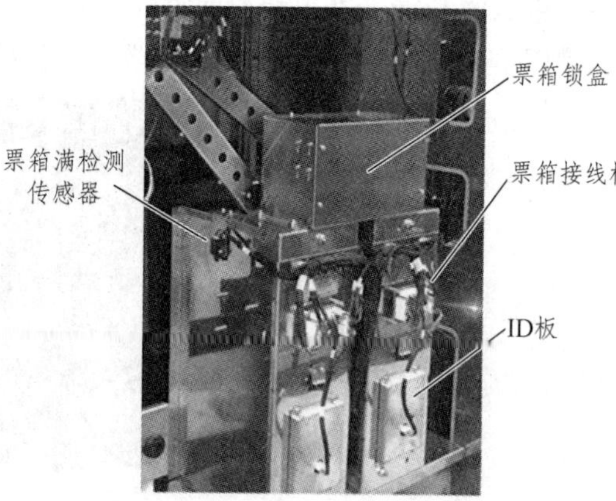

图 4-37　票箱背面结构图

6）回收机构的输入输出元件汇总

根据前面的工作分析，可以总结出单程票回收机构的所有输入信号和输出信号（执行机构），如表 4-2 所示。

表 4-2　单程票回收机构的输入输出元件汇总表

元件机构	输入信号	合计数量	输出	合计数量
回收机构电磁铁（U型传感器）	1. 投票闸口电磁铁动作检测； 2. 退票口电磁铁动作检测； 3. 回收通道电磁铁动作检测； 4. 票箱切换电磁铁动作检测	4 个	1.投票闸口电磁铁； 2.退票口电磁铁； 3.回收通道电磁铁； 4.票箱切换电磁铁	4 个

续表

元件机构	输入信号	合计数量	输出	合计数量
回收过程检测传感器（对射式传感器）	1. 投票口传感器； 2. 退票口传感器； 3. 读写区传感器； 4. 回收通道传感器； 5. 回收通道 1 传感器-上； 6. 回收通道 1 传感器-下； 7. 回收通道 2 传感器-上； 8. 回收通道 2 传感器-下	8 个	—	—
票箱	1. 票箱 1 票满检测传感器； 2. 票箱 1 到位检测传感器； 3. 票箱 2 票满检测传感器； 4. 票箱 2 到位检测传感器	4 个	1.票箱 1 电磁锁； 2.票箱 2 电磁锁； 3.票箱 1 ID 识别器； 4.票箱 2 ID 识别器	4 个

3. 乘客通行（安全）传感器

如图 4-38 所示，乘客通道两边的闸机都安装有乘客通行传感器和安全传感器。

图 4-38　乘客传感器分布示意图

如图 4-39 所示，按照乘客经过闸机的前进方向，依次为监视区、安全区和离开区 3 个区域。

乘客通行传感器：闸机共设置 14 对乘客通行传感器（F1 ~ F14），扇门前后的监视区和离开区各分布 7 对，监视区为 F1 ~ F7，离开区为 F8 ~ F14。

乘客安全传感器：闸机共设置 4 对乘客安全传感器（S1 ~ S4），扇门前后各分布 2 对。

通行传感器用于对乘客的通行行为进行判断，例如：过闸机过程中的短暂停顿、拖着行李箱等都是被允许的，而尾随、长时间没过闸都是不被允许的。

乘客安全传感器用于保护乘客的安全，运行级别最高。只要有一对安全传感器被触发，闸门就不能关闭，即使在扇门关闭的过程中被触发，都会立即转为扇门开启。

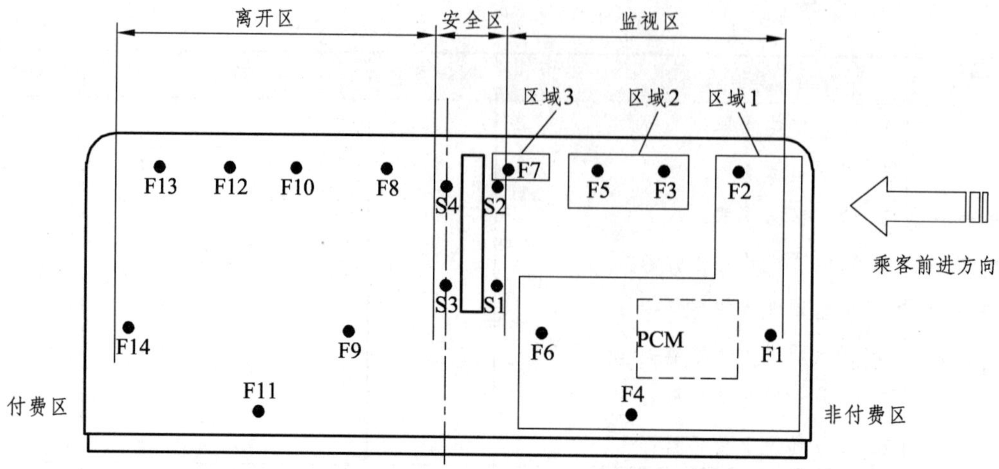

图 4-39 闸机乘客通行、安全传感器分布原理图

1）乘客传感器

乘客通行传感器、乘客安全传感器统称为乘客传感器。乘客传感器使用对射式红外线光电传感器。如图 4-40 所示，每对传感器由发射器（即发射端）和接收器（即接收端）组成。当有乘客、行李等物体挡住发射端发射的红外射线时，由于接收端无法接收到红外线，则会产生检测信号。

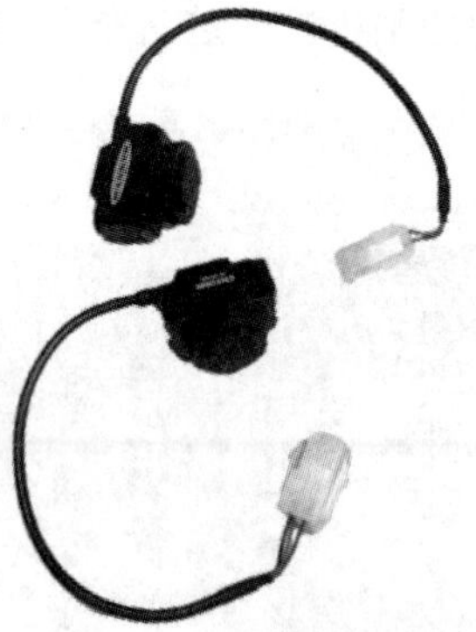

图 4-40 乘客传感器

（1）乘客传感器发射端特征参数：

① 电源：DC 24 V。

② 连接线：共 2 根，+24 V 和 0 V（GND）。

③ 连接：发射端只需要连接 2 根工作电源线，从通道转接板上引出，逐个连接。

（2）乘客传感器接收端特征参数：

① 电源：DC 24 V。

② 连接线：共 3 根，+24 V、0 V（GND）和信号线。

③ 输出：DC 5 V，TTL 电平信号。

④ 连接：接收端需要连接电源和信号共 3 根线，统一连接于接收传感器转接板上。

2）接收传感器转接板

如图 4-41 所示，接收传感器转接板是连接乘客通行传感器接收端、安全传感器接收端的电路连接装置。

图 4-41　接收传感器转接板

从图 4-39 的传感器分布原理图可以看出，如果以扇门为界限，则在扇门的两侧，各分布有 7 个乘客通行传感器和 2 个安全传感器（共 9 个）。所以，为了方便接线，在扇门的前侧和后侧，闸机各设置有一个传感器转接板，用于连接自身侧的 7 个乘客通行传感器和 2 个安全传感器的接收端。（注意，转接板只连接了传感器的接收端，因发射端是在闸机通道的另外一边，它们是连接在通道转接板上的，且只需要连接 2 根电源线。）

接收传感器转接板特征参数：

（1）标注 F1R ~ F7R 的接口：3 针公头插座，连接 7 个乘客通行传感器 F1 ~ F7 的接收端。

（2）标注 S1R ~ S2R 的接口：3 针公头插座，连接 2 个乘客安全传感器 S1 ~ S2 的接收端。

（3）标注 JP1 ~ JP4 的接口：2 针公头，主要用于电源的接口。

（4）标注 J1 的接口：8 针公头插座，传递信号的接口。

（5）标注 J2、J3 的接口：6 针公头插座，传递信号的接口。

（6）标注 J4、J5、J6、J7 的接口：6 针公头插座，两块接收传感器转接板信号互连接口。J4、J5 为输入，J6、J7 为输出。实际接线中，扇门后面转接板的 J6 和 J7 分别连接扇门前面（PCM 板的一侧）转接板的 J4 和 J5。

（7）标注 J8 的接口：24 针公头插座。输出信号给 PCM 的转接板，使用其中的 18 根线传送 18 个接收传感器的信号给 PCM。

4. 乘客提示单元

乘客提示单元是为乘客的通行行为提供指示、报警等信息的部件，主要由乘客显示器、方向指示器、通行指示器、优惠/报警灯、整机蜂鸣器等组成。

1）乘客显示器

乘客显示器（见图 4-42）一般为液晶显示器，以文字和图片的形式动态显示提示乘客的信息。在进站端和出站端分别设置有进站乘客显示器和出站乘客显示器。

乘客显示器在闸机正常运行时作为乘客显示器用于显示乘客的提示信息，但在维护模式时，则作为维护操作显示器，显示维护与操作的界面及相关维护查询等信息。

即使有些闸机设置了 2 个显示器，一个安装在闸机外壳上作为乘客显示器，一个安装在闸机外壳里面作为维护操作显示器，但实际上它们显示的内容仍然是完全相同的，只是增加了一个显示信号的分频器，将同样的内容显示在两个液晶显示屏上。

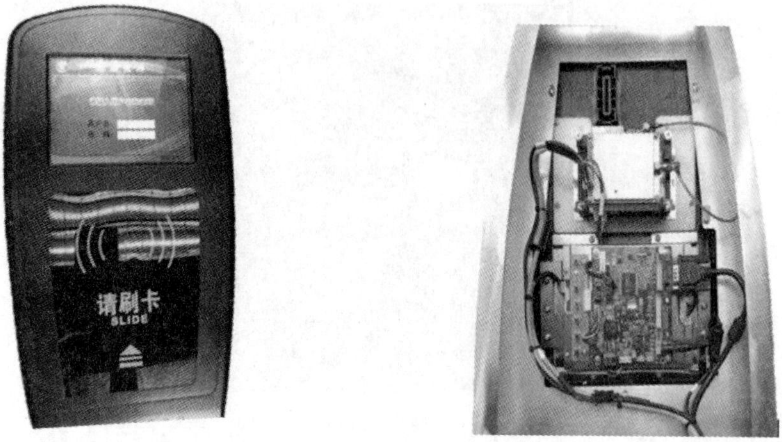

（a）乘客显示器正面　　（b）乘客显示器背面

图 4-42　乘客显示器

（1）乘客显示器技术指标（参考）：

· 型号：G065VN01（AU 公司）。
· 像素：（分辨率）VGA（640×480）。
· 有效显示区域：132.5×99.4。
· 显示色彩：262 K/16.2 M。
· 视角：140/120（水平/垂直）。
· 亮度：500 cd/m²。
· 对比度：500∶1。
· 响应时间：25 ms。
· 功耗：4.26 W。
· 电源电压：3.3 V。
· 背光：2 个 CCFL 灯管。
· 外部尺寸：153.0 mm×118.0 mm×10.7 mm。
· 质量：210 g。
· 接口：LVDS。

（2）乘客显示器显示内容：

· 闸机正常且无刷卡信息时显示欢迎界面。
· 乘客刷卡时显示该卡是否合法有效。
· 对有效卡显示当前扣款额和可用余额。
· 对无效卡提示乘客到问讯处处理。

（3）乘客显示器的结构：

· 乘客显示器整体上由液晶显示装置（LCD）和背光板组成。

· 液晶显示装置仅显示内容，本身不会发光，是透光的，其通过 VGA（视频）接口与工控机连接。

· 背光板为液晶显示装置提供光源，其亮度的调节由综合控制器控制。

2）方向指示器

（1）方向指示器由表示通道可用的绿色指示灯、通道不可用的红色指示灯以及显示优惠票的橙色灯组成（见图 4-43），使乘客可以在 30 m 处明显识别该通道目前的状态。

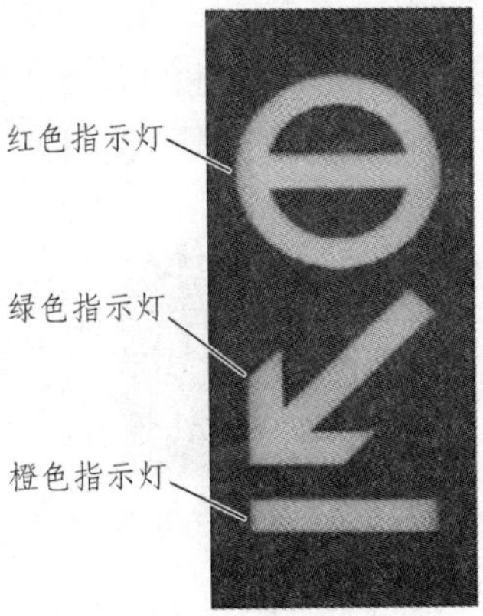

图 4-43　方向指示灯

其中：绿色指示灯与红色指示灯不可同时显示。

（2）方向指示器连接在通道转接板上，直接受 PCM 控制。

3）通行指示器

（1）通行指示器安装在闸机顶盖上，指示乘客通行的方向。

（2）通行指示器连接在通道转接板上，直接受综合控制器控制。

4）优惠/报警灯

（1）优惠/报警指示灯安装在在闸机上盖的中部位置，内有红色指示灯和橙色指示灯各一个。通道中每个可以使用的方向都装有一套优惠/报警指示灯。

当有乘客持优惠票刷卡时，该方向上的橙色指示灯亮，当有乘客持黑名单票刷卡时该方向上的红色指示灯亮。

（2）优惠/报警指示灯连接在通道转接板上，直接受综合控制器控制。

5）整机蜂鸣器

整机蜂鸣器（见图 4-44）安装在闸机内部，综合控制器的旁边。当系统检测到闸机出现故障时，蜂鸣器发出鸣叫声。

图 4-44　整机蜂鸣器

整机蜂鸣器特征参数：

· 电源：DC 24 V。

· 报警声响：约 80 dB。

· 连接：直接与综合控制器连接，受综合控制器的控制。

· 连接形式：2 线的插头式连接。

6）票卡读写器

票卡读写器（见图 4-45）包含 IC 卡读写器和天线板两部分。严格地讲，它应该叫 IC 卡读写单元或者 IC 卡读写装置，但通常简称为“票卡读写器”或者“读写器”。

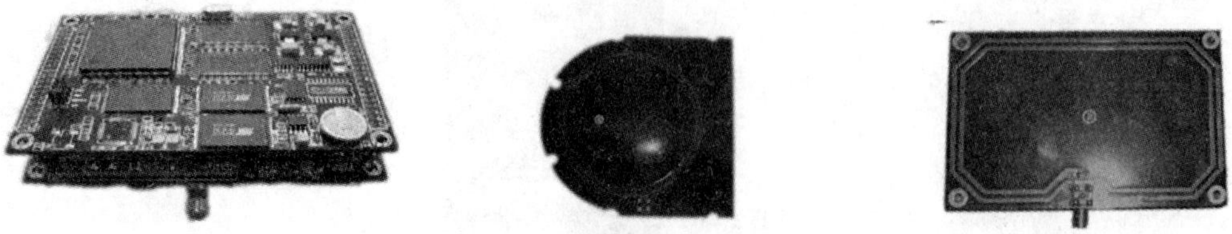

（a）IC 卡读写器　　（b）圆形天线板　　（c）方形天线板

图 4-45　读写器和天线

顾名思义，票卡读写器完成车票读和写的操作，读取车票的入站点、入站时间、金额等信息，写入扣款等信息。

读写器的天线板简称为天线，分为圆形天线板和方形天线板两种。

（1）通用 IC 卡读写器的特征参数：

以 ATMEL 公司的 at91sam9260 为核心的 arm9 mcu 组成的 32 位控制系统。

· 读写器可兼容处理符合 ISO14443 TypeA、TypeB 和 SONY 公司标准的 FELICA 卡。

· 提供 RS422 或 RS232 数据通信接口以及 USB 接口。

· 车票读写器具备与安全认证模块（SAM）之间的数据传输接口和能力，执行充值、消费等卡读写相关操作流程和要求。

· 读写器有 4 个 SAM 扩展插槽。

· 读写器对代币的最大读写距离不小于 40 mm。

· 读写器对方型 IC 卡的最大读写距离不小于 60 mm。

· 读写器与车票的典型交易（含全部确认、过程文件处理、钱包文件处理、交易数据产生等）时间小于 450 ms。

（2）关于闸机需要的读写器数量，说明如下：

· 一个双向通道中需安装三台读写器，分别是：入站读写器、出站储值票读写器及单程票回收机构读写器。

· 一个入站通道中仅有一台读写器，即入站读写器。

· 一个出站通道中需安装两台读写器，分别是出站储值票读写器及单程票回收机构读写器。

以上均是以一个通道来计算的。

（3）读写器的连接：

· 读写器通过 USB 接口与工控机相连。

· 读写器的工作电源端口与通道转接板相连，由通道转接板提供电源。

任务 4.3　闸机的操作与使用

闸机使用与操作

任务目标

（1）掌握闸机的开、关机操作。

（2）掌握乘客进出站操作及显示界面。

（3）掌握闸机的换票箱操作。

（4）掌握闸机运行参数设置。

4.3.1　闸机的开、关机操作

1. 闸机的开机操作

闸机的开机操作流程如图 4-46 所示，步骤如下。

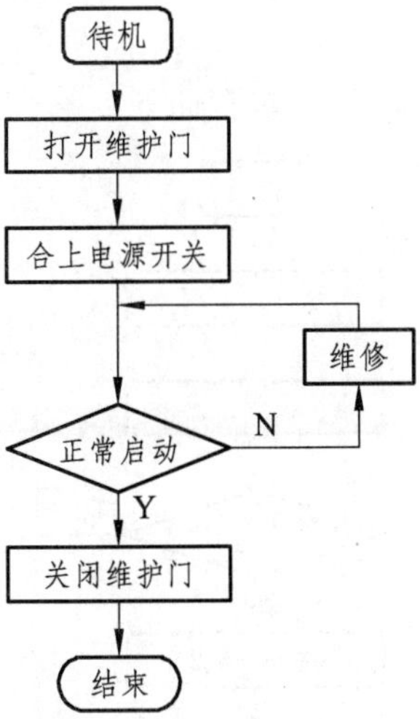

图 4-46　闸机开机流程

（1）打开闸机维护门。

每台闸机都有 4 块维护门，可以用 19#钥匙打开。

使用钥匙打开维护门的方法：将钥匙的凸起部分对着钥匙孔的缺口插入，然后稍微用力顺着插孔的方向往里压，再顺时针方向旋转 90°即可。

使用钥匙关上维护门的方法：（此时钥匙在钥匙孔内）顺着插孔的方向往里压住钥匙，然后逆时针方向旋转 90°，拔出即可。

（2）确认各个部件到位及 220 V 交流电源连接正确。

（3）合上电源模块的开关（空气开关）。

（4）工控机自动开机运行，启动操作系统，闸机的应用程序将会随着系统的启动而自动启动。在启动界面上，用户可以看到闸机各个功能模块的自检状态，可以了解这些组件是否处于正常工作状态；当出现问题时，启动界面上会有明确的提示信息，帮助用户快速地确定故障部件位置，以便及时、有效地排除故障。

（5）关闭维护门，等待进入闸机运行主程序，如图 4-47 所示，表示闸机程序正在启动运行中。

图 4-47 闸机开机启动

2. 闸机的关机操作

闸机的关机操作流程如图 4-48 所示，步骤如下：

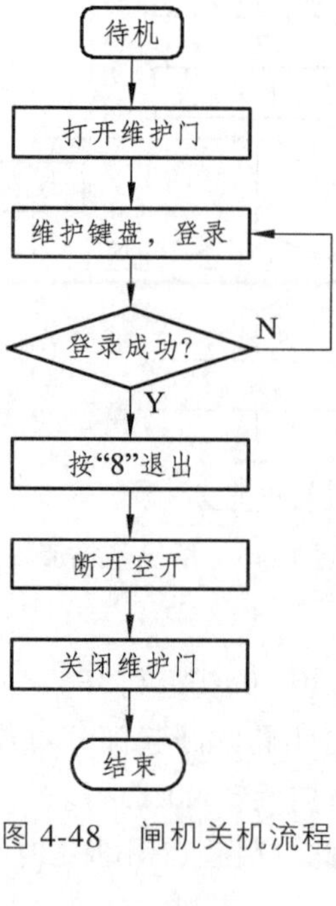

图 4-48 闸机关机流程

（1）用 19#钥匙打开维护门。

（2）显示登录界面，如图 4-49 所示，输入用户名“123456”和密码“123456”（默认值，根据具体分配确定）。

（3）登录完成，显示维护界面（见图 4-50），按数字键“9”关机。

（4）等待闸机系统程序关闭。

（5）断开电源模块的开关（空气开关）。

（6）关闭维护门，拔出钥匙。

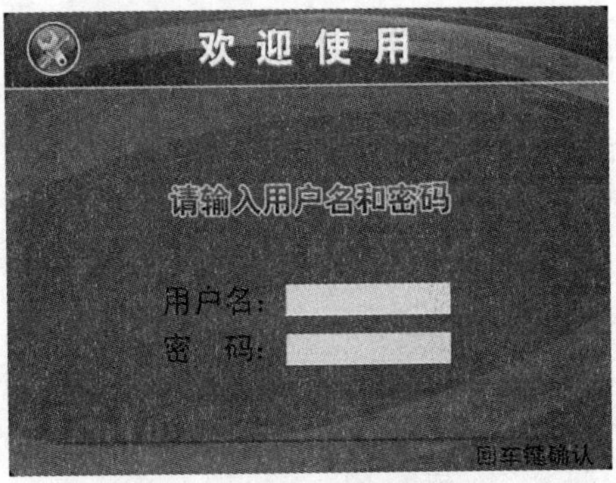

图 4-49　闸机登录界面

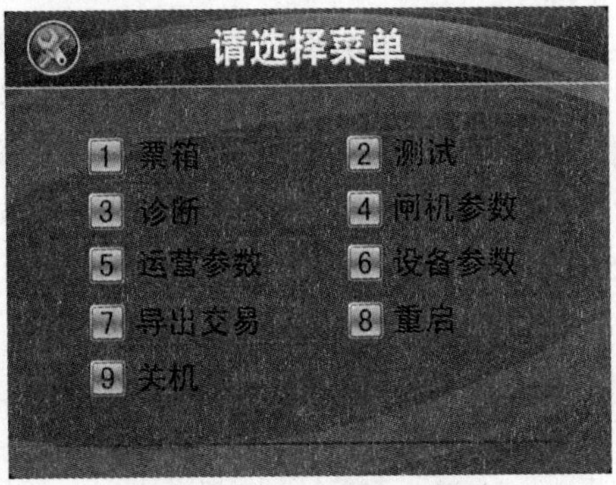

图 4-50　闸机主菜单

4.3.2　乘客进站操作及显示界面

1. 乘客进站操作流程（见图 4-51）

（1）待机状态下，车票放置于读卡区。

（2）读卡器读卡，判断车票有效性。

（3）如果为无效卡，则保持闸门关闭。

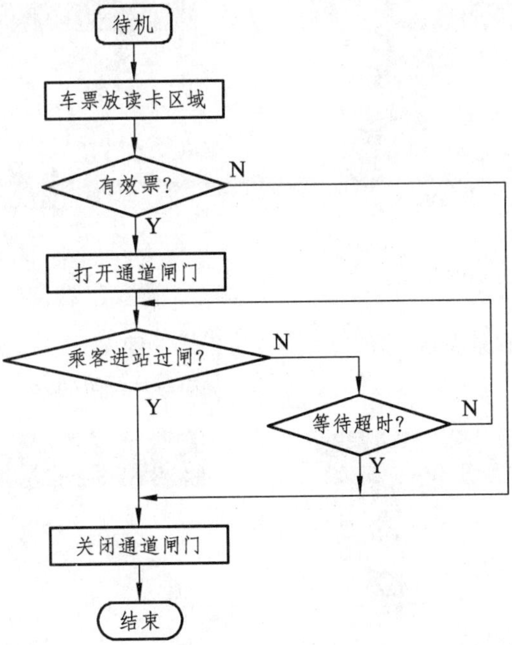

图 4-51　乘客进站流程

（4）如果为有效卡，则打开闸门。

（5）等待乘客过闸。

（6）乘客过闸后，关闭闸门。

2. 根据闸机运行状态，乘客显示器动态显示乘客进站的相应信息

（1）正常待机时，进站乘客显示器显示“欢迎乘坐地铁”，如图 4-52 所示。

（2）当持无效票进站时，乘客显示器显示“无效票，请前往客服中心”，如图 4-53 所示。

（3）持有效单程票进站时，乘客显示器显示“余额 2 元，请通行”字样，如图 4-54 所示，当多位乘客连续进站时，为了区别，显示器背景会在蓝绿之间交替切换，如图 4-55 所示。

（4）持储值卡或“一日通”等非单程票进站时，显示“余额 200 元，请通行”字样，如图 4-56、4-57。

图 4-52　进站待机界面

图 4-53　进站无效票界面

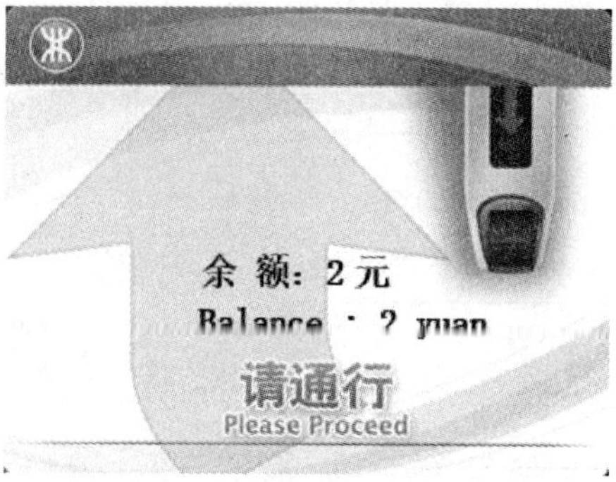

图 4-54　有效单程票进站界面

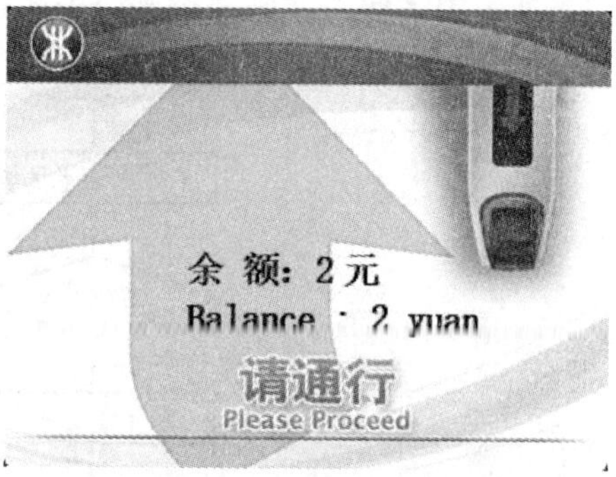

图 4-55　有效单程票进站界面
（多人连续进站，背景蓝绿交替切换）

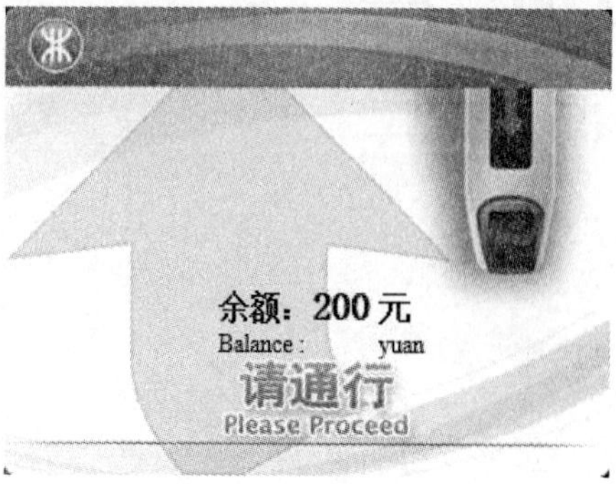

图 4-56　储值票进站界面示例

图 4-57　有效金额票进站界面示例

4.3.3　乘客出站操作及显示界面

乘客出站分为持单程票出站和持非单程票（储值票等）出站两种。持单程票出站操作流程如图 4-58 所示，持非单程票出站操作如图 4-59 所示。

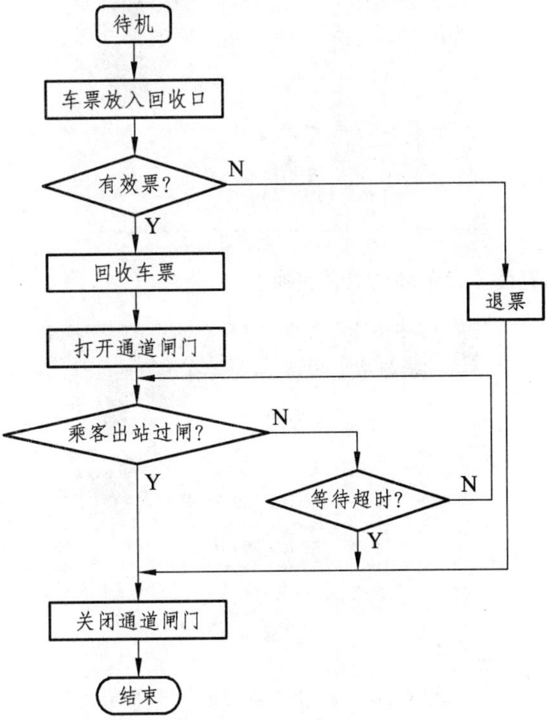

图 4-58　持单程票出站流程

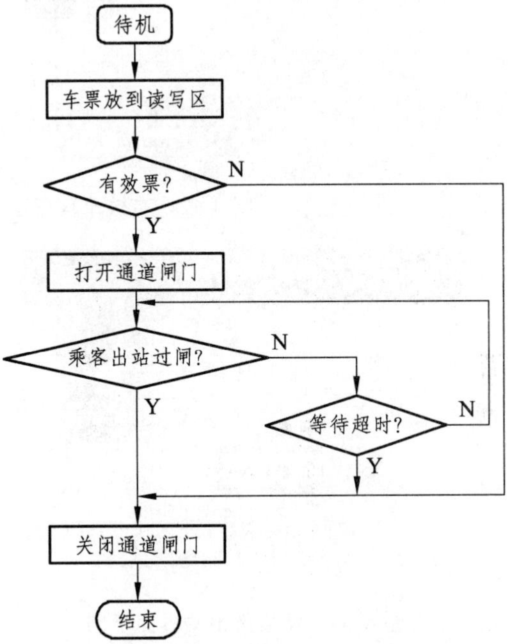

图 4-59　持非单程票出站流程

根据闸机运行状态，乘客显示器动态显示乘客出站的相应信息。

（1）正常时，出站乘客显示器显示“谢谢乘坐地铁”，如图 4-60 所示。

（2）无效票出站时，乘客显示器显示“请持票到客服中心”，如图 4-61 所示。

图 4-60　出站待机界面

图 4-61　出站无效票界面

（3）持有效单程票出站时，乘客显示器显示“请通行”字样。当多位乘客连续出站时，为了区别，显示器背景会在蓝绿之间交替切换，如图 4-62 所示。

（4）持储值票或“一日通”等非单程票出站时，显示“车费 2 元，余额 200 元，请通行”字样，如图 4-63、图 4-64 所示。

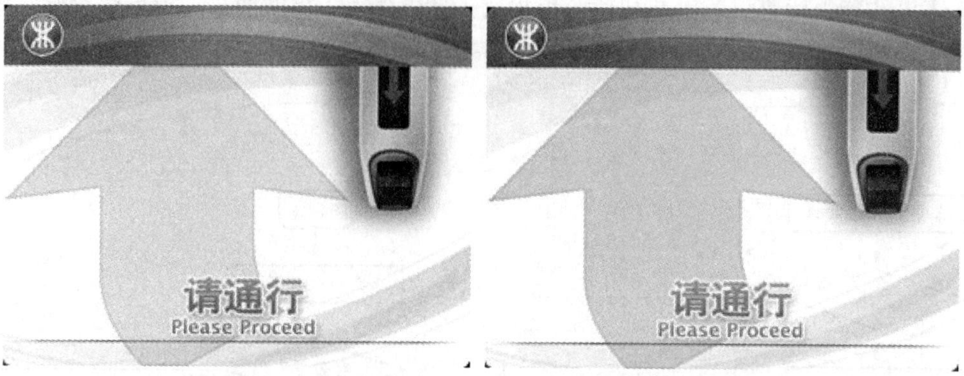

图 4-62　有效单程票出站界面（背景颜色交替变换）

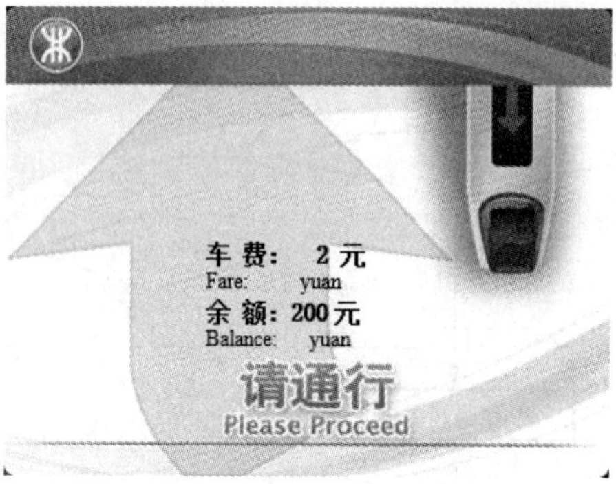

图 4-63　储值票出站界面示例

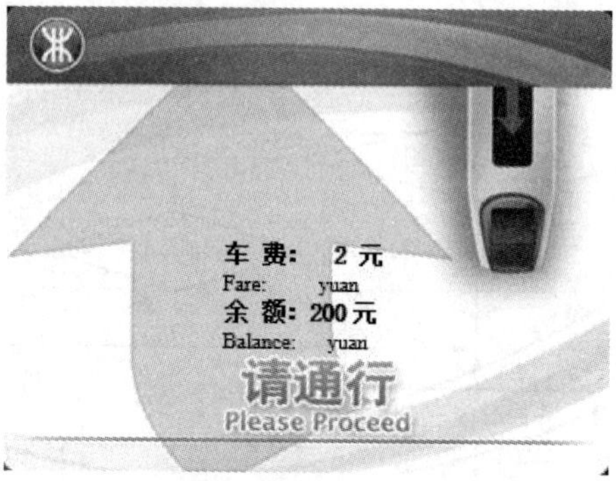

图 4-64　有效金额票出站界面示例

4.3.4　闸机的换票箱操作

当需要更换票箱时，以空的票箱更换设备内的当前票箱。闸机换票箱操作流程如图 4-65 所示。

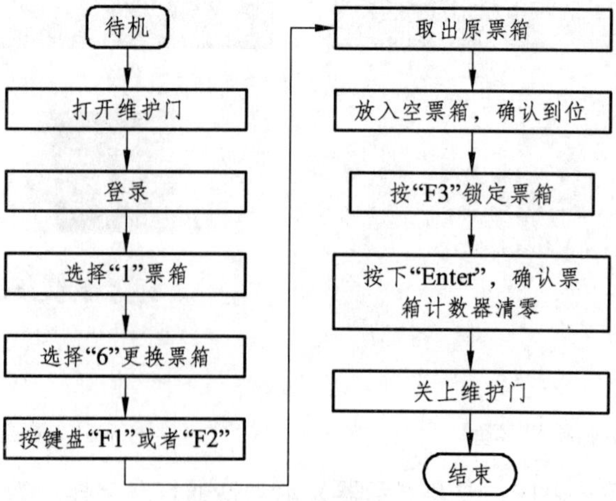

图 4-65　换票箱操作流程

（1）打开维护门，登录。

（2）根据“选择菜单界面”（见图 4-50）提示的快捷键，在维护键盘上按键“1”，进入票箱操作界面，如图 4-66 所示。

（3）在票箱操作界面，选择 6 进入“更换票箱”界面。

（4）根据需要，按维护键盘上的 F1 或者 F2 键，选择解锁票箱 1 或者解锁票箱 2。

（5）取出原有票箱并放入空票箱，并使新更换的空票箱安装到位。

（6）按功能键 F3 锁定票箱。

（7）按下“Enter”键，确认票箱计数清零。

（8）关上维护门，离开通道，并确认闸机正常工作。

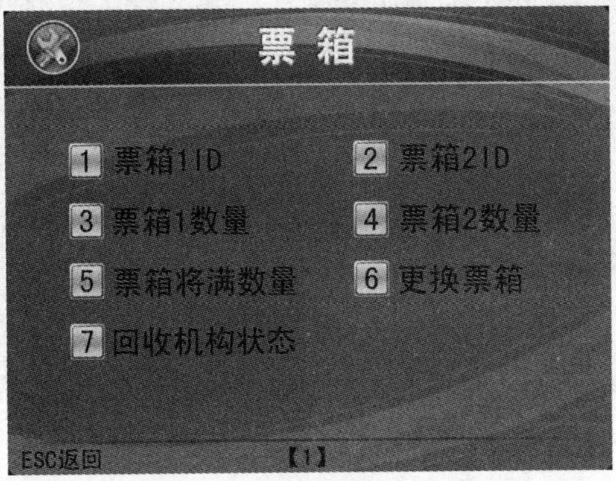

图 4-66　票箱操作界面

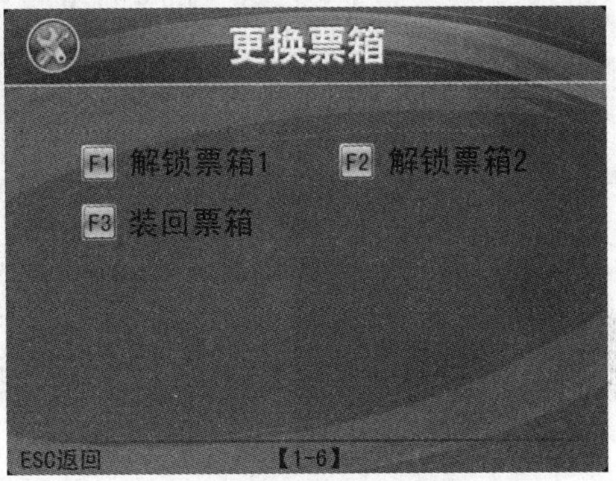

图 4-67　更换票箱界面

4.3.5　闸机的工作运行参数设置操作

闸机的工作运行参数可以查询，还能根据需要进行设置。操作流程如图 4-68 所示。

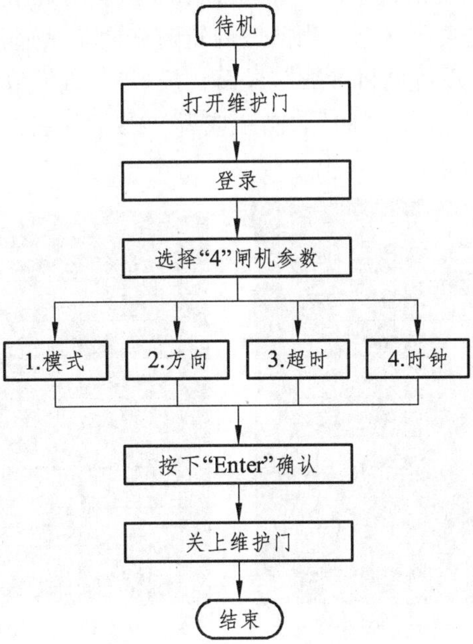

图 4-68　运营参数设置流程

1. 操作步骤

（1）打开维护门，登录。

（2）进入主菜单界面（见图 4-69）按数字键“4”进入“查询、设置闸机参数”界面（见图 4-70）。

（3）按对应数字键可以查询参数的当前设置值，若需要重新设置该参数则在查询显示界面按“Enter”键进入相应参数的设置界面。

（4）按对应的功能键或输入参数设置，回车确认。

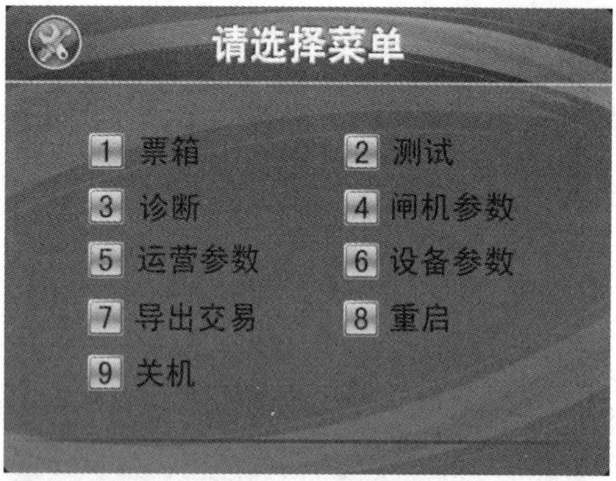

图 4-69　主菜单界面

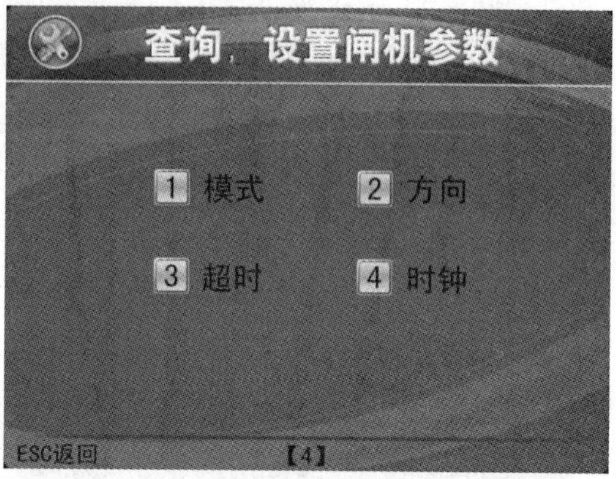

图 4-70　查询、设置闸机参数界面

2. 闸机的参数（共有 4 个）

（1）模式：在“查询、设置闸机参数”界面，按“1”进入设置闸机的工作模式。打开界面如图 4-71，按维护键盘的“F1”或“F2”设置闸机工作模式为“常开”或者“常闭”。常开模式即闸机正常工作时，扇门处于打开状态，当检测到有乘客进出站时，扇门关闭，正常刷卡后扇门恢复打开状态；常闭模式即闸机正常工作时，扇门处于关闭状态，正常刷卡后扇门打开，乘客通行后扇门回复关闭状态。当前国内轨道交通车站通常都是运行于常闭模式下。

（2）方向：在“查询、设置闸机参数”界面，按“2”进入设置闸机的运行方向。打开界面如图 4-72 所示，按维护键盘的“F1”“F2”或者“F3”分别将闸机设置成单向进站、单向出站或者双向进出站。

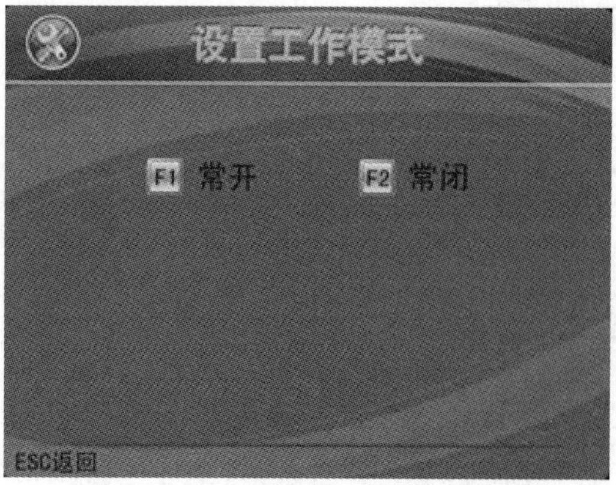

图 4-71　设置闸机工作模式界面

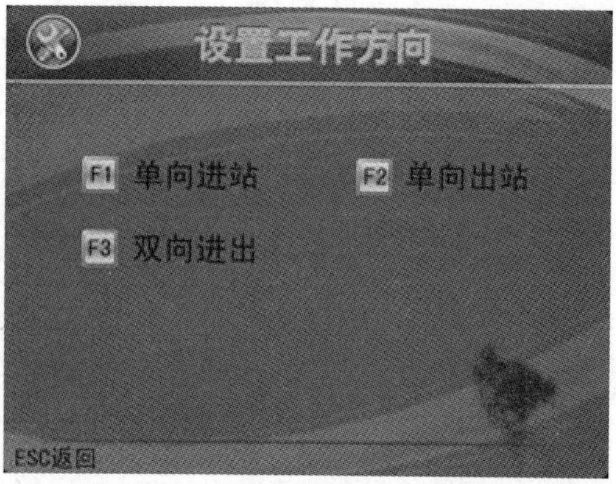

图 4-72　设置闸机工作方向界面

说明：只有双向闸机才能设置方向。单向进站和单向出站闸机不具备设置方向的功能。

（3）超时：在“查询、设置闸机参数”界面，按“3”进入闸机的等待超时时间设置，界面如图 4-73，按下维修键盘的“Enter”键，输入等待超时的时间值。等待超时时间，即扇门打开等待乘客通行的时间。

（4）时钟：在“查询、设置闸机参数”界面，按“4”进入闸机的系统时钟设置，界面如图 4-74，按下维修键盘的“Enter”键，输入闸机的系统时间值。

说明：闸机的系统时钟是一个重要的参数，如果系统时钟与售票机的时钟不一致，可能会出现“无效票”的误报。

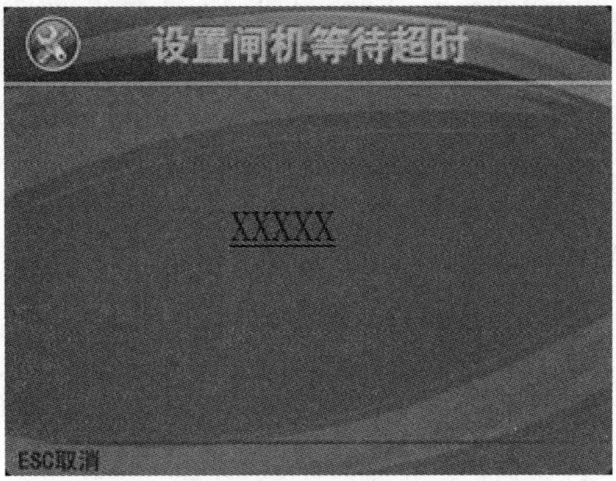

图 4-73　设置闸机等待时间界面

图 4-74　设置闸机系统时钟界面

任务 4.4　闸机的电气控制接线原理图分析

任务目标

（1）掌握进站闸机、出站闸机和双向闸机的电气控制简图。

（2）掌握进站闸机、出站闸机和双向闸机的部件连接关系。

（3）掌握进站闸机、出站闸机和双向闸机的电气控制接线原理图。

通常，在轨道交通车站中，闸机很少单套使用，一般都是几套闸机安装在一起同时使用。有几套出站闸机并排安装使用的，有几套进站闸机并排安装使用的，也有进站闸机和出站闸机同时并排安装使用的。

所以，闸机除了有单进站闸机、单出站闸机、双向闸机和边机之外，还有中间机。中间机有两出站通道中间机、两进站通道中间机、一进一出中间机等。

【说明：本书按照两台闸机一进一出并列运行的情况进行介绍，如图 4-75 所示。】

虽然闸机的安装形式多样，但在电气连接与控制上，每套闸机都是独立的，即使安装在同一个外壳里的包含进站闸机和出站闸机元件的中间机，在电气连接与控制上，都是彼此独立、毫无关联的。

图 4-75　闸机一进一出并列运行

下面，我们分别介绍进站闸机、出站闸机、双向闸机的电气控制接线原理图。

4.4.1　进站闸机电气控制接线原理图分析

从整体结构上，按照乘客进站的方向，进站闸机可以分为左边闸机和右边闸机两部分（简称为左边机、右边机）。

1. 进站闸机的组成

1）左边闸机

左边闸机包括以下部件：

（1）4 个核心控制部件：工控机、综合控制器、通道左转接板、PCM。

（2）传感器转接板：包括传感器前转接板和传感器后转接板，外形上两块转接板完全相同，根据使用场景，在跳线等连接上稍有差别。

（3）乘客传感器：14 个乘客通行传感器接收端、4 个安全传感器接收端。

4）机芯：主机芯，具体包含机芯转接板、机芯电机、开关门检测传感器、电磁铁、电磁铁吸住检测行程开关。

（5）其他：包括电源箱、维护键盘、2 个维护门检修开关、蜂鸣器、功放。

2）右边闸机

右边闸机包括以下部件：

（1）2 个主要部件：通道右转接板、进站车票读写器。

（2）乘客传感器：14 个乘客通行传感器发射端、4 个安全传感器发射端。

（3）机芯：副机芯，具体包含机芯转接板、机芯电机、开关门检测传感器、电磁铁、电磁铁吸住检测行程开关。

（4）显示指引：乘客显示器、乘客通行指示器、乘客方向指示器、优惠报警指示器。

（5）其他：2 个维护门检修开关。

2. 进站闸机的电气控制原理简图

进站闸机的电气控制原理简图如图 4-76 所示。

说明如下：

（1）PCM 乘客通行控制板：集中连接和处理 14 对通行传感器和 4 对安全传感器的信号；控制机芯电机的运行；控制乘客方向指示器。

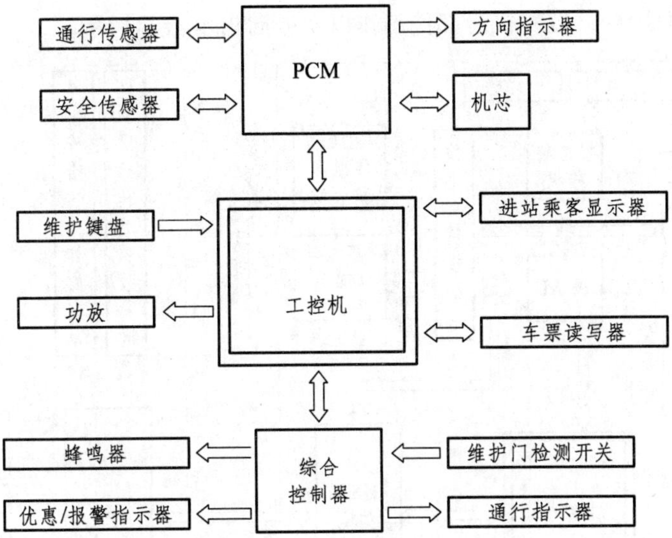

图 4-76　进站闸机电气控制原理简图

（2）机芯：机芯是执行闸机开关门指令的部件，将机芯机构运行检测传感器的信号传递给 PCM，并执行 PCM 的命令，控制扇门电机运转，扇门电机带动扇门完成闸机开关门的动作。

（3）综合控制器：连接 4 个维护门检测开关；控制通行指示器、蜂鸣器、优惠/报警指示器。

（4）工控机：连接控制 PCM 和综合控制器的运行；直接连接维护键盘、功放；连接控制乘客显示器、读写器。

3. 进站闸机的部件连接示意图

进站闸机的部件连接示意图如图 4-77 所示。

一台闸机整体上由左边闸机和右边闸机组成，两边都有很多元器件需要连接到工控机上，如果不采用一定的方法，那设备的连接线路将会错综复杂，出现故障也很难维修。因此，制造厂家按照模块式、易安装、好维护的宗旨进行设计。

通道转接板、传感器转接板等就是专门为模块化安装与维护而设计的。

进站闸机部件连接说明：

（1）（乘客）通行传感器：通行传感器由发射端和接收端组成，共 14 组。发射端安装于右边闸机，用于发射红外线；接收端安装于左边闸机，用于感应发射端的红外线。

（2）（乘客）安全传感器：安全传感器由发射端和接收端组成，共 4 组。发射端安装于右边闸机，用于发射红外线；接收端安装于左边闸机，用于感应发射端的红外线。

（3）（接收）传感器转接板：传感器转接板安装于左边闸机，用于 14 个通行传感器接收端和 4 个安全传感器接收端的统一线路连接。为了方便线路布置和连接，设置了 2 个传感器转接板（分别称为传感器转接板前、传感器转接板后），扇门的前后各安装一块，每块上各连接 7 个通行传感器接收端和 2 个安全传感器接收端。其中，后面的传感器转接板将信号连接至前面的转接板后，统一传送给 PCM。

（4）PCM：集中处理乘客通行行为的控制器。通行传感器和安全传感器的信号通过传感器转接板，传送到 PCM。通过检测接收信号的有无，判断乘客通行行为及安全状态。同时，

PCM 执行工控机的指令，控制机芯部件动作以及方向指示器的指示。

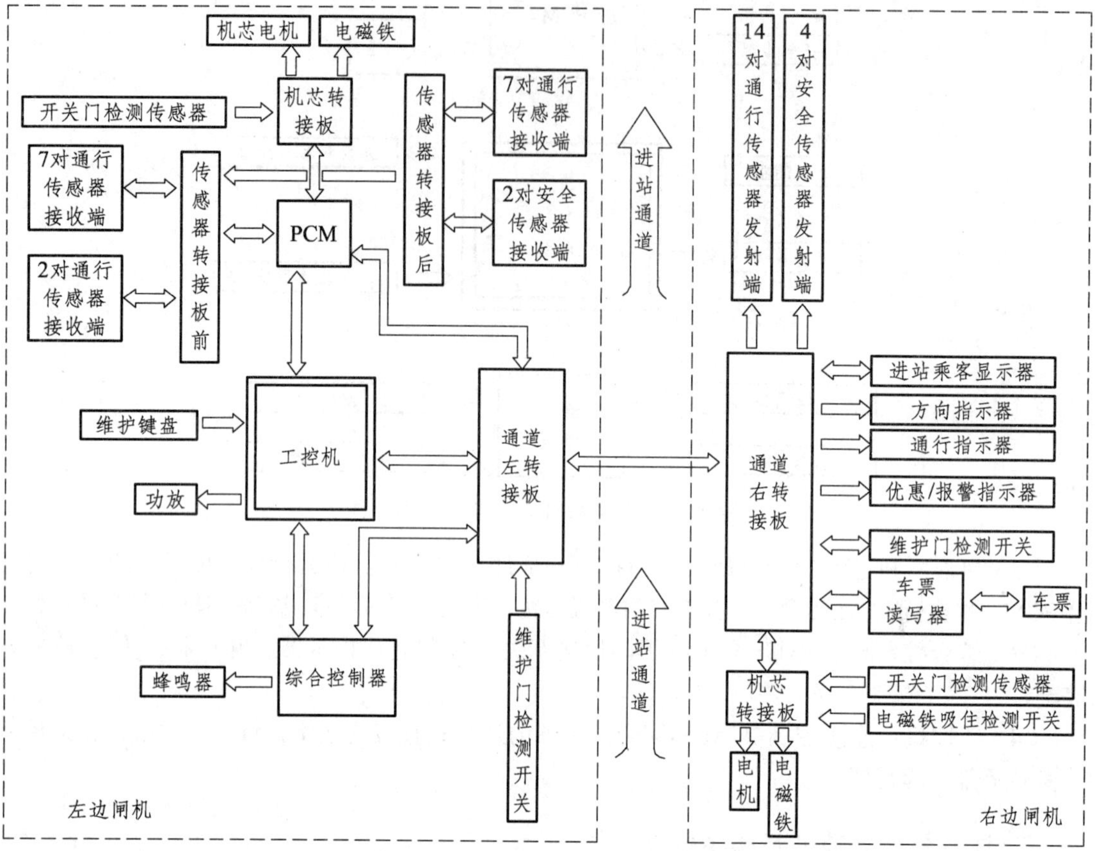

图 4-77　进站闸机部件连接示意图

（5）通道转接板：也称为通道控制器，左右闸机各安装一块通道转接板，为了方便说明，称其为通道左转接板和通道右转接板。右边闸机上的副机芯、乘客通行传感器发射端、安全传感器发射端、维护门检修开关、通行指示器、优惠/报警指示器、乘客显示器、车票读写器等所有的元件设备都连接在通道右转接板上，通道右连接板利用埋于地下的 2 组排线统一连接到通道左转接板。由通道左转接板统一进行信号的分配。

（6）进站乘客显示器：乘客显示器包含电源线和数据线。电源线连接在右边通道转接板上；数据线通过中间 LVDS 信号转接头，直接连接在工控机上（示意图中，为不影响整体布局，显示器数据线的连接部分已经省略，详见后续的接线原理图）。

（7）车票读写器：连接在右边通道转接板上，由通道转接板统一传递与工控机间的数据。

（8）维护门检测开关：左右两边各有 2 个维护门检测开关，当任意一个维护门打开时，其对应的维护门检测开关断开，闸机自动进入维护模式（暂停运行）。右边的 2 个维护门检测开关连接在通道右转接板，左边的 2 个维护门检测开关连接在通道左转接板。

（9）机芯：2 块扇门分别由左右 2 个机芯电机带动，左边的机芯为主机芯，右边的机芯为副机芯，主机芯直接连接在 PCM 上，副机芯连接在通道右转接板上，经通道左转接板也连接到 PCM 上。

（10）通行指示器：连接在通道右转接板上，经通道左转接板连接到综合控制器。

（11）方向指示器：连接在通道右转接板上，经通道左转接板连接到 PCM。

（12）优惠/报警指示器：连接在通道右转接板上，经通道左转接板连接到综合控制器。

（13）维护键盘：直接连接在工控机上，用于输入键盘的相应按键信息。

（14）功放盒：直接连接在工控机上，执行工控机发出的语音提示信号。

（15）蜂鸣器：连接在综合控制器上，执行工控机发出的（故障）报警信息。

4. 进站闸机电气控制接线原理图

进站闸机电气控制接线原理图按照进站闸机（左边机）电气控制接线原理图（见图 4-78）和进站闸机（右边机）电气控制接线原理图（如图 4-79）分别绘制。

下面，对进站闸机电气控制接线原理图进行分析与说明。

（1）图中标注“/2”“/3”“/4”“/6”……处表示该连接线为 2 芯、3 芯、4 芯、6 芯……的连接线。

（2）图中所有的连接线都采用插接式连接。

（3）左边机与右边机之间通过通道转接板的“C01”“C02”“C03”相互连接（分别为 20 芯、18 芯和 8 芯的连接线）。

（4）右边机的乘客显示器的信号线通过左、右边机的“LVDS”转接板互相连接。

（5）左边机（图 4-78）中，“RxS01 ~ RxS04”为 4 个安全传感器的接收端，分别插接在前后两个传感器转板上。

（6）左边机中，“RxF01 ~ RxF14”为 14 个通行传感器的接收端，分别插接在前后两个传感器转板上。

（7）左边机中，A8 通道转接板-左中的“JP4”插口与 A9 传感器转接板中的“JP4”端口相连，用于提供 18 个接收传感器的 DC 24 V 工作电源。

（8）左边机中，A10 传感器转接板的信号（含电源），利用 2 组 6 芯的连接线，通过“J6”和“J7”端口连接至 A9 传感器转接板。所有传感器的信号共 18 个，通过“J8”端口，利用一组 18 芯的连接线连接至 PCM。

（9）左边机中，A7 功放盒由 A5 电源盒提供 AC 220 V 电源，工控机的音频口提供音频信号。

（10）左边机中，蜂鸣器利用 2 线连接线直接插接在 A4 综合控制器的“J48”端口上。

（11）左边机中，Y2 机芯转接板通过 4 芯和 8 芯的 2 组连接线，通过 PCM 的“J8”“J9”端口，获得 PCM 控制机芯运动的电源和控制信号。

（12）左边机中，机芯转接板上的“J3”连接机芯电机，4 芯连接线分别为电机正转和反转的电源动力线。“J4”和“J5”端口（3 芯线）分别连接开、关门检测传感器；“J6”端口（2 芯线）连接检测电磁铁是否吸住锚定板的机械式微动开关；“J7”端口（2 芯线）连接电磁铁。

（13）左边机中，2 个维护门开关通过 2 组 2 芯线，连接在通道转接板的“SW1”和“SW2”端口，然后 2 个开关的信号通过通道转接板的“SW”端口连接至 A4 综合控制器的“J21”。

（14）左边机中，手持维护照明灯，直接连接在 PCM 的“X0”端口。

（15）左边机中，维护键盘直接通过串口线连接至 A3 工控机的“PS2”端口。

（16）左边机中，工控机的“LVDS”端口通过转接头，连接右边机的乘客显示器的视频信号。

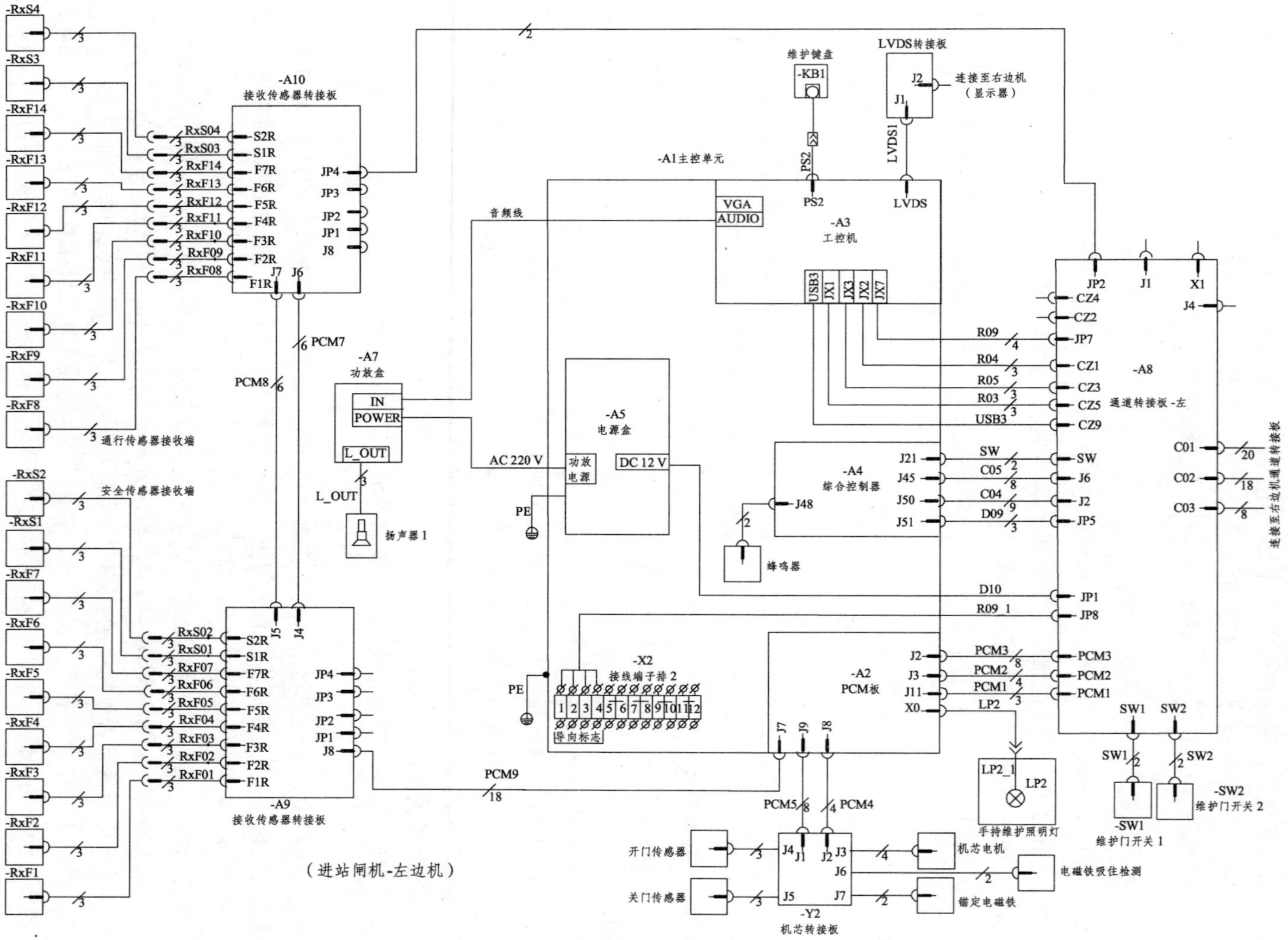

图 4-78　进站闸机（左边机）电气控制接线原理图

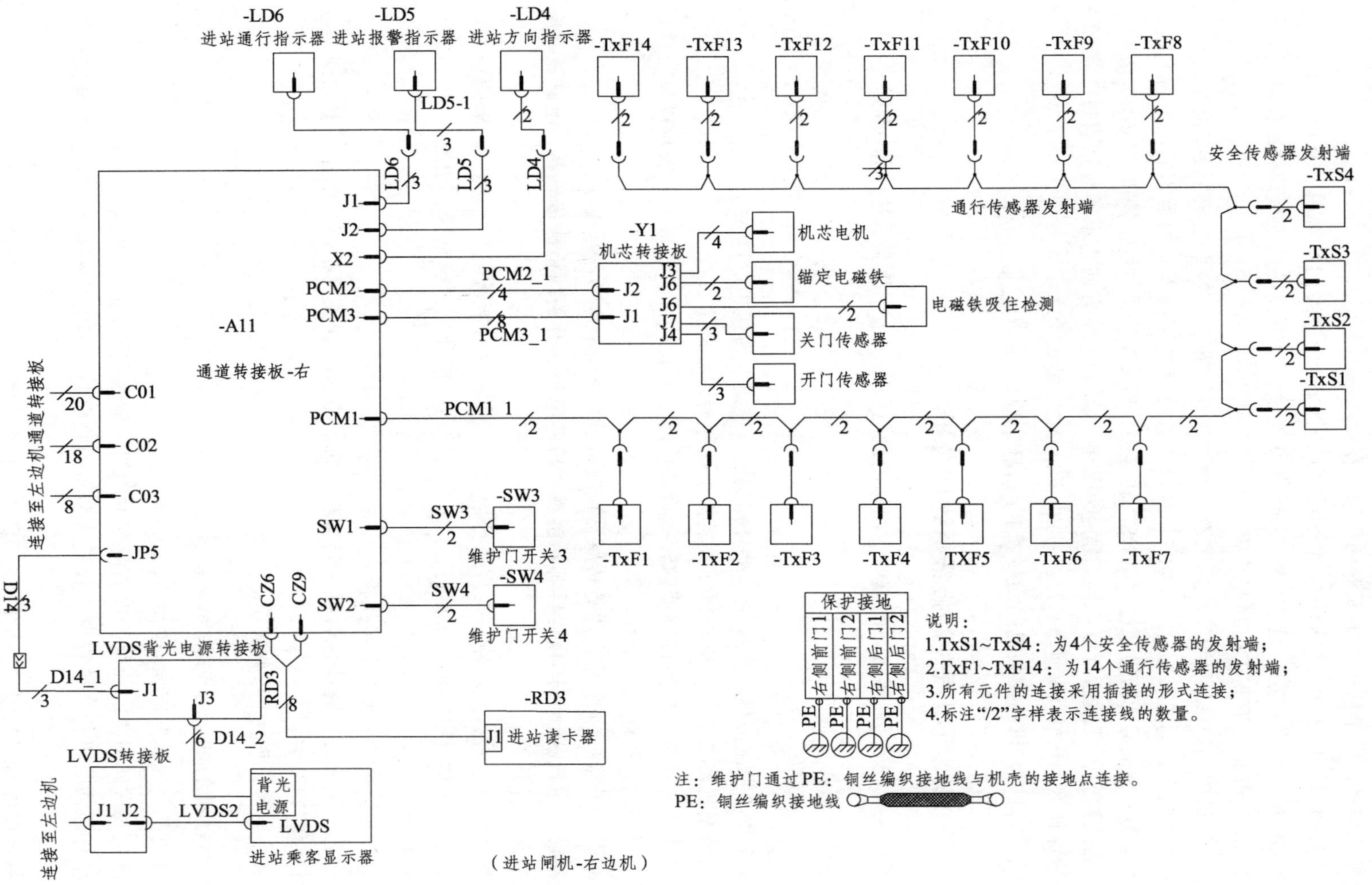

图 4-79　进站闸机（右边机）电气控制接线原理图

（17）左边机中，通道转接板与 PCM、综合控制器和工控机之间，还有许多连接线，它们起着传递模拟信号、数字信号、电源等的作用，在此不详细介绍。

（18）右边机（图 4-73）中，“TxS01 ~ TxS04”为 4 个安全传感器的发射端，“TxF01 ~ TxF14”为 14 个通行传感器的发射端，这 18 个传感器并联连接，利用 2 芯的连接线，连接在通道转接板的“PCM1”端口，获得 DC 24 V 电源。

（19）右边机中，进站读卡器通过“CZ6”和“CZ9”端口，连接在通道转接板上。

（20）右边机中，通道转接上的“JP5”端口，通过背光转接板，为乘客显示的背光板提供电源；乘客显示器的显示信号通过“LVDS”转接头，连接至左边机的工控机“LVDS”接口。

（21）右边机中，进站通行指示器、优惠报警指示器和进站方向指示器分别通过 2 芯和 3 芯的连接线插接在通道转接板上的“J1”“J2”和“X2”端口上。

（22）右边机中，机芯控制电路连接，和左边机中完全一致。

4.4.2 出站闸机电气控制接线原理图分析

整体结构上，（按照乘客出站的方向）出站闸机也分为左边闸机和右边闸机两部分。

1. 出站闸机的组成

1）右边闸机

（1）4 个核心控制部件：工控机、综合控制器、通道左转接板、PCM。

（2）出站闸机特有部件：单程票回收机构（简称为回收机构）。

（3）传感器转接板：包括传感器前转接板和传感器后转接板，外形上两块转接板完全相同，根据使用场景，在连接上稍有差别。

（4）乘客传感器：14 个乘客通行传感器接收端、4 个安全传感器接收端。

（5）机芯：主机芯，具体包含机芯转接板、机芯电机、开关门检测传感器、电磁铁、电磁铁吸住检测行程开关。

（6）显示指引：乘客显示器、乘客通行指示器、乘客方向指示器、优惠报警指示器。

（7）其他：包括含电源箱、维护键盘、2 个维护门检修开关、蜂鸣器、功放。

2）左边闸机

（1）1 个主要部件：通道右转接板。

（2）机芯：副机芯，具体包含机芯转接板、机芯电机、开关门检测传感器、电磁铁、电磁铁吸住检测行程开关。

（3）其他：2 个维护门检修开关。

2. 出站闸机的电气控制原理简图

出站闸机的电气控制原理简图如图 4-80 所示。

出站闸机与进站闸机的控制原理简图基本相似，不同之处有以下几点。

（1）单程票回收机构：单程票回收机构用于回收出站乘客的单程车票，其直接与工控机连接。

（2）储值票读写器：用于使用储值票乘客的出站刷卡。

（3）出站乘客显示器：显示乘客出站时的相关信息。

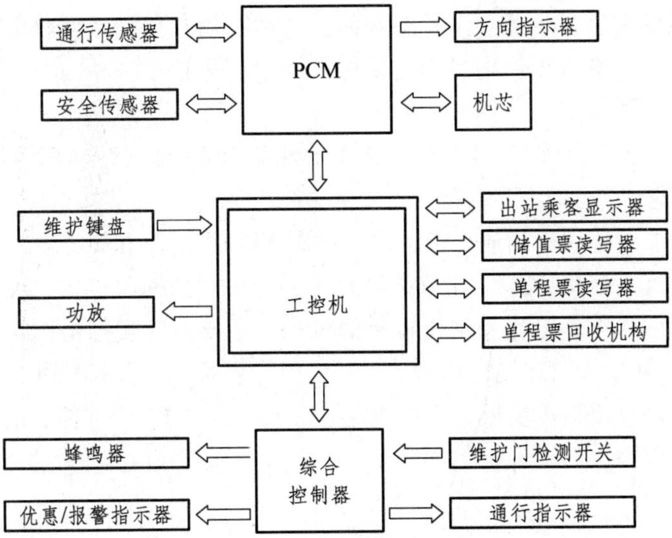

图 4-80　出站闸机电气控制原理简图

3. 出站闸机的部件连接示意图

出站闸机的部件连接示意图如图 4-81 所示。

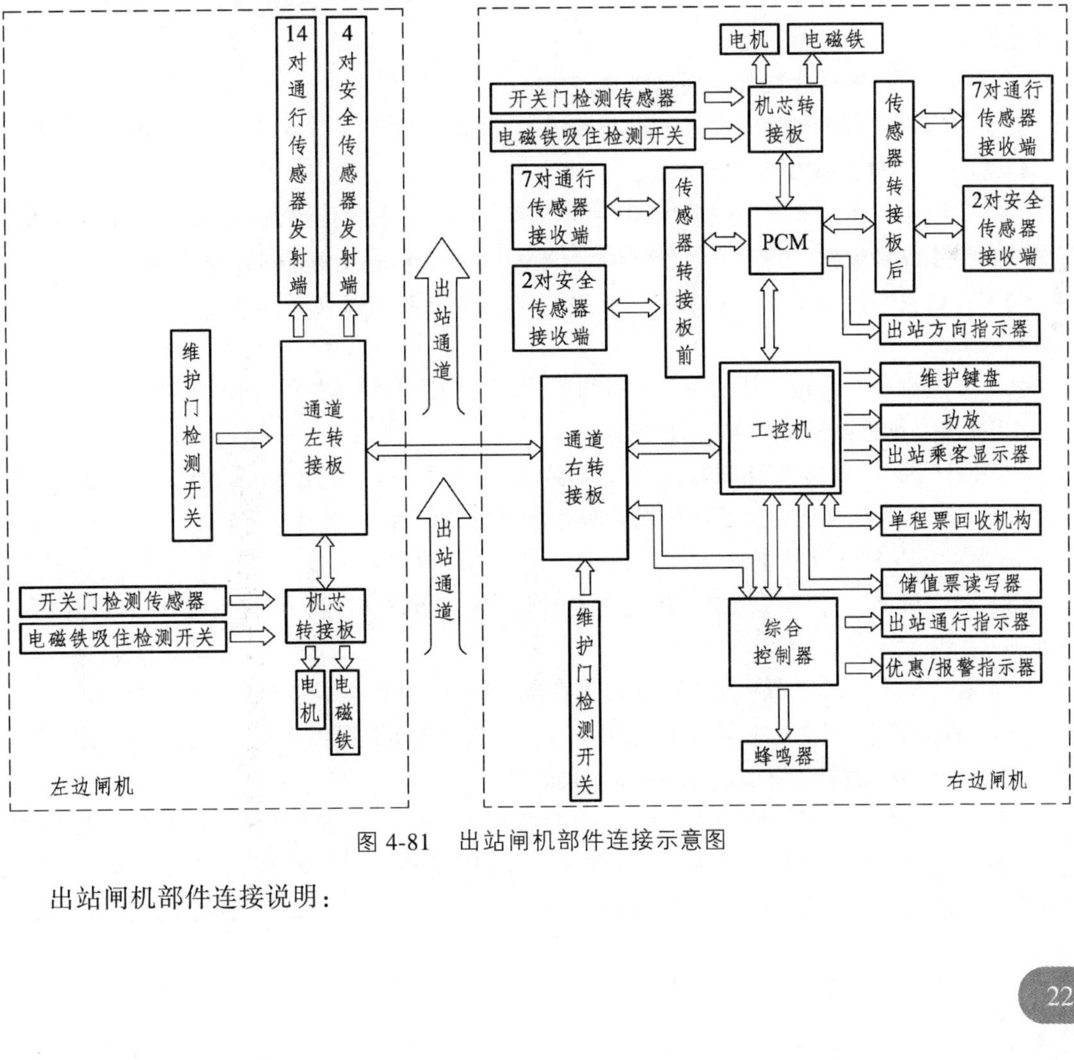

图 4-81　出站闸机部件连接示意图

出站闸机部件连接说明：

（1）出站闸机的乘客显示器、单程票和储值票读写器、单程票回收机构、工控机、综合控制器等主要元件都安装在出站通道的右手边。因此，相较于进站闸机，出站闸机的左、右边机之间的连接线少了很多。

（2）通道左转接板：仅连接 14 个通行传感器和 4 个安全传感器的发射端、左边 2 个维护门检测开关和副机芯。

（3）综合控制器：连接出站通行指示器、优惠/报警指示器和蜂鸣器。

（4）工控机：直接连接 PCM、出站乘客显示器、单程票回收机构、维护键盘、功放等。

（5）单程票回收机构：是出站闸机特有的机构，主要由回收机构控制器、回收机构转接板、单程票读写器、4 个回收控制电磁铁、4 个 U 型传感器、8 对对射式回收过程检测传感器、回收票箱机构（含回收票箱转接板、票箱锁定电磁铁、票箱 ID 识别器、票箱计数器、票箱到位检测传感器）组成。

4. 出站闸机电气控制接线原理图

出站闸机电气控制接线原理图，按照出站闸机（右边机）电气控制接线原理图（见图 4-82）和出站闸机（左边机）电气控制接线原理图（如图 4-83）分别绘制。

下面，对出站闸机电气控制接线原理图进行分析与说明。

（1）图中标注“/2”“/3”“/4”“/6”……处表示该连接线为 2 芯、3 芯、4 芯、6 芯……的连接线。

（2）图中所有的连接线都采用插接式连接。

（3）左边机与右边机之间通过通道转接板的“C01”“C02”“C03”相互连接（分别为 20 芯、18 芯和 8 芯的连接线）。

（4）右边机（图 4-82）中，“RxS01 ~ RxS04”为 4 个安全传感器的接收端，分别插接在前后两个传感器转板上。

（5）右边机中，“RxF01 ~ RxF14”为 14 个通行传感器的接收端，分别插接在前后两个传感器转板上。

（6）右边机中，通道转接板-左的“JP4”插口与传感器转接板的“JP4”端口相连，用于提供 18 个接收传感器的 DC24V 工作电源。

（7）右边机中，A10 传感器转接板的信号（含电源），利用 2 组 6 芯的连接线，通过“J6”和“J7”端口连接至 A9 传感器转接板。所有传感器的信号共 18 个，通过“J8”端口，利用一组 18 芯的连接线连接至 PCM。

（8）右边机中，A7 功放盒由 A5 电源盒提供 AC 220 V 电源，工控机的音频口提供音频信号。

（9）右边机中，蜂鸣器利用 2 线连接线直接插接在 A4 综合控制器的“J48”端口上。

（10）右边机中，Y2 机芯转接板通过 4 芯和 8 芯的 2 组连接线，通过 PCM 的“J8”“J9”端口，获得 PCM 控制机芯运动的电源和控制信号。

（11）右边机中，机芯转接板上的“J3”连接机芯电机，4 芯连接线分别为电机正转和反转的电源动力线；“J4”和“J5”端口（3 芯线）分别连接开、关门检测传感器；“J6”端口（2 芯线）连接检测电磁铁是否吸住锚定板的机械式微动开关；“J7”端口（2 芯线）连接电磁铁。

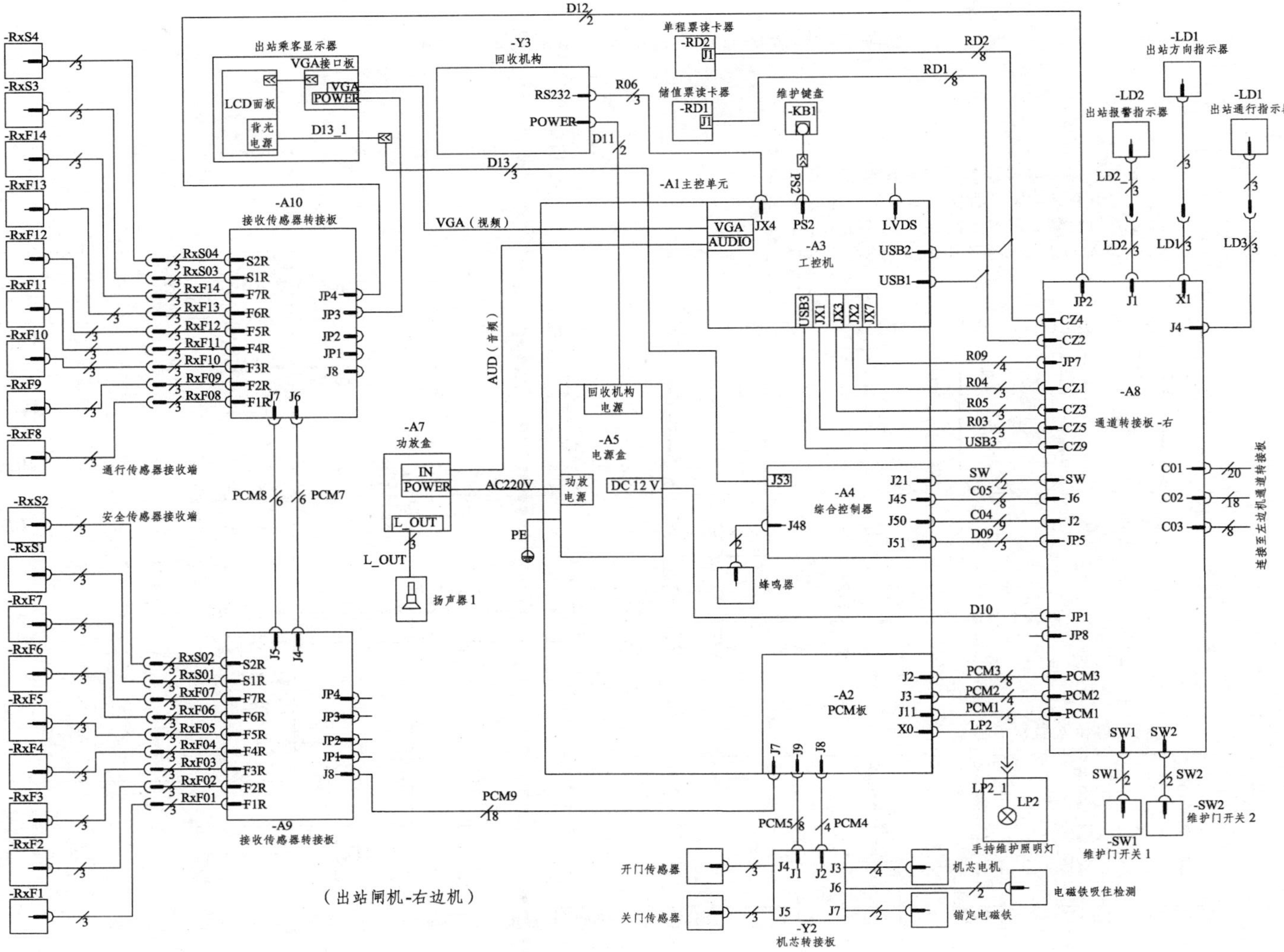

图 4-82　出站闸机（右边机）电气控制接线原理图

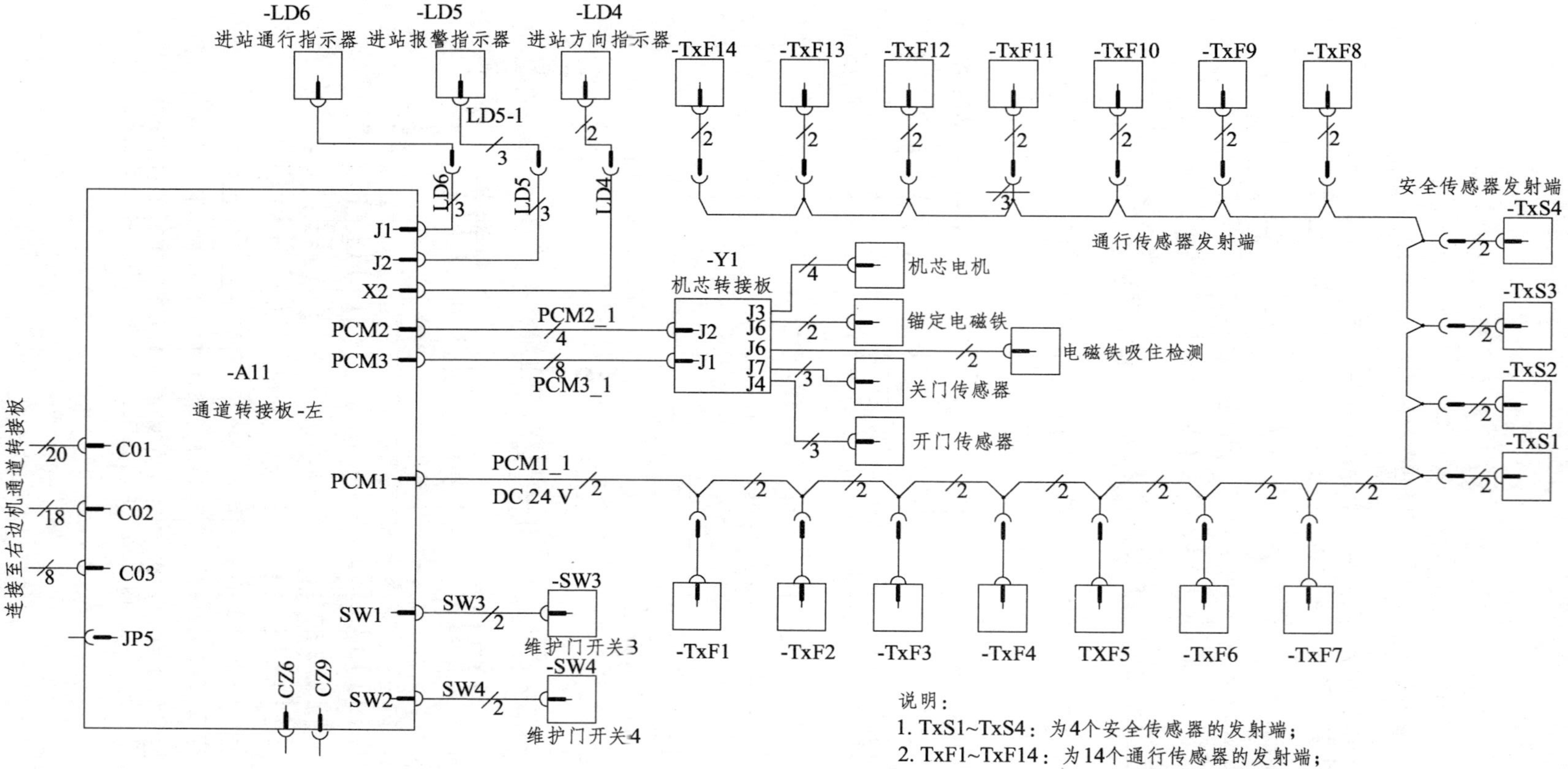

说明：

1. TxS1~TxS4：为4个安全传感器的发射端；
2. TxF1~TxF14：为14个通行传感器的发射端；
3. 所有元件的连接采用插接的形式连接；
4. 标注“/2”字样表示连接线的数量，例如2。

（出站闸机-左边机）

图 4-83　出站闸机（左边机）电气控制接线原理图

（12）右边机中，2 个维护门开关通过 2 组 2 芯线，连接在通道转接板的“SW1”和“SW2”端口，然后 2 个开关的信号通过通道转接板的“SW”端口连接至 A4 综合控制器的“J21”。

（13）右边机中，手持维护照明灯，直接连接在 PCM 的“X0”端口。

（14）右边机中，维护键盘直接通过串口线连接至 A3 工控机的“PS2”端口。

（15）右边机中，进出站通行指示器、优惠报警指示器和出站方向指示器分别通过 3 芯的连接线插接在通道转接板上的“J4”“J1”和“X1”端口上。

（16）右边机中，通道转接板与 PCM、综合控制器和工控机之间，还有许多连接线，它们起着传递模拟信号、数字信号、电源等的作用，在此不详细介绍。

（17）左边机（图 4-83）中，“TxS01 ~ TxS04”为 4 个安全传感器的发射端，“TxF01 ~ TxF14”为 14 个通行传感器的发射端，这 18 个传感器并联连接，利用 2 芯的连接线，连接在通道转接板的“PCM1”端口，获得 DC 24 V 电源。

（18）左边机中，机芯控制电路连接，和右边机中完全一致。

（19）右边机中，Y3 回收机构由电源盒单独供电，回收机构通过串行通信接口 RS232 与工控机的“JX4”端口进行连接通信。关于回收机构的具体电气线路连接，后续专门介绍。

5. 回收机构电气控制接线原理图

（单程票）回收机构电气控制接线原理图如图 4-84 所示。

下面，对回收机构电气控制接线原理图进行分析与说明。

（1）回收机构主要包含 4 块电路板：回收机构主控板、回收机构转接板和 2 个票箱转接板。

（2）回收机构主控板是回收机构的核心，回收机构转接板和票箱的信号都连接到主控板上，通过串行口与工控机通信。

（3）S13 退票检测传感器为对射式传感器，由发射端和接收端组成。

（4）退票检测传感器和退票指示灯连接在回收机构主控板上。

（5）S01、S03、S04 和 S07 为 4 个 U 型传感器，采用 3 线插接式，连接在回收机构转接板上。

（6）M1、M2、M3 和 M4 为 4 个电磁铁，其中 M1 退票口电磁铁、M2 投票闸口电磁铁和 M3 票箱切换电磁铁为双稳态电磁铁，采用 3 线插接式，M4 回收通道电磁铁为普通电磁铁，采用 2 线插接式。4 个电磁铁都连接在回收机构转接板上。

（7）S02、S05、S06、S08 ~ S12 为 8 组对射式传感器，都连接在回收机构转接板上。

（8）对射式传感器发射端为 2 线制，只需要提供电源线。对射式传感器接收端为 3 线插接式，需要连接电源线和信号线。

（9）回收机构转接板连接在回收机构主控板上，由主控板提供电磁铁 DC 12 V 的工作电源和传感器 DC 5 V 的电源。传感器所有的信号传回给回收机构主控板。

（10）2 个票箱的票箱转接板都连接在回收机构主控板上，各利用 1 组 10 芯的线进行控制连接。

（11）票箱的所有控制元件都连接在票箱转接板上。

（12）每个票箱的控制元件包括 1 组票箱满检测传感器、1 个票箱安装到位检测传感器、1 个票箱锁紧检测传感器、1 个锁指示灯、1 个电磁锁和票箱 ID 识别器。

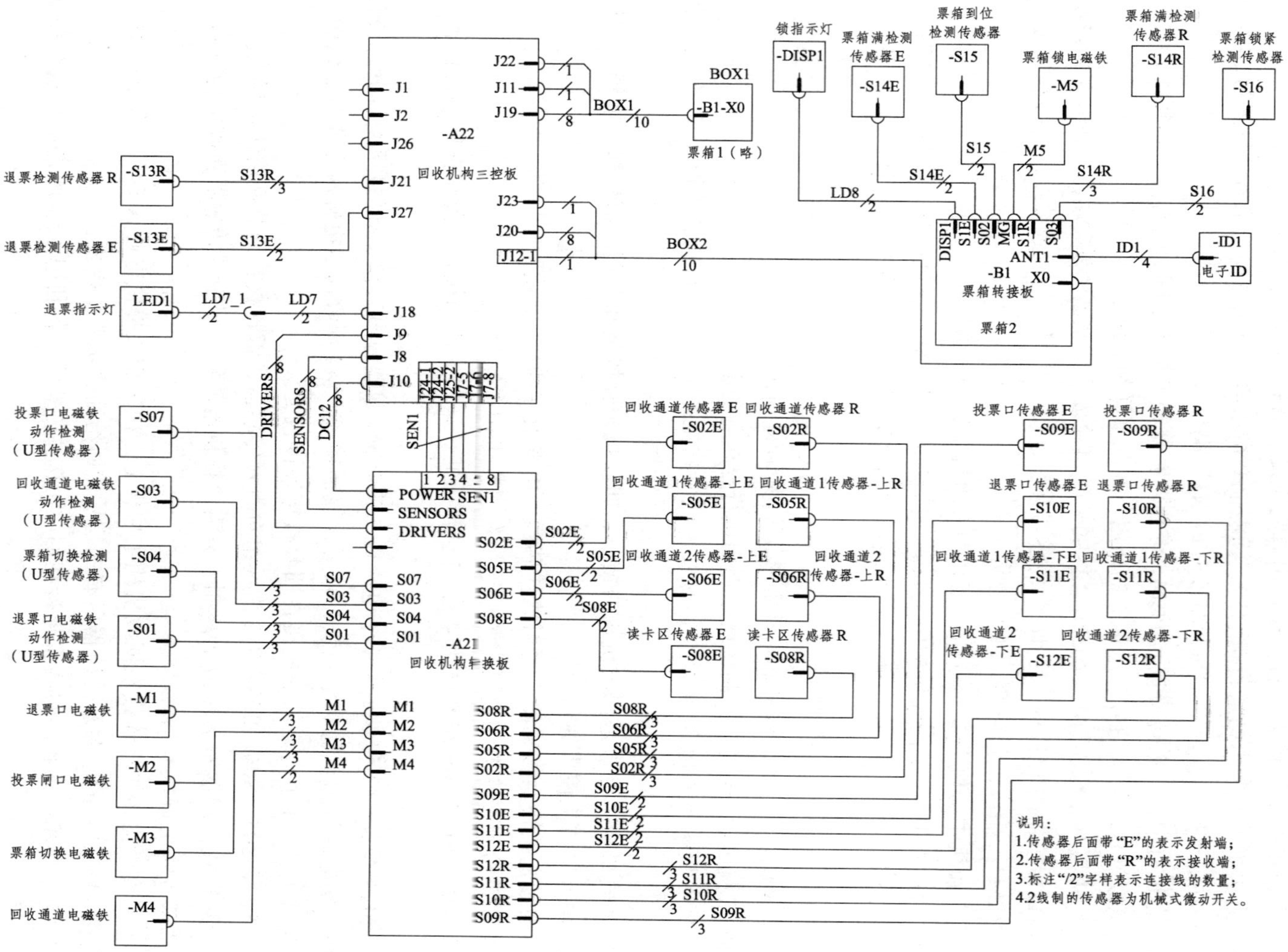

图 4-84　回收机构电气控制接线原理图

（13）S14 票箱满检测传感器为对射式光电传感器。

（14）S15 票箱（安装）到位检测传感器、S16 票箱锁紧传感器为位置检测类型传感器，采用机械式微动开关，2 线制连接。

（15）M5 票箱电磁铁为 2 线制普通电磁铁。

（16）票箱 ID 识别器采用 4 线制连接在票箱转接板上。

4.4.3 双向闸机电气控制接线原理图分析

双向闸机相当于一台出站闸机和一台进站闸机的组合。

1. 双向闸机的组成

1）左边闸机

（1）4 个核心控制部件：工控机、综合控制器、通道左转接板、PCM。

（2）单程票回收机构：简称为回收机构。

（3）传感器转接板：包括传感器前转接板和传感器后转接板。

（4）乘客传感器：14 个乘客通行传感器接收端、4 个安全传感器接收端。

（5）机芯：主机芯，具体包含机芯转接板、机芯电机、开关门检测传感器、电磁铁、电磁铁吸住检测行程开关。

（6）显示指引：乘客显示器、乘客出站通行指示器、乘客出站方向指示器、优惠报警指示器。

（7）其他：包括含电源箱、维护键盘、2 个维护门检修开关、蜂鸣器、功放。

2）右边闸机

（1）2 个主要部件：通道右转接板、进站车票读写器。

（2）乘客传感器：14 个乘客通行传感器发射端、4 个安全传感器发射端。

（3）机芯：副机芯，具体包含机芯转接板、机芯电机、开关门检测传感器、电磁铁、电磁铁吸住检测行程开关。

（4）显示指引：乘客显示器、乘客进站通行指示器、乘客进站方向指示器、优惠报警指示器。

（5）其他：2 个维护门检修开关。

2. 双向闸机的电气控制原理简图

双向闸机的电气控制原理简图如图 4-85 所示。

3. 双向闸机的电气控制元件连接示意图

双向闸机电气控制元件连接示意图如图 4-86 所示。

4. 双向闸机电气控制接线原理图

双向闸机的电气控制接线，完全等效于一台出站闸机右边机和一台进站闸机右边机的组合。

双向闸机电气控制接线原理图按照双向闸机（左边机）电气控制接线原理图（见图 4-87）和双向闸机（右边机）电气控制接线原理图（如图 4-88）分别绘制。

关于双向闸机电控制接线原理图的分析，可以参照进站闸机和出站闸机，此处不再重复。

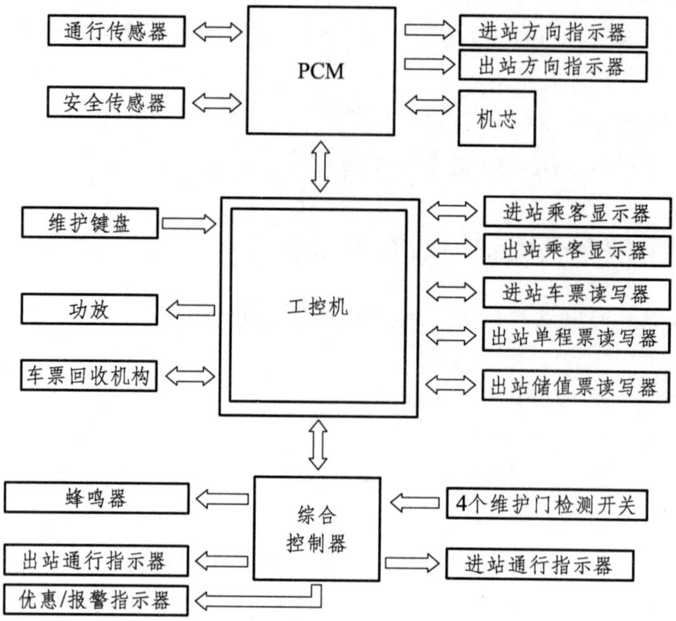

图 4-85　双向闸机控制原理简图

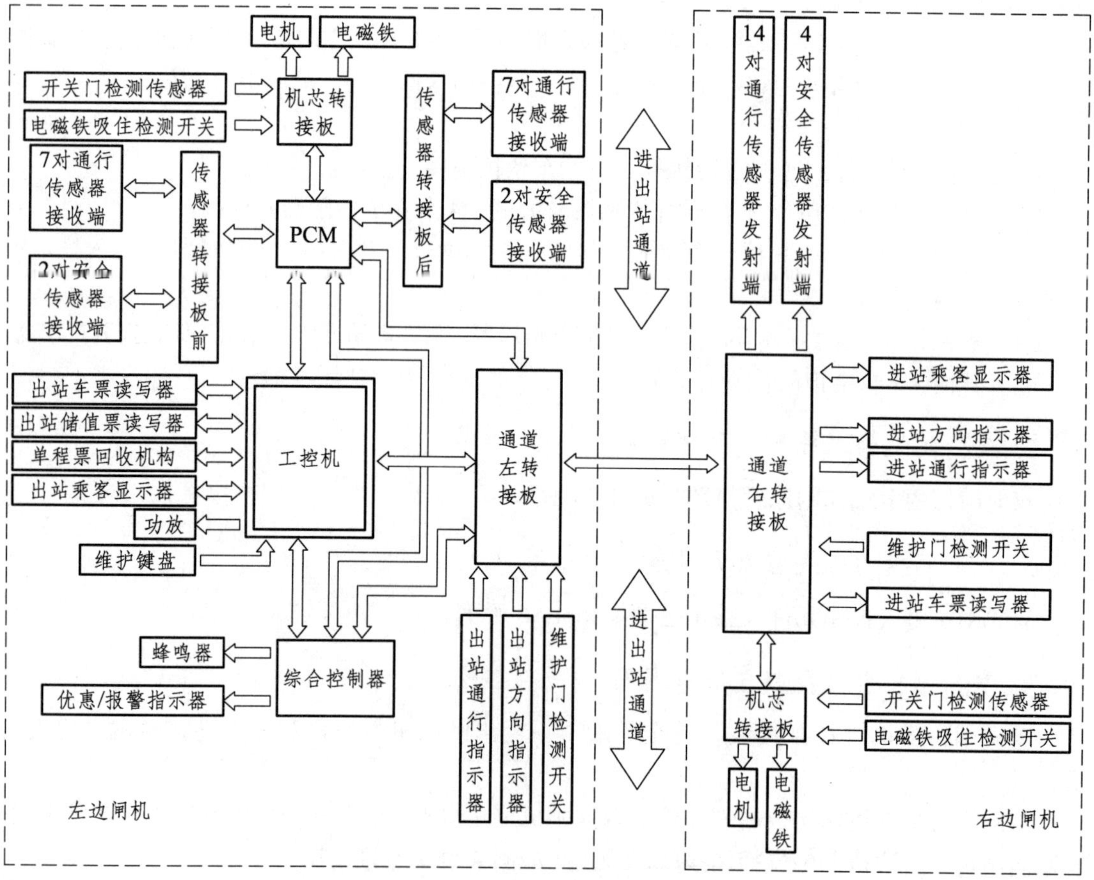

图 4-86　双向闸机电气控制元件连接示意图

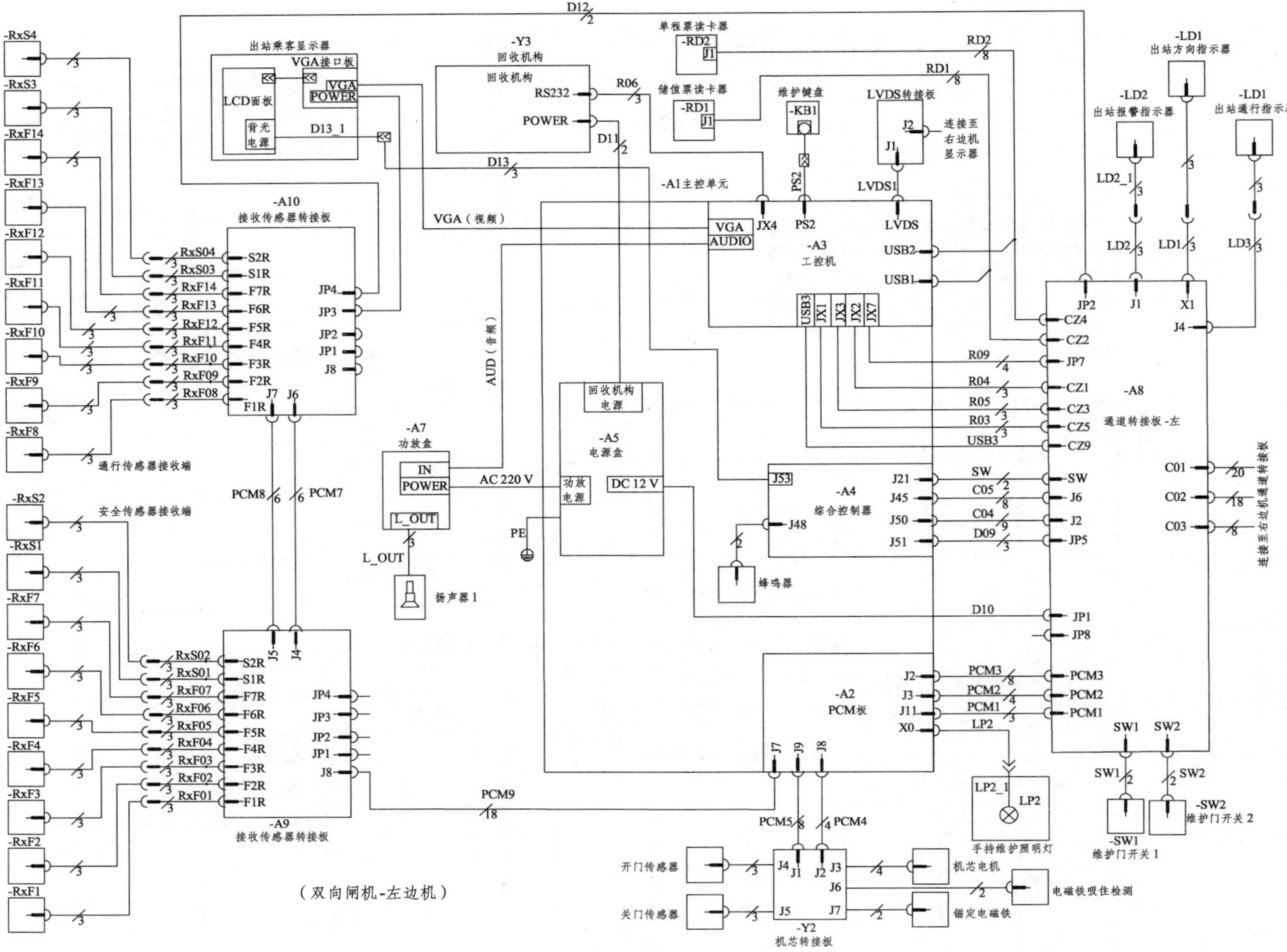

图 4-87　双向闸机（左边机）电气控制接线原理图

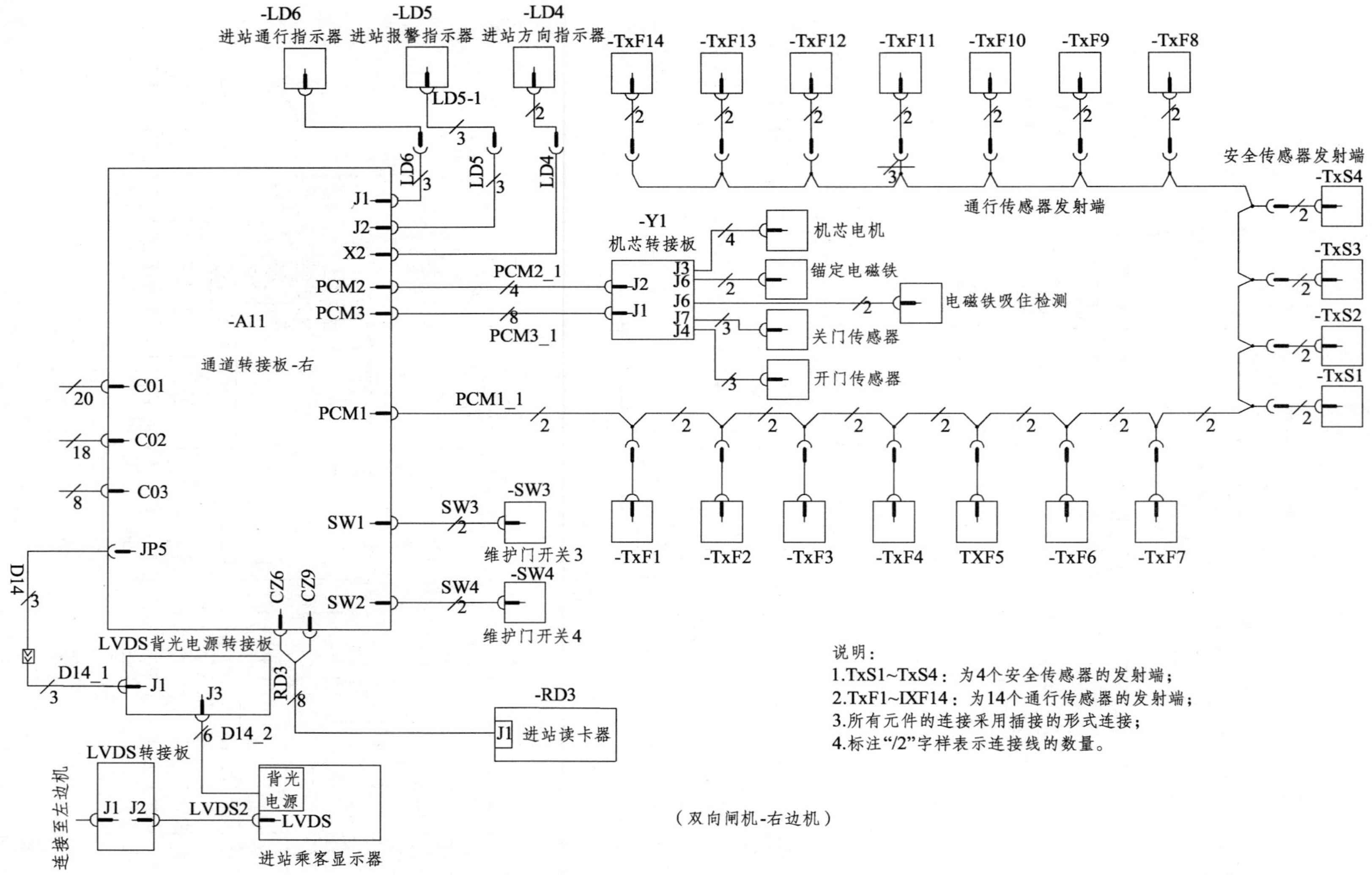

图 4-88　双向闸机（右边机）电气控制接线原理图

任务 4.5　闸机的维修与保养

任务目标

（1）掌握闸机外盖的拆卸与安装方法。
（2）掌握闸机的基本维护操作。
（3）掌握闸机的部件自动测试操作方法。
（4）了解利用闸机的故障代码进行维修的方法。

4.5.1　闸机的基本维护操作

1. 拆卸闸机的外壳

1）闸机维护门板

一个闸机通道有 4 个维护门板（也称为维护面板）。维护门一般用机械锁锁紧，需要用专门的钥匙打开（19#钥匙）。如图 4-89 所示，每块维护门安装有一个机械式行程开关，用于检测维护门的开启、关闭状态。

当维护门处于关闭状态时，门板压住行程开关，使行程开关的顶杆克服弹簧力而缩进去，当维护门板打开时，在弹簧的作用下，行程开关的顶杆伸出。

4 组维护门对应 4 个行程开关，行程开关的常闭（动断）触点接入控制系统，当维护门关闭时，行程开关触点断开，当维护门打开时，行程开关触点接通。所以，当任何一组维护门打开时，都会有一个行程开关接通。

正常工作时，4 组维护门都处于关闭状态，没有任何行程开关会接通。一旦有行程开关接通，闸机系统立即进入维护模式，乘客显示器切换为维护登录界面。（当关闭维护门板后，系统立即又切换回正常运行模式。）

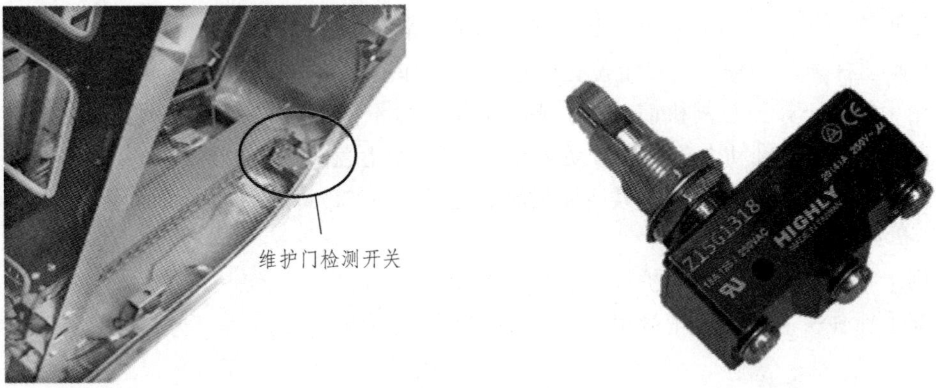

图 4-89　维护门检测开关（行程开关）

2）拆卸闸机外壳

闸机维护时，通常要拆卸维护门板、打开上盖板并拆下机芯护板。

图 4-90 所示为拆卸完维护门板并打开上盖板的闸机结构展示图。

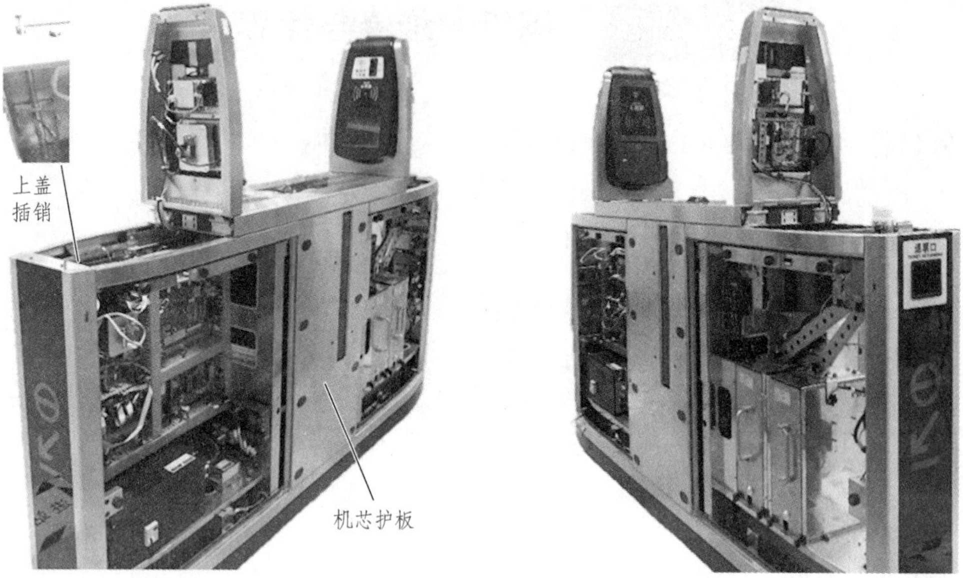

图 4-90 闸机维护结构展示图

下面，介绍拆卸闸机外壳的步骤。

（1）拆卸维护面板：

① 用螺丝刀拆下维护门板上的接地线。

② 使用 19#钥匙打开闸机维护门，开启至 90°。

③ 手指轻压门轴上部的弹簧顶杆，使上端的门轴从卡孔中退出来。

④ 门板向外稍微倾斜。

⑤ 朝上提起门板，将门板从门轴插销中抽出来。

⑥ 拆卸完成，面板靠墙放置。

⑦ 依次拆卸其他维护门板。

（2）打开上盖板：

① 维护门板拆下后，手指轻压上角落的插销（常态下，插销是被弹簧往上顶住的），克服弹簧弹力使顶杆伸出部分从上盖定位孔中退出来，如图 4-90 中箭头标识部分。

② 用手掌向下按压住闸机前（后）端上盖乘客显示器部位。

③（按压）手掌推动上盖朝外滑动 1 cm 左右，使上盖从 2 个圆形卡扣中平移脱离出来。

④ 抬起上盖乘客显示器，使其饶连接轴朝上旋转 90°，将上盖乘客显示器部分竖直放置。

（3）拆卸机芯护板：

① 用十字螺丝刀拆下机芯护板上的 4 颗螺丝。

② 双手抓住机芯护板，稍微用力往外拔，将护板拆卸下来。

2. 维护登录操作

如图 4-91 所示，进行闸机维护时，先进行登录操作，登录成功后，进入“请选择菜单”闸机维护主界面，然后根据维护人员的按键选择，进行相应功能的具体操作。

登录过程中，要注意以下几点：

（1）如果用户名或者密码输入错误，设备维护登录界面会显示“用户名或密码错误，请重新输入”。

（2）如果密码三次输入错误，设备会警示“非法入侵”且报警（长鸣），并上报车站系统。

（3）如果登录时间超过所设定的“登录超时时间”，则系统会弹出登录超时界面，并报警。

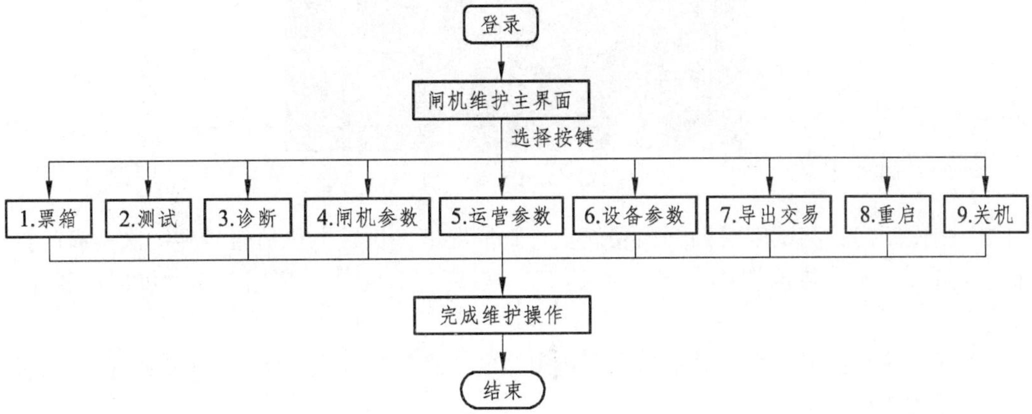

图 4-91　闸机维护功能示意图

3. 部件自动测试操作

利用闸机的部件自动检测功能，可以判断部件的运行情况，为故障检测提供依据。如图4-92 所示，在主菜单界面状态，按维护键盘的“2”，进入闸机“部件测试”界面。

在部件测试界面，按维护键盘的“1”～“6”键，分别进入机芯、回收机构、读写器、通行指示器、方向指示器、优惠票指示灯测试的子界面，然后可以执行相应的测试功能。在部件测试界面，按维护键盘的“7”～“9”键，直接发送命令分别进行报警器、传感器、声卡的测试。

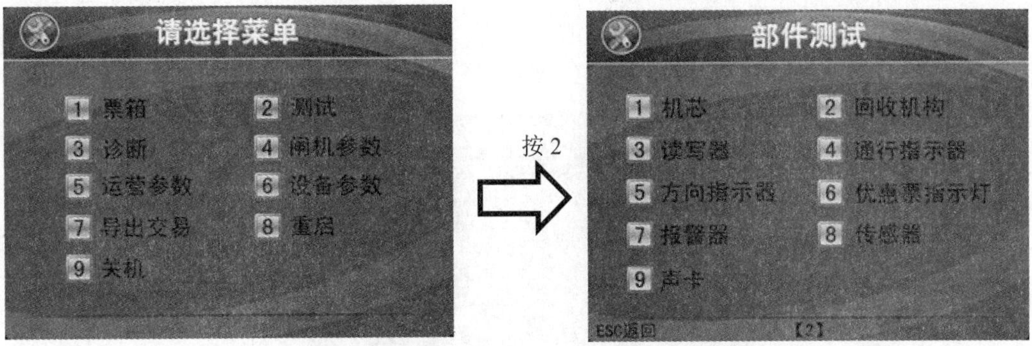

图 4-92　进入部件测试

1）机芯测试

在闸机“部件测试”界面，按维护键盘的“1”键，进入机芯测试界面，如图 4-93 所示。在机芯测试界面，按维护键盘的“1”～“6”键，可以分别执行闸机测试开门、闸机状态检查、机芯状态检查、闸机自测、闸机进入紧急模式、闸机退出紧急模式的测试功能。

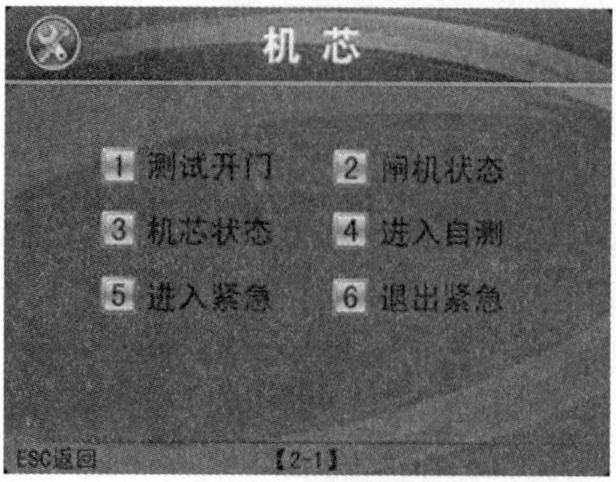

图 4-93　机芯测试界面

（1）测试开门：测试闸机的开门功能。正常情况下，机芯电机短暂运转一次，扇门打开，并保持在打开状态。界面切换为“测试关门”，按下“1”键盘，扇门关闭。可以反复操作开门、关门。

（2）闸机状态：用于查询显示当前闸机扇门的状态是打开还是关闭。可用于检测闸机开、关门传感器的工作状况等。

（3）机芯状态：用于查询显示当前机芯的状态是运转或是停止。

（4）进入自测：闸机反复地开门→关门→开门→关门……直至停止。可用于检测判断机芯元件的工作状况。

（5）进入紧急：机芯切断电源停止工作→扇门与机芯连杆机构的电磁铁断电，扇门与机芯电机脱离→在弹簧的作用下，扇门开启。模拟发生火灾等特殊情况时，设备断电且打开扇门方便人员疏散出站。

（6）退出紧急：机芯、扇门电磁铁重新通电，扇门恢复正常状态。

2）回收机构测试

在闸机“部件测试”界面，按维护键盘的“2”键，进入回收机构测试界面，如图 4-94 所示。在回收机构测试界面，按维护键盘的“1”～“5”键，可以分别执行回收机构回收单程票、退出单程票、切换回收票箱 1、切换回收票箱 2、查询回收机构 ID 的测试功能。

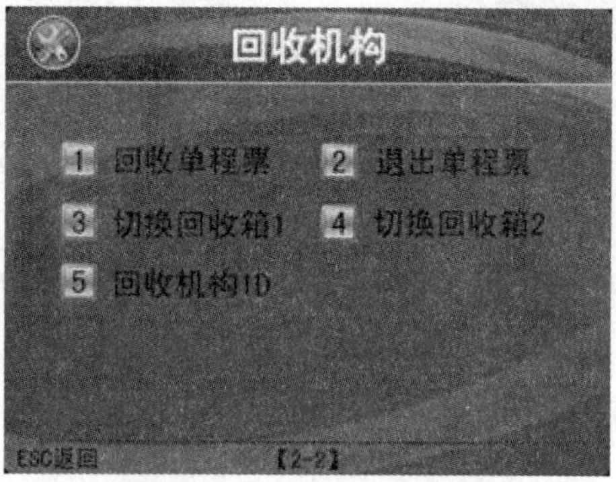

图 4-94　回收机构测试界面

（1）回收单程票：完整执行一次单程票回收的机构动作，但不进行单程票的读写识别。在测试前，往单程票回收口内，任意投入一张单程票（即使是无效票也可以），然后进行“回收单程票”测试。正常情况下，单程票回收机构的回收通道电磁铁动作，投票口内的单程票自动“滚”入票箱中。

说明：利用“回收单程票”测试功能，可以清楚地观察到闸机回收单程票的动作和过程，很适于分析掌握单程票回收机构的工作过程。

（2）退出单程票：将回收机构中的单程票从退票口退出。在测试前，往单程票回收口内任意投入一张单程票（即使是无效票也可以），然后进行“退出单程票”测试。正常情况下，单程票回收机构的退票口电磁铁动作，回收口内的单程票自动“滚”入退票口中。实际上，该功能就是触发退票口电磁铁动作一次。利用此测试功能，可以检测退票口电磁铁的工作状况。

（3）切换回收箱 1：将回收单程票的票箱设置为票箱 1。执行该测试操作时，票箱滚道上方的票箱切换电磁铁动作（伸出或者收回，可以由参数设置），使单程票自动滚入票箱 1。利用此测试功能，可以检测票箱切换电磁铁的工作状况。

（4）切换回收箱 2：将回收单程票的票箱设置为票箱 2。执行该测试操作时，票箱滚道上方的票箱电磁铁动作，使单程票自动滚入票箱 2。

（5）回收机构 ID：测试显示回收机构的 ID 号，并显示在屏幕上。

3）读写器测试

在闸机“部件测试”界面，按维护键盘的“3”键，进入读写器测试界面，如图 4-95 所示。在读写器测试界面，按维护键盘的“1”~“3”键，可以分别查询储值卡读写器 ID、单程票读写 ID、进站读写器 ID 的功能。

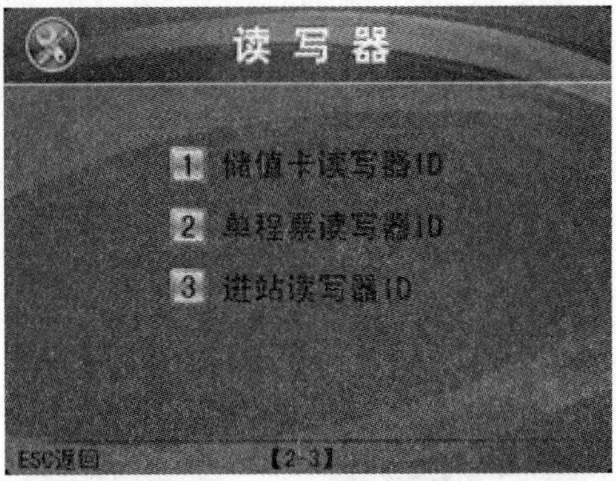

图 4-95　读写器测试界面

（1）储值卡读写器 ID：查询显示储值卡读写器 ID，并在显示器上显示出来。只对出站闸机和双向闸机有效。

（2）单程票读写器：查询显示出站闸机的单程票读写器 ID，并在显示器上显示出来。

（3）进站读写器 ID：查询显示进站闸机的读写器 ID，并在显示器上显示出来。进站闸机的储值卡和单程票读写器是同一个读写器。

4）通行指示器测试

在闸机“部件测试”界面，按维护键盘的“4”键，进入通行指示器测试界面，如图 4-96 所示。在通行指示器测试界面，按维护键盘的“1”~“6”键，可以分别测试进站允许、出站允许、进站禁止、出站禁止、进站优惠、出站优惠指示灯的功能。

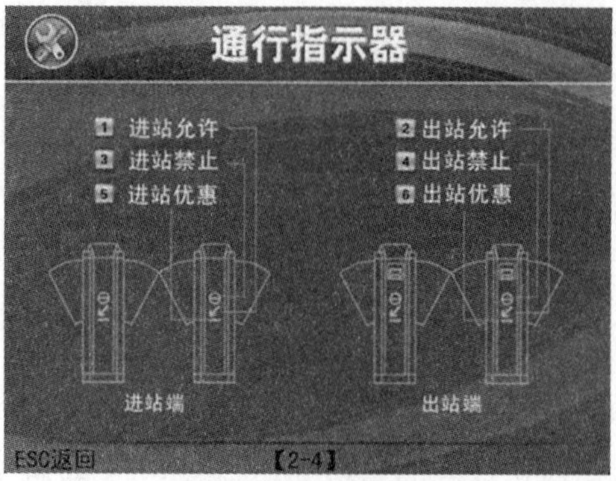

图 4-96　通行指示器测试界面

（1）进站允许：按“1”键，进站允许指示灯点亮（绿色的箭头指示灯），松开按键，指示灯熄灭。

（2）出站允许：按“2”键，出站允许指示灯点亮（绿色的箭头指示灯），松开按键，指示灯熄灭。

（3）进站禁止：按“3”键，进站禁止指示灯点亮（红色的圆圈标志指示灯），松开按键，指示灯熄灭。

（4）出站禁止：按“4”键，出站禁止指示灯点亮（红色的圆圈标志指示灯），松开按键，指示灯熄灭。

（5）进站优惠：按“5”键，闸机上部盖板中间的进站优惠指示灯点亮（橙色），松开按键，指示灯熄灭。

（6）出站优惠：按“6”键，闸机上部盖板中间的出站优惠指示灯点亮（橙色），松开按键，指示灯熄灭。

5）方向指示器测试

在闸机“部件测试”界面，按维护键盘的“5”键，进入方向指示器测试界面，如图 4-97 所示。在方向指示器测试界面，按维护键盘的“1”~“8”键，可以分别测试进站绿色报警、出站绿色报警、进站红色报警、出站红色报警、进站通行指示、出站通行指示、进出红色导向、进出绿色导向指示器的功能。各指示灯的位置和形状如图 4-98 所示。

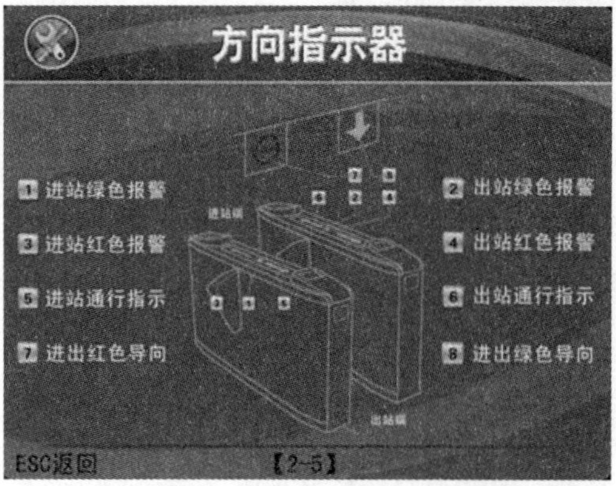

图 4-97　方向指示器测试界面

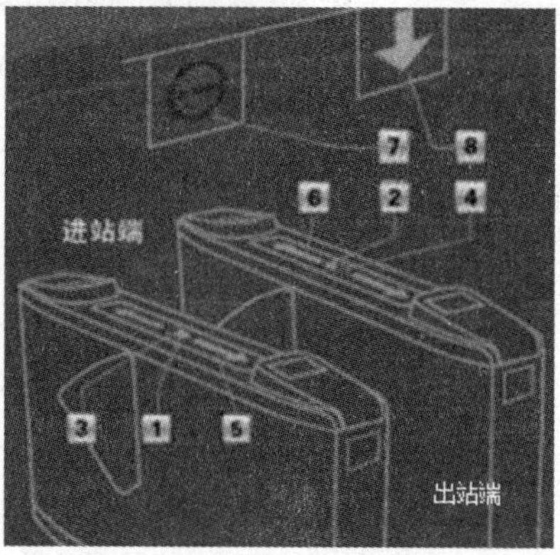

图 4-98　方向指示器位置分布图

（1）进站绿色报警：按“1”键，进站绿色报警指示灯点亮，松开按键，指示灯熄灭。

（2）出站绿色报警：按“2”键，出站绿色报警指示灯点亮，松开按键，指示灯熄灭。

（3）进站红色报警：按“3”键，进站红色报警指示灯点亮，松开按键，指示灯熄灭。

（4）出站红色报警：按“4”键，出站红色报警指示灯点亮，松开按键，指示灯熄灭。

（5）进站通行指示：按“5”键，进站通行指示灯点亮，松开按键，指示灯熄灭。

（6）出站通行指示：按“6”键，出站通行指示灯点亮，松开按键，指示灯熄灭。

（7）进出红色导向：按“7”键，进出红色导向指示灯点亮，松开按键，指示灯熄灭。

（8）进出绿色导向：按“8”键，进出绿色导向指示灯点亮，松开按键，指示灯熄灭。

6）优惠票指示灯测试

在闸机“部件测试”界面，按维护键盘的“6”键，进入优惠票指示灯测试界面，如图 4-99 所示。在优惠票指示灯测试界面，按维护键盘的“1”~“2”键，可以分别测试进站优惠、出站优惠指示灯的功能。

（1）进站优惠：按“1”键，进站优惠指示灯点亮（中间橙色的小灯），松开按键，指示灯熄灭。

（2）出站优惠：按“2”键，出站优惠指示灯点亮（中间橙色的小灯），松开按键，指示灯熄灭。

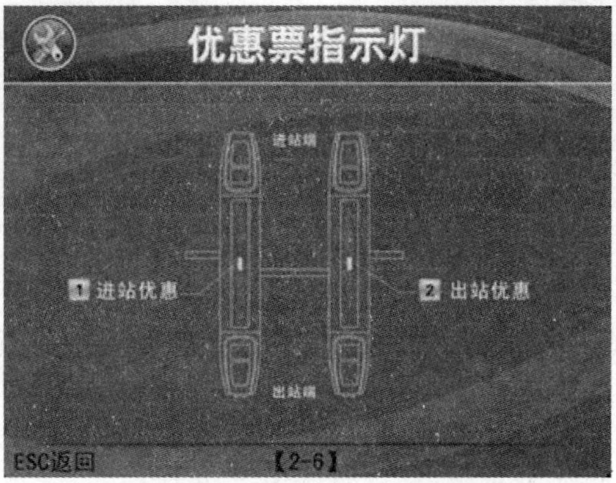

图 4-99　优惠票指示灯测试界面

7）报警器测试

在闸机“部件测试”界面，按维护键盘的“7”键，直接进行报警器测试。按住“7”键，报警器发出报警声，松开按键，报警器静音。

8）传感器测试

在闸机“部件测试”界面，按维护键盘的“8”键，直接进行传感器测试。按住“8”键，传感器工作，松开按键，传感器停止状态（维护模式）。

9）声卡测试

在闸机“部件测试”界面，按维护键盘的“9”键，直接进行声卡测试。按住“9”键，声卡工作，松开按键，声卡停止。

4. 部件自诊断功能

利用闸机的部件自诊断功能，可以诊断各部件的运行情况，为故障检测提供依据。如图

4-100 所示，在主菜单界面状态，按维护键盘的“3”，进入闸机“部件自诊断测试”界面。

在部件自诊断界面，按维护键盘对应数字键可以发送命令诊断对应的部件，并将诊断结果直接显示出来。“1”~“8”键分别对应储值卡读写器、回收机构、单程票读写器、综合控制器、进站读写器、机芯、整机测试、网线检测的诊断功能。

（1）储值卡读写器诊断：自动检测储值卡读写器运行状态。

（2）回收机构诊断：自动检测回收机构的运行状态。

（3）单程票读写器诊断：自动检测单程票读写的运行状态。

（4）综合控制器诊断：自动检测综合控制器的运行状态。

（5）进站读写器诊断：自动检测进站读写器的运行状态。

（6）机芯诊断：自动检测机芯机构的运行状态。

（7）整机测试：自动进行整机运行测试。

（8）网线检测：检测网线连接状况。

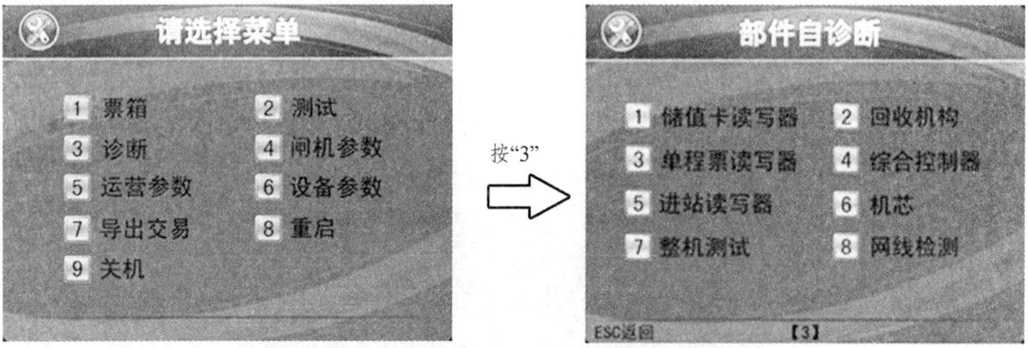

图 4-100　进入部件自诊断界面

5. 查询、设置运营参数

利用闸机的“查询、设置运营参数”功能，可以查询设备的运营参数信息、驱动库版本、底层程序版本、维护程序版本及主程序版本信息。如图 4-101 所示，在“请选择菜单”主界面中，按维护键盘的“5”，进入闸机“查询运营版本”界面。

在“查询运营版本”界面，按维护键盘“1”~“2”，进行“程序版本”和“运营参数”的查询。

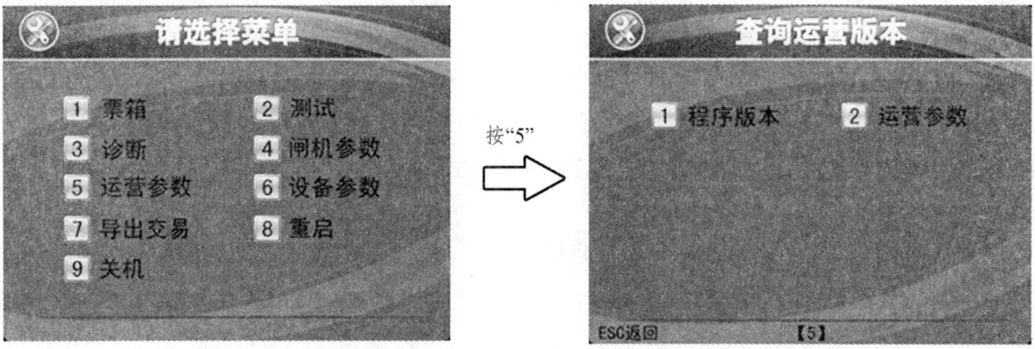

图 4-101　查询、设置运营参数

1）程序版本

在闸机“查询运营版本”界面，按维护键盘的“1”键，进入程序版本界面，如图 4-102 所示。在程序版本界面，按维护键盘的“1”~“4”键，可以分别进行硬件版本、维护程序版本、驱动版本、闸机程序版本的查询功能。

（1）硬件版本：即设备元件的版本号。在“程序版本”界面，按维护键盘的“1”键，进入“硬件版本”查询界面，如图 4-103 所示。在“硬件版本”界面，按维护键盘的“1”~“7”键，可以分别查询显示出储值卡读写器、回收机构、单程票读写器、综合控制器、进站读写器、机芯、所有硬件版本的硬件底层版本号。

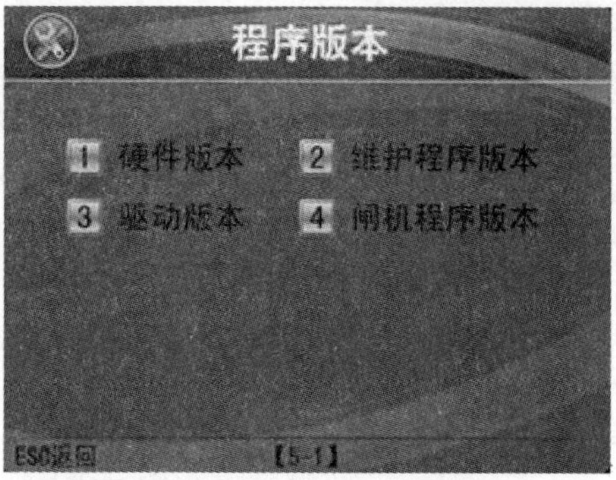

图 4-102　程序版本界面

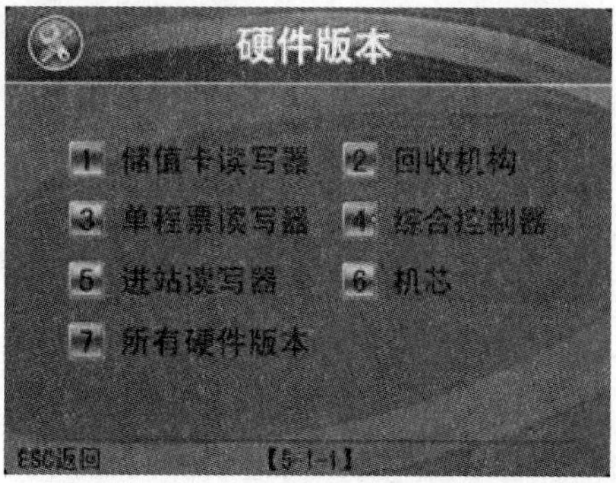

图 4-103　硬件版本查询界面

① 储值卡读写器：在“硬件版本”界面，按维护键盘的“1”键，查询储值卡读写器的版本号。储值卡读写器只对出站闸机有效。

② 回收机构：在“硬件版本”界面，按维护键盘的“2”键，查询回收机构的版本号。回收机构只对出站闸机有效。

③ 单程票读写器：在“硬件版本”界面，按维护键盘的“3”键，查询单程票读写器的版本号。单程票读写器只对出站闸机有效。

④ 综合控制器：在“硬件版本”界面，按维护键盘的“4”键，查询综合控制器的版本号。

⑤ 进站读写器：在“硬件版本”界面，按维护键盘的“5”键，查询进站读写器的版本号。进站读写器只对进站闸机有效。

⑥ 机芯：在“硬件版本”界面，按维护键盘的“6”键，查询闸机机芯的版本号。

⑦ 所有硬件版本：在“硬件版本”界面，按维护键盘的“7”键，查询所有硬件的版本号并列表显示出来。

（2）维护程序版本：在“程序版本”界面，按维护键“2”，直接查询该闸机的维护程序版本号，并显示出来。

（3）驱动版本：驱动版本即设备元件的驱动程序（软件）版本号。在“程序版本”界面，按维护键盘的“3”键，进入“驱动版本”查询界面，如图 4-104 所示。在“驱动版本”界面，按维护键盘的“1”~“7”键，可以分别查询显示出储值卡读写器、回收机构、单程票读写器、综合控制器、进站读写器、机芯、所有驱动版本的驱动程序的版本号。

① 储值卡读写器：在“驱动版本”界面，按维护键盘的“1”键，查询储值卡读写器的驱动程序版本号。储值卡读写器只对出站闸机有效。

② 回收机构：在“驱动版本”界面，按维护键盘的“2”键，查询回收机构的驱动程序版

本号。回收机构只对出站闸机有效。

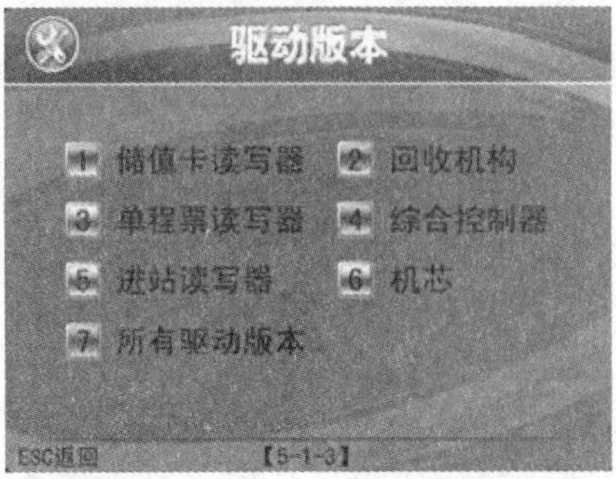

图 4-104　驱动版本查询界面

③ 单程票读写器：在“驱动版本”界面，按维护键盘的“3”键，查询单程票读写器的驱动程序版本号。单程票读写器只对出站闸机有效。

④ 综合控制器：在“驱动版本”界面，按维护键盘的“4”键，查询综合控制器的驱动程序版本号。

⑤ 进站读写器：在“驱动版本”界面，按维护键盘的“5”键，查询进站读写器的驱动程序版本号。进站读写器只对进站闸机有效。

⑥ 机芯：在“驱动版本”界面，按维护键盘的“6”键，查询闸机机芯的驱动程序版本号。

⑦ 所有硬件版本：在“驱动版本”界面，按维护键盘的“7”键，查询所有硬件的驱动程序版本号并列表显示出来。

（4）闸机程序版本：在“程序版本”界面，按维护键“4”，课查询该闸机的程序版本号，并显示出来。

2）运营参数

在图 4-101 所示的闸机“查询运营版本”界面，按维护键盘的“2”键，可查询并显示该闸机的当前运营参数。

6. 查询、设置设备参数

利用闸机的“设备参数”功能，可以查询、设置闸机的设备元件参数。如图 4-105 所示，在“请选择菜单”主界面中，按维护键盘的“6”，进入闸机“查询、设置设备参数”界面。

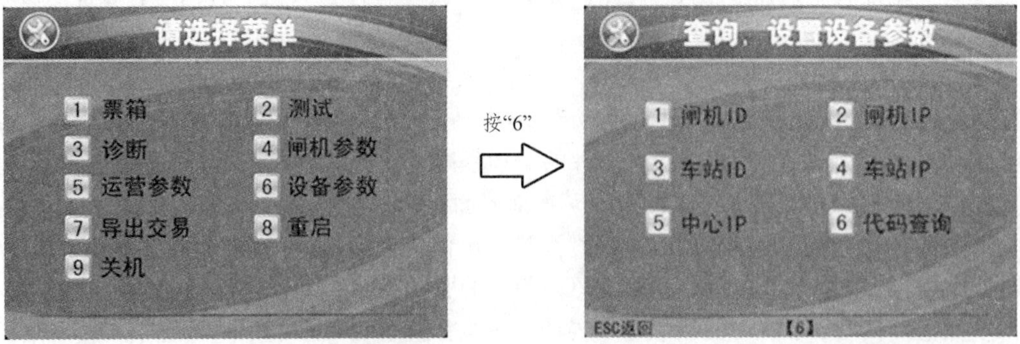

图 4-105　查询、设置运营参数

在“查询、设置设备参数”界面，按维护键盘“1”~“5”键，执行闸机 ID、闸机 IP、车站 ID、车站 IP、中心 IP 的设置和查询，按维护键盘“6”，执行闸机代码查询。

说明：ID 是设备的物理地址（硬件），IP 是设备的网络地址。闸机只是自动售检票系统（AFC）的一个设备节点，在设备安装阶段，已经为每台闸机分配了唯一的 IP 地址，在轨道交通车站的 AFC 系统软件中，已经将每台闸机的物理 ID 和分配的 IP 地址都进行了注册。因此，一旦设备安装调试完成，在正常使用情况下，闸机 ID、IP 和车站 ID、IP 等都只能进行查询，不能随意进行更改，否则会导致闸机与 AFC 系统联系不上。

（1）闸机 ID：在“查询、设置设备参数”界面，按维护键盘的“1”键，进入“设置闸机 ID”界面（见图 4-106），显示闸机的 ID 号。按维护键盘的“Enter”键，可以更改闸机的 ID（谨慎使用，一般仅用于设备初始安装与调试，下同），按“ESC”返回。

（2）闸机 IP：在“查询、设置设备参数”界面，按维护键盘的“2”键，进入“设置闸机 IP”界面（见图 4-107），显示闸机的 IP 地址。按维护键盘的“Enter”键，可以更改闸机的 ID，按“ESC”返回。

（3）车站 ID：在“查询、设置设备参数”界面，按维护键盘的“3”键，进入“设置车站 ID”界面（见图 4-108），显示车站的 ID 地址。按维护键盘的“Enter”键，可以更改车站的 ID，按“ESC”返回。

（4）车站 IP：在“查询、设置设备参数”界面，按维护键盘的“4”键，进入“设置车站 IP”界面，显示车站的 IP 地址。按维护键盘的“Enter”键，可以更改车站的 IP 地址，按“ESC”返回。

（5）中心 IP：在“查询、设置设备参数”界面，按维护键盘的“5”键，进入“设置中心 IP”界面（见图 4-109），显示运营中心的 IP 地址。按维护键盘的“Enter”键，可以更改中心的 IP 地址，按“ESC”返回。

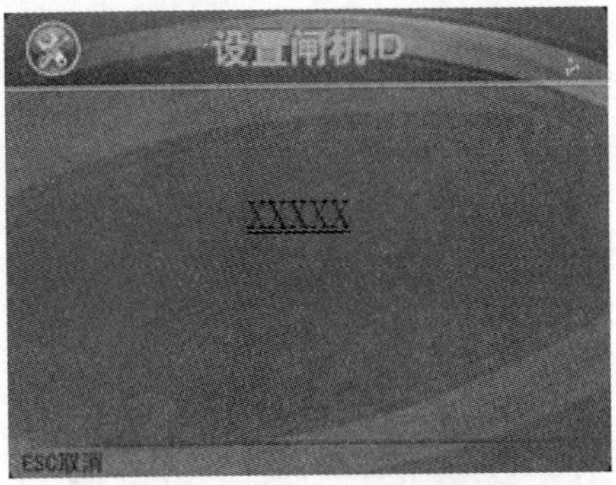

图 4-106　闸机 ID 设置界面

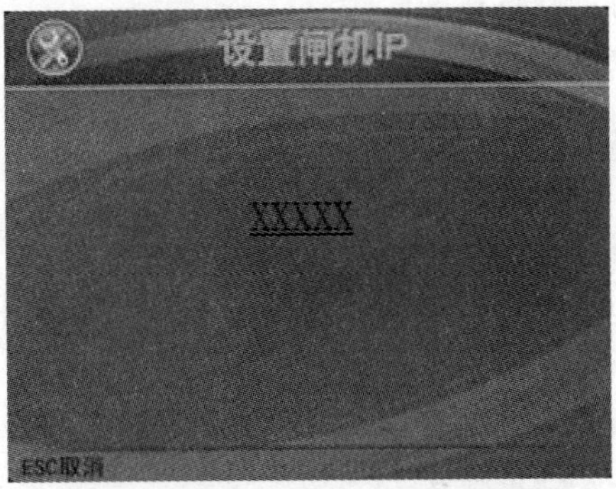

图 4-107　闸机 IP 设置界面

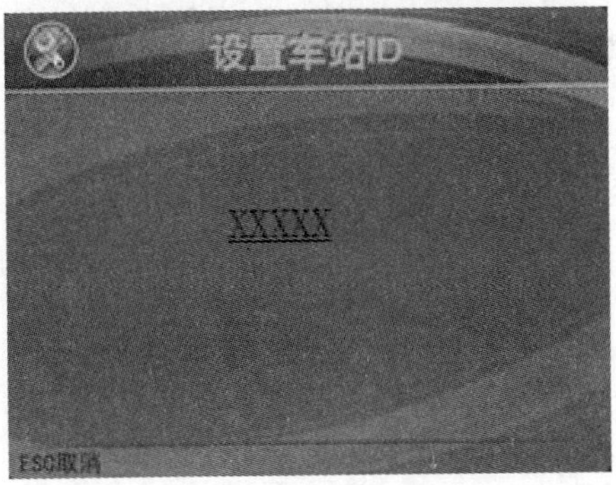

图 4-108　车站 ID 设置界面

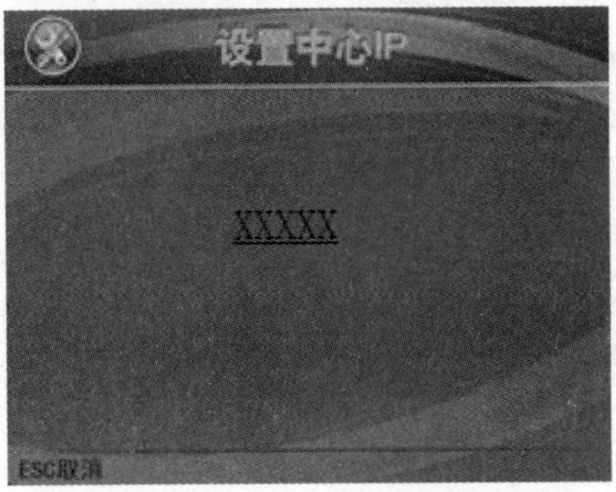

图 4-109　中心 IP 设置界面

（6）代码查询：在“查询、设置设备参数”界面，按维护键盘的“6”键，进入“代码查询”界面，可以输入设备代码和故障代码，查询代码对应的意义。利用此功能，可以在出现故障时，输入故障代码，查询故障的大致原因。

4.5.2　利用故障代码进行维修

闸机出现故障时，在乘客显示屏的右上角，会显示故障代码。通过查询这些故障代码的对应意义，可以大致定位故障的范围。

1. 故障代码的编码格式

故障代码固定由 16 位数字组成，共包含 6 部分，如图 4-110 所示。

整体上，故障代码包含前、后两段，下图中的①～③为前段，④～⑥为后段，前、后端之间用空格分隔。

故障代码编码格式	×	×	××	空格	××××	8101	××××
	①	②	③		④	⑤	⑥

图 4-110　故障代码编码格式

说明：

① 第 1 位：表示网络状态。

0：网络断开；

1：网络连通。

② 第 2 位：表示闸机整机状态。

A：正在启动；

0：正常；

1：警告运行；

2：故障暂停；

3：网络暂停；

4：网络关机；

5：网络紧急；

6：本地紧急。

③ 第 3、4 位：共 2 位，闸机模式代码。由数据中心下发当前运行模式代码。

④ 第 5～8 位：共 4 位，为闸机部件错误代码。通过查询闸机的部件错误代码，能大致判断出现故障的设备元部件，为故障排除缩小范围。

⑤ 第 9～12 位：共 4 位，为固定代码 8101。

⑥ 第 13～16 位：共 4 位，为设备数据错误代码。通过查询闸机的设备数据错误代码，能大致判断出现故障的系统处理原因，为故障排除缩小范围。

2. 闸机部件错误代码

设备故障有相应的错误代码，厂家不一样代码意义不一样，需根据具体的设备维护手册进行维护维修。常见的设备故障代码如表 4-3 所示。

表 4-3　设备故障代码

错误代码	代码解释	处理方法
2421	2421～2427 每个串行口错误	检查相应串口是否正常
2401	SAM 卡出错	将 SAM 卡插入 SAM 卡座，并保证接触良好
	2401 进站读卡器，2402 储值票读卡器，2403 单程票读卡器	更换对应读写器的 SAM 卡
	读卡器不工作	更换读写器
2405	写卡出错	更换读写器
3131	1 号读卡器连接错误	检查读写器串口是否连接到工控机正确的端口上
3132	2 号读卡器连接错误	检查连接的串口线是否错误
3133	3 号读卡器连接错误	更换新的读写器
4001	卡票	检查是否有票卡住
4002	无票箱	安装票箱
4003	票箱满	更换票箱
4013	硬件票箱 1 报将满	检查票箱是否将满
4014	硬件票箱 1 报已满（另一个票箱不存在）	检查票箱是否满，如满则更换票箱
4023	硬件票箱 2 报将满	检查票箱是否将满
4024	硬件票箱 2 报已满（另一个票箱不存在）	检查票箱是否满，如满则更换票箱
		票箱满传感器是否故障，如故障则更换
5301	GC 初始化失败	重新初始化
		检查 GC 是否连接正确，如错误则更新连接，更换 GC
7302	GATE 机芯通信出错	PCM 板串口是否连接正确，如错误则更新连接
		更换 PCM 板
7303	回收机构通信出错	检查回收机构串口是否连接正确，如错误则更新连接
		更换回收机构主板
7304	综合控制器通信出错	检查综合控制器串口是否连接正确，如错误则更新连接
		更换综合控制器主板

4.5.3　闸机常见故障的维修

1. 闸机维护保养周期

设备的维护保养，可以减少故障发生，延长使用寿命。一般保养周期可参照表 4-4 执行。

表 4-4　设备维护周期

部件	维护间隔	维护内容
闸机机芯	2 个月	检查闸机闸杆材料是否损坏
		检查闸机闸杆安装是否牢固
		检查复位弹簧是否失效
		检查驱动电机是否损坏
		扇门架销轴加注黄油
		检查电机减速器是否漏油
主控单元	2 个月	检查电源总开关是否损坏
		检测电源开关的漏电保护功能是否有效
		检查各接线端子接线是否牢固
		检查交流 36 V、交流 24 V 变压器安装是否牢固，是否损坏，输出电压是否正常
		检查+DC 12 V、+DC 24 V 稳压电源安装是否牢固，是否损坏，输出电压是否正常
		紧急按钮功能是否正常
单程票回收机构	2 个月	检查皮带是否变形、拉长、龟裂、发黏等现象
		检查升降机构以丝杠是否缺油
		检查各传感器是否正常
		检查电磁铁是否有损坏，安装是否发生松动
		检查投票口处印刷的指示信息是否清晰
		清洁单程票通道及投票口，清洁时请断电
乘客显示器	6 个月	检查车票读写器读写性能是否下降
		检查 LCD 亮度、对比度是否发生改变，检查 LCD 背光是否正常
		检查通行指示器是否有损坏
		检查乘客显示器表面印刷的指示信息是否清晰
通行指示器/方向指示器/报警指示器	6 个月	检查各指示器是否有损坏
		检查各指示器亮度是否下降及下降程度
维护维修控制器	6 个月	检查控制器安装是否牢固
		检查操作键盘操作是否正常
		检查维护显示器 LCD 显示器及背光是否正常
连线	6 个月	维护之前切断电源
		检查连线的插头、插座接触是否良好
		检查各个接线端子的连线是否接好
		检查导线的绝缘是否良好，检查导线是否老化

2. 闸机故障处理

闸机的故障可以按照模块来进行分类，闸机的故障主要体现在主控机模块、车票处理模块、扇门模块、系统软件模块及其他部分的故障。从上表中可以发现，车票处理模块和系统软件程序的故障处理耗时最短，而扇门模块以及主控器模块的故障处理耗时较久，导致设备停用时间较为长，对设备质量影响程度较大。因此进行故障分类，可以根据现象迅速判断那些可以快速处理，那些处理耗时较长，就可以进入不同的维修流程。

主控故障主要是主板和内存问题。现场闸机主控发生异常时，一般是对闸机尝试进行断电重启，如无法修复，则对插口和内部板卡的进行清洁和紧固。处理后依旧故障则需进行更换主控。其故障量占比居中，但处理耗时较长，故障后将直接导致设备停用，因此对设备质量影响较大。

车票处理模块故障主要为读卡模块器异常、单程票卡票及票箱识别异常等，通常维修方式为清除卡票和复位读卡模块和票箱。该类故障维修耗时相对短，但发生卡票可能还涉及乘客事务，因此需及时进行处理。

闸机扇门模块故障主要表现为马达电机损坏、齿轮箱磨损，以及扇门控制板的故障，通常更换扇门马达需要人员和时间较为多，修复的耗时相对也较长。

闸机软件模块故障主要体现为主程序退出、系统异常等，该类故障通常需对闸机进行本地重启修复。重启后要需注意闸机软件版本、时间、参数等，确认无异常再投入使用。

其他类型故障包括乘客显示屏、维修面板、维修键盘、通行指示灯等故障。

闸机常见故障及处理方法见表 4-5。

表 4-5　闸机常见故障及处理方法

序号	故障现象	原因分析	处理方法	备注
整机				
1	开机无显示	1. 无电源输入； 2. 部件连接异常	1. 首先检查设备电源及显示器电源的连接情况，确定电源已经接通，显示器电源开关没有断开； 2. 检查显示器背光板电源是否接通； 3. 如果设备启动声音正常，控制电路指示灯也正常，检查显示器数据线是否连通； 4. 更换显示屏，判断是否显示器损坏	
2	开机始终处于 BIOS 主板检测状态，无法进入操作系统	工控机的内存条、SAM 卡、DOM 卡（Disc On Memory）故障	更换内存条进行调试；更换 DOM 卡进行调试；更换 SAM 卡进行调试	
3	方向指示灯闪烁	通行传感器异常或被异物遮挡	1. 根据 PCM 板上传感器的指示灯亮灭情况，检查通行传感器是否被异物遮挡。 2. 检查通行传感器是否故障	
4	提示暂停服务	维护门打开或维护门传感器异常	确认维护门已经关闭，且维护门传感器正常	
		票箱满或票箱不到位	更换票箱或者检查票箱到位情况	
		机芯故障	进入测试模式，进行机芯的测试；检查机芯运行检测传感器	

续表

序号	故障现象	原因分析	处理方法	备注
4	提示暂停服务	读写模块故障	检查主机与读写模块的连接情况	
		与维护模块通讯异常	对维护模块重新加电	
		维护模块未加电	对维护模块上电	
		AFC 或者 SCR 等上级系统控制	确认是否上级系统控制	
5	登录不成功	输入用户名或密码错误	重新输入	
6	设备报警	维护时未在限定时间内登录	重新登录	
		三次登录均失败	AFC 系统上，人工重新验证用户名和操作密码	
		更换票箱后未归位，完成未确认	重新归位并确认完成	
7	误报为无效票	闸机与售票机的时钟不一致	调整准确售票机或者闸机的操作系统时间	
		读写器故障	更换正常的读写器进行调试	
8	没有刷卡操作时，读卡器误报“无效票”	读写器干扰，工作不稳定	检查读写器天线是否松动；检查读写器的线路连接是否良好	
嵌入式工控机模块				
1	设备上电，工控机没有反应或不启动	检查工控机电源线	插牢工控机电源线	
		检查工控机电压是否正常	保证正常电压	
		排除电源电压问题后尝试 BIOS 放电	BIOS 放电	
2	工控机操作系统启动不起来	工控机操作系统损坏	重新安装操作系统	
		工控机硬件故障	更换工控机	
3	操作系统启动正常，运营软件启动不起来	业务软件出错	重新安装业务软件	
		可能为 CMOS 故障	修改 CMOS 参数并重启系统	
4	启动后运行状态不正常	软件配置参数错误	正确配置参数	
5	工控机死机	业务软件程序崩溃	重新启动业务软件	
		操作系统死机	重新启动操作系统	
6	进操作系统后，在系统运行过程中重启系统	进主板 BIOS，检查+5 V 电压，电压在 4.75 V 以下会使机箱工作不稳定	保证正常电压	
		检查系统中软件，是否有软件产生严重错误	修复软件	

续表

序号	故障现象	原因分析	处理方法	备注
7	串口不通	查看该串口的设置及分配是否与实际使用的一致	保证一致性	
		查看串口线是否接插牢固，查看串口线是否有接触上的问题	保证接触牢靠	
8	显示超出范围（或显示的图片偏移）	确认 CMOS 设置：Boot Display [CRT+LCD]；Panel Type（LVDS）[640×480 18bit]	调整 CMOS 设置到正常	
综合 I/O 管理模块				
1	串口通信故障	通信线松脱	接牢通信线	
		综合控制器保险管烧断	排除短路，更换保险丝	
		综合控制器硬件故障	修复或更换	
		检查综合控制器串口连接到工控机的串口号是不正确	保证连接串口号一致	
		工控机串口故障	修复	
2	上电无反应	综合控制器保险管烧断	排除短路，更换保险丝	
		板上电源部分故障	修复或更换综合控制器	
		电源盒的 GC 电源插座无 12 V 输出	换电源	
		电源盒到综合控制器的电源线有断线或接触不良	更换该线缆	
3	打开维护门设备不暂停	维护门到位开关损坏或线缆松脱	更换或接牢线缆	
		综合控制器输入电路故障	修复或更换综合控制器 I/O 板	
4	蜂鸣器不报警	报警蜂鸣器损坏或线缆松脱	更换或接牢线缆	
		综合控制器输出电路故障	修复或更换综合控制器 I/O 板	
5	方向指示器不亮	方向指示器发光板损坏	更换	
		方向指示器线缆松脱	接牢线缆	
		综合控制器输出电路故障	修复或更换综合控制器 I/O 板	
		方向指示器无 24 V 电源，PCM 板到综合控制器的 24 V 电源线	换电源或电源线	
6	优惠灯不亮	灯损坏或线缆松脱	更换或接牢线缆	
		综合控制器输出电路故障	修复或更换综合控制器 I/O 板	
7	乘客显示器/维护显示器无背光	背光线松脱	插牢背光线	
		综合 I/O 管理模块故障	更换	

续表

序号	故障现象	原因分析	处理方法	备注
通行逻辑控制模块				
1	闸机上电，闸门不关闭	安全传感器没有调整好或安全传感器坏	调节或更换安全传感器	
		两侧闸门关闭到位传感器同时损坏	更换闸门关闭到位传感器	
		PCM 板坏，电机无电源	换保险修 PCM 板	
2	闸机上电，只关一扇闸门	闸门未关闭一侧的闸门关闭到位传感器坏	需更换闸门关闭到位传感器	
		闸机机芯被卡死	更换相应的机芯	
		PCM 一组电机驱动无输出	检查输出线路	
3	过闸不关门	由传感器故障引起的，检查通行传感器和安全传感器是否正常	更换坏的传感器	
		PCM 板坏	更换 PCM 板	
4	闸机开门时，一侧或两侧闸门来回摆动	由于开门到位传感器出现故障	调节或更换闸门开门到位传感器	
		由于关门到位传感器出现故障	调节或更换闸门关门到位传感器	
		吸盘检测传感器故障	更换	
5	正常刷卡机芯无反应	可能为机芯故障	检查机芯传感器及 PCM 板	

练习题

1. 判断题

（正确打“√”，错误打“×”）

（1）闸机的机芯运动控制中，使用了减速器降低电机的输出转速。（　）

（2）一台闸机仅有一个单程票回收票箱。（　）

（3）进站闸机和出站闸机的扇门两边各有 3 组传感器用于检测乘客的通行。（　）

（4）闸机的检修开关为机械式的行程开关，其工作时，需要连接电源。（　）

（5）闸机的多个检修开关串联后接入控制电路板。（　）

（6）闸机的通道传感器进站方向和出站方向设置的通行传感器数量一样多。（　）

（7）正常情况下，打开闸机的维护门，其乘客显示器会立即显示“暂停服务”。（　）

（8）正常情况下，打开闸机的维护门，其乘客显示器会立即切换为维护界面，提示输入“用户名和密码”。（　）

（9）在闸机机芯部件测试中，“进入紧急”和“退出紧急”可以测试蜂鸣器电路能否正常工作。（　）

（10）利用闸机的部件测试功能，能测试乘客通道所有传感器。（ ）

（11）进站闸机读写器只对单程票进行数据读的操作。（ ）

（12）乘坐地铁时，投入一张单程票，1 名乘客手拉着拉杆箱过闸机，闸机会发出报警信息。（ ）

（13）出站闸机的单程票读写器和储值票读写器实际上为同一个读写器。（ ）

（14）闸机的闸门电机具有力矩保护功能，关门中夹到人和物体都会自动打开。（ ）

（15）闸机开、关门是否到位，是通过检测电机驱动的摆杆位置来实现的。（ ）

（16）闸机的边机是用来形成乘客通道的，其只有闸机的外壳，里面没有安装任何控制元件。（ ）

（17）闸机维修时，根据需要可以连接标准的 USB 键盘。（ ）

（18）出站闸机的单程票读写器和储值票读写器为同一个读写器。（ ）

（19）所有乘客传感器发射端之间的连接方式为并联。（ ）

（20）所有乘客传感器发射端和接收端都直接连接在传感器转接板上。（ ）

（21）更换闸机票箱时，只要有维护门专用钥匙即可，不需要用户登录。（ ）

（22）闸机正常运行时，不但需要安装闸机的应用软件，还需要安装工控机的操作系统。（ ）

（23）通常，闸机的乘客通行传感器和安全传感器使用的是同一种传感器。（ ）

（24）票箱上安装有一组对射式传感器，其作用是用来检测票箱是否已经满了。（ ）

（25）正常运行时，投票闸口是打开的，当投入单程票后，投票闸口立即关闭，以避免几张单程票同时进入回收机构。（ ）

（26）闸机上电自检时，机芯电机作 360°圆周运动，其正常工作时，正、反转反复切换。（ ）

（27）单程票回收机构上，对射式传感器的工作电源是 DC 12 V。（ ）

（28）单程票回收票箱的最大回收数，可以通过闸机参数进行设置。（ ）

（29）并列运行的几台闸机，它们的电气控制线路是彼此独立的。（ ）

（30）正常情况下，单独运行的一套双向闸机共有 3 个读写器。（ ）

2. 填空题

（1）闸机的乘客通行检测传感器，每组分为发射端传感器和__________，其中，发射端传感器有_____条连接线，后者有__________条连接线。

（2）连接闸机左边机和右边机最主要的电路板是______________________________。

（3）根据拦阻体和拦阻方式的不同，闸机可以分为摆闸、__________和__________等。

（4）按照功能分，闸机可以分为进站闸机、__________和__________三类。

（5）PCM 的中文意义是：____。

（6）一台闸机上（含左边机和右边机），有__________块通道转接板。

（7）一台闸机上（含左边机和右边机），有__________块传感器转接板。

（8）单程票回收机构中，当一张单程票从投票口投入后，最先检测到的是__________传感器。

（9）机芯上安装有开关检测传感器、关门检测传感器和__________传感器。

（10）闸机主控板的 4 个核心部件为：工控机、通道转接板、__________和__________。

3. 选择题

（1）闸机扇门摆动轴上的弹簧的作用是（　　）。

A. 正常工作时提供开门的动力　　B. 设备关闭电源时提供扇门开门的动力

C. 正常工作时提供关门的动力　　D. 应急模式时，提供关门的动力

（2）闸机机芯电机工作电源为（　　）。

A. 交流 220 V　　B. 直流 12 V

C. 直流 5 V　　D. 直流 48 V

（3）闸机扇门上安装的电磁铁的作用是（　　）。

A. 闸机开门时电磁铁通电　　B. 闸机关门时电磁铁通电

C. 闸机正常工作时始终通电　　D. 以上都不正确

（4）正常工作时，关于闸机机芯电机说法正确是（　　）。

A. 电机做循环整周旋转运动

B. 电机做往复半周运动

C. 电机做往复摆动运动

D. 电机持续转动，由电磁铁通/断电控制扇门开关

（5）闸机单程票回收机构上所使用的闸口电磁铁采用的电源为（　　）。

A. 交流 220 V　　B. 直流 12 V

C. 直流 36 V　　D. 直流 48 V

（6）闸机的种类有（　　）。

A. 入站闸机　　B. 出站闸机　　C. 双向闸机　　D. 以上都是

（7）关于地铁闸机的安装位置，说法正确的是（　　）。

A. 安装于付费区　　B. 安装于非付费区

C. 安装于付费区与非付费区的分界处　　D. 安装于地铁车站任意位置

（8）闸机一个通道的两个扇门，由（　　）个机芯控制。

A. 0　　B. 1　　C. 2　　D. 3

（9）闸机的蜂鸣器，连接于（　　）。

A. 工控机　　B. PCM　　C. 通道转接板　　D. 综合控制器

（10）实训室闸机的检修开关，直接连接于（　　）。

A. 工控机　　B. PCM　　C. 通道转接板　　D. 综合控制器

（11）进站闸机的检修开关有（　　）个。

A. 1 个　　B. 2 个　　C. 3 个　　D. 4 个

（12）连接闸机左边机和右边机的控制电路板是（　　）。

A. 工控机　　B. PCM　　C. 通道控制器　　D. 综合控制器

（13）进站闸机中，检测乘客通行的传感器一般有（　　）对。

A. 6　　B. 9　　C. 18　　D. 22

（14）下面选项中，不属于闸机维护模式主菜单内容的有（　　）。

A. 故障代码查询　　B. 测试

C. 重启　　D. 闸机参数

（15）闸机进入维护模式后，使扇门电机持续运动的测试选项是（　　）。

A. 机芯　　B. 回收机构
C. 读写器　　D. 诊断

（16）闸机回收票箱的锁紧机构是依靠（　　）进行控制的。

A. 电磁铁　　B. 机械钥匙
C. 电机　　D. 带弹簧的插销

（17）驱动闸机扇门开关闸的电机为（　　）。

A. 直流电机　　B. 交流电机
C. 步进电机　　D. 伺服电机

（18）闸机上，检测回收票箱放置是否到位的传感器的为（　　）。

A. 光纤传感器　　B. 微动开关
C. 对射式传感器　　D. 电容传感器

（19）筹码式单程票是怎样从投票口进入回收票箱的（　　）。

A. 滑入　　B. 滚入
C. 垂直掉落　　D. 弹簧弹入

（20）下面说法错误的是（　　）。

A. 正常情况下，打开闸机的任意维护面板，闸机自动进入维护模式
B. 正常情况下，关闭闸机的所有维护面板，闸机自动进入运营模式
C. 闸机的乘客显示器上显示“暂停服务”，就表示闸机一定出现了故障
D. 闸机的维护键盘连接在闸机工控机上。

（21）闸机通道传感器属于（　　）类型。

A. 光电传感器　　B. 接近传感器
C. 压力传感器　　D. 流量传感器

（22）机芯电机的工作电压是（　　）。

A. 24 V　　B. 36 V　　C. 48 V　　D. 12 V

（23）闸机切断外部供电电源后，剪刀式扇门不能收回，故障原因可能是（　　）。

A. 正常，没有故障　　B. 机芯损坏
C. 扇门卷轴弹簧弹力不足或损坏　　D. 扇门传感器故障

（24）目前已被认为是闸机发展的趋势，在国外的地铁 AFC 系统中也得到了广泛应用的类型是（　　）。

A. 三杆式闸机　　B. 多杆式闸机
C. 扇门式闸机　　D. 五杆式闸机

（25）在单程票回收机构中，检测电磁铁动作的传感器类型为（　　）。

A. 对射式传感器　　B. U 型传感器
C. 机械式微动开关　　D. 光纤传感器

（26）回收票箱电路中，检测票箱安装是否到位的传感器为（　　）。

A. 对射式传感器　　B. U 型传感器
C. 机械式微动开关　　D. 光纤传感器

（27）进站闸机中，右边机上的维护门检修开关直接连接在（　　）上。

A. 工控机　　B. 通道转接板-右

C. 通道转接板-左　　　　D. PCM

（28）单程票回收机构中，几个电磁铁的工作电源为（　　）。

A. DC 5 V　　B. DC 12 V　　C. DC 48 V　　D. AC 220 V

（29）单程票回收机构中，几个电磁铁的工作电源为（　　）。

A. DC 5 V　　B. DC 12 V　　C. DC 48 V　　D. AC 220 V

（30）电气控制接线原理图中，连接线上标注“/2”“/3”的意义是（　　）。

A. 2 表示为 2 相电，3 表示为 3 相电

B. 2 表示连接线为 2 条，3 表示连接线为 3 条

C. 2 表示第 2 条连接线，3 表示第 3 条连接线

D. 以上都不是

4. 简答题

（1）简述闸机扇门机构（机芯）上电磁铁的作用。

（2）简述闸机更换回收票箱的步骤。

（3）闸机单程票回收机构（包括回收票箱）分别有哪些电磁铁？请列举出来。

（4）闸机单程票回收机构（包括回收票箱）分别有哪些传感器？请列举出来。

（5）简述闸机通道传感器的功能。

（6）闸机控制系统中 PCM 板的主要功能有哪些？

（7）在闸机的维护模式下，一张无效的单程票由单程票回收口进入回收票箱 2 中，请简要说明主要操作步骤。

（8）如果一台闸机乘客显示器显示“暂停服务”，应如何排查故障？

（9）双向闸机出现如下故障现象：闸机可正常读取及回收车票，双向闸机两侧液晶屏无故障报警提示，但是闸机扇门一直处于开启状态，无任何动作。

① 在哪些特殊情况下，闸机扇门会一直处于开启状态？

② 请分析引起这种故障的可能性有哪些？并给出检修措施。

（10）闸机显示暂停服务，报故障代码 6202，已知故障代码 6202 代表通道传感器异常，请分析原因并给出解决方案。

（11）近期在多个城市的地铁公司出现了逃票现象，逃票的乘客采用“尾随”的方法顺利离开自动检票闸机。

① 从设备工作原理分析乘客能顺利逃票的原因。

② 地铁公司有一台闸机出现了断电后闸机扇门不能自动打开的故障，请分析具体原因并给出解决方案。

③ 请写出闸机防止夹伤乘客采取的具体方法。

扫码看答案

项目 5

人工售票机（BOM）的使用与维护

人工售票机（Booking Office Machine，BOM），又称为半自动售票机、票房售票机等，通常安装在轨道交通车站的问讯处或者票务处，由车站工作人员操作，为有需要的乘客提供人工服务，包括查询、补票、退票、团体票出售、车票异常等的处理。

本项目以深圳高新现代的人工售票机为对象，介绍城市轨道交通车站人工售票机的结构组成，以及基本的操作使用与简单维护。

任务 5.1 人工售票机的结构与组成

任务目标

（1）熟悉人工售票机的组成与功能。
（2）掌握人工售票机的使用与操作。
（3）掌握人工售票机的基本维护。
（4）熟悉人工售票机的故障与处理。

5.1.1 人工售票机（BOM）简介

人工售票机（BOM）的外观示意图如图 5-1 所示，它在整个 AFC 系统中属于车站终端设备。

BOM 在 AFC 系统架构中的位置如图 5-2 所示，在整个 AFC 系统中，人工售票机是系统业务功能较为齐全的终端设备，它能实现系统的多种业务，包括售卡、卡充值、 退卡、换卡、挂失、退余额、异常卡处理、卡的信用设置、卡资料更改以及卡的密码设置等，还能实现一些行政业务方面的处理，由车站操作员操作，为乘客提供车票处理服务。

1. 人工售票机（BOM）的组成与功能

人工售票机由工控机（主控单元）、操作员显示器、乘客显示器、桌面读写器、票据打印机、钱箱、对讲装置、电源箱等部件构成。某型号 BOM 的三维模型如图 5-3 所示。

人工售票机（BOM）的基本功能如下：

（1）对票卡进行分析、发售、充值、更新、激活、延期、退款、交易查询、解锁等处理。

（2）向乘客发售单程票和储值票。

（3）处理非即时退款。

（4）处理车站乘客事务，对行政收支进行记录。

（5）为车站运营部门提供相关信息服务，BOM 将自动按照系统设置要求定时将相关数据上传到车站计算机，以便车站管理部门进行分析、统计，提高轨道交通运营的整体服务品质和效率。

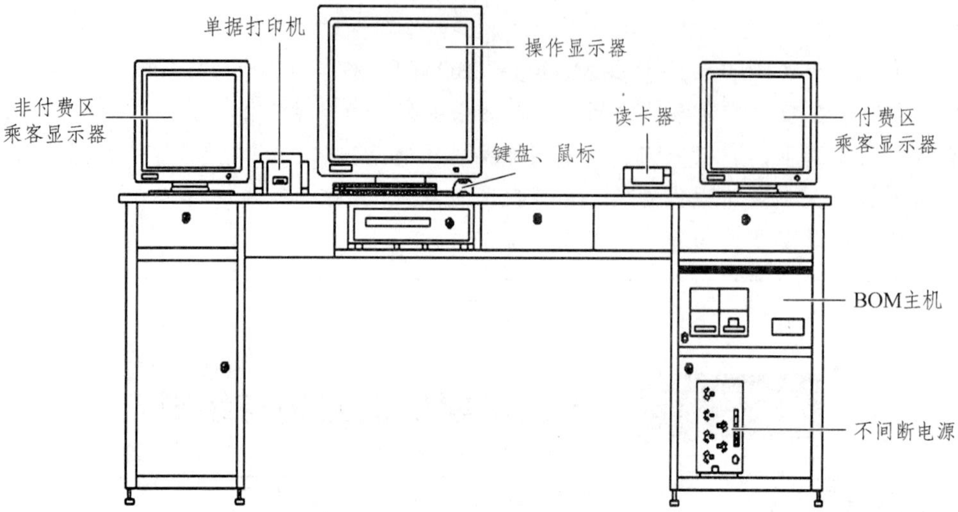

图 5-1　BOM 外观示意图

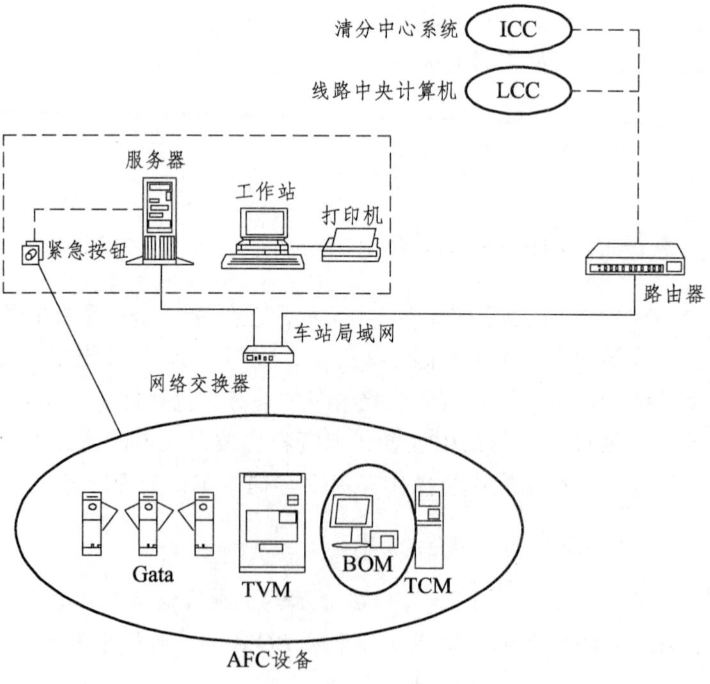

图 5-2　BOM 在 AFC 系统架构中的位置

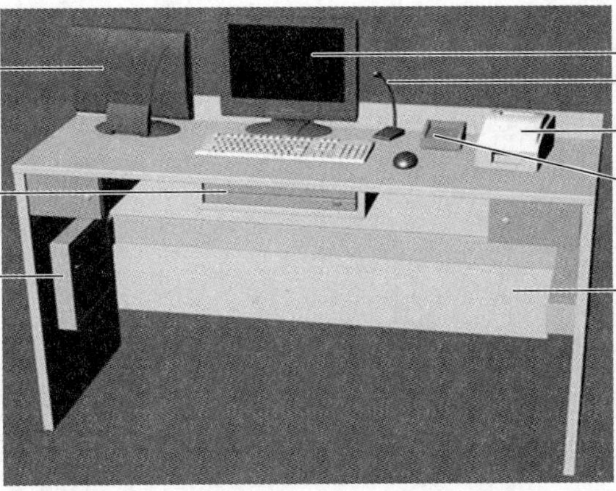

图 5-3　BOM-3000 半自动售票机部件位置图

人工售票机各组成部件的功能分述如下。

（1）工控机。

工控机作为半自动售票机的主控单元，是整个系统的控制核心，其功能包括数据处理、网络通信、显示等，它与车站 AFC 系统或中心 AFC 系统通过以太网连接，进行数据交换。底层控制单元通过串行端口（RS-232）实现数据交换。

（2）操作员显示器。

操作员显示器主要用于给票亭里的操作员显示操作提示信息及相关操作指引信息等，引导操作员完成相关票务操作。

（3）乘客显示器。

乘客显示器主要用于给乘客显示设备运行状态、充值信息、票务信息、提示信息等。

（4）桌面读写器。

桌面读写器由车站工作人员操作，主要是对乘客的单程票、储值票等票卡进行查询、充值、读写等处理。

（5）票据打印机。

半自动售票机通过票据打印机为乘客提供充值交易凭据，能够打印中、英文字体。票据打印机采用针式打印机，具有多联打印功能。

（6）钱箱。

钱箱主要用于存放纸币、硬币等，带电磁锁，可通过信号驱动自动弹开，也可以用钥匙手动打开钱箱。

（7）对讲装置。

对话装置采用美迪牌窗口对讲机，实现操作员与乘客之间的双方对话扩音功能。

（8）电源箱。

电源箱是设备的配电、电源转换单元，为设备内部各个模块提供电源。

2. 人工售票机相关的网络接口

BOM 设备功能的实现除了依靠本身的设备和软件之外，还需要和其他一些设备连接通信，根据其功能要求，和 BOM 具有通信的设备主要有：

（1）SC 服务器：BOM 和 SC 进行交易数据传送、参数下载、命令控制、软件更新等。

（2）ICCS 服务器：BOM 需要通过与 ICCS 通信，才能查询到非即时退款申请的结果。

（3）MPS 服务器：BOM 需要通过与主钱包服务器通信，才能对 BOM 的 LSAM 主钱包充值。

（4）OCT 认证服务器：BOM 需要通过与羊城通认证服务器才能对 OCT 的储值票卡进行充值。

BOM 相关的网络服务器接口如图 5-4 所示。

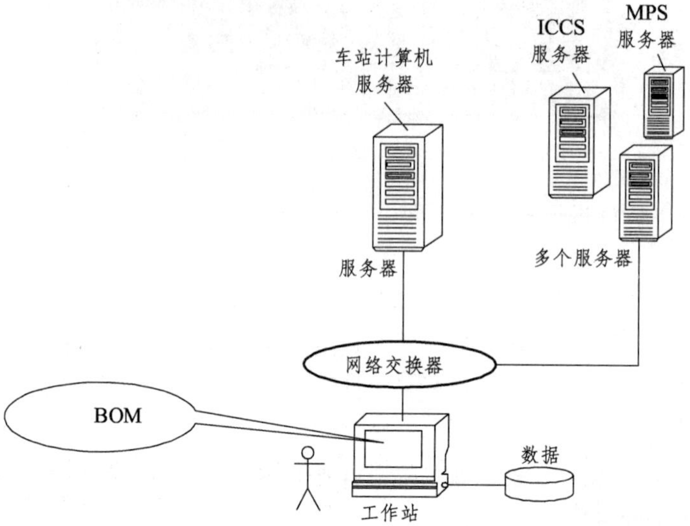

图 5-4　BOM 相关的网络服务器接口

3. 人工售票机（BOM）的业务

人工售票机以主控单元为核心，将车票读写器、乘客显示器、打印机、电源模块、车票处理装置、收银钱箱等组成一个有机整体，完成 BOM 个各项业务。

BOM 的基本业务分为管理业务、票务处理业务、其他业务三大类。

1）管理业务

BOM 管理业务包括签到、签退、卡认证。具体业务如表 5-4 所示。

表 5-4　管理业务

序号	业务名称	业务内容	备注
1	签到、签退	登录、退出 BOM 系统	
2	管理卡认证	通过管理卡认证启动具有充值功能的读写器	

2）票务处理业务

BOM 系统的票务处理业务包括售票、补票、车票分析、充值、更新、退款、挂失、车票查询、收益管理等。具体业务如表 5-5 所示。

表 5-5　票务处理业务

序号	业务名称	业务内容	备注
1	售票	发售系统中允许的各类车票	
2	补票	对超时、超程、无票乘客实现补票	

续表

序号	业务名称	业务内容	备注
3	车票分析	对票卡进行更新、充值、替换、退款处理时需要对票卡的有效性进行分析，对操作员进行信息提示	
4	充值	对储值票进行充值	
5	更新	对部分无效票进行新票更新	
6	退款	按照地铁运营公司的规定，将票内余额扣除手续费后退回给乘客	
7	挂失	车票丢失时，申请车票不允许在系统中使用的操作	
8	车票查询	读取车票内的数据或向车站 SC 请求查询交易记录	
9	收益管理	对收益情况的分析管理	

3）其他业务（见表 5-6）

表 5-6　其他业务

序号	业务名称	业务内容	备注
1	软件更新	更新 BOM 上的系统软件	
2	数据导入/导出	通过外部存储介质与上位机进行数据交换	
3	系统参数维护	BOM 本地系统参数的维护	

任务 5.2　人工售票机的电气控制接线原理图

任务目标

（1）熟悉人工售票机总体架构图。

（2）掌握人工售票机的整体电气接线。

人工售票机以主控单元为核心，将车票读写器、乘客显示器、打印机、电源等模块整合成功能齐全的终端设备。根据需要还配置了车票处理装置、钱箱等。其总体架构图如图 5-5 所示。

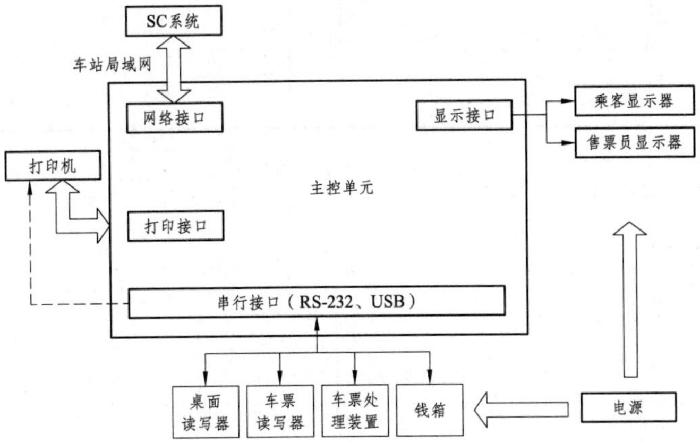

图 5-5　人工售票机总体架构图

人工售票机整体电气接线如图 5-6 所示。

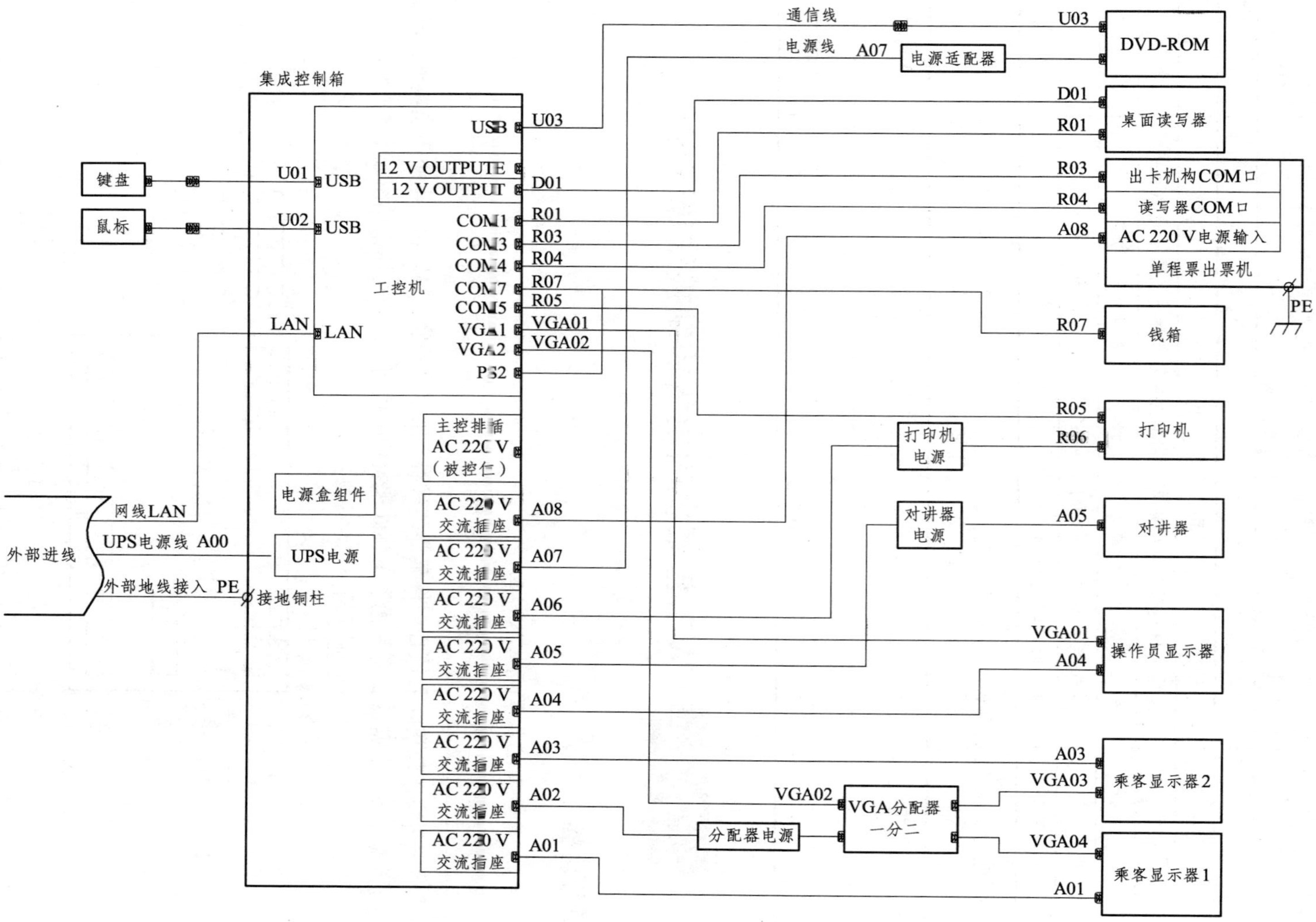

图 5-6　BOM整体电气接线图

任务 5.3 人工售票机的使用与操作

人工售票机使用与操作

任务目标

（1）熟悉人工售票机的使用。
（2）掌握人工售票机的日常操作。

人工售票机日常操作有系统登录、系统管理、售卡、充值、车票异常处理、验卡、售团体票、退票退款、行政事务、密码修改、补打交易、有效期更改、个人资料更改、冲正、卡解锁、挂失卡退押金、退出、重启、关机等。

5.3.1 系统登录

在正式进入本系统进行具体操作之前，要求用户进行注册。只有通过系统注册的用户才有权进入系统，同时系统将会对注册的用户进行功能授权和权限控制，使得用户只能合法地操作已授权的功能。系统登录的同时对用户身份进行验证，并对外置读卡器进行检测。

具体操作步骤如下：

（1）进入系统主界面，点击“登录”按钮，显示登录界面，如图 5-7 所示。

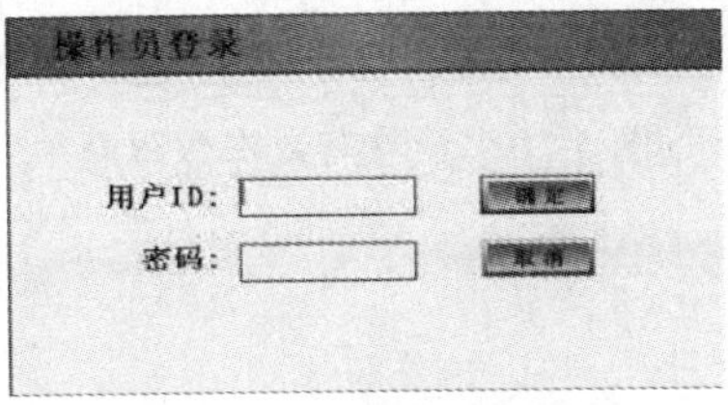

图 5-7 系统登录界面

（2）输入用户 ID 号和密码，点击“确定”按钮。

（3）根据管理权限进入相应的系统操作主界面，如图 5-8、5-9 所示。

图 5-8 系统管理员主界面

图 5-9　系统操作员主界面

（4）注意事项：在登录界面，系统会对用户名和密码的有效性进行验证，如果验证失败，会给出错误提示信息，并提示再次输入用户名和密码。系统对登录密码和用户名有效性验证的次数也有限制，错误检验次数达到 3 次，系统会记录在系统日志中，如图 5-10 所示。

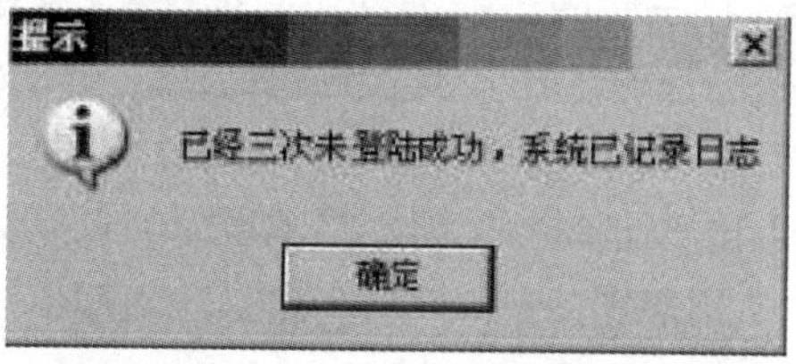

图 5-10　登录有效次数限制

5.3.2　系统管理

系统管理为系统管理员提供系统管理功能，在此模块对计算机进行维护。具体操作步骤如图 5-11 所示。

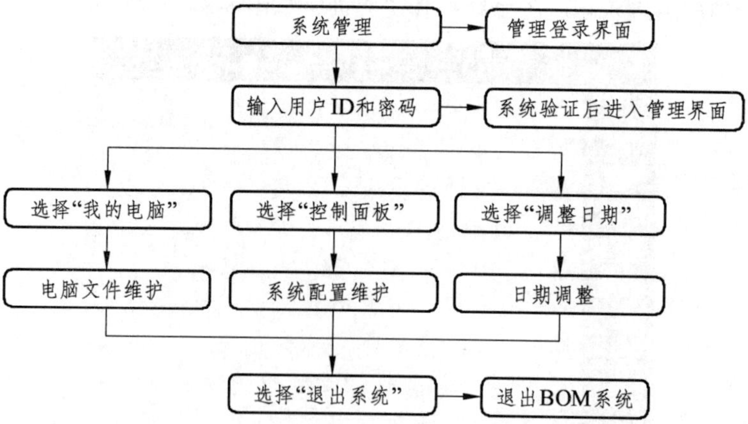

图 5-11　系统管理操作步骤

1. 进入系统管理登录界面

运行系统软件，进入系统主界面，然后点击“系统管理”按钮，显示系统管理登录界面，如图 5-12 所示。

图 5-12　系统管理登录界面

2. 进入系统管理操作页面

进入系统管理登录界面后，输入正确的具有系统管理员权限的用户名和密码，并点击确认，进入系统管理操作页面，点击功能操作按钮进入相应的系统管理界面，如图 5-13 所示。

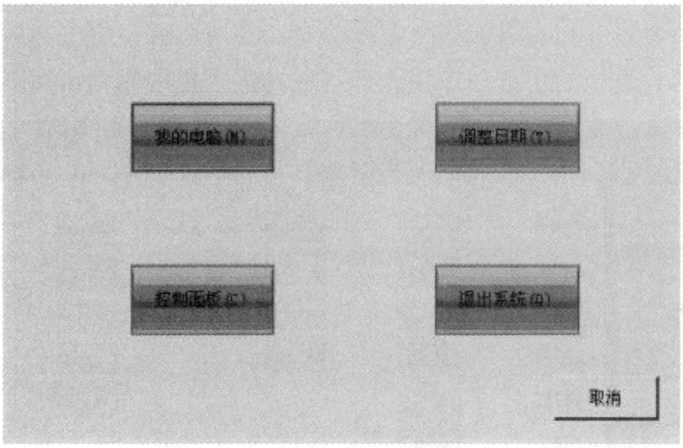

图 5-13　系统管理操作界面

3. 注意事项

（1）如果登录用户是不具有操作权限的用户，则系统不按照正常流程退出系统，而是强制退出系统，这时计算机桌面上的工具栏和开始按钮会被屏蔽掉。

（2）如果出现上面这种情况，可以重新进入系统，然后输入正确的用户名和密码进入系统管理界面，然后选择退出系统，这时计算机桌面即可恢复正常。

5.3.3　售卡

BOM 具有售票功能，能够发行系统允许发行的各类车票，其中包括地铁公司发行的各类 IC 票卡。IC 票卡的种类包括：单程票、储值票、纪念票、计次票、一日票及将来可能发行的各类 IC 票卡。

BOM 只能将新初始化或回收处理后的卡出售给客户。售卡具体操作步骤如图 5-14 所示。

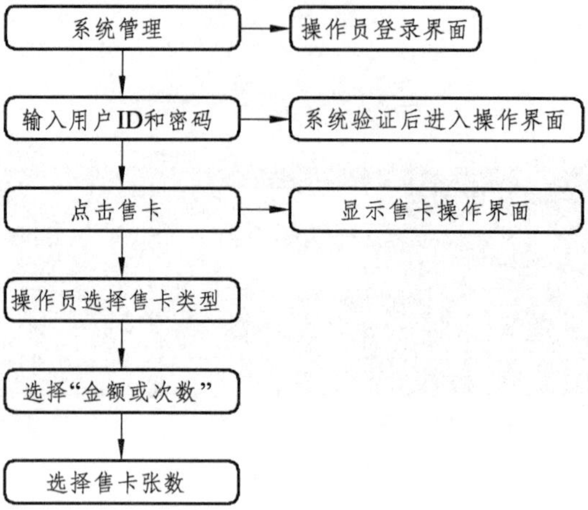

图 5-14　售卡操作步骤

1. 系统登录

详见 5.3.1“系统登录”。

2. 进入售卡界面

成功登录系统后，选择“售卡”按钮，即可成功进入售卡界面，如图 5-15 所示。

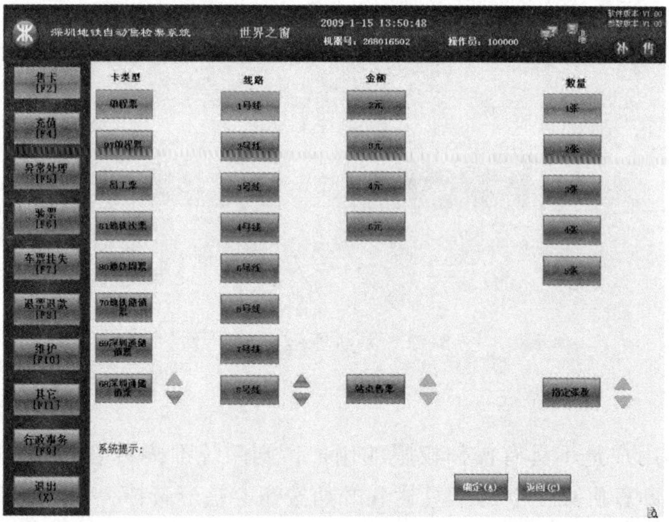

图 5-15　售卡界面

3. 售单程票

售单程票分为两种不同的售卡方式：按金额售单程票和按站点售单程票。

1）按金额售单程票

具体操作流程如下：

（1）进入售卡界面，选择售卡类型为“单程票”。

（2）选择相应的线路号，可以通过下翻上翻按钮来显示不同的线路号。

（3）选择“金额售票”。

（4）选择相应的金额。

（5）选择相应的数量，这时在操作员界面会显示售票信息、售票单价、数量及合计金额等，如图 5-16 所示。

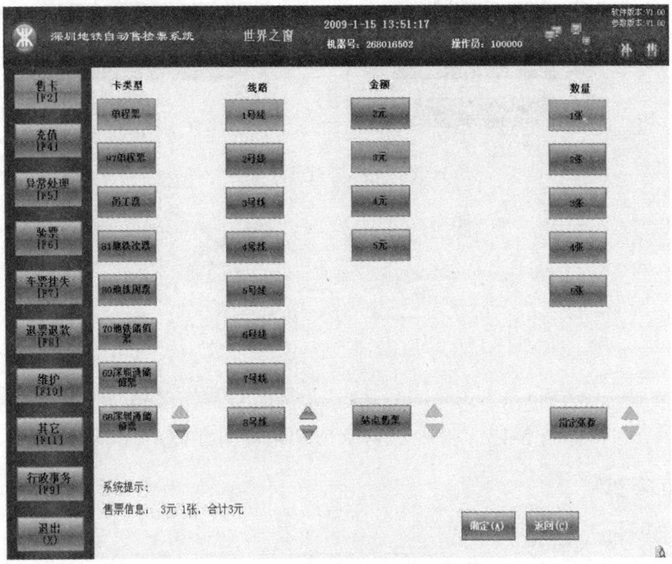

图 5-16　按金额售单程票

（6）点击“确定”按钮，然后将相应票卡放置在外置读写器上进行赋值，读写器会对卡片的有效性进行验证，并会在操作员界面显示详细的售卡信息，包括售卡成功与否以及被赋值的票卡信息等，如图 5-17 所示。

（7）售卡成功后，会在乘客显示器上显示被成功赋值的卡片信息，如图 5-18 所示。

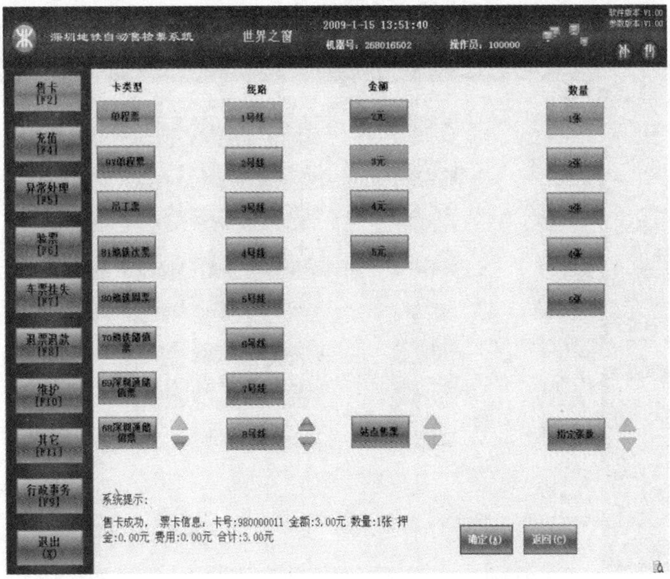

图 5-17　按金额售卡成功操作员显示器界面

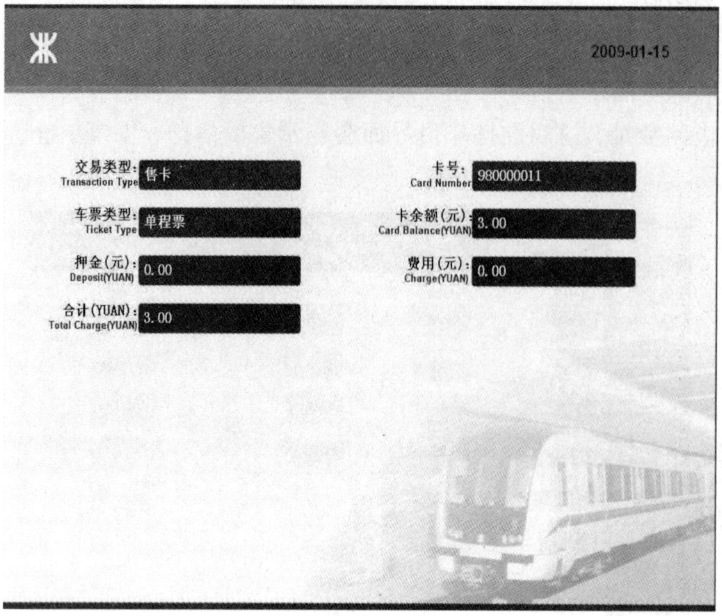

图 5-18　按金额售卡成功乘客显示器界面

2）按站点售单程票

具体操作流程如下：

（1）进入售卡界面，选择售卡类型为“单程票”。

（2）选择相应的线路号，可以通过下翻上翻按钮来显示不同的线路号。

（3）选择“站点售票”。

（4）选择相应的站点。

（5）选择相应的数量，这时在操作员界面会根据选择的站点计算出相应的票价并会在操作员显示器上显示售票信息、售票单价、数量及合计金额等，如图 5-19 所示。

图 5-19　按站点售单程票

（6）点击“确定”按钮，然后将相应票卡放置在外置读写器上进行赋值，读写器会对卡片的有效性进行验证，并会在操作员界面显示详细的售卡信息，包括：售卡成功与否以及被赋值的票卡信息等，如图 5-20 所示。售卡成功后，会在乘客显示器上显示被成功赋值的卡片信息，包括卡面号、卡类型、余额、押金、合计金额等。

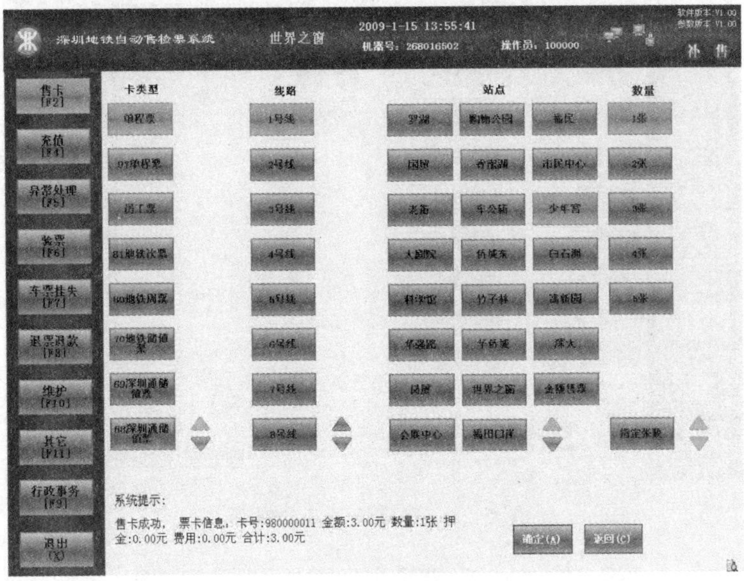

图 5-20　按站点售票成功界面

4. 售储值票

操作员可根据乘客需求出售不同类型的储值票，具体操作步骤如下：

（1）进入售卡界面，选择售卡类型为“储值票”，进入储值售卡界面。

（2）选择相应的售卡金额，如图 5-21 所示。

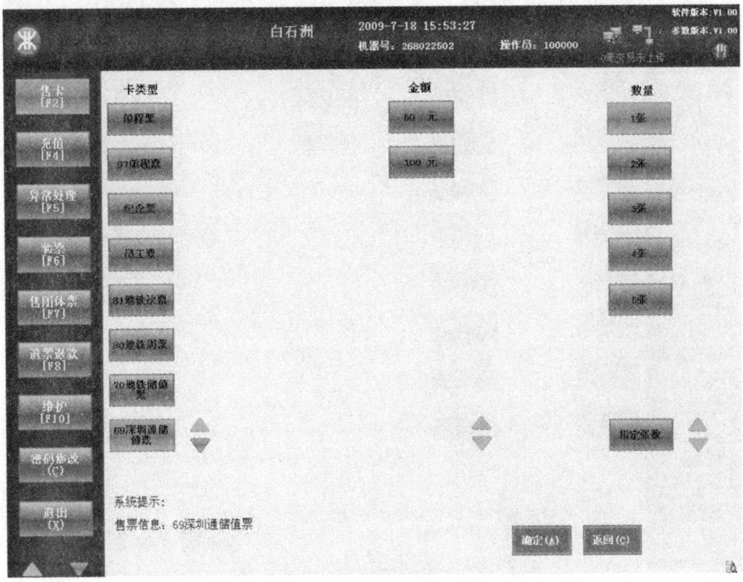

图 5-21　售储值票

（3）点击“确定”按钮，然后将相应票卡放置在外置读写器上进行赋值，读写器会对卡片有效性进行验证，并会在操作员界面显示详细的售卡信息，包括售卡成功与否以及被赋值的票卡信息等，如图 5-22 所示。

图 5-22　售储值卡成功界面

5. 售周票

BOM 可以根据需要出售规定类型的周票，根据系统参数的设置，出售的周票需激活才可使用。具体操作步骤如下：

（1）进入售卡界面，选择售卡类型为“周票”，进入周票售卡界面。

（2）选择相应的售卡天数、金额和售卡张数，如图 5-23 所示。

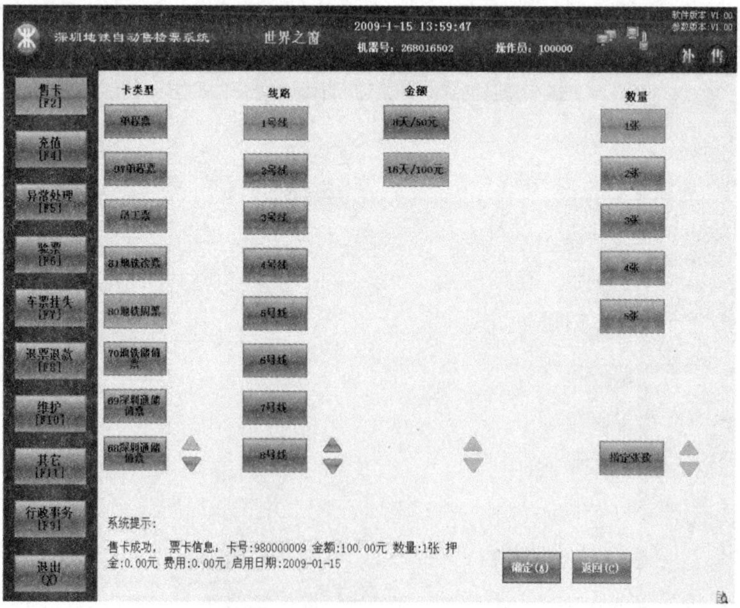

图 5-23　周票售卡

（3）点击“确定”按钮，然后将相应票卡放置在外置读写器上进行赋值，读写器会对卡片的有效性进行验证，并会在操作员界面显示详细的售卡信息，包括售卡成功与否以及被赋值的票卡信息等。

6. 售次票

BOM 可以根据需要出售规定类型的次票。根据系统参数的设置，出售的次票需激活才可使用。具体操作步骤如下：

（1）进入售卡界面，选择售卡类型为“次票”，进入周票售卡界面。

（2）选择相应的售卡次数、金额和售卡张数，如图 5-24 所示。

（3）点击“确定”按钮，然后将相应票卡放置在外置读写器上进行赋值，读写器会对卡片的有效性进行验证，并会在操作员界面显示详细的售卡信息，包括售卡成功与否以及被赋值的票卡信息等。

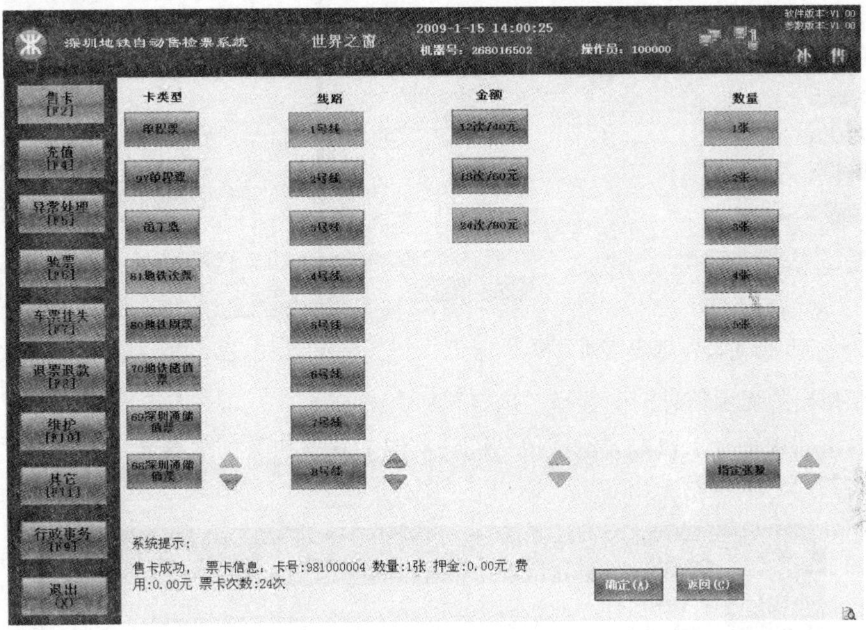

图 5-24　次票售卡

在售卡过程中，当需出售的卡片的有效性检测通过后，即可进行赋值操作，进入写卡流程。此时请不要随意移动卡片，否则程序会进入写卡操作循环中（出现“请稍候”的界面，这时程序并未死掉，请耐心等待），待循环次数执行完毕后，等待界面会消失，再次进入正常操作界面。

5.3.4　充值

BOM 具有增值功能，它可以对储值票和计次类车票进行增值/次。BOM 进行储值卡的操作必须得到深圳通公司的认证才能操作。与增值相关的参数有可增值的票种、增值次数、增值上/下限等，所有参数必须由中心下发到 BOM，并与中心保持一致。

对于可透支的储值票，增值时应从增值额中扣除透支额。对于计次类车票只可选择由系统参数设定的金额。

BOM 可从 SC 下载增值金额列表信息，并对储值票及计次票增值分别进行设定。

BOM 可以选择固定金额增值，也可以选择自由金额增值。

具体操作流程如下：

（1）操作员点击左侧菜单“充值”按钮，显示增值列表界面。

（2）操作员将储值卡放置于读卡器感应区，并根据乘客要求选择对应的增值金额，增值金额可从增值金额列表选择也可选择“自由金额”，输入相应的金额值，如图 5-25、图 6-26 所示。

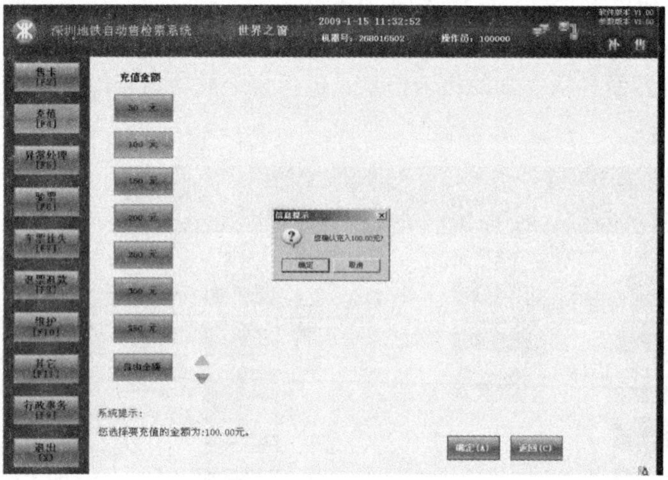

图 5-25　选择增值金额

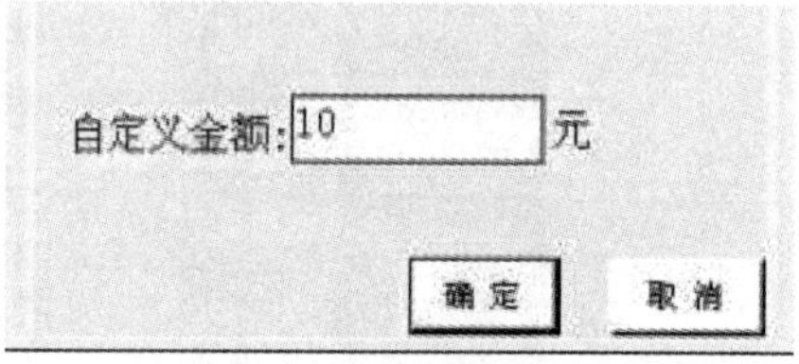

图 5-26　自由金额增值界面

（3）在弹出的提示信息框中选择“确定”。

（4）点击“确定”按钮，完成增值功能，此时会在操作员和乘客显示器上显示相应的信息，如图 5-27、6-28 所示。

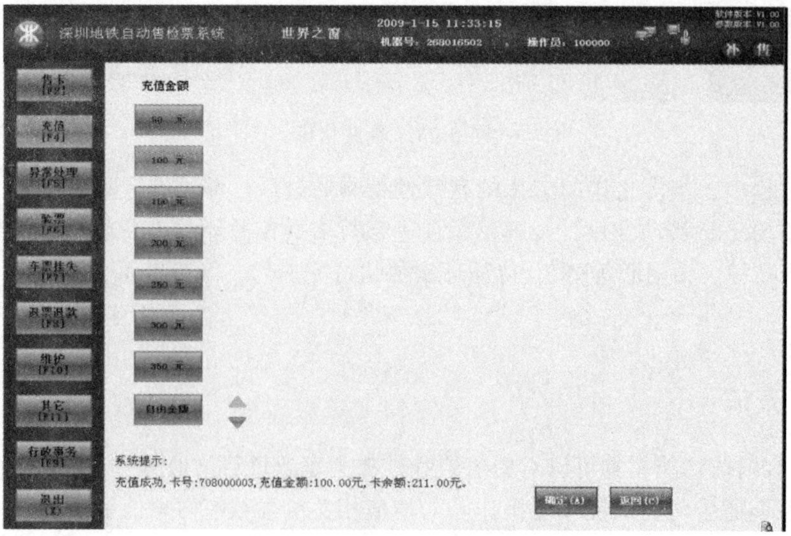

图 5-27　增值成功操作员界面

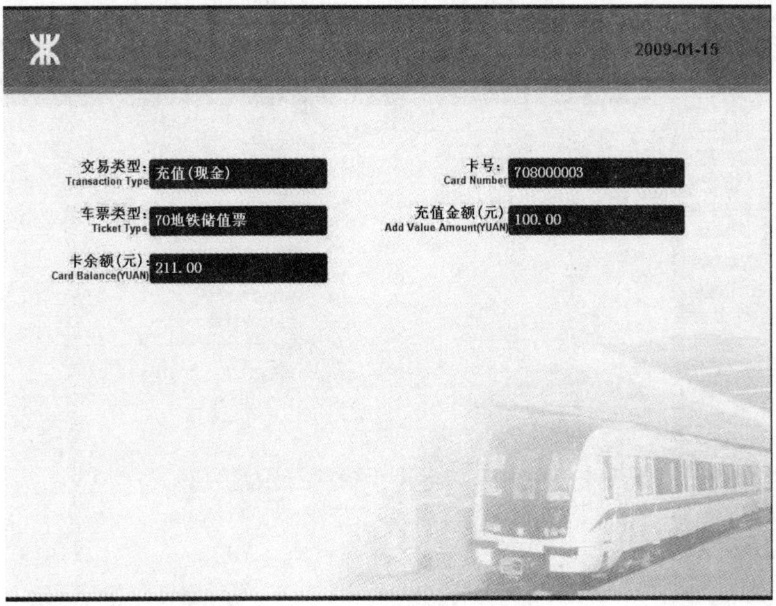

图 5-28 增值成功乘客显示界面

（5）注意事项：在做增值操作时，一定要注意 SAM 卡的额度。当 BOM 工作在脱机状态，在进行增值操作时，如果 SAM 卡额度不足，就会出现写卡失败的情况。因此，在进行增值过程中若出现写卡失败的情况，请检查 SAM 卡额度，当 SAM 卡额度不足时可以手动进行额度申请。

5.3.5 车票异常处理

车票异常处理用于对不能正常进、出站的票卡进行读卡分析，根据分析得出的异常原因进行处理或给出解决方式。四种可能的异常原因：非付费区“票卡为已入站状态”；付费区为“余额不足”“滞留超时”“无有效票卡”等状态。其中只有“无有效票卡”（不能出示有效票卡等）可以由人工确定，其余的必须通过“读卡分析”来确定。操作步骤如下：

（1）选择主菜单中的“异常处理”。

（2）系统显示“异常处理”界面。

（3）选择所在区域：“付费区”或“非付费区”，系统默认为最近一次更改的所在区域。

（4）点击“读卡分析”，在“卡基本信息”框中显示卡的基本信息。

（5）然后点击“异常处理”。

1. 非付费区异常处理

在非付费区内，票卡异常的原因可能是票卡为已入站状态（其他情况系统将提示原因，需手工另行处理）)，处理流程如下：

（1）选择非付费区左侧的单选按钮。

（2）单击“读卡分析”按钮，系统提示“请将卡片置于读卡器上”。

（3）按系统要求将票卡放在读卡器上读卡，否则点击“取消”按钮取消本次操作。

（4）系统进行读卡分析，分析结果显示在“分析结果”栏中，如图 5-29 所示。

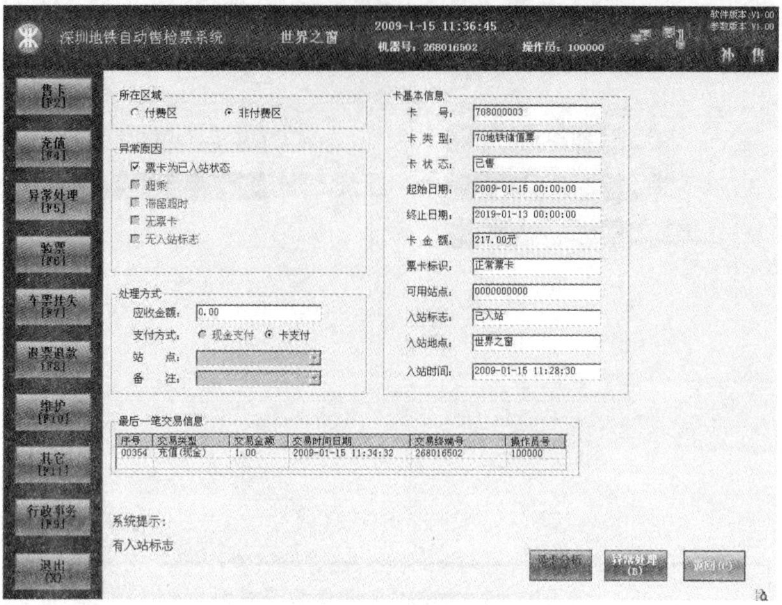

图 5-29　非付费区读卡分析

（5）如果异常原因为“票卡为已入站状态”，在“处理方式”的“付款额”中的应收金额默认为 0，可根据需要输入不同金额。

（6）选择“现金支付”或“卡支付”方式支付罚金（现行系统规定单程票支付方式为现金支付，储值票支付方式为卡支付）。

（7）单击“异常处理”，系统自动清除卡入站标识，异常处理结果显示在“显示结果”栏中，如图 5-30 所示。在乘客显示器上显示的内容包括卡号、卡类型、交易类型、费用等信息，如图 5-31 所示。

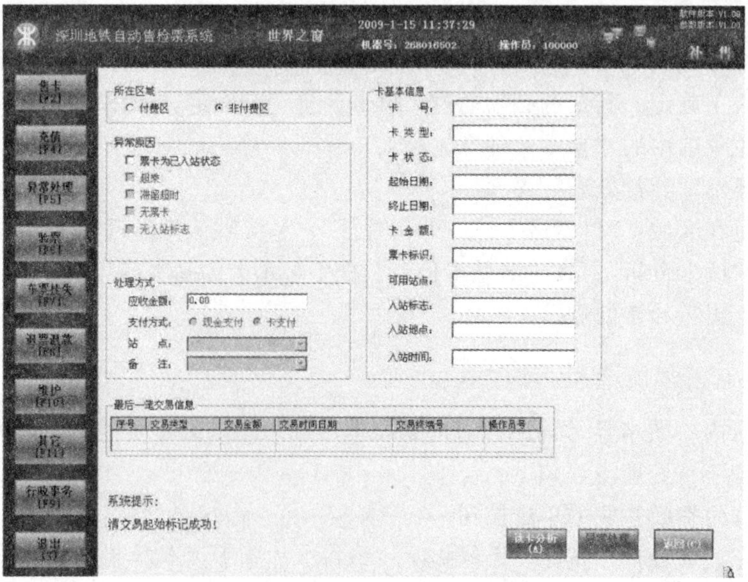

图 5-30　非付费区异常处理成功

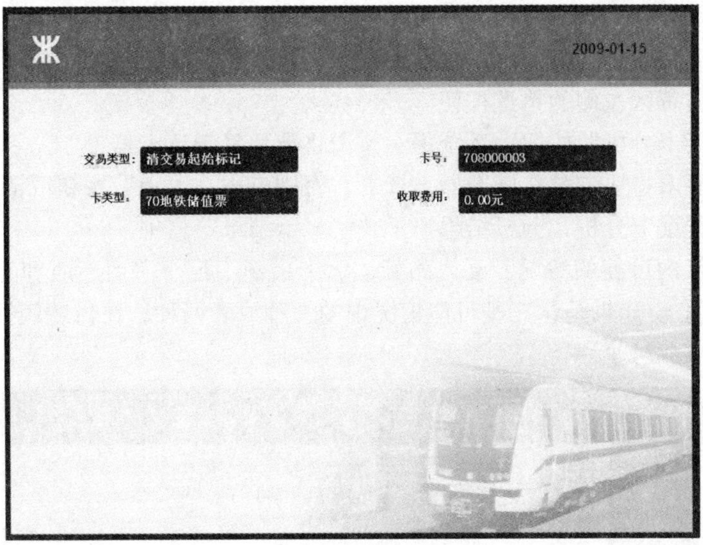

图 5-31　异常处理乘客显示器内容

如果支付罚金的方式是“现金支付”。则卡上不写交易，只是清除了已入站标识。

2. 付费区异常处理

1）非有效票卡（如票卡已明显损坏）处理

操作流程如下：

（1）选择非付费区左侧的单选按钮。

（2）人工选择“无有效票卡”。

（3）“付款额”处输入出售的出站票金额。

（4）单击“异常处理”按钮。

（5）系统将按照付费额售出一张出站票，在“处理结果”栏中显示处理结果，如图 5-32 所示。

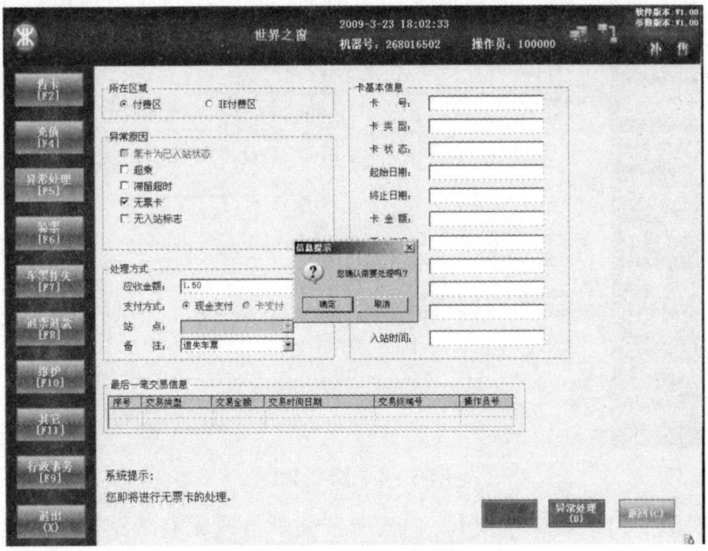

图 5-32　无票卡异常处理

2）能够出示票卡时的处理

操作流程如下：

（1）选择非付费区左侧的单选按钮。

（2）单击“读卡分析”按钮，系统提示“请将卡片置于读卡器上”。

（3）按系统要求将票卡放在读卡器上读卡，否则点击“取消”按钮取消本次操作。

（4）系统进行读卡分析，分析结果显示在“显示结果”栏中。

（5）在付费区内可能的情况：无入站标志、卡余额不足、滞留超时和无有效票卡（具体规定另有详细说明）。如果是这三种可能情况中的一种或者两种，在付款额处输入罚金或增值金额，如图 5-33、5-34 所示。

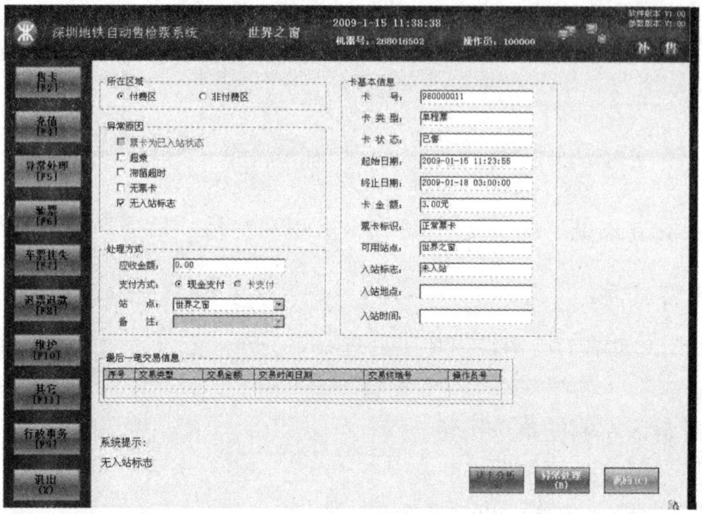

图 5-33　无入站标志

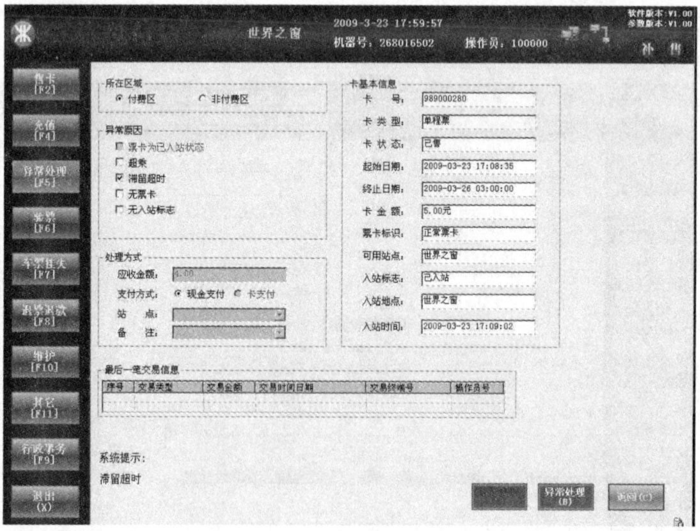

图 5-34　滞留超时

（6）选择“现金支付”或“卡支付”，当卡余额不足或无有效票卡时，系统拒绝使用“卡支付”方式。

（7）单击“异常处理”按钮，系统会对票卡异常原因做处理（票卡增值、加入站标志、售出站票等），对于其他异常情况系统会提示另做处理。

在进行车票异常处理时，一定要先进行读卡分析，然后根据系统给出的分析结果做出相应的异常处理。在进行异常处理时，注意不要移动卡片，否则显示器容易停留在“正在进行读卡操作，请稍候”或“正在进行写卡，请稍候”界面。

5.3.6 验卡

验卡用于检验卡是否合法，并显示卡的详细资料及其交易情况。验卡操作流程如下：

（1）在业务面板上，将单程票或储值票放在外置读卡器上。

（2）读卡，对卡数据进行校验。对于非系统卡，系统不能读出卡内信息，会给出错误提示信息；对于本系统卡，可以读出卡内信息，如果卡内数据有异常，在数据显示时会对异常数据做出标记。验卡界面如图 5-35、图 5-36、图 5-37 所示。

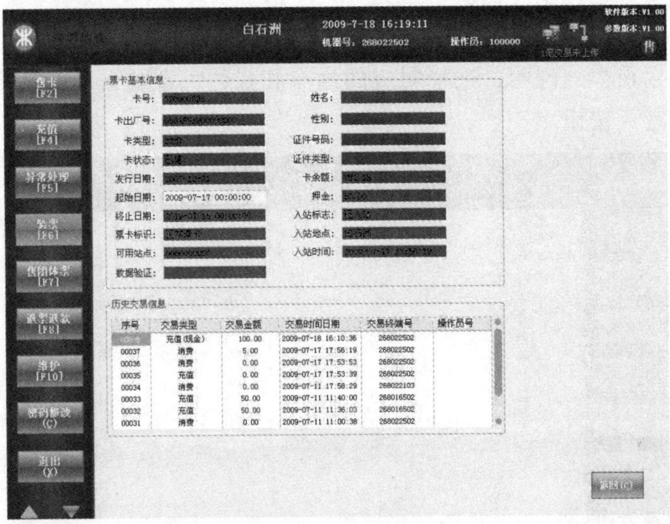

图 5-35　卡片正常

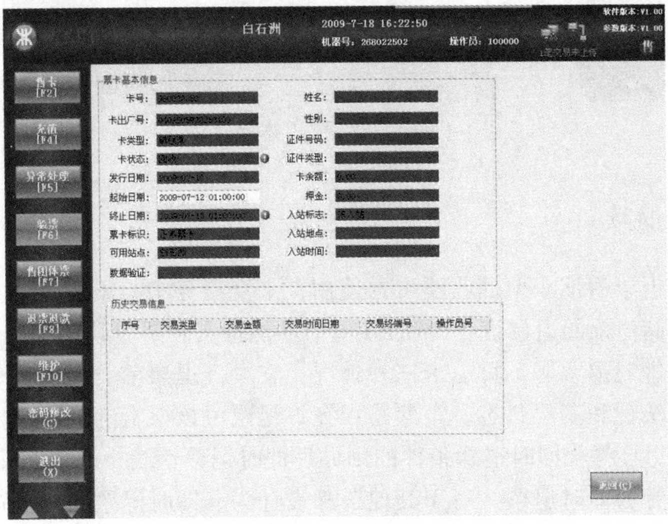

图 5-36　卡内数据异常

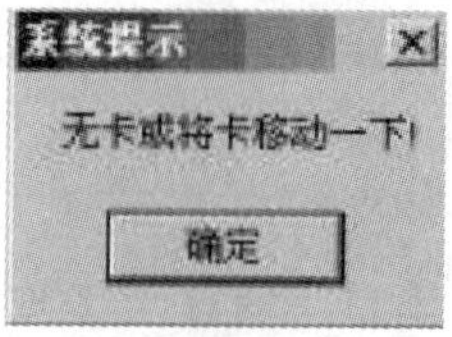

图 5-37　非本系统卡或坏卡

（3）如果要继续验卡，则换另一张卡，系统会自动继续检验该卡，不需继续则关闭验卡界面。

（4）按“返回”后窗口关闭。

5.3.7　售团体票

事务处理时，可以售团体票，可以根据需要选择不同的张数，发售团体票的操作步骤如下：

（1）进入行政事务处理主界面。

（2）点击“售团体票”，进入售团体票界面（见图 5-38）。

（3）操作员根据乘客的说明，选择对应的站点和张数，系统自动计算出相应的金额。

（4）点击“确定”按钮。

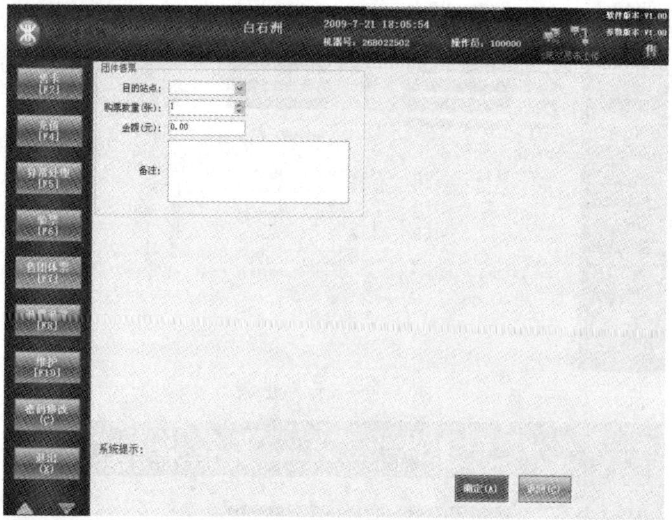

图 5-38　售团体票

5.3.8　退票退款

退票即退卡，退票后该车票回收不可再使用，上交票务中心重新处理。退票流程仅包含对单程票和一卡通储值票的退票设计。BOM 退票功能按实际票务政策，通过参数设置退票，分为即时退票、非即时退票和不可退卡三种情况，在办理退票前，应当对车票进行有效性分析，检查车票的合法性和车票状态。车票是否允许退票由该票卡的属性决定。对于车票内部编码信息未被损坏，且符合即时退票条件的则办理即时退票手续，否则办理非即时退票手续。

对于单程票设计为即时退票，对于其他票都设计为非即时退票。对能读出卡信息的票，根据读出的卡信息打印单据给乘客；对不能读写的票，由人工填写单据，乘客凭单据到 ACC

或其他机构办理退票收款。

1. 单程票退票退款

单程票的退票设计为即时退票。单程票退票时分为地铁原因和非地铁原因二种，对于地铁原因操作员可以立即退票；对于非地铁原因，需要操作员和值班站长共同确定原因，由值班站长输入权限确认才允许退票。

在车票使用期间，如果涉及列车故障模式或者降级模式等非正常模式，乘客可以在任何车站无条件退票。如果在正常模式，操作员则要检查车票的售出地点和退票地点是否一致，只有车票的售出车站才能处理退票。

具体操作步骤如下：

（1）操作员将票卡放置于读卡器感应区。

（2）点击左侧菜单“退票退款”按钮，系统会自动读取票卡信息，进行数据校验，验证卡片是否可退。如果可退则将票卡信息显示于处理界面，如图 5-39 所示；如果不可退，则显示不可退的原因，如图 5-40 所示。

（3）选择退卡原因。

（4）点击“确定”按钮，系统会自动判断票卡是否允许退还，并给予信息提示，如图 5-41 所示。

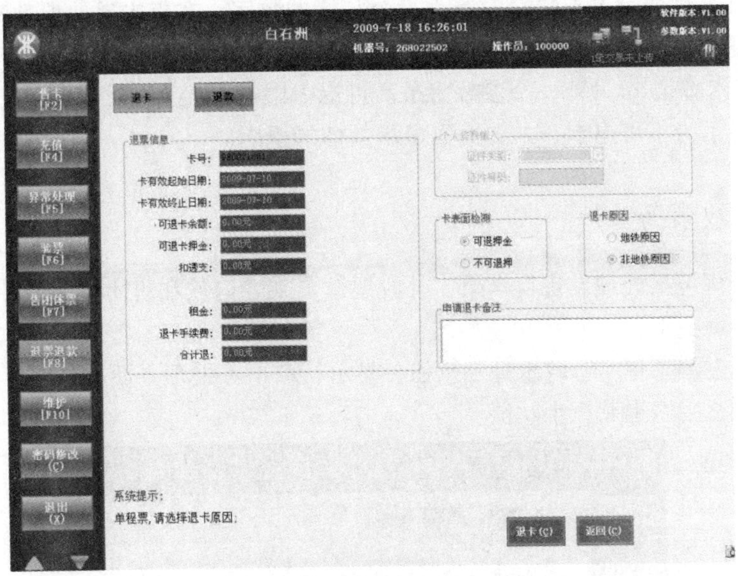

图 5-39　可退卡

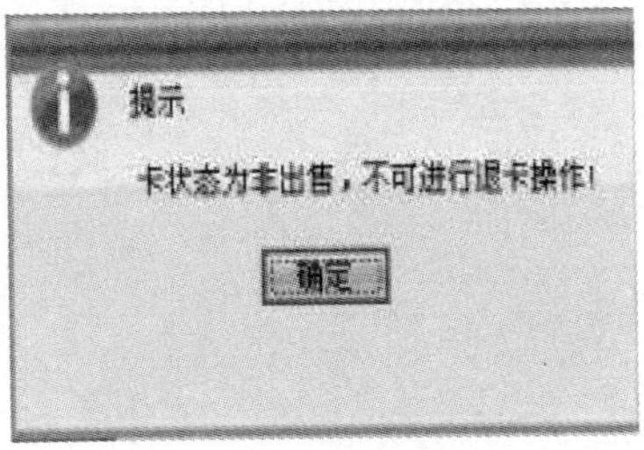

图 5-40　不可退卡

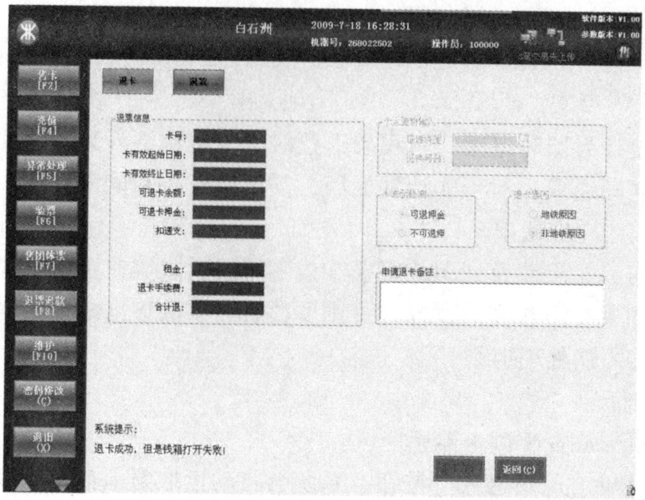

图 5-41　退卡成功

2. 储值票退票退款

储值票退票退款的操作步骤与单程票基本一样，不同的是储值票退票退款可以根据实际情况分为三种：即时退卡、退卡登记和不可退卡。

参数设置时会将即时退卡限额设置为一个具体的数字。在点击退票退款时，系统会对卡内信息进行验证，如果卡内余额不大于即时退卡限额，则读卡分析结果为即时退卡，否则为非即时退卡（退卡登记）。另外一个参数为最高可退卡限额，当卡内余额大于此参数设置的值，读卡分析结果显示为不可退卡，并在页面显示具体的原因。

5.3.9　行政事务

行政事务处理包括处理发售行李票、补收票款、乘客退款和售团体票业务。

具体操作步骤如下：

操作员点击左侧菜单“行政事务”按钮，显示行政事务处理界面（见图 5-42），包括售行李票、补收票款、乘客退款三个功能。

图 5-42　行政事务主界面

1. 售行李票

当乘客携带超过地铁运营公司运营规定的行李（如超重）时，票务处理机可以对乘客发售行李票，售票员根据运营政策规定，发售一定金额的行李票，并打印小票凭证。操作步骤如下：

（1）进入行政事务处理主界面。

（2）点击“售行李票”按钮，显示操作界面（见图 5-43）。

（3）选择目的站点，系统会自动计算对应的金额。

（4）点击“确定”按钮。

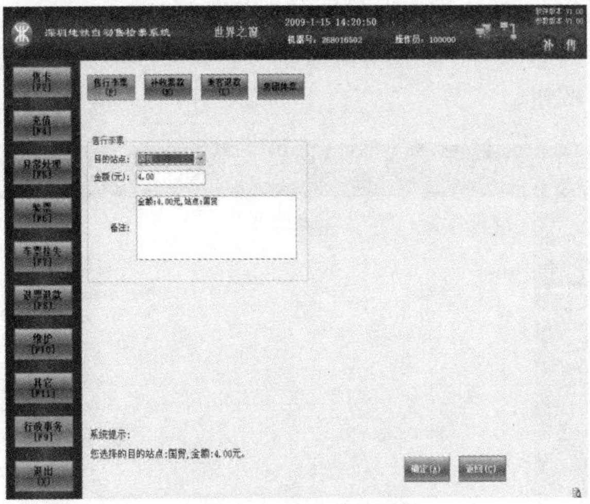

图 5-43　售行李票界面

2. 补收票款

票务处理机可以根据地铁运营公司票务管理规定合理收取因乘客违章带来的地铁运营收入损失，以及解决票务纠纷问题，如儿童超高、遗失车票、一卡多用、无票乘车、卡余额不足且不增值、闸门误用、车票失效等。操作步骤如下：

（1）进入行政事务处理主界面。

（2）点击“补收票款”，进入补收票款界面（见图 5-44）。

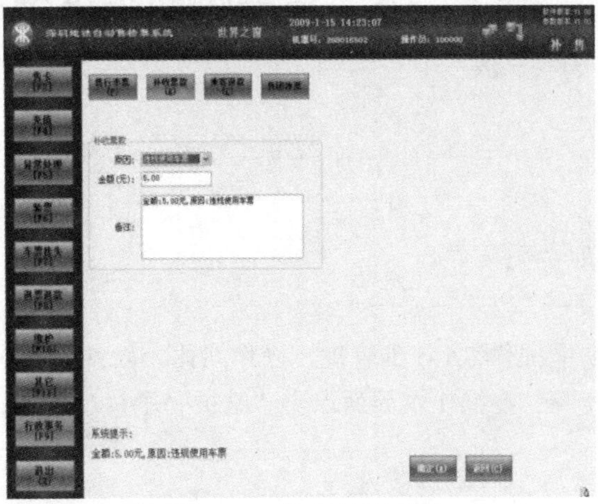

图 5-44　补收票款界面

（3）操作员根据乘客的说明，选择对应的原因，系统自动计算出相应的金额。

（4）点击“确定”按钮。

3. 乘客事务退款

票务处理机可以解决由于自动售检票设备故障带来的票务纠纷，退还乘客的损失，如 TVM 卡币、TVM 卡票、TVM 少找币、TVM 少出票、设备发售无效票、设备增值失败等原因造成的乘客损失。操作步骤如下：

（1）进入行政事务处理主界面。

（2）点击“乘客退款”，进入乘客退款界面（见图 5-45）。

（3）操作员根据乘客的说明，选择对应的原因，系统自动计算出相应的金额。

（4）点击“确定”按钮。

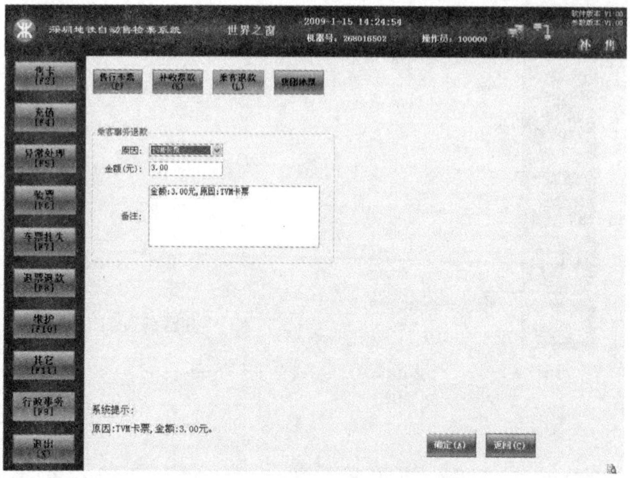

图 5-45 乘客事务退款界面

任务 5.4 人工售票机的基本维护

任务目标

掌握人工售票机的基本维护。

人工售票机的维护功能提供 SAM 卡管理、操作间休、软件维护、终端维护、参数管理、数据管理等功能。操作步骤：在操作主界面点击“维护”子菜单按钮，进入维护操作主界面，如图 5-46 所示。

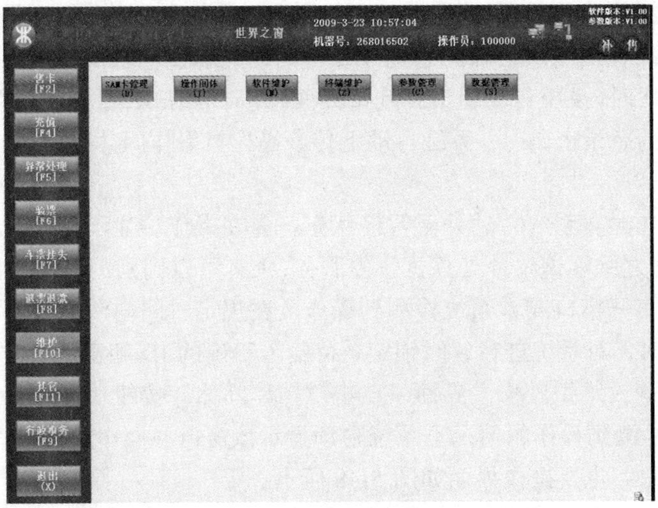

图 5-46　维护主界面

5.4.1　SAM 卡管理

SAM 卡管理主要是提供 SAM 卡额度查询及额度申请功能。操作步骤如下：

（1）进入维护操作主界面。

（2）点击“SAM 卡管理”按钮，显示操作界面（见图 5-47）。

（3）点击“额度查询”按钮，显示本系统外置读卡器 SAM 卡增值额度信息。

（4）点击“额度申请”按钮，系统向中心申请新的增值额度。

（5）点击“返回”按钮，退出管理界面。

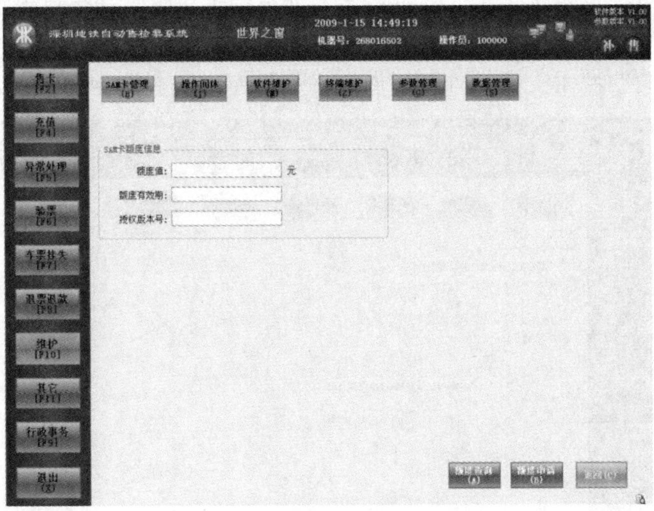

图 5-47　SAM 卡管理操作界面

5.4.2　操作间休

当操作员上班过程中需要短暂离开 BOM 票亭时，该设备可以暂停使用，系统自动上传该操作员暂停操作及该设备处理暂停状态，但并不退出操作员离开时的操作界面，此时系统处于自锁状态，只有操作员输入正确的系统登录密码才能解锁。若用户试图非法进入，当输入错误的密码达到 3 次时，系统自动退出到登录界面，并向车站 SC 系统上传系统非法登录日志。当操作员输入正确的登录密码时，系统自动上传该操作员操作间休结束并自动更新设备状态，恢复使用。

操作员操作间休时，系统自动处于暂停状态，并在操作员显示器和乘客显示器上自动转换当前设备状态，告之乘客该票务处理机暂停服务，乘客可以到别的 BOM 票亭进行相关服务。

当操作员需要离开窗口或者系统检测到操作员在规定时间内没有进行系统操作（主要是鼠标、键盘活动）时，对系统进行暂时锁定，待输入正确的 ID 和密码后才可以继续操作。具体操作步骤如下：进入维护操作主界面→点击“操作间休”按钮，进入该界面，或者等待系统规定时间，没有检测到操作的情况下系统自动显示该窗口→操作员输入“用户 ID”、“密码”→点击“确定”按钮。主要操作界面如图 5-48 所示。

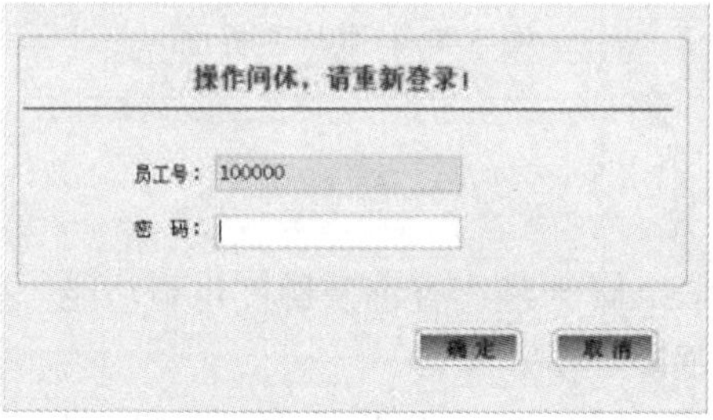

图 5-48　操作间休界面

5.4.3　软件维护

软件维护功能可提供系统名称、版本编号、读写器驱动版本、参数版本、SAM 卡电子 ID 信息。操作步骤如下：进入维护→操作主页面→点击“软件维护”按钮，系统会自动读取对应信息→点击“返回”按钮，退出管理界面。操作界面如图 5-49 所示。

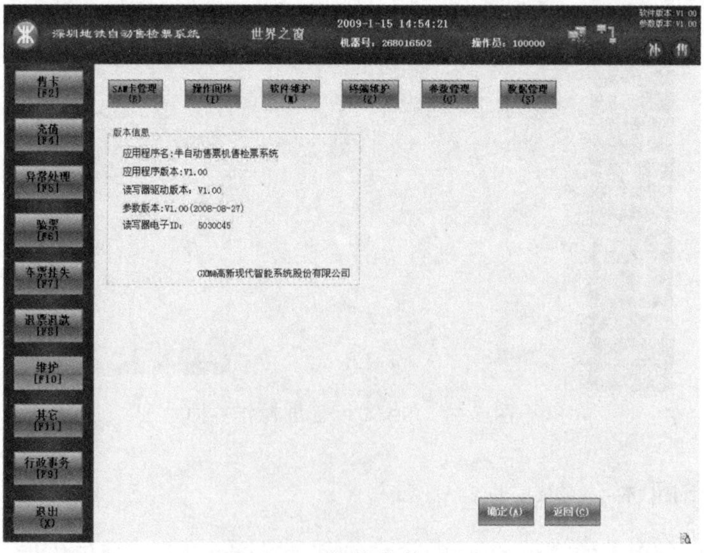

图 5-49　软件维护界面

5.4.4 终端维护

BOM 设备出现故障时，操作员可以通过终端维护功能来检测设备故障，如果故障 无法解除，设备可以给出设备故障信息及故障代码。终端维护提供设备重连接、部件维护、设备日志操作及查看功能。操作步骤如下：进入维护操作主页面→点击“终端维护”按钮，进入终端维护界面→点击“返回”按钮，退出管理界面。操作界面如图 5-50 所示。

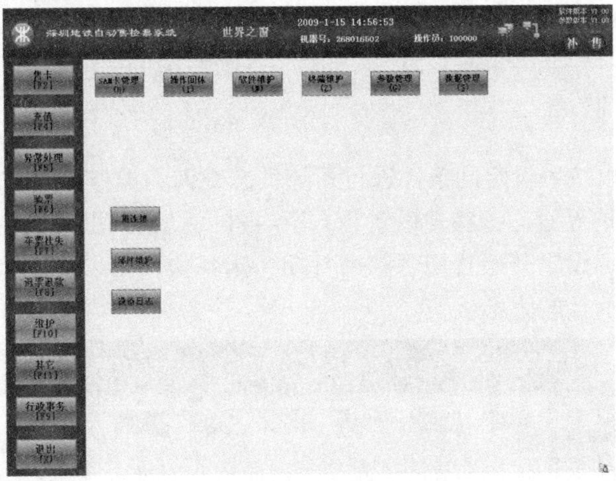

图 5-50 终端维护界面

5.4.5 设备重连接

设备重连接功能在连接设备前，先释放掉该部件所占用的系统资源，关闭该部件打开的串口，然后重新打开该部件需要打开的串口，同时对该部件的状态编码复位。如果重新连接失败，系统给出该部件连接失败原因及出错代码，提示操作员解决设备故障，同时系统自动记录系统故障日志。设备重连接提供 BOM 系统外围设备包括外置读卡器连接检测功能。具体操作步骤如下：进入终端维护界面，选择“设备重连接”→选择需要重新连接的设备组件→然后点击“检测”按钮→系统给出连接成功与否信息。操作界面如图 5-51 所示。

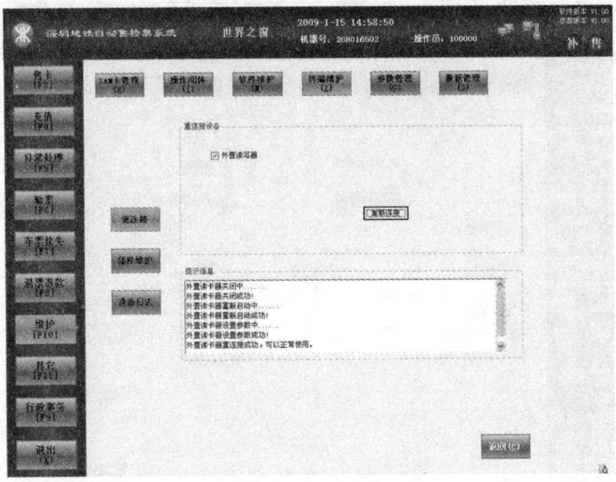

图 5-51 设备重连接

5.4.6 部件维护

部件维护功能向系统外围设备发送特定指令，执行设备检测功能，例如，对外置读写器进行卡读写测试，对乘客显示器进行显示测试，对票据打印机进行打印测试，对钱箱进行开关测试。操作主界面如图 5-52 所示，打印机测试界面如图 5-53 所示，读卡器测试界面如图 5-54 所示。具体操作步骤如下：进入终端维护界面，选择“部件维护”→进入部件维护主页面→选择需进行维护检测的部件→系统会给出相应的检测结果。

5.4.7 设备日志

设备日志功能可以按照设定的条件进行系统日志查询，操作界面如图 5-55 所示。操作步骤如下：进入终端维护界面，选择“设备日志”→进入设备日志查询主页面→点击“月份”按钮，按照月份查询→设定开始日期、结束日期，选择操作结果类型，设定操作员编号→点击“查询”按钮，显示日志信息。

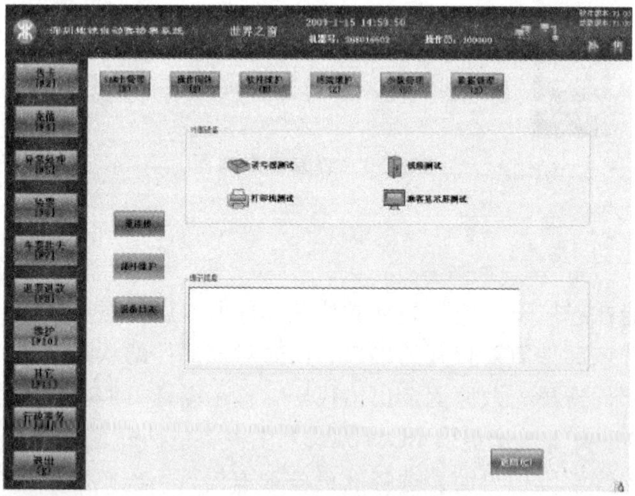

图 5-52　部件维护操作主界面

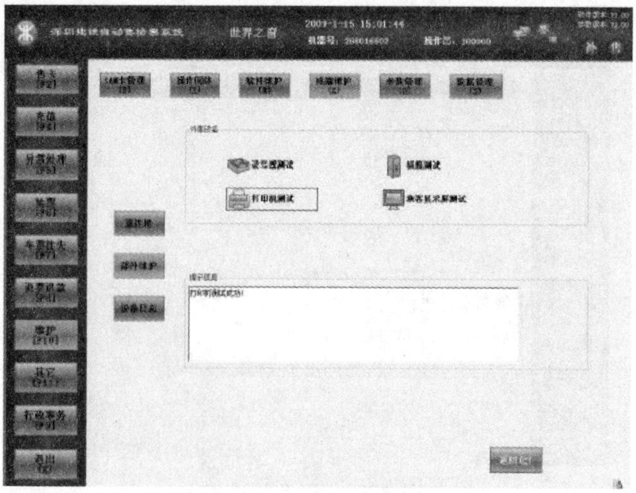

图 5-53　打印机测试界面

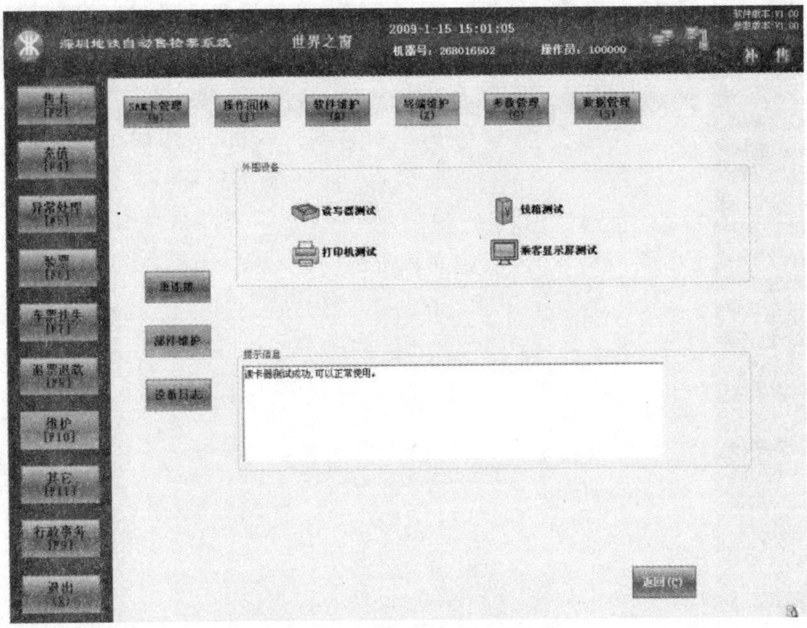

图 5-54　读卡器测试界面

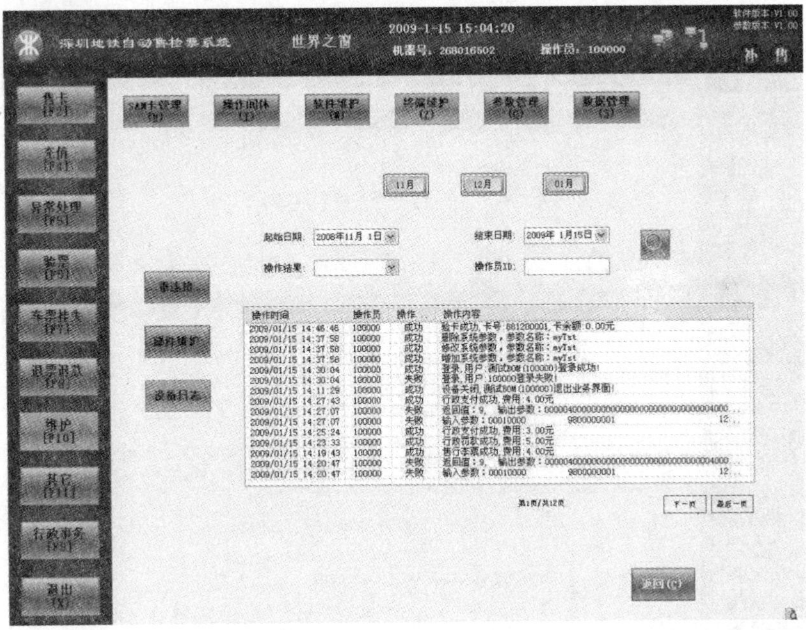

图 5-55　设备日志查询

5.4.8　数据管理

数据管理是将指定的数据表信息导出到 XML 文件。操作步骤如下：进入维护操作主界面→点击“数据管理”按钮，显示数据管理主界面→点击“导出数据”按钮→系统给予导出成功或者失败提示。操作界面如图 5-56、5-57 所示。

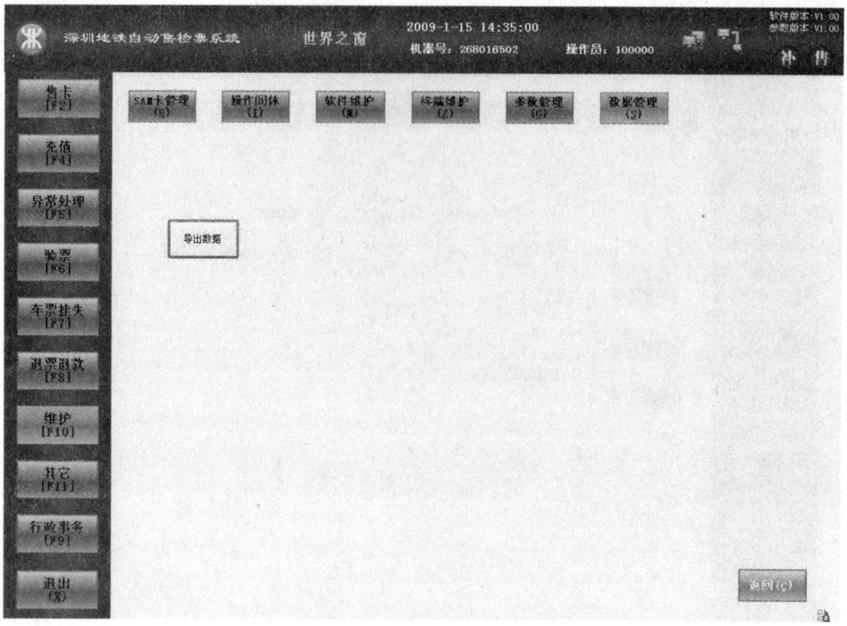

图 5-56　数据管理主界面

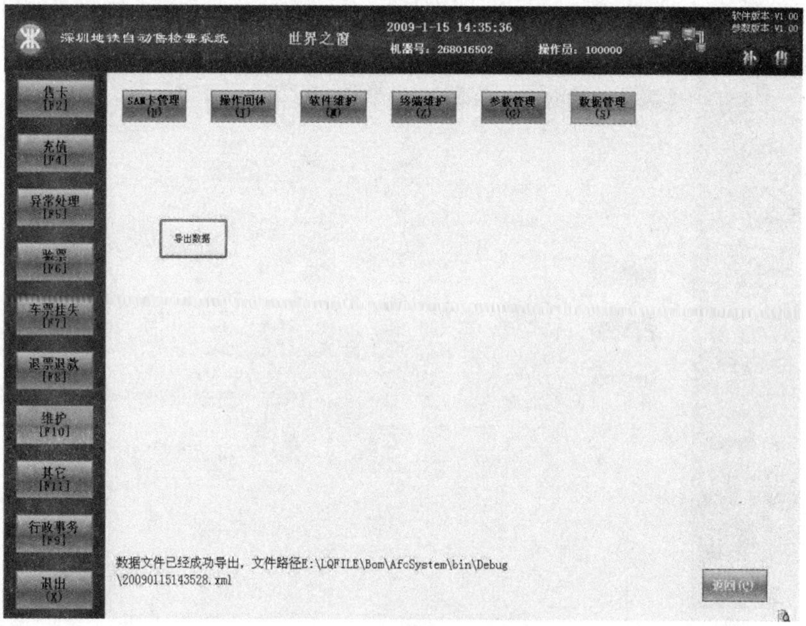

图 5-57　数据导出界面

5.4.9　参数管理

参数管理功能对系统所需要的参数进行配置，实现对系统参数的查询、增加、删除和修改功能。操作步骤如下：

（1）进入维护主界面。

（2）点击“参数管理”按钮，显示参数管理主界面；操作界面如图 5-58 所示。

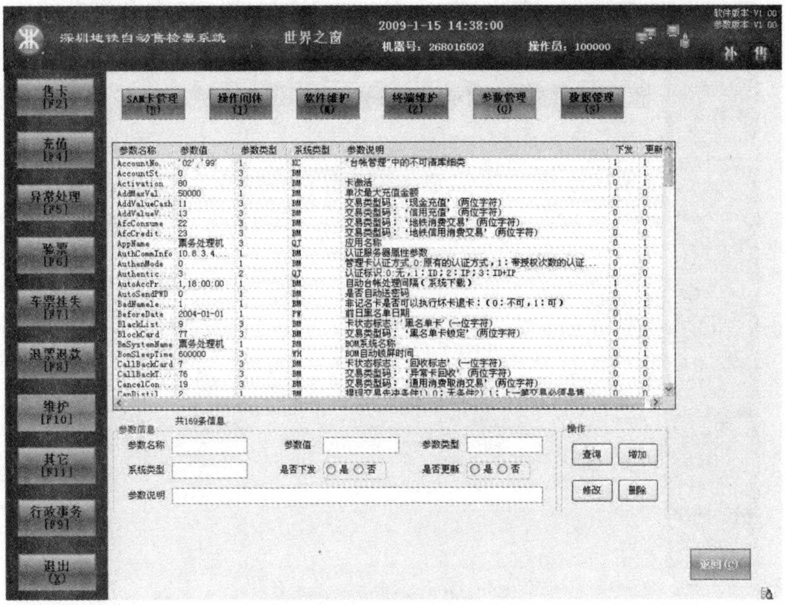

图 5-58 参数管理主界面

1. 增加参数

操作步骤如下：

（1）点击“参数管理”按钮，显示参数管理主界面。

（2）在“参数信息”区填写对应的信息。

（3）点击“增加”按钮。

（4）当没有输入信息或者输入与系统相同信息时，系统给予提示。

（5）系统提示结果：增加成功或者失败。

增加参数操作界面如图 5-59、5-60 所示。

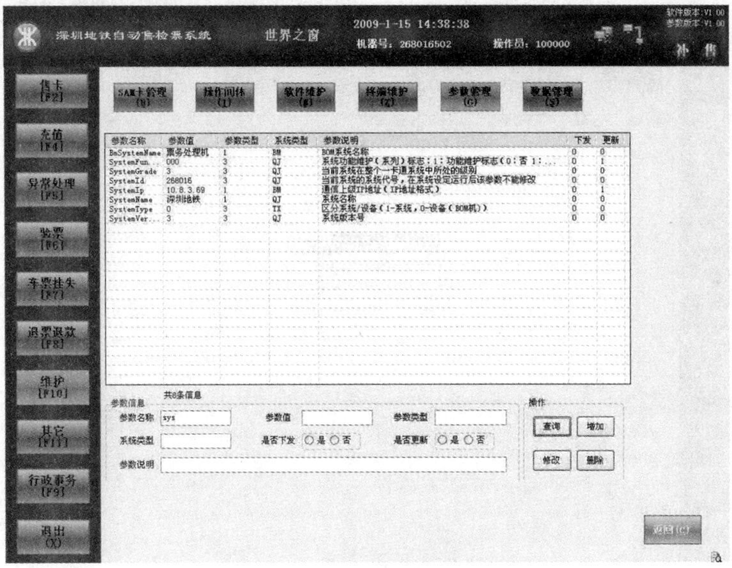

图 5-59 参数查询界面

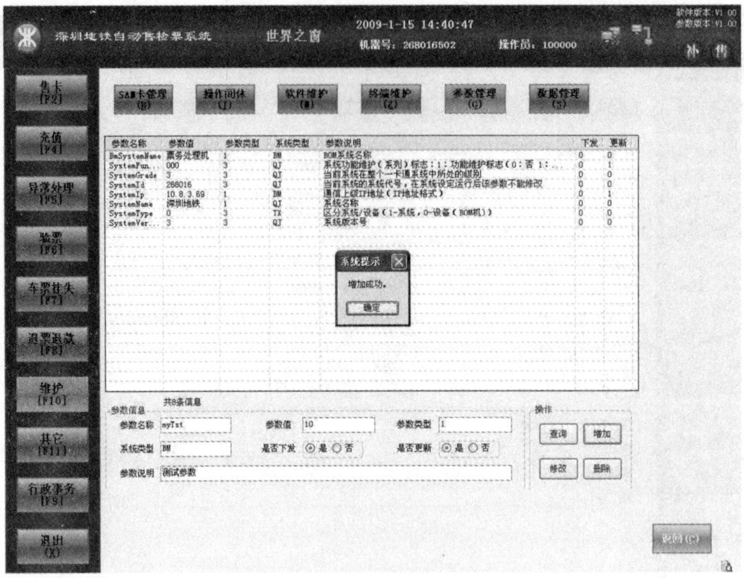

图 5-60　参数增加界面

2. 删除数据

操作步骤如下：

（1）单击参数数据列表中需要删除的单行数据。

（2）点击“删除”按钮。

（3）系统给予删除确认提示信息。

（4）点击“确定”按钮。

（5）系统给予删除成功或者失败提示信息。

删除数据操作界面如图 5-61 所示。

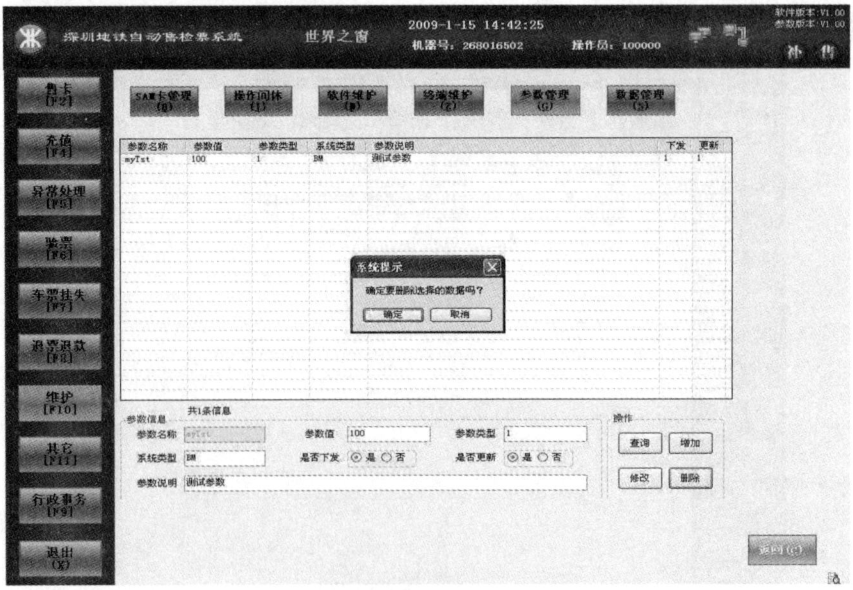

图 5-61　删除参数界面

3. 修改数据

操作步骤如下：

（1）单击参数数据列表中需要修改的单行数据。

（2）在“参数信息”区输入新的信息。

（3）点击“修改”按钮。

（4）系统提示结果：修改成功或者失败。

修改数据操作界面如图 5-62 所示。

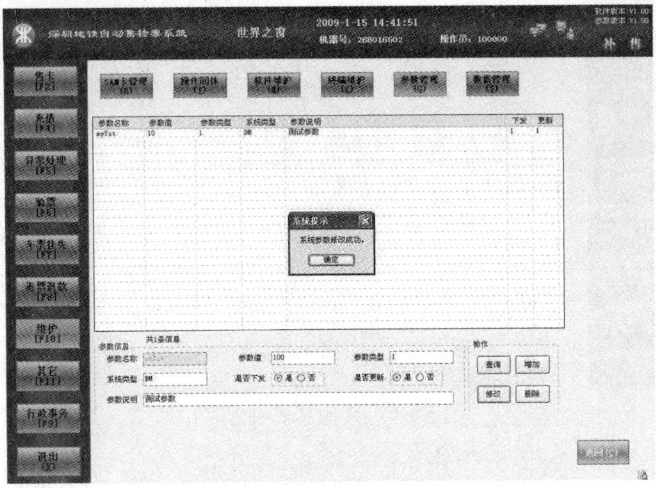

图 5-62 参数修改界面

5.4.10 密码修改

密码修改功能为操作员提供修改密码功能。操作步骤如下：

（1）选择主菜单“密码修改”选项。

（2）系统弹出“密码修改”窗口，在窗口中填写旧密码、新密码、确认密码，如图 5-63 所示。

图 5-63 密码修改界面

5.4.11 其他

其他功能包括补打交易、有效期更改、个人资料更改、冲正、卡解锁、挂失卡退押金、激活等。操作步骤：在操作主界面点击“其他”子菜单按钮，进入其他操作主界面，如图 5-64 所示。

图 5-64 其他操作主界面

1. 补打交易

票务处理机可通过权限级别，对于已经进行过的增值、退款等所有需要打印的交易 记录进行事后打印（如经过若干天后给乘客补打增值记录等）。操作步骤如下：

（1）进入“其他”操作主界面。

（2）点击“补打交易”按钮，显示操作界面（见图 5-65）。

（3）输入需要补打交易的卡号。

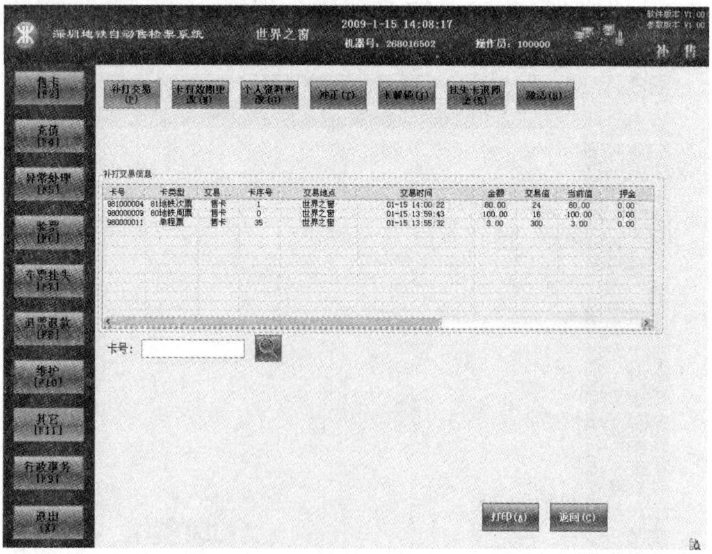

图 5-65 补打交易界面

（4）点击“查询”按钮，显示相关数据。
（5）单击选择需要的数据行。
（6）点击“打印”按钮，实现补打交易功能。

2. 有效期更改

对储值票卡的卡终止日期进行修改。操作步骤如下：
（1）进入“其他”操作主界面。
（2）点击“有效期更改”按钮，显示操作界面（见图 5-66）。
（3）操作员将需要更改有效期的储值票卡放置到外置读卡器感应区。
（4）点击“更改有效期”按钮，系统会自动对票卡进行验证并读取票卡信息。
（5）当票卡符合更改条件时，操作员输入新的时间。
（6）点击“确定”即可完成有效期的更改。
（7）当票卡不符合更改条件时，系统会给予原因提示。

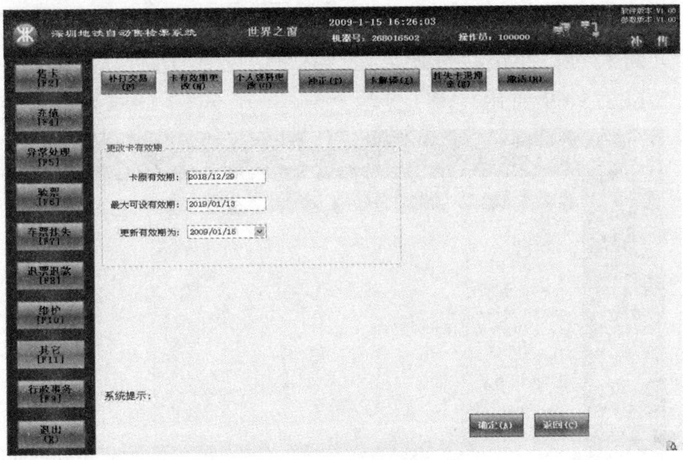

图 5-66　卡有效期更改界面

3. 个人资料修改

个人资料修改功能可对记名卡（如员工票、记名卡等）卡内资料可进行修改。 操作步骤如下：
（1）进入“其他”操作主界面。
（2）操作员将需要更改个人资料的记名卡放置到外置读卡器感应区。
（3）点击“个人资料修改”按钮，显示操作界面（见图 5-67）。
（4）输入卡号、姓名、性别、证件类型及证件号码等信息。
（5）点击“确定”按钮。

4. 冲正

当售票员上笔交易为增值交易时，由于某种原因（如误操作），乘客可以要求提出多充部分资金。操作步骤如下：
（1）进入“其他”操作主界面。
（2）将车票放置在外置读写器上，点击“冲正”读出车票余额。
（3）系统分析出当前车票的可冲正金额，如不满足冲正条件则给出提示。

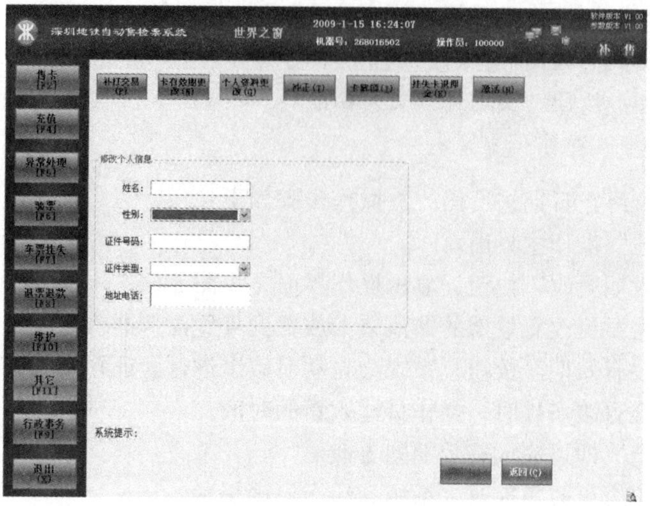

图 5-67　个人资料更改界面

（4）然后点击页面上的“冲正”按钮。

操作界面如图 5-68、5-69 所示。

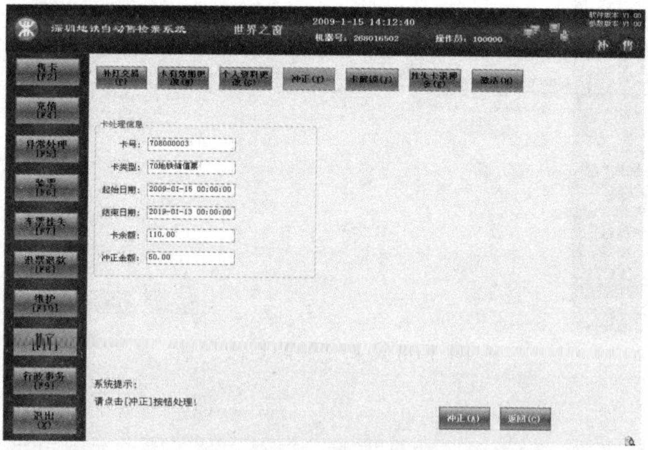

图 5-68　冲正分析界面

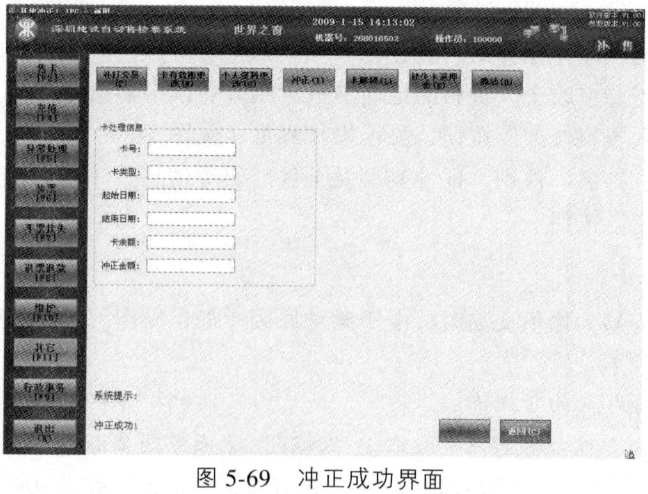

图 5-69　冲正成功界面

5. 卡解锁

如果储值票为黑名单，但在系统数据库中的黑名单中不存在此卡号，则可对此卡进行卡解锁操作，将其修改为正常状态。操作步骤如下：

（1）进入“其他”操作主界面。

（2）操作员将需要解锁的票卡放置在外置读卡器感应区。

（3）点击“卡解锁”按钮，系统会自动验证票卡有效性，并提示是否需要进行卡解锁操作。

（4）如果此卡需要进行解锁操作，则点击页面上的“解锁”按钮。

操作界面如图 5-70、5-71 所示。

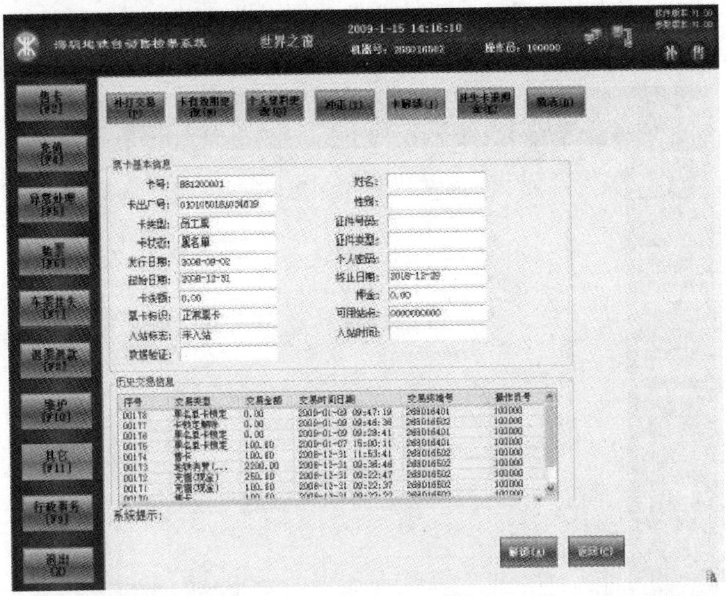

图 5-70　卡解锁分析界面

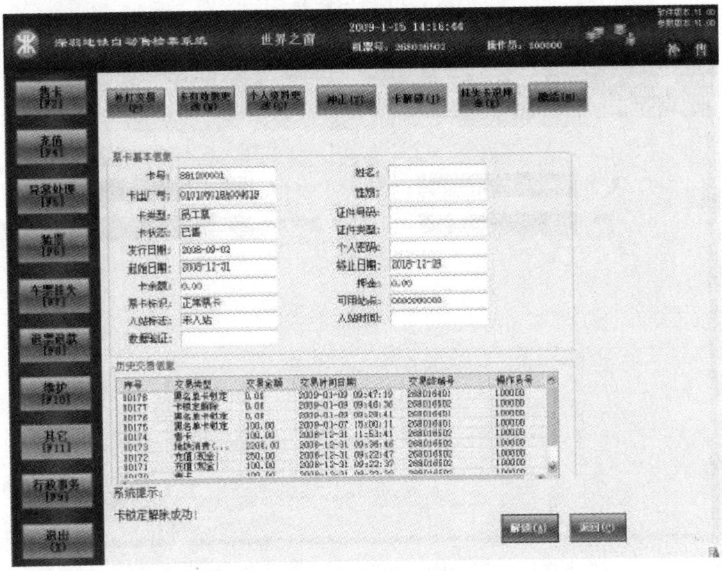

图 5-71　卡解锁分析界面

6. 挂失卡退押金

挂失卡退押金功能是对储值卡进行挂失，将卡内押金退还给持卡人，并将卡状态修改为回收状态。操作步骤如下：

（1）进入“其他”操作主界面。

（2）操作员将票卡放置在外置读卡器感应区。

（3）点击挂失卡退押金按钮，系统进行票卡有效性验证，若票卡有效，系统自动读取 票卡信息。

（4）点击“确定”按钮，即可实现挂失卡退押金功能。

（5）若票卡没有通过有效性验证，系统会给予原因提示。

操作界面如图 5-72、5-73 所示。

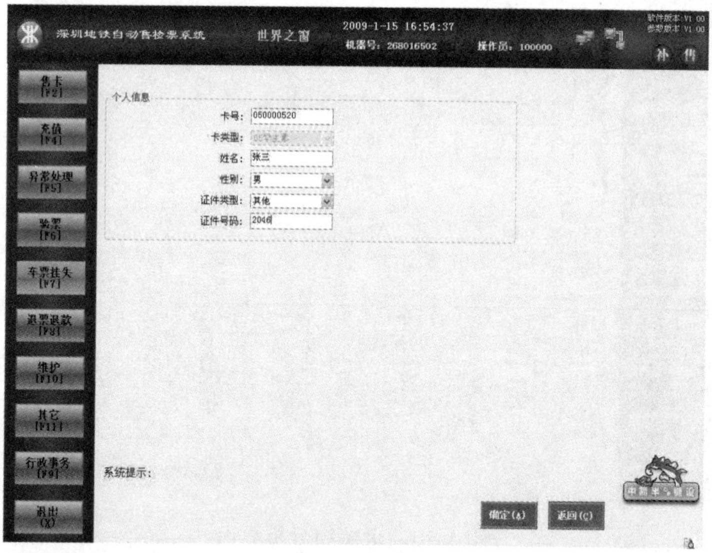

图 5-72 车票挂失

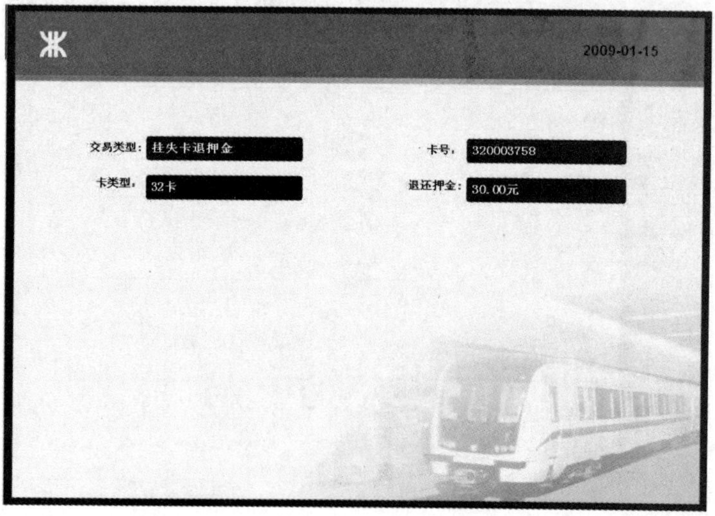

图 5-73 挂失卡退押金处理乘客显示器内容

7. 卡激活

地铁发行的预售车票（如纪念车票、次票等车票）在使用前需要到票务处理机上执行激活操作方可使用。卡激活时主要激活车票有效日期，车票其他信息（如车票基本信息、卡余额）不做修改。操作步骤如下：

（1）进入“其他”操作主界面。

（2）操作员将次票类型票卡放置到外置读卡器感应区。

（3）点击激活操作按钮，系统对票卡进行有效性验证，当验证通过时，系统对票卡进行激活操作，并提示操作结果状态。

（4）当验证失败时，系统会给予验证失败原因提示。

操作界面如图 5-74、5-75、5-76 所示。

图 5-74　卡激活数据分析

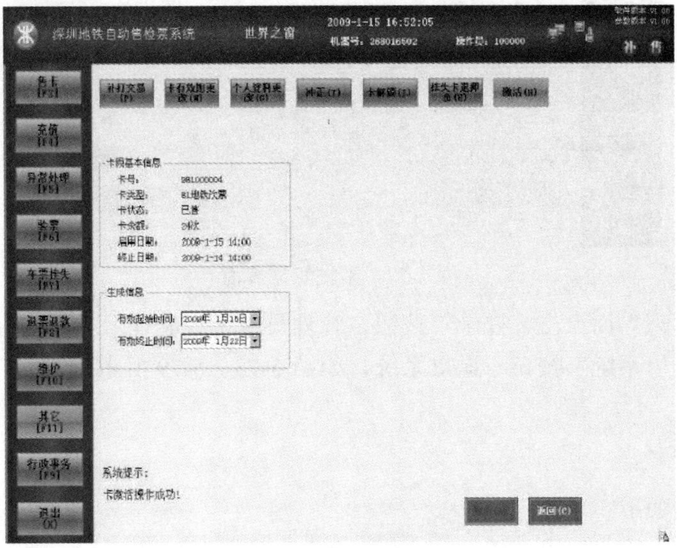

图 5-75　卡激活界面

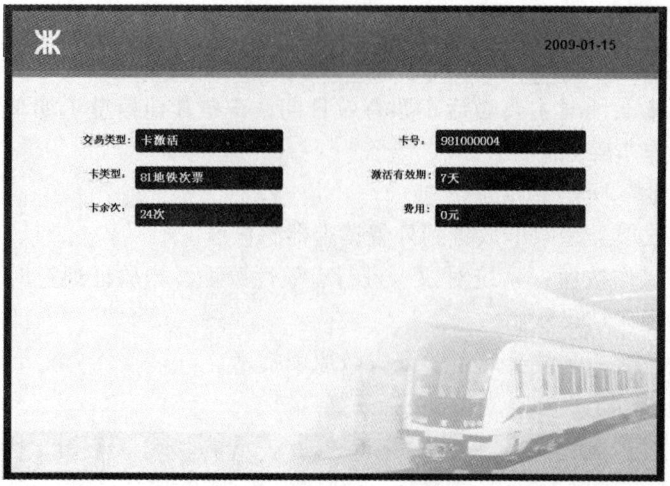

图 5-76　卡激活乘客显示器内容

5.4.12　退出

退出即终止系统操作，返回系统主页面。操作员可以选择重新登录或者进入系统管理界面进行系统管理。操作步骤如下：

（1）点击“退出”按钮，进入系统管理界面，如图 5-77 所示。

图 5-77　系统管理界面

（2）在系统管理界面点击“登录”按钮，管理员身份经验证后才可进行退出操作。

（3）点击“退出系统”按钮，退出系统，如图 5-78、5-79 所示。

5.4.13　重启

重启操作步骤如下：

（1）在系统管理界面点击“重启”按钮，如图 5-80 所示。

（2）在弹出的提示对话框中点击“确定”按钮即可重启，如图 5-81 所示。

图 5-78　系统登录界面

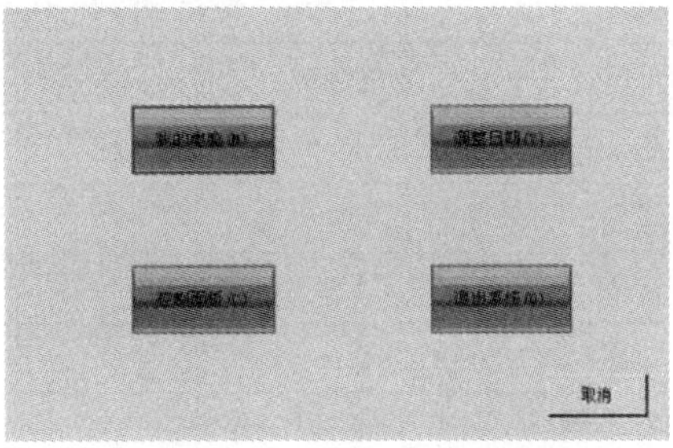

图 5-79　计算机管理界面

图 5-80　系统管理界面

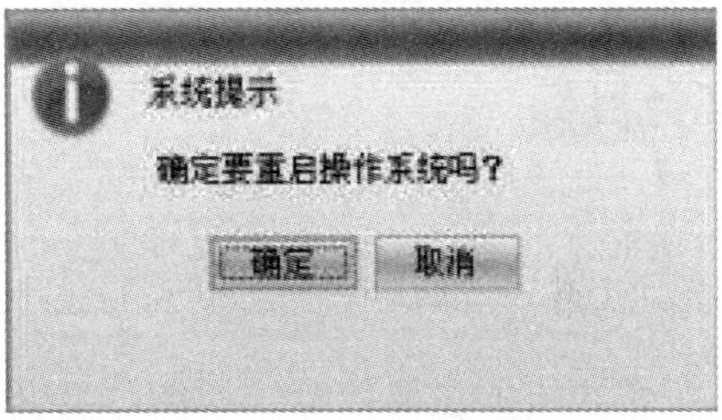

图 5-81　对话提示框

5.4.14　关机

关机操作步骤如下：

（1）在系统管理界面点击“关机”按钮，如图 5-82 所示。

（2）在弹出的提示对话框中点击“确定”按钮即可关机，如图 5-83 所示。

图 5-82　系统管理界面

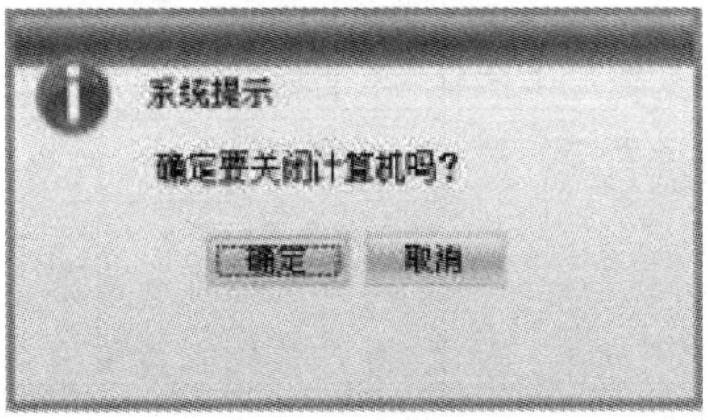

图 5-83　对话提示框

5.4.15　票务处理机操作快捷命令

票务处理机操作快捷命令如表 5-7 所示。

表 5-7　票务处理机操作命令一览表

功能	快捷键	备注	功能	快捷键	备注
· 售卡	F2		退票退款	F8	
增值	F4		行政事务	F9	
异常处理	F5		维护	F10	
验票	F6		其他	F11	
挂失车票	F7		退出	Alt +X	

任务 5.5　人工售票机的故障及处理

任务目标

掌握人工售票机的故障、原因分析及处理。

人工售票机的主要故障、原因分析及故障处理方法如表 5-8 所示。

表 5-8　主要故障及处理

序号	故障现象	原因分析	故障处理
1	设备无法上电，上电马上跳闸	设备内有短路、过载或漏电现象	检查并排除设备内短路、过载或漏电故障
2	设备上电后不启动，设备无反应	电源线路接插不好，有开路	检查电源线路，排除开路
3	设备能上电但无法启动	工控机操作系统损坏	重新安装操作系统
		工控机硬件故障	修复或更换工控机
		运营软件损坏	修复或重新安装运营软件
		运营软件参数配置错误	修正运营软件参数配置
		病毒引起	杀毒
		工控机电源线太细，电源线上消耗的电压较大，导致工控机启动电压不足	更换线径更粗（推荐 2.5 mm^2）且线材电阻率更低的电源线，并要求厂家把工控机电源 5 V 电压适当调高
4	读写器刷卡无反应	桌面读写器存在读写盲区或读写器损坏	修复或更换桌面读写器
		桌面读写器 SIM 卡损坏	更换 SIM 卡
		桌面读写器接线松脱	检查并插牢桌面读写器接线
		运营软件损坏	修复或重新安装运营软件
		运营软件参数配置错误	修正运营软件参数配置

续表

序号	故障现象	原因分析	故障处理
5	显示器异常	电源异常	修复或更换电源箱
		VGA 线缆松脱	插牢 VGA 线缆
		显示器故障	更换显示器
		工控机显卡故障	更换工控机
		液晶面板损坏	更换液晶显示器
		VGA 线质量问题	更换 VGA 线
		亮度设置原因	通过按钮调节亮度
6	打印机不能打印	打印机通信线松脱	插牢打印机通信线
		打印机驱动程序没装	安装打印机驱动程序
		串口号设置错误	根据实际连线正确设置串口号
		打印机没纸	安装打印纸
		打印机损坏	更换打印机
7	钱箱无法用主机发信号打开	钱箱通信线松脱	插牢钱箱通信线
		钱箱锁拧到了锁定或手动打开的位置	用配套钥匙把钱箱锁拧到自动打开的位置
		串口号设置错误	根据实际连线正确设置串口号
		系统软件参数设置错误	正确设置系统软件参数
		AFC 系统软件损坏	重装 AFC 系统软件
		钱箱损坏	更换钱箱
8	对讲机输出没有声音	话筒接线错误	按说明书要求重新接线
		内外音量调节旋钮旋到“0”位置	适当调高音量调节旋钮
		对讲机损坏	更换对讲机

练习题

1. 判断题

（1）半自动售票机又称为人工售票机、窗口制票机。（　）

（2）半自动售票机一般具备查询、充值、补票、退卡、退款和票据打印等功能。（　）

（3）工控机就是工业控制计算机，它与个人计算机（PC）的组成结构基本相同。（　）

（4）半自动售票机的工控机中也安装有 windows 的专业版。（　）

（5）一张已经售卖出去而超期未使用的单程票在 BOM 上可通过选择“地铁原因”进行退票退款处理。（　）

（6）在 BOM 上，可以通过验票查询单程票的入站等信息。（　）

2. 填空题

（1）BOM 由工控机、电源模块、__________、打印机、__________、__________等

部分组成。

（2）BOM 是在车站中以__________为乘客提供服务的售补票设备，放置于__________。

（3）RFID 系统是由阅读器（Reader）与__________及__________系统三个部分组成。

3. 选择题

（1）BOM 机售票软件中，不包含在主界面的项目是（　　）。

A. 售单程票　　B. 充值　　C. 退票退款　　D. 行政事务

（2）通常，工控机中安装 Windows 操作系统的（　　）版本。

A. 嵌入式版　　B. 家庭版　　C. 专业版　　D. 通用版

（3）BOM 不能实现（　　）功能操作。

A. 储值卡充值　　B. 车票异常处理　　C. 自动售票　　D. 退票退款

扫码看答案

项目 6

其他 AFC 系统设备的使用与维护

任务目标

（1）了解便携式检票机。
（2）掌握自动验票机的使用与维护。
（3）熟悉分拣编码机（E/S）的使用与维护。
（4）了解其他辅助设备的使用。

任务 6.1 便携式验（检）票机（PCA）

便携式验（检）票机是一种移动设备，由车站工作人员随身携带，用来对乘客所持公交卡和单程票进行查询，方便车站工作人员在收费区内对有关票卡的有效性进行检验并显示检验结果，为及时解决票务纠纷提供帮助。其外形如图 6-1 所示。

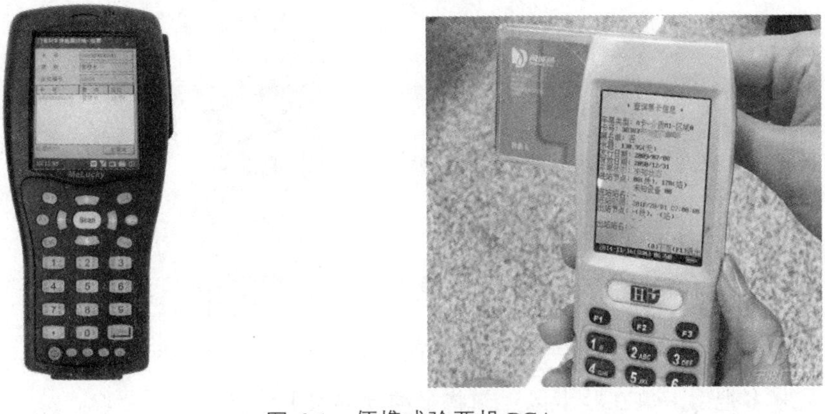

图 6-1 便携式验票机 PCA

便携式验（检）票机（Portable Card Analyzer，PCA）一般采用 2.8″彩色 TFT LCM，分辨率为 320×240，带背光，背光可以通过软件控制。检票机键盘有 26 个，其中数字键 10 个，功能键 16 个，验票机表面功能键更少。通信采用 RS-232（115 200 bps）串口，预留 USB 接口。

便携式验（检）票机的功能包括验票查询、进出站检票、数据统计与通信。

（1）验票查询是指查验车票，对各种车票进行限时、限程信息有效性检查，显示车票信息和历史使用信息等。对越站、超时及无效票除有信息显示外，还具备声音提示，必要时便携式验票机还可以增加车票更新功能。

（2）进出站检票是指便携式检票机可以实现乘客进出站检票功能。

（3）数据统计和通信是指便携式验票机具有外部接口，用于与外部设备进行数据交换。主要是上传检票交易记录和设备操作日志记录，下载黑名单、计价方案文件、系统参数文件、用户参数文件等。

便携式验票机内置电池，使用时无须连接外部电源。目前的便携式验票机基本上都是使用无记忆的可充电锂电池，电压 3.7 V，容量 2000 mA · h，可连续工作 6 h 以上，具有时钟电路，其准确度在 25℃时每月不超过±2 min。

任务 6.2 自动验票机（TCM）

6.2.1 自动验票机构造与功能

自动验票机（TCM）安装在非付费区，供乘客对车票进行查询，能够识别一卡通车票和地铁专用车票（含单程票、储值票）。当乘客把车票放在验卡区，验票机的显示屏上会自动显示车票的类型、余额、交易历史记录。

1. 外部结构

TCM 外观如图 6-3 所示。

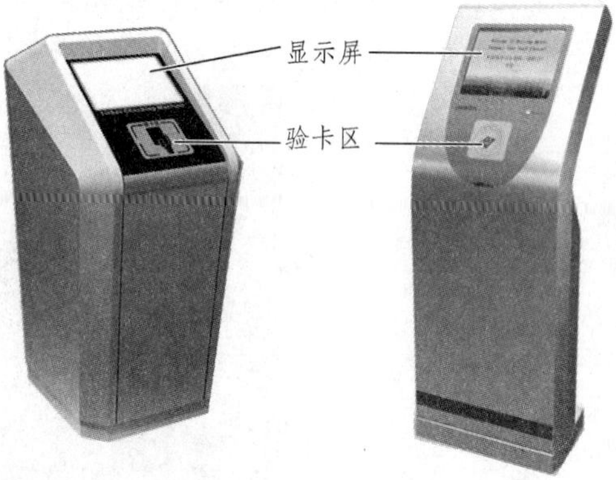

图 6-3 TCM 外观图

验卡区：乘客把票卡放在验卡区上面将自动读取票卡信息。

显示屏：用于显示验票结果的屏幕。

2. 内部结构

TCM 主要由工控机、读卡器、显示屏、电源、通信网卡、蜂鸣器、机柜等组成，并安装有软件操作平台，如图 6-4 所示。

（1）通信网卡采用主板集成，10/100 Mb/s，与 SAM 卡进行通信。

（2）读卡器可读取 ISO 14443 TYPEA/B 非接触式 IC 票卡的信息，4 SAM 卡座。

（3）工控机负责控制和协调其他各模块的工作，同时与车站计算机通信，上传状态信息、接收参数等，一般采用 CPU 800 MHz，内存 512 MB，硬盘 80 GB，CF 卡 512 MB，有 6 个串口，6 个 USB 接口，10/100 Mb/s 网络接口的配置。

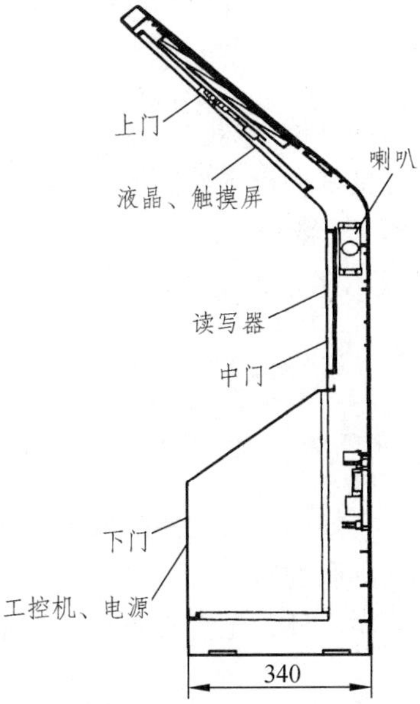

图 6-4　TCM 内部结构

（4）显示屏一般采用 15″防爆表面声波触摸显示屏，15″ TFT LCD 高亮度、高清晰度显示器，分辨率为 1024×768。

（5）蜂鸣器用于提示验卡结果。

（6）电源负责给 TCM 供电。

（7）电源开关控制 TCM 的电源供电。

3. TCM 功能

TCM 可实现车票查询、车票分析、车站及乘客信息查询、乘车常识查询（包括系统介绍、使用指南、公告信息）。

（1）TCM 能够对车票进行有效性分析，对有效车票，按不同种类的规则，将车票的数据显示在乘客显示器上。乘客将车票在读写器上出示后 1 s 内，屏幕显示车票保存的历史交易数据（包括车票类型、交易记录、剩余票额等信息），并保持至少 10 s，同时可以处理新的车票。相邻的验票操作界面颜色可以不同，TCM 不修改车票的任何数据。

单程票显示内容：车票类型、余额、有效期、状态、显示车票发售站点，交易日期，时间，类型和金额。

储值票显示内容：车票类型、余额、有效期、状态、显示最近 10 条交易记录，其中包括车票发售或充值站点、设备与设备号、交易日期、时间、类型和金额。

（2）TCM 能够区分不同票种，并根据票种自动选择与之匹配的使用范围和检查项目并显示。

（3）TCM 在对地铁专用车票及城市一卡通的有效性分析检查中卡发现票卡有问题时，相应票卡将被划分为无效票卡。对无效票卡不再进行后续检查。

6.2.2 TCM检修

TCM检修可以分为日检、双周检、季度检和年检。

1. 日检

（1）日常维护对象是液晶显示屏、读卡器。

（2）须达到良好的显示状态，良好的读卡性能的效果。

（3）只需要目测，不需要工器具和物料。

（4）日检内容包括检查液晶显示屏是否正常显示。用员工票进行读卡，检查验票机能否正常验票。

2. 双周检

（1）维护对象是液晶显示屏、读卡器。

（2）须达到良好的显示状态，良好的读卡性能的效果。

（3）只需要目测，不需要工器具和物料。

（4）双周检内容除进行日检的内容外，还需检查和维护验票机左下角的版本是否正常。

3. 季度检

（1）维护对象是交流接线盘、直流电源模块、主控板、读卡器、TCB板、液晶显示屏。

（2）须达到各主要部件内部无积尘，地面无积尘；内部无散落的螺钉或零部件，全部螺钉完整地紧固；零部件安装稳固，运作良好；线缆包扎良好，标志清晰；液晶显示屏显示信息完整的效果。

（3）需要十字旋具、棉布、毛扫、压缩空气等工器具、材料和部件。

（4）季度检内容包括：

① 各部件的表面灰尘及内部灰尘，所有线缆包扎和紧固。

② 测试交流接线盘内的漏电保护开关能否正常动作。

③ 检查主控板连接的各线缆及接头是否正常，安装是否稳固，做好防损及补充螺钉固定；清洁包括主控板、内存条、CPU散热器、TCB板、主机电源等部件的积尘；检查并确认各电路板及零部件之间的连线是否正确，有无插座移位、针脚偏移、折断，连线有无破损、短路、断裂等现象，是否固定良好。

④ 检查验票机左下角的版本是否正常。

⑤ 检查液晶显示屏的线缆是否正确连接、有无破损，做好包扎和紧固。

⑥ 检查液晶显示屏是否有花屏、闪烁现象及光亮度是否正常，确认能正常显示正确的内容。

⑦ 检查TCB板是否正确安装，检测TCB板的各个指示灯是否正常；检查各连接线缆及接头是否正常，做好防损及补充螺钉固定；取出SAM卡，清洁SAM卡和SAM卡座。

4. 年度检

（1）维护对象是交流接线盘、直流电源模块、主控板、读卡器、TCB板、液晶显示屏。

（2）达到包括季度检的维护效果，检查维护设备是否接地良好。

（3）需要十字旋具、棉布、毛扫、压缩空气、摇表等工器具、材料和部件。

（4）年度检内容：除进行日检、双周检、季度检的内容外，还需用摇表检查接地电阻，查看是否超出正常范围。

6.2.3　故障模式和关闭模式下的显示

在验票机发生故障时，TCM 自动进入故障模式，根据其故障等级将设备关闭或继续服务。

TCM 若因故障而暂停服务时，乘客显示器显示“暂停服务”等信息。

操作人员应通知维修人员进行维修。

在维修模式下，TCM 拒绝接收车票，但可以使用测试票。在维修模式下，乘客显示器上显示“暂停服务”标志。

通过车站计算机、中央计算机或本地控制，可将验票机设置为关闭模式。在关闭模式下，验票机不能处理车票，并在乘客显示器上显示“暂停服务”标志。

6.2.4　主要故障及处理

主要故障及处理如表 6-1 所示。

表 6-1　主要故障及处理

序号	故障	故障现象	原因分析	故障判断	故障处理
1	TCM 不能正常启动	因 TCM 不能正常启动，需要更换电源。更换电源后设备恢复正常	电源故障导致设备无法正常启动	①使用万用表测试，交流电源是否有电输入； ②使用万用表测试，直流电源是否有电输出； ③检查低压断路器是否跳闸，检查墙边交流接线盘是否跳闸； ④检查 TCM 直流电源是否需要启动信号激活（因 TCM 直流电源与其他电源制式不同）	①检查低压断路器是否跳闸，如跳闸检查是否设备内有部件短路； ②检查交流接线盘是否跳闸，如跳闸检查是否其他设备引起； ③检查 TCM 直流电源是否需要启动信号，如需要信号激活则在直流电源的信号线插头把绿色信号线和黑色地线进行短接，短接后就可以给 TCM 直流电源启动信号了
2	TCM 不能正常验票	TCM 在不验票的时候界面显示正常，验票时 TCM 不能正常验票，出现故障码，无法查询票卡信息。检查电压，发现电压偏低，更换 TCM 电源后故障修复	TCM 电源供电电压偏低，导致设备不能正常工作，影响正常的读卡过程	①检查 TCM 电源电压是否正常； ②检查 TCM 读卡模块与主控板之间的接线是否正确； ③检查读卡模块、RC531、天线是否正常； 等文件是否损坏	①检查 TCM 电源电压是否正常，电压不正常 TCM 不能正常工作。若电压不正常，更换 TCM 电压； ②检查 TCM 读卡模块与主控板之间的接线是否正常，包括电源线、数据线等，若不正常，必须更换故障线缆；

续表

序号	故障	故障现象	原因分析	故障判断	故障处理
				④检查 SAM 卡是否正常； ⑤检查系统、软件配置	③检查读卡模块、RC531、天线是否故障，可以对调旁边正常设备的读卡模块、RC531、天线测试，但注意 SAM 卡不能调乱，SAM 卡要跟设备一起； ④检查 SAM 卡是否正常，若不正常，应马上更换； ⑤检查设备运行软件，若软件故障，根据实际情况对软件进行修复
3	TCM 暂停服务	TCM 暂停服务，无法验卡，检查 TCM 电压正常，检查 SAM 卡正常，测试读卡器正常，重做 FILEMAP 后设备恢复正常	FILEMAP 文件夹内的配置文件配置了 TCM 工作所需要的配置信息与系统参数，FILEMAP 损坏后导致设备无法正常执行应用程序，因此 TCM 暂停服务	①检查 TCM 电源电压是否正常； ②检查 TCM 读卡模块与主控板之间的接线是否正确； ③检查读卡模块、RC531、天线是否正常； ④检查 SAM 卡是否正常； ⑤检查系统、软件配置等文件是否损坏	①检查 TCM 电源电压是否正常，电压不正常 TCM 不能正常工作。若电压不正常，更换 TCM 有关元器件； ②检查 TCM 读卡模块与主控板之间的接线是否正常，包括电源线、数据线等，若不正常，必须更换故障线缆； ③检查读卡模块、RC531、天线是否故障，可以对调旁边正常设备的读卡模块、RC531、天线测试，但注意 SAM 卡不能调乱，SAM 卡要跟设备一起； ④检查 SAM 卡是否正常，若不正常，应马上更换； ⑤检查设备运行软件，若软件故障，根据实际情况对软件进行修复

任务 6.3 分拣编码机（E/S）

6.3.1 分拣编码机结构与功能

分拣编码机用于对车票进行批量的编码和分拣处理，通常安装在票务中心，根据需要也可以安装在车站票务室，如图 6-5 所示。

采购回来的票卡均需要通过分拣编码机进行初始化处理后才能投入使用，包括初始化、赋值、重编码和分拣。

分拣编码机必须直接与中央计算机系统连接，其编码情况要通过中央计算机检查和确认，以确保自动生成车票密钥和编号的有效性及唯一性。

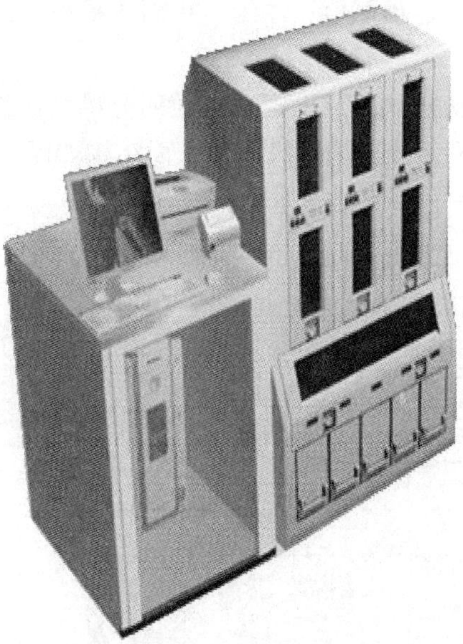

图 6-5　分拣编码机

以图 6-6 所示分拣编码机为例。

该分拣编码机的传输通道采用敞开式的设计，使用滚轮式传输方式，避免了皮带老化等原因产生的票卡损毁。赋值编码机整体简洁美观，机体采用不锈钢拉丝设计，清洁维护方便。可以任意转动的高亮度触摸屏使得观察及操作更加简便明了，具有读写迅速、维护方便的优点。适用于地铁票务中心、发卡公司等场合对大批量票卡的处理。

分拣编码机可以实现短时间内快速地、大批量地对非接触式 IC 卡车票进行编码、赋值、分拣等处理。能满足地铁票务中心、发卡公司等场合对非接触式 IC 卡车票批量处理的需要。分拣编码机配备触摸式显示屏及报表打印机。分拣编码机采用双票箱交替式连续供票以及滚轮式传输方式，缩短了读写时间，使得处理速度大幅度提升的同时不会对票卡造成损毁。

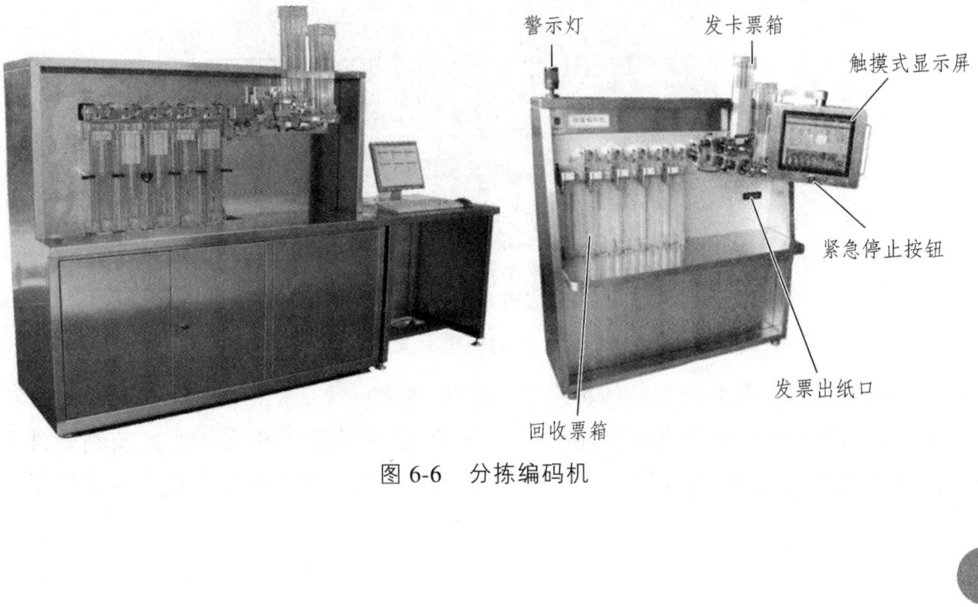

图 6-6　分拣编码机

分拣编码机主要功能包括分拣和编码。分拣是指一批车票按照某个或几个特征值将其分开，分别存放到不同的票箱中，车票分拣操作一般不改变车票内容。编码是指对车票进行某种功能的批量处理，如初始化、预赋值、注销、更新等操作。编码将改变车票内某一字段或某几个字段的数据。

根据应用需求，既可将功能分离，设置成单独的分拣机或编码机，也可将分拣、编码功能相结合，设置成分拣编码机。分拣编码机外部正面结构如图 6-7 所示。

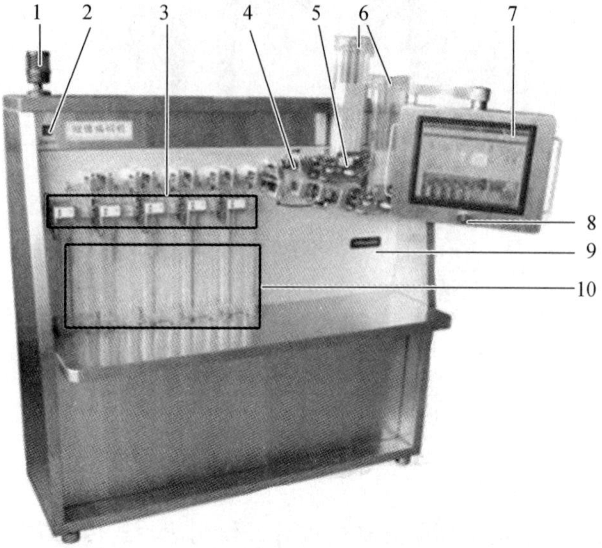

1—警示灯；2—电源开关；3—票箱压板；4—票卡传输装置；5—刮卡模块；6—发卡票箱；7—触摸式显示屏；8—紧急停止按钮；9—发票出纸口；10—回收票箱。

图 6-7　分拣编码机外部结构图

分拣编码机背面共有三扇门（见图 6-8），维护门 1 为单开门，维护门 2 和维护门 3 为双开门，开门方向如箭头所示。

图 6-8　分拣编码机背面结构图

分拣编码机一般由工控机、操作显示器、IC 车票读写器及天线、票卡管理单元、车票读/写模块、票卡传送装置、票盒安放装置、机身、电源模块（含 UPS 或电池）、支持软件和操作平台等部件组成。支持软件由初始化模块、参数装置模块、状态监控模块、动作控制模块、日志处理模块、报警指示模块、日志处理存储模块、通信模块、设备诊断测试模块等组成。内部结构如图 6-9 所示。

1—读写器；2—传输电机；3—转向器；4—回收控制板；5—转向电机；6—UPS；7—电源；8—主控芯片；9—进线端；10—工控机；11—发票打印机；12—刮卡电机。

图 6-9　分拣编码机内部结构图

分拣编码机外部电源接线方式如图 6-10 所示。

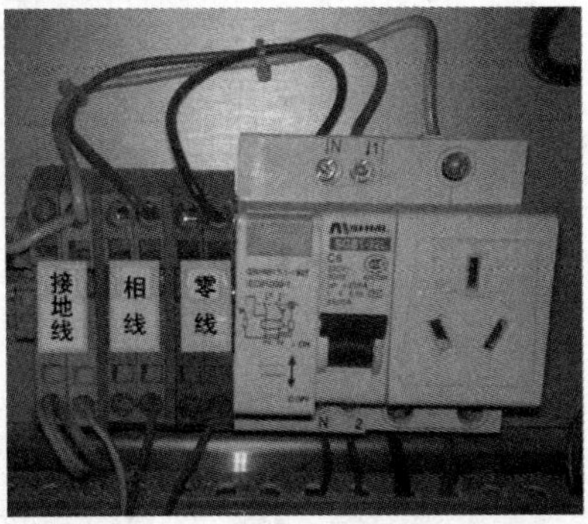

图 6-10　分拣编码机外部电源接入方式

6.3.2　分拣编码机的基本操作

1. 开、关机操作

1）开机

用钥匙打开仪器背后门锁→向上推起漏电保护器（a）→短按位于底部 UPS 开关（b）以启动 UPS→打开位于仪器正面的电源开关（c）→打开背面的工控机开关（d），如图 6-11 所示。

2）关机

用钥匙打开仪器背后门锁→关闭背面的工控机开关（d）→关闭位于仪器正面的电源开关

（c）→长按 UPS 开关（b）1 s 以上关闭 UPS→推下漏电保护器（a）。

（a）漏电保护开关　（b）UPS 开关　（c）主机电源开关　（d）工控机开关

图 6-11　分拣编码机的开关

操作分拣编码机开、关机必须严格按照以上步骤操作，否则可能会损伤赋值编码机的电源。严禁触摸贴有“危险”标签的部分，以免发生触电意外。

2. 发卡票箱操作

按图 6-12 所示，沿箭头方向插入发卡票箱。

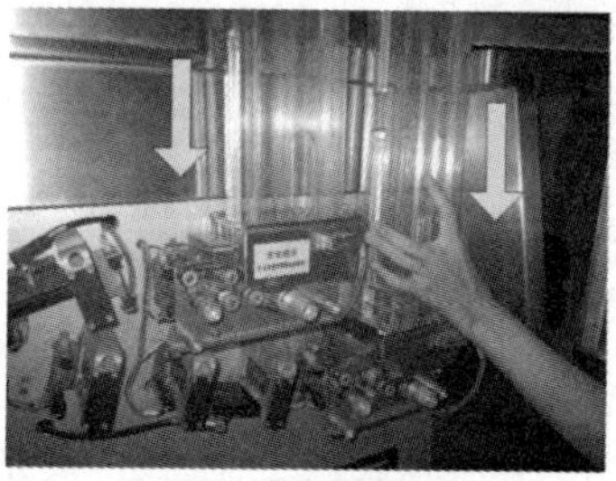

图 6-12　发票卡箱操作

3. 回收票箱操作

1）取出流程

将票箱压板上推[见图 6-13（a）]→等待升降托卡器降至底部→如图 6-13（b）所示向外拿出票箱。

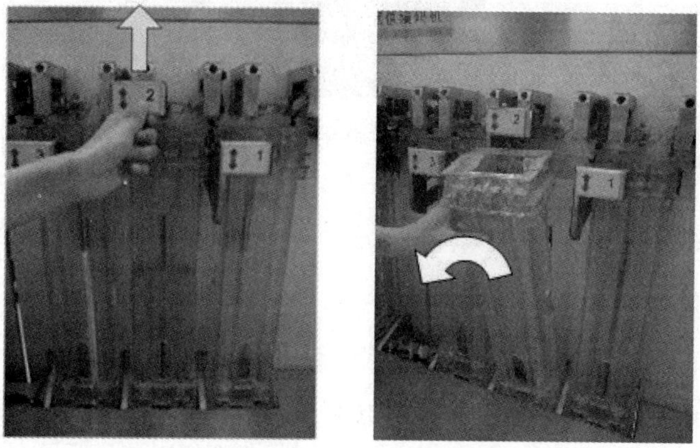

（a）上推票箱压板　（b）取出回收票箱

图 6-13　票箱取出示意图

2）装入流程

装入票箱，放置时请注意票箱方向→将票箱压板向下按→等待升降托卡器上升。

4. 紧急停止操作

遇到如卡票等任何需要停止运行的紧急情况时，请立即按下位于触摸屏下方的红色紧急停止按钮，机器将立刻紧急停止。问题排除后顺时针转动紧急停止按钮使其复位，机器继续运行，如图 6-14 所示。

图 6-14　紧急停止按钮

任务 6.4　AFC 辅助设备

AFC 系统还有一些辅助设备，如运送推车（见图 6-15）、纸币清点机（见图 6-16）、验钞机（见图 6-17）、硬币清点机（见图 6-18）等。

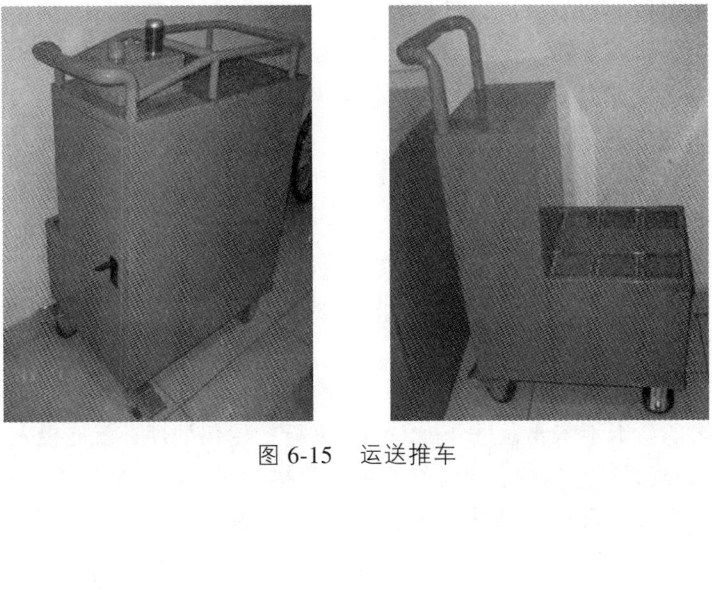

图 6-15　运送推车

图 6-16　纸币清点机

图 6-17　纸币验钞机

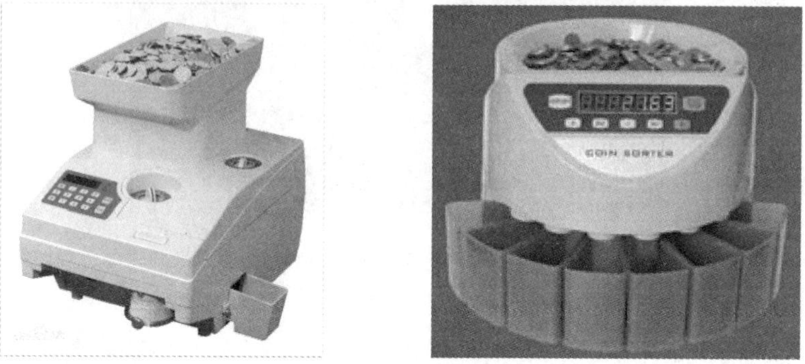

图 6-18　硬币清点机

练习题

1. 判断题

（1）便携式检票机的功能包括验票查询、进出站检票、数据统计与通信。（　）

（2）便携式验票机内置锂电池。（　）

（3）分拣编码机用于对车票进行批量的编码和分拣处理，通常安装在票务中心，根据需要也可以安装在车站票务室。（　）

（4）分拣编码机用于对车票进行批量的编码和分拣处理，只安装在票务中心。（　）

（5）自动验票机安装在非付费区。（　）

（6）自动验票机只能识别一卡通车票。（　）

（7）当乘客把车票放在自动验票机验卡区，验票机的显示屏上会自动显示车票的类型、余额。不能显示交易历史记录。（　）

（8）分拣编码机主要功能是分拣和编码。（　）

（9）采购回来的票卡不需要通过分拣编码机进行初始化处理，就能投入使用。（　）

（10）分拣编码机必须直接与中央计算机系统连接，其编码情况要通过中央计算机检查和确认，以确保自动生成车票密钥和编号的有效性及唯一性。（　）

（11）自动验票机发生故障时，TCM 自动进入关闭模式，根据其故障等级将设备关闭或继续服务。（ ）

（12）TCM 若因故障而暂停服务时，乘客显示器显示“暂停服务”信息。（ ）

（13）自动验票机发生故障时，操作人员应通知维修人员进行维修。（ ）

（14）在维修模式下，TCM 拒绝接收车票，但可以使用测试票。（ ）

（15）自动验票机在维修模式下乘客显示器上显示“暂停服务”标志。（ ）

（16）自动验票机可以通过车站计算机设置成关闭模式。（ ）

（17）自动验票机可以通过本地控制设置成关闭模式。（ ）

（18）自动验票机只能通过中央计算机设置成关闭模式。（ ）

（19）自动验票机在关闭模式下，验票机不能处理车票，并在乘客显示器上显示“暂停服务”标志。（ ）

2. 填空题

（1）便携式检票机的功能包括____________、____________、____________。

（2）便携式验票机内置____________电池。

（3）分拣编码机用于对车票进行批量的编码和分拣处理，通常安装在__________，根据需要也可以安装在__________。

（4）自动验票机安装在__________，供乘客对车票进行查询，能够识别一卡通车票和地铁专用车票（含单程票、储值票）。

（5）自动验票机安装在非付费区，供乘客对车票进行查询，能够识别__________车票和地铁专用车票。

（6）当乘客把车票放在自动验票机验卡区，验票机的显示屏上会自动显示车票的________、__________、__________。

（7）分拣编码机主要功能包括__________和__________。

（8）采购回来的票卡均需要通过__________进行初始化处理后，才能投入使用。

（9）分拣编码机可以完成对车票的__________、__________、_________和_________。

（10）分拣编码机必须直接与__________连接，其编码情况要通过中央计算机检查和确认，以确保自动生成车票密钥和编号的有效性及唯一性。

（11）自动验票机发生故障时，TCM 自动进入__________模式，根据其故障等级将设备关闭或继续服务。

（12）TCM 若因故障而暂停服务时，乘客显示器显示__________信息。

（13）自动验票机发生故障时，操作人员应通知__________人员进行维修。

（14）在维修模式下，TCM 拒绝接收车票，但可以使用_____票。

（15）自动验票机在维修模式下乘客显示器上显示__________标志。

（16）自动验票机可以通过___________、___________或___________设置成关闭模式。

（17）自动验票机在关闭模式下，验票机不能处理车票，并在乘客显示器上显示________标志。

3. 选择题

（1）便携式检票机的功能包括（ ）。

A. 售票　　B. 进出站检票　　C. 数据统计与通信　　D. 验票查询

（2）分拣编码机可能安装在（　　）。

A. 非付费区　　B. 车站票务室

C. 售票亭　　D. 票务中心

（3）自动验票机安装在非付费区，供乘客对车票进行查询，能够识别（　　）。

A. 一卡通　　B. 纸质票

C. 磁卡票　　D. 地铁专用票

（4）当乘客把车票放在自动验票机验卡区，验票机的显示屏上会自动显示车票的（　　）。

A. 类型　　B. 发卡时间

C. 余额　　D. 交易历史记录

（5）当乘客把车票放在自动验票机验卡区，验票机的显示屏上会自动显示车票的（　　）、余额、交易历史记录。

A. 类型　　B. 发卡时间

C. 余额　　D. 交易历史记录

（6）分拣编码机主要功能包括（　　）和（　　）。

A. 分拣　　B. 编码

C. 验票　　D. 售票

（7）采购回来的票卡均需要通过（　　）进行初始化处理后，才能投入使用。

A. BOM　　B. 分拣编码机

C. TVM　　D. PCA

（8）分拣编码机可以完成对车票的（　　）功能。

A. 初始化　　B. 赋值

C. 重编码　　D. 分拣

（9）分拣编码机必须直接与（　　）连接，其编码情况要通过中央计算机检查和确认，以确保自动生成车票密钥和编号的有效性及唯一性。

A. 清分系统　　B. 车站终端设备

C. 中央计算机系统　　D. 车站计算机系统

（10）自动验票机发生故障时，TCM 自动进入（　　）模式，根据其故障等级将设备关闭或继续服务。

A. 故障　　B. 关机

C. 关闭　　D. 维修

（11）TCM 若因故障而暂停服务时，乘客显示器显示（　　）服务信息。

A. 故障　　B. 暂停

C. 关闭　　D. 维修

（12）自动验票机在维修模式下乘客显示器上显示（　　）标志。

A. 乘客服务　　B. 暂停服务

C. 正常服务　　D. 维修服务

（13）自动验票机在关闭模式下，验票机不能处理车票，并在乘客显示器上显示（　　）标志。

A. 乘客服务　　B. 维修服务

C. 正常服务　　　　D. 暂停服务

（14）自动验票机可以通过（　　）设置成关闭模式。

A. 车站计算机　　　　B. 中央计算机

C. 本地控制　　　　D. 紧急按钮

4. 问答题

（1）因 TCM 不能正常启动，需要更换电源。更换电源后，设备恢复正常。请分析 TCM 不能正常启动的原因，如何判断？怎么解决故障？

（2）TCM 在不验票的时候界面显示正常，验票时 TCM 不能正常验票，出现故障码，无法查询票卡信息。检查电压，发现电压偏低，更换 TCM 电源后故障修复。请分析 TCM 不能正常验票的原因，如何判断？怎么解决故障？

（3）TCM 暂停服务，无法验卡，检查 TCM 电压正常，检查 SAM 卡正常，测试读卡器正常，重做 FILEMAP 后设备恢复正常。请根据以上现象分析 TCM 暂停服务的原因，如何判断？如何处理？

扫码看答案

附录　AFC 常用术语及缩写

序号	名称	英文缩写	英文全称
1	自动售检票	AFC	Automatic Fare Collection
2	AFC 清算管理中心	ACC	AFC Clearing Center
3	数据管理中心	DMC	Data Management Center
4	综合中央计算机系统	ICCS	Integrated Central Computer System
5	线路中央计算机系统	LC	Line Center
6	车站计算机系统	SC	Station Computer System
7	自动售票机	TVM	Ticket Vending Machine
8	自动检票机	AGM	Automatic Gate Machine
9	自动充值机	AVM	Add Value Machine
10	半自动售票机	BOM	Booking Office Machine
11	自动查询机	TCM	Ticket Checking Machine
12	便携式验票机	PCA	Portable Card Analyzer
13	车票编码分拣机	E/S	Encoder/Sorter Machine
14	车站现场设备	SLE	Station Level Equipment
15	紧急按钮	EB	Emergency Button
16	磁盘阵列	RAID	Random Array of Inexpensive Disks
17	安全存取模块（SAM 卡）	SAM	Secure Access Module
18	智能卡/集成电路卡	IC 卡	Smart Card/Integrated Circuit Card
19	非接触式 IC 卡	—	Non-Contacted IC Card
20	电擦除式可编程只读存储器	EEPROM	Electrically Erasable Programmable Read-Only Memory
21	微控制单元	MCU	Micro Control Unit
22	设备的主要控制单元	ECU	Equipment Control Unit
23	乘客通行控制	PCM	Passage Control Module
24	时钟系统	CLK	Clock System
25	收益审计系统	IAS	Income Audit System
26	线路中心设备监控系统	LEMS	Line Equipment Monitor System
27	设备和维修管理系统	MMS	Maintenance Management System
28	运营管理系统	OMS	Operating Management System
29	车站服务器	SCS	Station Computer System
30	密钥管理系统	KMS	Key Management System

续表

序号	名称	英文缩写	英文全称
31	车站设备监控系统	SEMS	Station Equipment Monitor System
32	车站票务管理系统	STMS	Station Ticket Management System
33	不间断电源系统	UPS	Uninterrupted Power System
34	通用串行总线	USB	Universal Serial Bus
35	运营控制中心	OCC	Operating Control Center
36	局域网	LAN	Local Area Network
37	综合后备盘	IBP	Integrate Backup Panel
38	读写器	R/W	Reader/Writer
39	主控单元	ECU	Electronic Control Unit
40	工控机	IPC	Industrial Personal Computer
41	个人身份号码	PIN	Personal Identification Number
42	身份	ID	Identification
43	传输控制协议/网际协议	TCP/IP	Transmission Control Protocol/Internet Protocol
44	10/100Base－FX 标准	10/100Base-FX	10/100 Base-FX
45	单程票	SJT	Single Journey Ticket
46	储值票	SVT	Store Value Ticket
47	圆形筹码式单程票	TOKEN	Simplified CSC SJT
48	测试票	TST	Test Ticket
49	纪念票	CT	Commemorative Ticket
50	员工票	ET	Employee Ticket
51	轨道交通专用车票	MTT	Mass Transit Ticket
52	完成一项维修作业所允许的最长时间	MaxTTR	Max Time To Repair
53	平均无故障次数	MCBF	Mean-Cycles Between Failure
54	平均无故障时间	MTBF	Mean-Time Between Failure
55	运营中故障平均间隔时间	MTBSF	Mean-Time Between Serve Failure
56	乘客一次乘车进站点与出站点的乘车路径	OD	Origin-Destination

参考文献

[1] 中华人民共和国住房和城乡建设部. GB50157—2013 地铁设计规范[S]. 北京：中国建筑工业出版社，2013.

[2] 中华人民共和国住房和城乡建设部. GB50490—2009 城市轨道交通技术规范[S]. 北京：中国建筑工业出版社，2009.

[3] 成都地铁运营有限公司. 自动售检票系统（AFC）检修工[M]. 成都：西南交通大学出版社，2017.

[4] 人力资源和社会保障部教材办公室，广州市地下铁道总公司. 自动售检票系统检修工[M]. 北京：中国劳动社会保障出版社，2014.

[5] 广州市地下铁道总公司. 城市轨道交通自动售检票系统检测技术规程[M]. 北京：中国建筑工业出版社，2015.